COFFEE HUMANITIES

커피인문학

BLACK TEMPTATION

권혁률 지음
최금정 감수

대 왕 사

커피인문학

BLACK TEMPTATION

PREFACE

이 글은 한 잔의 커피가 우리 앞에 놓이기까지의 시간과 공간, 그리고 사람의 이야기를 차분히 따라가고자 하는 시도에서 시작된다. 커피는 이미 일상의 언어가 되었고, 수많은 취향과 유행, 기술의 이름으로 소비된다. 그러나 익숙함이 깊어질수록 그 기원과 맥락은 오히려 흐릿해진다. 이에 그 흐릿함을 걷어내기보다는, 빛의 각도를 조금 바꾸어 커피를 다시 바라보려 한다.

커피는 단순한 음료가 아니다. 열대 고산의 토양과 강우, 그늘의 강도와 적절한 온도, 수확과 가공의 선택, 로스팅과 추출의 물리적 결정들이 층층이 쌓여 형성된 결과물이다. 동시에 커피는 이동의 역사이기도 하다. 아프리카의 숲에서 시작된 씨앗은 홍해와 인도양을 건너 아라비아 반도로, 다시 유럽과 아메리카로 확산되며, 각 지역의 정치와 경제, 문화의 결을 바꾸어 놓았다. 자연과 문명의 접점에 놓인 커피는 그렇게 세계사의 한 단면을 구성해 왔다.

오늘날 커피를 둘러싼 담론은 빠르게 분화되어 있다. 그 품종과 테루아, 가공 방식과 로스팅 프로파일, 추출 변수와 감각 평가에 이르기까지 전문화된 언어가 넘쳐난다. 전문성은 커피에 대한 이해를 넓혀 왔지만, 동시에 전체를 조망하기 어렵게 만들기도 했다. 이 글은 세부를 소홀히 하지 않으며, 그러나 세부가 전체를 가리지 않도록 구성되었다. 각 장은 독립적으로 읽힐 수 있으면서도, 서로를 비추며 하나의 흐름을 이룬다.

집필 과정에서 확인 가능한 근거와 공신력 있는 자료를 바탕으로 내용을 정리하고자 하였다. 과학적 사실과 역사적 기록, 국제기구와 학술 연구에서 축적된 지식을 토대로 서술하되, 그것이 건조한 나열로 끝나지 않도록 언어의 온기를 더하려 했다. 커피는 데이터로만 이해될 수 없고, 감상만으로도 설명될 수 없기 때문이다. 여기에서 지향하는 문장은 그 두 지점 사이에서 균형을 찾는다.

독자의 폭은 의도적으로 넓게 설정되었다. 커피를 업으로 삼은 사람들에게는 정리된 기준과 맥락을, 이제 막 커피의 세계에 발을 들인 이들에게는 길을 잃지 않게 하는 지도를 제공하고자 한다. 어느 쪽이든, 정답을 강요하기보다는 사고의 틀을 제안하는 데 목적이 있다. 커피의 품질과 가치에 대한 판단은 언제나 맥락 속에서 이루어지며, 그 맥락을 이해하는 일이 곧 배움의 출발점이 된다.

또한 속도를 늦추는 독서를 권한다. 빠른 정보 소비의 시대에 커피는 종종 즉각적인 자극의 대상이 되지만, 정작 커피가 우리에게 가르쳐온 것은 기다림과 축적의 시간이다. 나무가 열매를 맺기까지의 시간, 생두가 향을 갖기까지의 과정, 한 잔이 완성되기까지의 손놀림을 떠올려 보면, 커피는 늘 서두르지 않는다. 이 글 또한 그러한 리듬을 닮고자 했다.

마지막에 이르러 독자가 얻게 되기를 바라는 것은 특정한 취향이나 결론이 아니다. 대신, 다음 잔의 커피를 대하는 태도가 조금 달라지기를 기대한다. 원산지의 이름이 단순 표기가 아니라 풍경으로 떠오르고, 로스팅의 색이 숫자 너머의 선택으로 읽히며, 추출의 변수들이 취향과 책임의 문제로 이어지기를 바란다. 그렇게 커피는 다시 한번 우리의 일상 속에서 사유의 계기가 된다. 그리고 이 글이 완결이 아니라 출발점이 되기를 희망한다. 커피의 세계는 여전히 변화하고 있으며, 새로운 연구와 기술, 생산자의 목소리가 계속해서 더해지고 있다. 이 책을 덮은 뒤에도 질문을 이어가고, 자신의 경험을 통해 문장을 바꾸어 나간다면, 그 자체로 이 작업의 목적은 충분히 이루어진 것이다.

"한 잔의 커피 앞에서 우리는 늘 배운다. 그리고 한 잔의 검은 유혹은, 우리의 손끝에서 피어나는 작은 예술이다."

나의 안식처 서재에서 권혁률

CONTENTS

ORIGIN

인간과 커피의 조우 CHAPTER 1

손끝에서 시작된 한잔의 여정 CHAPTER 2

내면의 향을 깨우는 로스팅

CHAPTER 3

커피, 분해를 통한 탄생

CHAPTER 4

커피 향미의 탄생

CHAPTER 5

PART 2

VARIATION

커피 향미를 여는 방식

CHAPTER 1

에스프레소 한 잔의 변주

CHAPTER 2

INTERPRETATION

스페셜티 커피, 커퍼 의미의 해석

CHAPTER 1

아라비카와 로부스타 종의 세계

CHAPTER 2

커피의 향미 표준화

CHAPTER 3

Part 1

ORIGIN
기원

CHAPTER 1.

인간과 커피의 조우

하나, 커피, 신화를 품고 역사를 빚다

인간은 언제나 각성의 순간을 갈망해왔다. 긴 여운이 남는 대화의 시간, 고독한 사색의 자리, 정신이 흐려지는 밤에 필요했던 건 단지 한 잔의 음료가 아니었다. 그것은 '깨어 있음'이라는 문화적 상태, 곧 의식을 빛으로 이끄는 원동력이었다. 커피는 그렇게 인류의 심연 속에서 뿌리를 내리기 시작했다.

커피는 에티오피아, 예멘, 그리고 아랍과 유럽의 영혼에 온기를 불어넣고, 일상의 흐름을 흔들며 전 세계로 퍼져 나갔다. 그 이름 또한 각 문화권의 언어 속에서 독특한 울림으로 자리 잡았다. 이탈리아에서는 '*카페(caffè)*,' 네덜란드에서는 '*코피(koffie)*,' 독일에서는 '*카피(kaffee)*,' 프랑스에서도 '*카피(café)*'에 가깝게 불린다. 그리고 미국과 영국, 한국을 비롯한 수많은 나라에서는 '*커피(coffee)*'라는 이름으로 살아 숨 쉰다. 비록 글자와 소리가 다를지라도, 이 작은 씨앗은 언어의 경계를 넘어 인류의 삶과 정신에 스며들었다. 그것은 기호적 음료의 범주를 벗어나 문명을 깨우고 의식을 확장시킨 문화적 언어가 된 것이다.

커피(coffee)라는 말은 어디에서 비롯되었을까? 오랜 탐색 끝에 마주한 사실은, 그 기원은 아직도 안개 속에 감춰져 있다는 것이다. 역사적 기록은 희미하고 과학적 근거가 부족하여 단 하나의 사실로 단정하기 어렵다. 다만 역사학자들은 에티오피아 남서부, 카파(Kaffa) 북부의 산간 지역에서 인간이 처음으로 커피와 조우(encounter)했을거라는 점에 대체로 동의하고 있다. 그곳의 붉은 열매는 숲의 그늘 속에서 조용히 익어가다, 어느 순간 인간의 손과 입을 거쳐 삶에 스며들었다. 그렇게 서서히 일상과 문화 속에 녹아들며, 하나의 기호가 되고, 풍습을 이루고, 마침내 한 이름을 갖게 되었을 것이다.

Encounter, by Freepik

커피라는 단어의 흔적을 따라가다 보면, 우리는 단지 음료의 역사를 넘어 언어와 문화가 엮어낸 길을 걸을 수밖에 없다. 아랍어 '*카흐와(قهوة, qahwah)*'가 오늘날 '커피'를 가리키는 어원적 뿌리라는 점에는 대체로 널리 인정되는 바이다. 그러나 그 속에 담긴 의미와 뿌리는 하나로 확정되기 어렵다.

아랍어 '카흐와'가 커피를 의미하게 된 과정에는 여러 주장이 존재한다. '카흐와'는 원래 '포도주' 또는 '일종의 포도주'를 의미했으며, '식욕이 없다'는 뜻의 동사 어근 카히야(qahiya)에서 파생되었다고 본다. 이 단어가 아마도 아프리카어일 가능성이 있으며, 커피 식물이 자생하는 아비시니아(Abyssinia) 남부 고원 지대의 카파(Kaffa) 이름과 관련이 있다고 추측하고 있다.[1] 일부 학자는 '카흐와'가 본래 포도주를 의미하였고, 그 음료가 가진 식욕 억제 효과 때문에 아랍어 동사 '카하(قها, qahā)'에서 유래했다는 것이다. 즉, 원래 '배고픔을 잊게 하는 음료'라는 개념이 내포되어 있었으나, 이슬람 사회의 금주 문화 속에서 커피가 포도주를 대신해 각성과 교류의 상징적 음료로 자리 잡았다고 해석한다.

다른 시각에서는 '카흐와'가 특정한 술이나 음료에 한정되지 않고, 인간의 감각을 일깨우고 정신을 환기시키는 모든 마실거리를 포괄하는 개념적 가능성을 제기한다. 더 나아가 '카흐와'가 '힘'이나 '에너지'를 뜻하는 아랍어 '*쿠으와(قوة, quwwah)*'에서 비롯되었다고 여긴다. 이는 커피 한잔이 주는 각성과 활력, 미묘한 정신적 떨림이 언어 속에서 자연스럽게 '힘'이라는 의미와 어우러져 새로운 활력을 일깨웠다고 보는 시각이다.

그러나 이 모든 해석은 여전히 추정의 영역에 머무른다. '카흐와'의 어원과 의미 변천을 확실히 입증할 수 있는 직접적인 역사 문헌이나 학술적 근거는 지금까지 충분히 확보되지 않고 있다. 다만 '카흐와'는 사람들이 커피를 처음 마주했을 때 느낀 생리적 반응과 정신적 경험이 언어 속에 응축(condensation)되어 남은 흔적이라 볼 수 있다. 문헌적 증거는 단편적이고 모호하지만, 그 빈틈 속에서 언어는 오히려 더 깊은 울림과 사유(contemplation)의 여백을 일으킨다. 마치 불확실성의 틈새에서 새로운 의미가 피어나듯, '카흐와'는 인간 경험의 본질을 담은 열린 서사로 우리 앞에 놓여 있다.

Coffee Cherry, by Allec Gomes

17H CENTEND
17H CENTBAD
INVIENTION

커피가 음료로 자리 잡으면서 아랍어 '카흐와'는 오스만 제국(Ottoman Empire)[2]의 터키어 '*카흐베(kahveh)*'로 변형되었다. 당시 오스만 제국은 커피를 적극적으로 소비하며 카페 문화를 발전시켰고, 이를 통해 커피가 유럽으로 전파되는 중요한 중심지 역할을 하였다. 16세기 말, 인류는 낯선 향기의 어둠을 기록하기 시작했다. 유럽은 동방으로부터 전해지는 낯선 식물과 기호품에 대한 호기심으로 들끓고 있었다. 1582년, 독일의 의사이자 여행가 라우볼프(Leonhard Rauwolf)[3]는 동방으로의 긴 여정 끝에 『동방여행의 상세한 서술*(Aigentliche Beschreibung der Raiβ inn die Morgenländer)*』을 펴냈다. 그는 그곳에서 만난 검은 음료를 '차우베(chaube)'라 부르고, 그 열매(혹은 콩)를 '*분(bunn)*'이라 기록했다. 낯선 열매의 모양과 그것을 마시는 풍습까지 세밀히 적은 그의 기록은 유럽인이 커피의 세계에 발을 들인 순간일지도 모른다.

Ander andern habens ein gut getranck / welches sie hoch halten / **Chaube** von jnen genennet / das ist gar naBe die Vnnen so schwartz vnnd in der besten / sonderlich des Morgens / gar dienstlich. Diese pflegen am Morgen frůh auch an offnen oren vor jren sehennenfleich vnd alles abſcheuhen zutrincken / auB zwinen vmb Porcellanſchen tieffen Schüſſeln / ſo warm / als ſie kőnnen erleiden / ſeind offt an / thon aber kleine trincklein / vnd laſſen gleich wie vmb / wie ſie neben einander im kraſſ pſſen / herumb gehn. Haben daſſer neſſen ſie früeſt **Bunn** vnd jnnwohnern genennet / die auſſen in jrer grôſſe vnd farb / ſeher wie die Lôcher / mit jnap dunne ſchôſſen vmbgeben / anſaſſchen / vnnd ferner jhren alten kreidten nach / auB India gebracht werden.
Die aber die an in ſelb ring ſeind / vnnd innen jwen geleichte kőrner in zſapen heiſſlein vnderſchiedlich verſchloſſen haben: ja dem das ſie auch mit jhrer vnderſung / dem namen vnnd anſchen nach / dem Buncho Auc:
vnd Bunca Rhafis ad Almanſ. gang ehnlich / halte ichs darfür / ſo lang / biB ich vor gelehrten ein beſſeren bericht einnemm(Leonhard Rauwolf, 1583).

*다른 사람들은 좋은 음료를 가지고 있으며, 그것을 매우 귀하게 여긴다. 그들은 그 음료를 '**차우베**'라고 부른다. 그 콩들은 아주 검고, 매우 좋은 것들 중 하나이며, 특히 아침에 마시기에 매우 유익하다. 그들은 아침 일찍, 또한 야외의 열린 장소에서 몸과 피로를 풀어주기 위해 마시는 습관이 있다.*

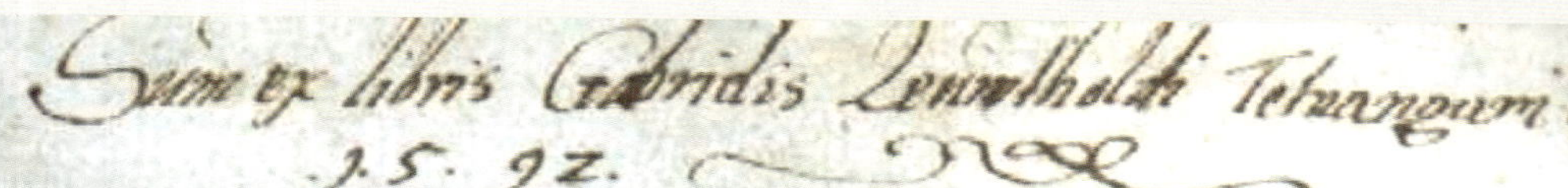

Leonharti Rauwolfen/der Artzney Doctorn/vnd bestelten Medici zů Augspurg.

Aigentliche beschreibung der Raiß/ so er vor diser zeit gegen Auffgang inn die Morgenländer/ fürnemlich Syriam, Iudæam, Arabiam, Mesopotamiam, Babyloniam, Assyriam, Armeniam &c. nicht ohne geringe mühe vnnd grosse gefahr selbs volbracht: neben vermeldung vil anderer seltzamer vnd denckwürdiger sachen/ die alle er auff solcher erkundiget/ gesehen vnd obseruiert hat.

Alles in drey vnderschidliche Thail mit sonderem fleiß abgethailet/ vnd ein jeder weiter in seine sondere Capitel/ wie dero jnnhalt in zů end gesetztem Register zůfinden.

1582.

Leonhard Rauwolf, Book cover(1582)

*그들은 그것을 자기로 만든 작고 깊은 그릇에 담아 참을 수 있을 만큼 뜨겁게 마신다. 그들은 자주 모이지만, 한 번에 조금씩만 마신다. 그리고 그들은 서로 나란히 앉아 있을 때, 잔을 돌려가며 차례로 마신다. 그들은 예전에 그것을 '**분**'이라고 하였으며, 주민들도 그렇게 불렀다. 그것은 크기와 색깔 면에서 완두콩처럼 생겼으며, 얇은 껍질로 감싸져 있다. 그리고 오래전부터 전통에 따라 인도에서 들여온다. 그 열매의 속에는 두 개의 같은 알갱이가 있으며, 딱딱한 껍질 안에 단단히 싸여 있다. 사실 이름과 외형은 라지스(Almanſ.)의 분카와 유사하다. 나는 학자들로부터 더 나은 정보를 얻을 때까지 그렇게 생각한다(레온하르트 라우볼프, 1583).*

한편, 1592년, 이탈리아 의사이자 식물학자 알파니(Prospero Alpini)[4]는 이집트 체류 동안 목격한 식물과 약재의 용법을 체계적으로 기록하여, '이집트의 식물들에 관한 책(『*De Plantis Aegypti liber*』)'을 출간하였다. 그는 그곳에서 마시던 음료를 '*카오우아(cáoua)*'라고 하였으며, 그 식물의 형태를 라틴어로 묘사하여 유럽 학계에 처음으로 커피나무의 시각적·분류학적 형상을 제시했다. 이어 1596년, 네덜란드 상인이자 여행가 린스호텐(Jan Huygen van Linschoten)[5]은 포르투갈 제국의 해상 활동 아래 있던 동인도 지역을 광범위하게 여행하면서 기록한 '얀 후이헌 판 린스호텐의 동방, 포르투갈령 인도 여행 항해기(『*Itinerario, voyage, ofte schipvaert van Jan Huygen van Linschoten naer Oost ofte Portugaels Indien*』)를 펴냈다. 이 책은 단순 여행기가 아니라, 그동안 폐쇄적으로 유지되어 온 포르투갈의 동방 항해 지식과 상업 루트가 유럽 각지에 공개되는 계기를 마련하였다. 1598년, 영국의 윌리엄 필립(William Phillip)이 이를 영어로 번역하였는데, 그 과정에서 그는 오늘날 우리가 커피라고 부르는 음료를 '*차오나(chaona)*'로 적었다. 이는 당시 낯선 사물을 어떻게 받아들이고 이름 붙였는지가 드러나는, 과도기적 언어 감각의 한 흔적이라 할 수 있다.

De **Bon**. Cap. XVI.
ALPINVS.
ARBOREM uidi in uiridario Halybei Turcæ, cuius tu ichonem nunc spectabis, ex qua semina illa ibi uulgatissima **Bon**, uel **Ban** appellata, producuntur: ex his omnes tum Aegyptij, tum Arabes parant decoctum uulgatissimum, quod unà loco
ipsi potant, uedinturque in publicis cenoposiis, non secus quam apud nos

uinum:
illis que ipsum uocant **Cáoua**. Hæc semina ex foliaci Arabia exportantur.
Arbos, quam mein spexi dixi, euonomo similis obseruata est, sed tamen foliis crassiora,
duriora que habebat, uiridiora, perpetuo que uirentia(Prospero Alpini, bibdigital).

*제16장. **본**에 관하여*
알피누스.
나는 할리베의 정원에서 터키인이 기른 나무를 보았다.
그 그림을 당신은 지금 보게 될 것이다.
*그 나무에서 흔히 아는 **'본'** 또는 **'반'**이라 불리는 씨앗이 나온다.*
이집트인과 아라비아인은 이 씨앗으로 널리 알려진 달인 음료를 만든다.
그들은 공공 주점에서 그것을 마시며, 우리가 포도주를 마시는 것과 다르지 않다.
*그들은 이 음료를 **'카오우아'**라고 부른다.*
이 씨앗들은 잎이 무성한 아라비아에서 수출된다.
내가 본 나무는 유오니무스(euonymus, 방추나무)와 비슷했지만,
잎은 더 두껍고 단단하며, 더 푸르고, 사시사철 푸르렀다.

The Turkes holde almoſt the ſame mãner of drinking of their **Chaona**, which they make of certaine fruit, which is like vnto the Bakelaer, and by the Egiptians called **Bon** or **Ban**: they take of this fruite one pound and a half, and roaſt them a little in the fire, and then ſieth them in twentie poundes of water, till the half be conſumed away: this drinke they take euerie morning faſting in their chambers, out of an earthen pot....
(영어원문: William Phillip, 1598)

*터키 사람들은 거의 같은 방식으로 **차오나**를 마신다.*
*이것은 어떤 과일로 만드는데 바켈라르(월계수 열매)와 비슷하고, 이집트인들은 그 열매를 **본** 또는 **반**이라고 부른다. 그들은 이 열매 1.5파운드를 가져다가 불에 조금 볶은 후 20파운드의 물에 넣고 절반이 될 때까지 끓인다.*
이 음료를 그들은 매일 아침 공복에 자기 방안에서 토기그릇으로 뜨겁게 마신다……

PROSPERI ALPINI
DE PLANTIS AEGYPTI LIBER.

IN QVO NON PAVCI, QVI CIRCA herbarum materiam irrepſerunt, errores, deprehenduntur, quorum cauſa hactenus multa medicamenta ad vſum medicinę admodum expetenda, pleriſque medicorum, non ſine artis iactura, occulta, atque obſoleta iacuerunt.

AD IOANNEM MAVROCENVM Antonij Filium Patricium Venetum Clariſſimum.

Acceſsit etiam liber de Balſamo aliàs editus.

VENETIIS, M. D. XCII.

Apud Franciſcum de Franciſcis Senenſem.

ITINERARIO,

Voyage ofte Schipvaert / van Jan Huygen van Linſchoten naer Ooſt ofte Portugaels In-

dien inhoudende een corte beſchryvinghe der ſelver Landen ende Zee-cuſten / met aen-
wyſinge van alle de voornaemde principale Havens / Revieren / hoecken ende plaetſen / tot noch
toe vande Portugeſen ontdeckt ende bekent: Waer by ghevoecht zijn / niet alleen die Conter-
feytſels vande habyten / drachten ende weſen / ſo vande Portugeſen aldaer reſiderende / als van-
de ingeboornen Indianen / ende huere Tempels / Afgoden / Huyſinge / met die voornaemſte
Boomen / Vruchten / Kruyden / Speceryen / ende diergelijcke materialen / als ooc die
manieren des ſelfden Volckes / ſo in hunnen Godts-dienſten / als in Politie
eñ Huijſ-houdinghe: maer ooc een corte verhalinge van de Coophan-
delingen / hoe eñ waer die ghedreven eñ ghevonden worden /
met die ghedenckweerdichſte geſchiedeniſſen /
voorghevallen den tijt zijnder
reſidentie aldaer.

Alles beſchreven ende by een vergadert, door den ſelfden, ſeer nut, oorbaer,
ende oock vermakelijcken voor alle curieuſe ende Lief-
hebbers van vreemdigheden.

t'AMSTELREDAM.

By Cornelis Claeſz. op't VVater, in't Schrijf-boeck, by de oude Brugghe.

Anno CIↃ. IↃ. XCVI.

Itinerario, Book Cover

17세기 초 1601년, 윌리엄 패리(William Parry)의 저서 『앤서니 셜리 경이 바다와 육로를 통해 페르시아 제국을 여행한 이야기를 상세히 기록한 담론(*A new and large discourse of the trauels of sir Anthony Sherley Knight, by sea, and ouer land, to the Persian Empire...*)』[6]에는 커피를 '*Coffe*'라 기록한 것을 볼 수 있다. 이후 1625년, 영국의 사무엘 퍼처스(Samuel Purchas)[7]가 전 세계 여행자의 기록을 모아 편집한 『하클리트 유작 또는 퍼처스의 순례자들(*Hakluytus Posthumus or Purchas his Pilgrimes*)』에는 '*Coffa*'라는 표기 형태로 등장한다. 이는 낯선 음료가 세상의 언어 속에 자리 잡아 가는 과정에서 어떤 방식으로 변주되었는지를 잘 보여준다.

…they pass the day in banqueting and carowsing, vn l till they surfet, drinking a certaine liquor which they do call **Coffe**, which is made of a séde much like mustard séede, which wil soone intoxicate the braine, ...(William Parry, 1601)

*그들은 하루 종일 잔치를 벌이고 흥청망청 마시며 지낸다. 배가 부를 만큼 마신 뒤에는, 그들이 **커피**라 부르는 한 음료를 마시는데, 그것은 겨자씨와 비슷한 씨앗으로 만든 것으로, 곧 사람의 머리를 취하게 하는 성질이 있다.*

Their most common drinke is **Coffa**, which is a blacke kinde of drinke, made of a kind of Pulse like Pease, called **Coaua**; which being grownd in the Mill, and boiled in water, they drinke it as hot as they can suffer it; which they finde to agree very well with them against their crudities, and feeding on hearbs and rawe meates(Samuel Purchas, 1625).

*그들의 가장 일반적인 음료는 **코파**인데, 이는 검은색의 음료로, 완두콩 같은 일종의 콩류에서 만든다. 이 콩류를 **코아우아**라고 부른다. 곡물을 방앗간에서 갈아 물에 끓인 후, 가능한 한 뜨겁게 마신다. 이 음료는 허브나 날것의 음식을 섭취할 때 생기는 속쓰림이나 소화 불량을 막는 데 아주 잘 맞는다고 여긴다.*

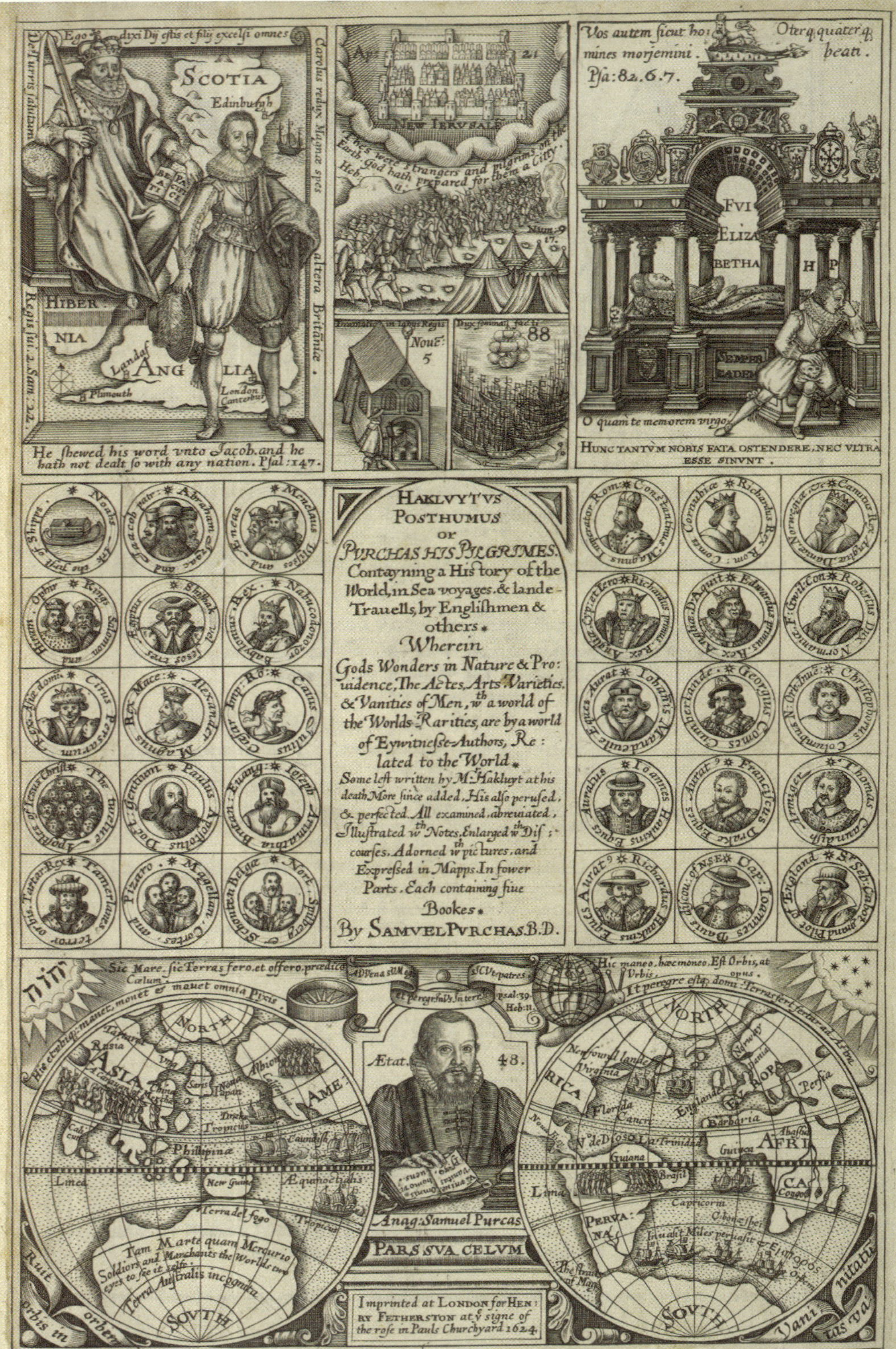

Hakluytus Posthumus or Purchas his Pilgrimes, Book Cover

Ottoman Coffeehouse

오늘날 '커피(coffee)'라는 이름의 뿌리는 아랍어 '카흐와(qahwah)'에서 시작되어 오스만 제국을 거치며 터키어 '카흐베(kahveh)'로 정착했음이 널리 받아들여지고 있다. 이후 이 음료가 지중해와 교역 항로를 따라 유럽으로 전해지면서 여러 언어권에서 서로 다른 방식으로 쓰였다. 16세기 말 기록에는 차우베(chaube), 카오우아(cáoua), 차오나(chaona) 등과 같이 터키어 발음을 옮기려 한 다양한 음역 형태가 보이는데, 이들은 모두 동일한 어원을 공유한 과도기적 표기의 변형이라 할 수 있다. 영어권에서는 1601년 코페(coffe)라는 단어의 등장과 더불어 1625년 코파(coffa) 등과 같은 표기가 나타났다. 이는 영어가 낯선 발음을 받아들이는 과정에서 생긴 초기 철자 변동의 흔적이다. 커피는 유럽으로 건너가면서 각 언어의 발음 체계에 맞추어 조금씩 변화하였다. 17세기를 전후하여 이탈리아어에서는 *Caffè*, 네덜란드에서는 *Koffie*, 독일에서는 *Kaffee*, 프랑스 ・스페인・포르투갈에서는 *Café*로 자리 잡았다. 그리고, 19세기 후반, 프랑스의 식민 지배가 시작된 베트남에서는 프랑스어의 영향을 받아 커피를 '카페(cà phê)'라 부르게 되었다.

이러한 언어적 변천은 단순한 소리의 이동이 아니라, 커피가 인간 사회와 문화 속에서 점차 의미를 갖게 되며, 각 시대와 지역의 상상력과 관습 속으로 스며드는 과정을 보여준다. 한잔의 커피를 음미하는 순간, 우리는 그 긴 역사와 문화적 여정을 함께 경험하게 되는 것이다.

커피의 원산지를 찾는 여정은 단순한 지리적 문제가 아니다. 식물학적 연구에 따르면, 커피나무의 자연 자생지는 에티오피아 남서부를 포함해 동아프리카 남수단(South Sudan), 케냐(Kenya), 우간다(Uganda) 등지에서도 발견된다. 그러나 정확히 어느 지역에서 인간이 처음 커피를 발견했는지는 여전히 불확실하다. 역사학자들은 에티오피아 남서부, 현재의 지베(Gibe, 옛 Ennarya) 지역을 아라비카 커피(Coffea arabica)[8]의 주요 원산지로 꼽는다. 이 지역에는 현재 림무 코사(Limmu Kossa) 커피 국영 농장이 자리하며, 수백 년 된 '마더 커피 트리(mother coffee tree, mootii bunaa)'를 찾아볼 수 있다. 반면, 카파 존(Kaffa zone)의 만키라(Mankira)와 짐마 존(Jimma zone)의 카타 무두가(Katta Muduga) 지역 역시 오래된 커피나무가 존재하며, 커피 원산지로 거론되고 있다.

한편, 커피를 둘러싼 전설들은 인류의 기억 속에 층층이 얽힌 이야기들로, 자연과 인간의 조화로운 만남이 생동한다. 그 시작은 에티오피아 고원의 한 목동의 예리한 관찰에서 비롯된다.

서기 9세기경 에티오피아 카파의 울창한 고원에서,
염소치기 '칼디(Kaldi)'[9]는 그의 염소들이 낯선 붉은 열매를 먹고
춤추듯 활기를 띠는 모습을 발견했다.
호기심에 열매를 맛본 그는 정신이 맑아지고 가슴이 뛰는 생기를 느꼈다.
칼디가 이를 가까운 수도원에 가져가자,
수도원장은 '악마의 유혹'이라며 열매를 화로에 던졌다.
그러나 그 불길 속에서 퍼져 나온 매혹적인 향은 성스러움에 가까웠다.
한 수도승이 타다 남은 씨앗을 건져 물에 달여 마셨고,
이때 지친 영혼이 깨어나는 듯한 각성의 힘을 얻었다.

The Legend of Kaldi, by Reliable barista Team

후대에 빚어진 이 이야기는 커피가 인간의 삶에 '성스러운 각성'의 상징으로 깃든 순간을 생생한 문학적 상상(imagination)으로 그려낸다. '칼디'라는 목동이 염소가 붉은 열매를 먹고 활력을 띠는 모습을 발견한 우연은, 단순한 일화를 넘어 자연의 비밀을 탐구하는 인간의 호기심을 상징한다. 이 발견은 커피가 문명사의 향기로운 여정에서 영감과 깨달음의 촉매로 자리 잡은 본질을 드러낸다. 이 전설은 인류가 미지의 세계와 대면하며 정신적, 문화적 각성을 이루는 과정을 영원히 되새기는 유산이라 할 수 있다.

Ethiopia-Focused Map

커피의 기원에 관한 이야기는 에티오피아 칼디 전설 외에도 예멘의 모카(Mocha, al-Mukhā) 지역과 연관 짓는 내용이 전해진다. 여기에는 오마르(Sheikh Omar)라는 수도사의 전설이 등장한다.

그는 간절한 기도로 병든 이를 치유할 수 있는 능력을 가졌다고 전해지지만,
그 명성은 곧 시기와 모함을 불러왔고, 결국 그는 모카에서 추방되어 황량한 동굴 속으로 숨어들었다. 굶주림과 고독 속에서 그는 우연히 낯선 열매를 발견한다.
처음에는 허기를 달래려 씹어 보았지만, 입 안 가득 퍼지는 쓴맛은 견디기 어려웠다.
그는 열매를 불에 구워 보았으나, 이번에는 너무 단단하여 그대로 먹을 수 없었다.
결국, 그는 뜨거운 물에 열매를 우려 마셨고,
놀랍게도 몸과 정신이 맑아지는 경험을 하게 되었다.
이 신비로운 음료 덕분에 오마르는 혹독한 동굴 생활을 견딜 수 있었고,
그의 이러한 이야기는 주변 사람들에게까지 전해졌다.

이 전승은 역사적 사건이라기보다는 신화적 이야기로 분류된다. 언제, 어디서, 누구를 중심으로 일어난 사건인지 명확히 기록된 문헌은 존재하지 않는다. 역사의 물결 속에서도 이 설화는 커피의 발견과 확산을 둘러싼 상상력과 문화적 맥락을 보여주는 중요한 장면으로 오늘날까지 전해진다. 인간이 커피라는 열매를 처음 마주했을 때 느꼈을 경이와 호기심, 그리고 그것이 삶과 사회에 끼친 영향이 신화적 이야기 속에서도 고스란히 담겨 있는 것이다.

더 나아가, 커피의 기원을 고대 아라비아(Arabia), 6세기에서 8세기 사이로 거슬러 올라가려는 시도가 있으나, 그 주장은 문학적 상상으로도 부족하다. 고대의 저술가들 가운데 일부는 페르시아(Persia)의 의학자 라제스(Rhazes, Al-Razi)[10]가 커피나무의 뿌리를 기록했다 전하고 있으나, 이는 마치 고대의 그림자에 지나지 않아 실증할 수 없는 전언에 머문다. 또 다른 거장 이븐 시나(Ibn Sīnā)[11] 역시 후대의 해석 속에서 커피와 연결되지만, 근원 문헌에서 뚜렷한 근거를 찾을 수 없다. 라제스와 이븐 시나를 커피와 결부시키는 것은 당대의 기록이 아니라, 17세기 이후 유럽 학자들의 상상과 해석이 빚어낸 허상에 가깝다.

The Legend of Omar

Kaffa Kingdom Coffee Cup, by Rod Waddington

커피는 중세 에티오피아(Ethiopia) 남서부 카파(Kaffa) 왕국의 울창한 숲과 고원에서 시작되었다는 설이 널리 전해졌다. 일부 학자들은 '카파' 지명에서 커피라는 이름이 유래했을 가능성을 제기하였지만, 언어학적 증거는 충분하지 않았다. 카파와 짐마(Jimma)[12] 지역은 커피나무가 자생하던 원산지로, 이곳 오로모(Oromo)족은 커피 열매를 "부나(buna)"[13]라 부르며 음료 이전에 음식으로 활용했다는 것이다. 그들은 커피 열매를 잘게 부순 뒤 동물성 지방과 섞어 골프공 크기의 에너지 덩어리로 만들어, 유목과 전투의 여정 속에서 섭취하며 정신과 기분을 고양시켰다. 생두(green bean)에 함유된 카페인(caffeine)과 영양소가 지방과 만나 에너지원으로 작용했을 가능성이 있으나, 이는 증거 없이 구전만으로 전해왔다. 그러나, 이후 오로모족의 전승과 짐마 일대 지역에서 초기 커피 종이 발견된 점은 에티오피아가 커피의 발상지임을 설득력 있게 뒷받침하며, 커피가 생존과 활력의 상징으로 인간의 삶에 뿌리내린 여정을 그려낸다.

이처럼 오늘날 우리가 마주하는 커피 한잔에는 천년에 가까운 시간 동안 축적된 문화의 기억과 언어의 울림이 스며 있다. 작은 열매에서 비롯된 이 음료는 단순한 기호품을 넘어, 인간이 깨어나는 순간과 세계를 탐색하는 태도, 그리고 일상 속에서 반복되는 의식과 상징을 담아왔다. 그 이름과 의미가 시대와 지역을 따라 변주되는 과정을 따라가다 보면, 커피는 결국 인간 삶의 풍경 속에서 '정신을 일깨우는 힘'이자 '문화적 상상력을 이어주는 끈'으로 여전히 우리 곁에 머물러 있음을 알게 된다.

1671년 로마 출신의 나이로니(Faustus Naironi)가 발표한 논문[14]은 커피의 기원을 새로운 시각에서 조명한다. 논문 속에서 그는 이렇게 기록하고 있다.

> *나는 1650년까지 동방을 여행하였고,*
> *다양한 것들을 호기심으로 탐구하여 기록하였으며,*
> *그중 하나로 이 음료를 발견하였다.*
> *이 음료는 "카후에(Cahue)" 혹은 "카페(Café)"라고 불린다.*
> *어떤 낙타치기(혹은 일부에서는 염소치기)가 불평하였는데, 일반적인 동방 전승에 따르면 그는 아라비아 펠릭스(Ayaman 지역)에 위치한 한 수도원의 수도사들과 함께 있었으며, 그의 가축들이 일주일에 한 번뿐만 아니라 밤새 깨어 있는 것을 목격하였다고 한다.*
> *또한, 그들은 뛰어다니는 것이었다.*
> *그 수도원의 수도원장은 호기심이 생겨 이것이 목초 때문이라고 추측하였고,*
> *그의 동료와 함께 그들이 밤에 방목되던 장소를 유심히 살펴보았다.*
> *그리고 염소나 낙타들이 그날 밤에 뛰어다니던 곳에서 작은 나무(arbuscula)들을 발견하였다.*
> *그들이 먹던 것은 그 식물의 열매(fructus)였으며, 보다 정확히 말하면 베리(baccis)였다.*
> *수도원장은 이 열매의 효능을 직접 시험해 보고자 하였고,*
> *그래서 그것을 끓는 물에 넣어 우려냈다.*
> *그 결과 그 음료가 밤에 각성을 유도한다는 것을 알게 되었다.*
> *이러한 이유로 수도사들이 밤샘 기도를 위해 매일 이 음료를 마시도록 허락하였다.*
> *그리하여 그들은 더욱 기민하게 밤 기도에 임할 수 있었다.*
> *그리고 이 음료를 매일 마시는 과정에서 그것이 인체 건강에 유익하고 활력을 주며, 좋은 신체 상태를 유지하는 데 효과가 있다는 것이 날마다 확인되었다.*
> *그렇게 해서 점차 그 지역 전체로 퍼져 나갔으며, 이후 동방의 다른 지역들로도 확산되었다(Faustus Naironi, 1671).*

나이로니의 기록을 통해 바라보면, 우리가 흔히 알고 있는 염소 목동 칼디 전설과는 다른 시각으로 제공한다. 17세기 서양 학자들이 동양 문명을 바라보는 시선 속에서 멸시와 오리엔탈리즘이 섞여 만들어낸 이야기였고, 20세기 초반 미국의 커피 전문가들이 상업적 이용을 위해 이를 가공하며 변형시킨 전승이었다. 따라서 칼디 전설을 그대로 수용하는 것은 동양인으로서 우리가 역사적 맥락과 문화적 편향을 고려하지 않는 태도가 될 수 있다. 역사 또한 음식처럼, 그것을 만든 사람과 소비한 사람의 시각과 경험을 배제한 채 단독으로 존재할 수 없다는 점을 보여준다.[15]

이후 1753년, 스웨덴의 식물학자 칼 린네(Carl Linnaeus)는 그의 저서 『식물의 종(*Species Plantarum*)』[16]에서 커피에 코페아 아라비카(Coffea arabica)라는 학명을 부여하였다. 그러나 이는 당시 유

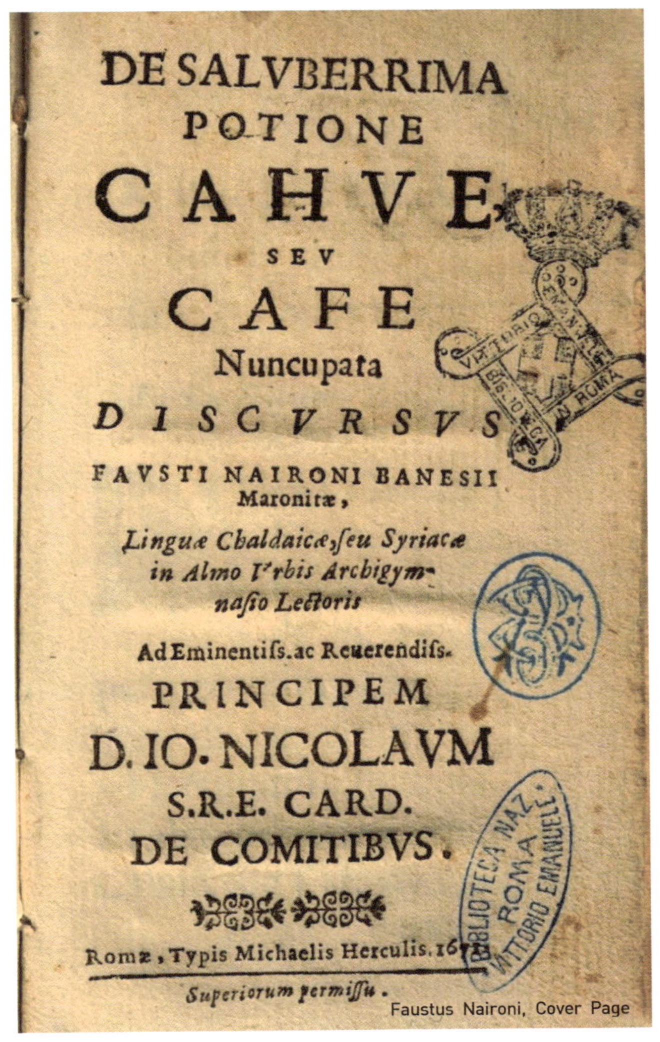

DE SALVBERRIMA
POTIONE
CAHVE
SEV
CAFE
Nuncupata
DISCVRSVS
FAVSTI NAIRONI BANESII
Maronitæ,
Linguæ Chaldaicæ, ſeu Syriacæ
in Almo Vrbis Archigym-
naſio Lectoris
Ad Eminentiſs. ac Reuerendiſs.
PRINCIPEM
D. IO. NICOLAVM
S.R.E. CARD.
DE COMITIBVS.
Romæ, Typis Michaelis Herculis. 16[illegible]
Superiorum permiſſu.

Faustus Naironi, Cover Page

럽 사회의 지리적 인식과 깊이 연관되어 있다. 유럽인들은 예멘의 모카(Mocha, al-Mukhā) 항구를 통해 커피를 처음 접하였고, 네덜란드 및 유대계 상인들이 이를 유럽으로 들여오면서, 자연스럽게 커피의 원산지를 예멘으로 오인하게 되었다. 이처럼 '아라비카'라는 명칭은 당시 유럽 사회가 커피를 예멘을 포함한 아라비아 반도와 강하게 연관 지었던 인식을 그대로 반영하였던 것이다. 결국, 린네가 명명한 이 학명은 단순한 식물 분류의 기호를 넘어, 당시 유럽의 지리적 이해와 무역 경로가 만들어낸 문화적 맥락이 투영된 산물이라 할 수 있다.

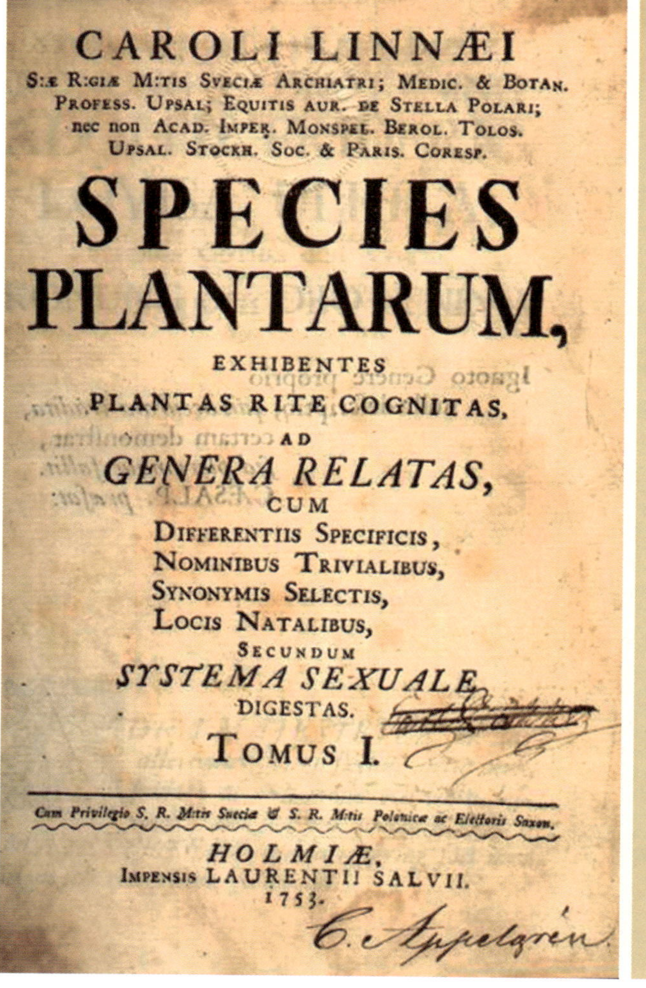

CAROLI LINNÆI
S:Æ R:GIÆ M:TIS SVECIÆ ARCHIATRI; MEDIC. & BOTAN. PROFESS. UPSAL; EQUITIS AUR. DE STELLA POLARI; nec non ACAD. IMPER. MONSPEL. BEROL. TOLOS. UPSAL. STOCKH. SOC. & PARIS. CORESP.

SPECIES PLANTARUM,

EXHIBENTES PLANTAS RITE COGNITAS, AD GENERA RELATAS, CUM DIFFERENTIIS SPECIFICIS, NOMINIBUS TRIVIALIBUS, SYNONYMIS SELECTIS, LOCIS NATALIBUS, SECUNDUM SYSTEMA SEXUALE DIGESTAS.

TOMUS I.

Cum Privilegio S. R. M:tis Sueciæ & S. R. M:tis Polonicæ ac Electoris Saxon.

HOLMIÆ, IMPENSIS LAURENTII SALVII. 1753.

172 PENTANDRIA MONOGYNIA.

Alfine aquatica, foliis rotundis beccabungæ. *Morif. hift.* 2. *p.* 323. *f.* 3. *t.* 24. *f.* 28.

africanus. β. Samolus africanus, folio rotundiore. *Walth. hort.* 162. *t.* 23.
Habitat in maritimis Europæ, Afiæ & Americæ *borealis.* ♂
Differt africana *planta, Caule magis ramofo & firmiore; fed vix fufficiunt notæ pro diftincta fpecie.*

RONDELETIA.

americana. 1. RONDELETIA foliis feffilibus.
Rondeletia arborefcens, tini facie. *Plum. gen.* 15.
Habitat in America. ♄
Arbufculæ Folia *oppofita, feffilia, lanceolata.* Pedunculi *communes folitarii, longiffimi, nudi, apice formantes* corymbum *dichotomum; in cujus fingula dichotomia* Flos *feffilis, cum* involucro *diphyllo.*

afiatica. 2. RONDELETIA foliis petiolatis. *Fl. zeyl.* 80.
Cupi. *Rheed. mal.* 2. *p.* 37. *t.* 23. *Raj. hift.* 1494.
Habitat in Malabaria, Zeylona. ♄

BELLONIA.

afpera. 1. BELLONIA
Bellonia frutefcens, folio meliffæ afpero. *Plum. gen.* 19.
Habitat in America. ♄
Arbufculæ Folia *oppofita, ovata, ferrata, fubtus afpera: petiolis breviffimis.* Flores *in corymbum.*

CINCHONA

officinalis. 1. CINCHONA. *Mat. med.* 71.
Quinquina. *Cond. act. parif.* 1738. *Godofr. mat.* 2. *p.* 180.
Habitat in Loxa *Peruviæ.* ♄

COFFEA.

arabica. 1. COFFEA *Hort. cliff.* 59. *Hort. upf.* 41. *Mat. med.* 70. *Roy lugdb.* 239.
Jafminum arabicum, lauri folio, cujus femen apud nos coffe dicitur. *Juff. act.* 1713. *p.* 388. *t.* 7.
Evonymo fimilis ægyptiaca, fructu baccis lauri fimili. *Bauh. pin.* 498.
Bon. *Alp. ægypt.* 36. *t.* 36.
Habitat in Arabia felici. ♄

LO-

Species Plantarum, Coffea arabica, by www.lib.ncsu.edu

인간이 오랜 세월 관심을 가져온 커피를 보다 과학적인 시선으로 연구하기 시작하면서, 과거 전승과 추정으로만 존재했던 아라비카 커피의 기원이 점차 밝혀지게 되었다. 1965년 프레드릭 마이어(Frederick G. Meyer)의 연구[17] 결과, 에티오피아 남서부에서 자생하는 아라비카 커피가 이 지역을 중심으로 분포하며, 아라비카 커피의 중심지임이 최초로 확인되었다. 이어 2003년 에사야스 아가(Esayas Aga) 등 연구진이 발표한 분석[18]을 통해, 에티오피아 남서부 고산지대에서 아라비카 커피의 유전자 다양성이 가장 높다는 사실이 입증되었으며, 이로써 이 지역이 아라비카의 생물학적·유전적 근거지임이 과학적으로 확인되었다.

Arabian

Arabian Peninsula

또한, 2024년 빅터 알버트(Victor A. Albert) 등에 의해 발표된 연구[19]로, 아라비카가 약 60만 년 전 현재의 에티오피아 남서부와 인접 지역에서 흔히 로부스타(Robusta)로 불리는 카네포라(Coffea canephora)와 유게니오이데스(Coffea eugenioides)의 자연교잡(natural hybridization)[20]을 통해 탄생한 종으로 드러났다. 카네포라와 유게니오이데스는 각각 2배체(22개 염색체)를 가지는 반면, 아라비카는 이 두 종의 교잡으로 4배체(44개 염색체)를 형성하였다. 또한, 아라비카는 두 종의 유전적 특성을 일부 물려받아, 카페인 함량은 낮으면서도 향미가 풍부한 특징을 갖게 되었다. 단일 교잡 기원(monophyletic origin)으로 시작했기에 유전적 다양성은 상대적으로 낮지만, 이러한 유전적 구조 덕분에 아라비카는 고지대에서도 생육이 용이하고, 낮은 기온 속에서 천천히 성장하면서 복합적이고 섬세한 향미를 형성할 수 있었다.

이처럼, 20세기 후반 이후 과학의 눈으로 이루어진 연구는 아라비카 커피의 기원과 유전적 비밀을 한층 선명하게 밝혀주었으며, 그 결과 아라비카는 단순한 작물을 넘어 '고급 커피'의 상징으로 자리매김하게 되었다. 오늘날 세계 각지의 비옥한 토양과 적절한 기후 속에서 여전히 사람들의 사랑을 받으며 자라는 아라비카의 한 알 한 알에는, 인간과 자연, 문화와 과학이 얽혀 만들어낸 긴 여정이 담겨 있다. 커피의 기원을 둘러싼 이야기들은 오래전부터 여러 갈래로 흘러왔으나, 그 실체를 입증할 명확한 기록이나 고고학적 증거는 아직도 안개 속에 가려져 있다. 그럼에도 인류는 오랜 세월 한 가지 직관적 믿음을 공유해왔고, 그것이 과학적으로 하나씩 입증되고 있다.

지구 위에서 커피나무가 처음 자연 속에 뿌리내리고 인간이 어떻게 커피와 조우했는지는 아직도 불분명하다. 그러나 그 열매를 발견하여 우리 삶 속으로 들여놓은 장대한 무대는 바로 에티오피아임이 분명해 보인다. 이 믿음은 수 세기를 거치며 세대를 이어 왔고, 이제는 '정설'로 자리 잡았다. 그리고 우리는 커피 한잔을 통해 그 속에 깃든 기원과 역사를 조용히 되새긴다.

The Coffee Bearer(1857), by John Frederick Lewis

둘, 커피 문명을 여행하다

커피는 에티오피아 카파 일대 지역의 깊은 숲에서 생명의 숨결을 불어넣듯 자생하기 시작하였다. 그 생명력은 이내 하라르(Harar)[21] 지역을 포함한 주변 고원 지대로 포근히 퍼져 나갔다. 하라르는 머지않아 커피의 중요한 산지로 피어나면서, 커피는 단순한 식물을 넘어 인간의 삶 속에 깊이 스며들었다. 종교적 제의의 엄숙한 순간에 함께하며 영혼을 일깨우고, 사회적 모임에서는 사람과 사람 사이를 잇는 따뜻한 매개가 되어 주었다. 아랍 세계에서는 이 특별한 열매가 점차 신성시되었으며, 커피는 귀한 비단이나 향신료와 함께 무역의 중심에 서게 되었다. 특히 인도, 이집트, 그리고 아라비아의 상인들은 사막과 바다를 건너 부지런히 왕래하며 커피와 직물을 교환하였다. 이러한 활발한 무역은 커피가 고향을 넘어 더욱 넓은 세상으로 확산되는 계기가 되었고, 하라르는 귀한 커피가 외부로 유출되는 것을 엄격히 통제하며 그 위상을 높였다. 이처럼, 오늘날까지도 하라르는 커피의 중요한 생산지이자 그 고귀한 역사를 상징하는 지역으로 알려져 있다.

이후 14세기 말~15세기 무렵, 하라르의 커피는 붉게 물든 홍해(Red Sea)를 건너 아라비아반도 예멘(Yemen)의 항구 도시 모카(Mocha, al-Mukhā)에 도착하였다. 에티오피아를 방문했던 예멘의 이슬람교(Islam)[22]도들은 커피의 각성 효과에 매료되어 피곤함을 잊고자 이 열매를 본국으로 가져왔다고 전해지고 있다. 특히 영적 수련에 몰두하던 수피[23] 수도원에서 커피를 마시며 깨달음을 구하고, 커피나무에 대한 경외감을 표현한 사실은 학자였던 알-자지리(Abd al-Qadir al-Jaziri)가 1558년경에 집필한 『커피 합법성을 위한 정수(*Umdat al safwa fi hill al-qahwa*)』[24]에서 생동감 있게 전한다. 당시 커피가 지역의 풍습을 넘어 사회적 음료로 자리 잡기 위해서는 한 사람의 결정적 개입이 필요했다. 이 기록 속에는 15세기 후반, 아덴(Aden)에서 활동한 알-다바니(Jamāl al-Dīn al-Dhabhanī)가 커피를 수행자들만의 작은 비밀에서 도시의 공적 생활로 끌어올린 인물로 그려진다. 그의 활동을 통해 커피는 신비로운 약용의 범주를 벗어나

Coffee Cultivation in Yemen, by Reliable Barista Team

Yemen Mocha, by Reliable Barista Team

사람들 사이에서 나누고 이야기하는 사회적 매개로 변화했고, 이후 수세기를 거쳐 세계로 퍼져나갈 문화적 여정의 문이 열리기 시작했다.

이처럼 커피는 이슬람교의 역사와 그 맥을 같이하며 깊은 연관성을 맺게 되었다. 에티오피아가 커피의 원산지라면, 예멘은 인류가 커피나무를 체계적으로 경작하기 시작한 세계 최초의 터전인 셈이다.

예멘 지형 대부분이 화산재가 선사한 미네랄의 비옥함과 서리마저 허락하지 않는 온화함으로, 커피 재배에 더없이 이상적인 조건을 품고 있다. 커피는 에티오피아의 깊은 숲에서 비롯되어 그 야생의 열매가 음료로서의 생명력을 얻고 본격적인 경작의 역사를 시작한 곳은 다름 아닌 예멘, 특히 모카 지역인 것이다. 이로써 '모카 커피(Mocha coffee)'라는 이름은 예멘의 커피 역사를 고스란히 담아내게 되었다. 지금껏 예멘 모카 커피는 세계 3대 커피 중 하나로 그 고귀한 명성을 잃지 않고 있다.

Dutch Engraving of Mocha in 1692, by Gaspar Bouttats

예멘의 모카는 지리적 축복을 받은 항구이다. 모카는 홍해의 동쪽 연안에 자리하고 있으며, 서쪽으로는 그 바다를 마주하고 있다. 이 바다는 건너편 커피의 고향 에티오피아와 모카를 잇는 통로가 되었다. 남쪽으로는 바브엘만데브 해협(Bab el-Mandeb Strait)을 통해 아덴만(Gulf of Aden)과 이어져 세계 바다로 나아가는 길목을 열었으며, 아라비아반도의 심장부에 위치하여 육로 무역에도 중요한 거점이었다. 이러한 입지는 모카를 중동과 유럽을 잇는 무역의 요충지로 만들었고, 마침내 아라비아반도 교역의 중심지로 자리매김하였다. 배와 낙타가 오가는 길목마다 모카의 이름과 향은 퍼져 나갔고, 커피가 세계로 이어지는 관문이자 상징이 되었다.

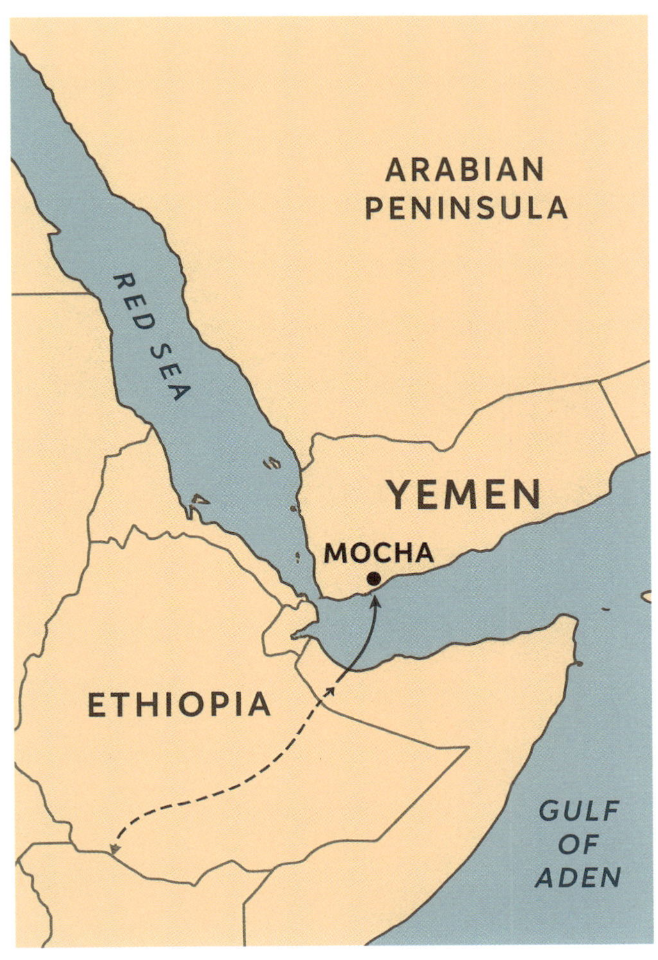

커피는 예멘 땅에서 술이 금지된 이슬람 신앙인에게 새로운 음료의 지평을 열어주었다. 이는 커피가 빠르게 전파될 수 있었던 핵심적 이유가 되었다. 특히, 이슬람의 신비주의 분파인 수피(Sufi) 교도들은 커피를 아랍 전역에 널리 퍼뜨리는 데 중추적인 역할을 하였다. 그들은 종교적 의례 행사에서 커피를 사용하여 정신을 맑히고 영적 몰입을 돕고자 하였던 것으로 전해진다. 하지만 당시 이슬람 종교의 특성상 사교 활동에 대한 규제가 존재하여, 커피의 보급이 처음부터 순탄했던 것만은 아니었다.

커피의 발원과 수피교도들 사이의 깊은 연결고리를 드러내는 주목할 만한 문헌이 등장하였다. 알 가지(Najm al-Din al-Ghazzi)[25]의 저서에는 아덴에 살았던 수피즘의 시인이자 종교학자인 알 아이

다루시(Abu Bakr al-Shadhili al-Aydarusi)가 커피를 처음 발견한 인물로 언급되고 있다. 이러한 증언들은 커피의 발견과 그 확산에 있어 예멘과 수피즘의 밀접한 관계의 가능성을 시사한다. 그러나 커피의 시작을 단 한 사람의 이야기로 규정하기에는 너무나 다양한 설화가 전해져 오고 있다.

커피는 에티오피아의 깊은 숲에서 시작되어 에멘의 여정을 이어가며, 이슬람교도, 무역상인들에 의해 이집트, 메카(Makkah, 현 사우디아라비아), 이스탄불 등으로 확산되었다. 특히 16세기, 아라비아 반도로 전해진 커피는 메카에 전파되자, 사람들은 낯선 검은 음료에 열광하였다. 이 음료를 마시는 사람들이 모인 커피하우스는 지배자의 명령이 미치지 않는 곳에서 자유롭게 대화하고 토론하는 장소가 되었다. 그러나 당시 총독 카이르 베그(Khair Beg)에게는 이러한 커피하우스는 단순한 유흥 공간이 아니었다. 그곳은 기존 질서를 위협하는 위험한 사상이 싹트는 곳이라고 생각하였다. 사람들이 모여 커피를 마시며 정치와 사회에 대해 논하는 모습은 감시와 통제 아래 놓여있던 민중이 스스로 목소리를 내기 시작했음을 의미하는 것이었다. 총독은 커피가 사람들의 이성을 지나치게 자극해 반란을 부추긴다고 믿었다. 그는 커피를 압수하고 불태우며 공포 분위기를 조성했다. 하지만 커피를 향한 사람들의 열망은 그 어떤 물리적 탄압으로도 막을 수 없었다. 결국 법학자들에 의해 커피의 합법성에 대한 해석이 새롭게 정리되자, 금지령은 자연스럽게 철회되었고, 메카 사람들은 다시 그 맛과 향을 마주하게 되었다.

한편, 이스탄불에서도 평민의 소박한 일상부터 귀족의 호화로운 모임까지, 커피 향이 가득하였다. 16세기, 오스만 제국이 예멘의 커피 주요 재배지를 통치하며 그 무역로를 장악하자, 커피는 제국의 광대한 영토를 넘어 주변 국가로 더욱 빠르게 퍼져 나가기 시작했다. 1555년경, 이스탄불에는 최초의 커피하우스가 문을 열며 대중의 삶 속으로 깊이 스며들었다. 이스탄불 사람들은 이곳에서 커피를 마시며, 이야기를 나누고 책을 읽으며 깊이 생각하고, 새로운 관계를 맺는 등 공동체 활동의 소중한 공간을 창조하였다. 커피는 그들에게 활력을 불어넣고 일상에 역동적인 리듬을 부여하는 귀중한 음료가 되었다.

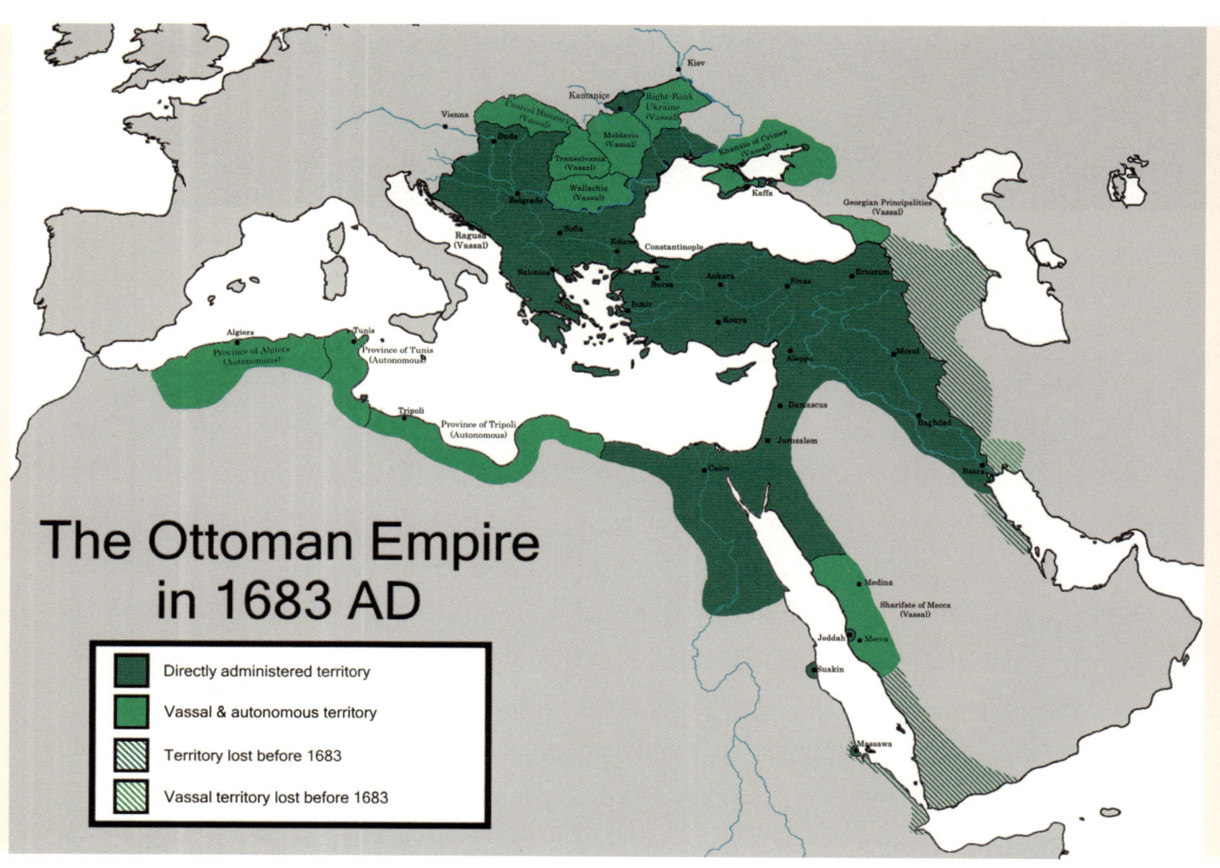

Ottoman Coffeehouse(1600), by islam.fandom.com

이렇게 커피는 이슬람 세계 곳곳을 지나며 그 향을 넓혀가다가, 마침내 유럽 대륙을 향해 조용히 움직이기 시작했다. 그 길은 오스만 제국의 교역망을 따라 이어졌고, 또 다른 길은 예멘 모카의 붉은 흙 내음이 묻은 커피 항구에서 홍해 바다 위로 흘러나갔다. 16세기, 동방 무역의 심장이라 불리던 이탈리아 베네치아(Venezia)는 이 낯선 흑갈빛 음료를 가장 먼저 받아들인 유럽의 관문이 되었고, 커피는 이 도시의 상인들과 여행자들 사이에서 서서히, 그러나 꾸준히 그 존재를 드러내기 시작했다.

그러나 당시 로마 교황청의 시선은 차갑기 그지없었다. 이슬람교도들이 즐겨 마신다는 이유만으로 검은 빛깔의 이 음료는 '악마의 음료'라 불리며 경계와 거부의 대상이 되었다. 가톨릭 사제들은 로마 교황 클레멘스 8세(Pope Clement VIII)[26]에게 이 음료의 금지를 간청하였다. 하지만 교황은 커피를 직접 맛본 뒤 오히려 그 매력에 빠져들었고, 마시는 것을 허락하는 은총을 베풀었다는 일화가 전해진다.[27]

Pope Clement VIII

이러한 배경 속에서 17세기 초, 커피는 튀르키예 이스탄불을 오가던 네덜란드 상인들과 이탈리아 베네치아 상인들의 손에 이끌려 마침내 유럽 대륙에 상륙하기 시작했다. 당시 유럽 국가들은 오랫동안 막대한 이익을 안겨주었던 향신료와 설탕 외에 새로운 무역 상품을 모색하던 참이었다. 이런 시기에 등장한 커피는 빠르게 유럽 국가들의 부를 쌓는 데 기여하는 핵심적인 무역 상품으로 급부상하게 되었다. 특히 영국, 프랑스, 네덜란드, 포르투갈 등 해상 강국들은 너나 할 것 없이 커피 확보에 심혈을 기울였다. 이들은 세상 곳곳으로부터 차와 커피 같은 이국적이고 향기로운 기호품들을 아낌없이 들여왔다. 그리하여 커피는 영국의 항구와 프랑스의 도심, 네덜란드의 시장을 가득 채우며, 그 시대를 물들이는 새로운 맛과 향으로 자리매김하였다.

Coffeehouse in Cairo, by Bruno Befreetv

The Vertue of the *COFFEE* Drink.

First publiquely made and ſold in England, by *Paſqua Roſee.*

THE Grain or Berry called *Coffee*, groweth upon little Trees, only in the *Deſerts of Arabia.*

It is brought from thence, and drunk generally throughout all the Grand Seigniors Dominions.

It is a ſimple innocent thing, compoſed into a Drink, by being dryed in an Oven, and ground to Powder, and boiled up with Spring water, and about half a pint of it to be drunk, faſting an hour before, and not Eating an hour after, and to be taken as hot as poſsibly can be endured; the which will never fetch the skin off the mouth, or raiſe any Bliſters, by reaſon of that Heat.

The Turks drink at meals and other times, is uſually *Water*, and their Dyet conſiſts much of *Fruit*; the *Crudities* whereof are very much corrected by this Drink.

The quality of this Drink is cold and Dry; and though it be a Dryer, yet it neither *heats*, nor *inflames* more then *hot Poſſet.*

It ſo cloſeth the Orifice of the Stomack, and fortifies the heat within, it's very good to help digeſtion; and therefore of great uſe to be bout 3 or 4 a Clock afternoon, as well as in the morning.

uch quickens the *Spirits*, and makes the Heart *Lightſome.*

is good againſt ſore Eys, and the better if you hold your Head oer it, and take in the Steem that way.

It ſuppreſſeth Fumes exceedingly, and therefore good againſt the *Head-ach*, and will very much ſtop any *Defluxion of Rheums*, that diſtil from the *Head* upon the Stomack, and ſo prevent and help *Conſumptions*; and the *Cough of the Lungs.*

It is excellent to prevent and cure the *Dropſy, Gout*, and *Scurvy.*

It is known by experience to be better then any other Drying Drink for *People in years*, or *Children* that have any *running humors* upon them, as the *Kings Evil.* &c.

It is very good to prevent *Miſ-carryings in Child-bearing Women.*

It is a moſt excellent Remedy againſt the *Spleen*, *Hypocondriack Winds*, or the like.

It will prevent *Drowſineſs*, and make one fit for buſines, if one have occaſion to *Watch*; and therefore you are not to Drink of it *after Supper*, unleſs you intend to be *watchful*, for it will hinder ſleep for 3 or 4 hours.

It is obſerved that in Turkey, where this is generally drunk, that they are not trobled with the Stone, Gout, Dropſie, or Scurvey, and that their Skins are exceeding cleer and white.

It is neither *Laxative* nor *Reſtringent.*

Made and Sold in St. *Michaels Alley* in *Cornhill*, by *Paſqua Roſee*, at the Signe of his own Head.

The Vertue of the Coffee Drink

영국 런던의 커피와 커피하우스의 이야기는 한잔의 음료가 어떻게 현대 사회의 풍경과 문화를 빚어왔는지를 생생하게 보여준다. 1652년, 런던 코른힐(Cornhill)의 세인트 마이클스 앨리(St. Michael's Alley)에 작은 커피하우스 하나가 문을 열었다. 주인은 오스만 제국 무역 상인을 섬기던 하인 파스카 로제(Pasqua Rosée)였다. 그는 낯선 흑갈색 음료의 매력을 런던 시민들에게 알리고자, 'The Vertue of the Coffee Drink(커피 음료의 효능)'이라는 전단지를 손수 만들어 나누어 주었다. 이 작은 종이 한 장은 커피의 깊은 매혹을 런던 거리 곳곳으로 퍼뜨리는 계기가 되었고, 오늘날 그 원본은 대영박물관에 고이 보관되어 역사의 한 증거로 남아 있다.

커피 음료의 효능

파스카 로제(Pasqua Rosée)에 의해 영국에서 처음으로 공개적으로 만들어지고 판매됨. 커피라고 불리는 이 곡물 또는 열매는 아라비아 사막에서만 작은 나무에서 자란다. 그곳에서 가져와 오스만 제국 전역에서 일반적으로 마시는 음료이다. 이것은 단순하고 무해한 성분으로 이루어진 음료로, 오븐에서 건조한 후 가루로 만들어 끓는 샘물과 함께 달이는데, 약 반 파인트(half a pint)를 마신다. 보통 식사 전 한 시간 또는 식사 후 한 시간 동안 마시며, 가능한 한 뜨겁게 마시는 것이 좋다. 이는 절대 입안의 피부를 벗기거나 갈증을 유발하지 않는다. 터키인들은 식사중이나 다른 시간에도 물을 마시며, 그들의 식단은 많은 과일과 차가운 음식으로 이루어져 있다. 이러한 식습관은 이 음료에 의해 크게 조절된다.

이 음료의 성질은 차갑고 건조하며, 다소 건조하긴 하지만 너무 차갑지도, 너무 건조하거나 따뜻하지도 않다. 위장의 소화를 돕고, 심장을 강화하며, 위의 나쁜 상태를 개선하고 오래된 소화 장애를 완화한다. 따라서 아침뿐만 아니라 오후 3~4시에도 유용하다. 영혼을 맑게 하고 감각을 깨우며, 머리가 무거울 때 좋다. 시력을 맑게 하고 눈을 보호한다. 심장을 튼튼하게 하고 혈액 순환을 좋게 하며, 뇌의 나쁜 증기를 제거한다. 위장을 보호하고 기침을 예방하며, 폐의 막힘을 해소한다. 노폐물과 점액을 배출하는 데 도움을 주며, 통풍(gout)과 혈병(scurvy)을 예방하는 데 유익하다. 감기에 걸린 사람이나 감기 증상이 있는 어린이들에게 훌륭한 음료이다. 임산부의 유산 방지에도 유용하다. 기침, 감기, 폐 질환에 매우 좋은 치료제이다. 피부의 붉은 반점이나 기미를 줄여주며, 외부적으로 바르면 다양한 피부 질환을 치료할 수 있다. 콘힐의 세인트 마이클스 앨리(St. Michael's Alley)에서 파스카 로제(Pasqua Rosée)에 의해 만들어지고 판매되었다(The Vertue of the Coffee Drink, 1652).

커피 홍보의 등장은 여기서 그치지 않았다. 1650년대 중반, 런던의 거리는 커피와 초콜릿, 차를 함께 판다는 광고로 넘쳐났다. 1659년, 런던에 '로타 클럽(Rota Club)'[28]이라 불리는 지적인 모임이 결성되었다. 사람들은 이곳에 모여 뜨거운 커피 한잔을 마주한 채 공화주의적 이상과 사회의 변화에 대한 뜨거운 논의를 이어갔다. 1660년대에 접어들자 영국 전역에 커피하우스의 수는 눈에 띄게 증가하였고, 그 빠른 성장으로 인해 1663년, 마침내 이를 관리하기 위한 면허 제도(Licensing Act)의 도입으로 이어졌다.

커피의 여정은 17세기 영국에서 새로운 무대를 열었다. 1674년, 커피 음료의 효능을 알리는 전단지가 런던 거리를 물들였다. '커피라 불리는 그 온건하고 건강한 음료의

A BRIEF

DESCRIPTION

OF THE

EXCELLENT VERTUES

OF THAT

Sober and wholesome Drink,

CALLED

COFFEE,

AND ITS

INCOMPARABLE EFFECTS

IN

PREVENTING or CURING

MOST

DISEASES

INCIDENT TO

HUMANE BODIES.

——*Floreat Arabica Planta.*

When the sweet Poison of the Treacherous Grape,
Had Acted on the world a General Rape;
Drowning our very Reason and our Souls
In such deep Seas of large o'erflowing Bowls,
That *New Philosophers* Swore they could feel
The Earth to Stagger, as her Sons did Reel:
When Foggy Ale, leavying up mighty Trains
Of muddy Vapours, had besieg'd our Brains;
And Drink, Rebellion, and Religion too,
Made Men so Mad, they knew not what to do;
Then Heaven in Pity, to Effect our Cure,
And stop the Ragings of that Calenture,
First sent amongst us this *All-healing-Berry*,
At once to make us both *Sober* and *Merry*.
Arabian Coffee, a Rich Cordial
To Purse and Person Beneficial,
Which of so many Vertues doth partake,
Its Country's called *Felix* for its sake.
From the Rich Chambers of the Rising Sun,
Where Arts, and all good Fashions first begun,
Where Earth with choicest Rarities is blest,
And dying *Phenix* builds Her wondrous Nest:
COFFEE arrives, that Grave and wholesome Liquor,
That heals the Stomack, makes the Genius quicker,
Relieves the Memory, Revives the Sad,
And cheers the Spirits, without making Mad;
For being of a Cleansing QUALITY,
By NATURE warm, Attenuating and Dry,
Its cordiate Use the foulest Chests will Rout,
Removes the Dropsie, gives ease to the Gout,
And soon dispatcheth wheresoe're it finds
Scorbutick Humours, Hypochondriack winds,
Rheums, Phthisis, Palsies, Jaundice, Coughs, Catarrhs,
And whatsoe're with Nature longest Warrs;
It helps Digestion, want of Appetite,
And quickly sets Consumptive Bodies Right;
A Friendly Entercourse it doth Maintain,
Between the Heart, the Liver, and the Brain,
Natures three chiefest Wheels, whose Jars we know,
Threaten the whole *Microcosme* with overthrow;
In Spring, when Peccant Humours Exceede most,
And Summer, when the Appetite is lost,
In Autumn, when Raw Fruits Diseases Breed,
And Winters time too cold to Purge or Bleed;
Do but this Rare *ARABIAN* Cordial Use,
And thou may'st all the Doctors Slops Refuse.
Hush then, dull QUACKS, your Mountebanking cease,
COFFEE's a speedier Cure for each Disease;
How great its Vertues are, we hence may think,
The Worlds third Part makes it their common Drink;
The Amorous Gallant, whose hot Reins do fail,
Stung by Conjunction with the Dragons-Tail;
Let him but Tipple here, shall find his Grief
Discharg'd, without the Swelling Tubs Relief;
Nor have the LADIES Reason to Complain,
As fumbling Dotterels are apt to Feign;
COFFEE's no Foe to their obliging Trade,
By it Men rather are more Active made;
'Tis stronger Drink, and base adulterate Wine,
Enfeebles Vigour, and makes Nature Pine;
Loaden with which, th' Impotent Sott is Led
Like a Stow'd Hogshead to a Misses Bed;
But this Rare Settle-Brain prevents those Harms,
Conquers Old Sherry, and brisk Claret Charms.
Sack, I defie thee with an open Throat,
Whilst Trusty COFFEE is my Antidote;
Methinks I hear Poets Repent th'have been,
So long Idolaters to that Sparkling Queen;
For well they may perceive 'tis on Her score
APOLLO keeps them all so Curs'd Poor;
Let them avoid Her tempting Charms, and then
We hope to see the Wits grow Aldermen;
In Brief, all you who Healths Rich Treasures Prize,
And Court not Ruby Noses, or blear'd Eyes,
But own Sobriety to be your Drift,
And Love at once good Company and Thrift;
To Wine no more make Wit and Coyn a Trophy,
But come each Night and Frollique here in Coffee.

The *RULES* and *ORDERS* of the

COFFEE-HOUSE.

Enter Sirs freely, But first if you please,
Peruse our Civil-Orders, which are these.

First, Gentry, Tradesmen, all are welcome hither,
And may without Affront sit down Together:
Pre-eminence of Place, none here should Mind,
But take the next fit Seat that he can find:
Nor need any, if Finer Persons come,
Rise up for to assigne to them his Room;
To limit Mens Expence, we think not fair,
But let him forfeit Twelve-pence that shall Swear:
He that shall any Quarrel here begin,
Shall give each Man a Dish t' Atone the Sin;
And so shall He, whose Compliments extend
So far to drink in COFFEE to his Friend;
Let Noise of loud Disputes be quite forborn,
No Maudlin Lovers here in Corners Mourn,
But all be Brisk, and Talk, but not too much
On Sacred things, Let none presume to touch,
Nor Profane Scripture, or sawcily wrong
Affairs of State with an Irreverent Tongue:
Let Mirth be Innocent, and each Man see,
That all his Jests without Reflection be;
To keep the House more Quiet, and from Blame,
We Banish hence Cards, Dice, and every Game:
Nor can allow of Wagers, that Exceed
Five shillings, which oft-times much Trouble Breed;
Let all that's lost, or forfeited, be spent
In such Good Liquor as the House doth Vent,
And Customers endeavour to their Powers,
For to observe still seasonable Hours.
Lastly, Let each Man what he calls for Pay,
And so you're welcome to come every Day.

London, Printed for *Paul Greenwood*, and are to be sold at the sign of the *Coffee-Mill* and *Tobacco-Roll* in *Cheek-fair* near *West-Smithfield*, who selleth the best *Arabian* Coffee-Powder and Chocolate, made in Cake or in Roll, after the *Spanish* Fashion, &c. 1674.

A COFFEE BROADSIDE OF 1674. The first to be illustrated.

Frontispiece]

뛰어난 효능에 대한 간략한 설명, 그리고 인간의 몸에 발생하는 대부분의 질병을 예방하고 치료하는데 미치는 비할 데 없는 효과'라는 긴 제목이었다. 이 전단지는 영국에서 발행된 것으로, 커피의 건강 효능을 강조하면서도 커피하우스에서의 예절과 규칙을 설명하고 있다. 그 시절 영국에서 커피는 새롭게 떠오르는 시대의 맛이었고, 커피하우스는 사람과 생각이 모이는 특별한 무대였다. 17세기 후반, 이곳은 단순히 음료를 파는 상점이 아니라 정치 · 경제 · 문화가 뒤섞여 토론과 논쟁이 피어나는 장이었다. 그러나 이러한 열린 공간은 정부와 일부 보수층의 눈에 불온하게 비쳤다. 결국, 1675년, 찰스 2세(Charles II)는 커피하우스 폐쇄 명령을 내렸다. 그러나 시민들의 거센 반발 앞에 그 명령은 곧 철회되었다.

이러한 시대적 풍경 속에서 제작된 커피 광고 전단지는 단순 상업 홍보물이 아니었다. 그것은 커피를 알리고, 커피하우스가 사회 속에 제자리를 잡도록 돕는 하나의 선언문이자 초대장이었다.

"A Brief Description of the Excellent Vertues of that
Sober and Wholesome Drink, called Coffee, and its Incomparable Effects in
Preventing & Curing most Diseases incident to Humane Bodies."
……
The Excellent Virtues of Coffee and Its Remarkable Effects
on the Human Body Coffee has a stimulating effect that
drives away drowsiness and clears the mind.
It aids digestion and is beneficial in relieving stomach ailments.
It is believed to be effective in preventing and curing certain diseases.
……
The Rules and Orders of the Coffee-House.
All visitors must conduct themselves with civility and decorum.
Political disputes and unnecessary quarrels are strictly forbidden.
All persons may engage in free discourse,
but they must respect the opinions of others(wikipedia, 원문 재구성).

*"커피라 불리는 그 온건하고 건강한 음료의 뛰어난 효능에 대한 간략한 설명,
그리고 인간의 몸에 발생하는 대부분의 질병을 예방하고 치료하는데 미치는 비할
데 없는 효과"*

……

커피의 우수한 효능과 인간의 신체에 미치는 뛰어난 효과
커피는 각성 효과가 있어 졸음을 쫓아주며, 정신을 맑게 해준다.
소화를 돕고 위장 질환을 완화하는 데 유용하다.
특정 질병을 예방하고 치료하는 데 효과적이라고 여겨진다.

……

커피하우스의 규칙과 질서
모든 방문자는 예의를 지켜야 한다.
정치적 논쟁이나 불필요한 다툼은 금지된다.
모든 사람이 자유롭게 토론할 수 있지만,
상대방의 의견을 존중해야 한다.

그 이후, 18세기 초반까지 영국 전역에는 수천 개의 커피하우스가 성업을 이어갔다. 이곳은 음료 공간을 넘어, 사람들이 모여 사상과 정보를 교환하며 시대의 흐름을 읽는 장이었다. 당시 커피하우스는 '페니 유니버시티(Penny University)'[29]라 불렸다. 이는 적

London Coffeehouse

은 비용으로 커피 한잔을 마시며 누구나 지식과 토론의 기회를 얻을 수 있었기 때문이다. 이렇게 커피하우스는 지성의 요람이자 사회적 네트워크의 중심으로 자리매김하며, 당시 영국 사회를 움직이는 중요한 힘이 되었다.[30]

커피의 향은 영국을 지나 유럽 대륙 곳곳으로 번져나가 새로운 시대의 감각과 취향을 깨우기 시작했다. 17세기 유럽에서는 네덜란드 동인도회사(Dutch East India company)와 영국의 동인도회사[31] 등 제국 간의 패권 경쟁 속에서 무역은 비약적인 성장을 이루었다. 그 흐름은 향신료 · 설탕 · 커피 · 홍차와 같은 새로운 기호 문화의 확산으로 이어졌다. 이들 상품은 단순한 소비재가 아니라, 인간의 욕망과 교류의 세계가 형성되는 매개였다. 특히 네덜란드를 비롯한 유럽 강대국들은 금전적으로 막대한 이익을 가져다줄 커피를 먼저 선점하기 위해 앞다투어 영향력을 넓혔다. 이처럼 커피는 네덜란드, 영국, 프랑스의 항구와 도시를 가득 채우며, 그 시대를 물들인 새로운 맛과 향이 되었다.

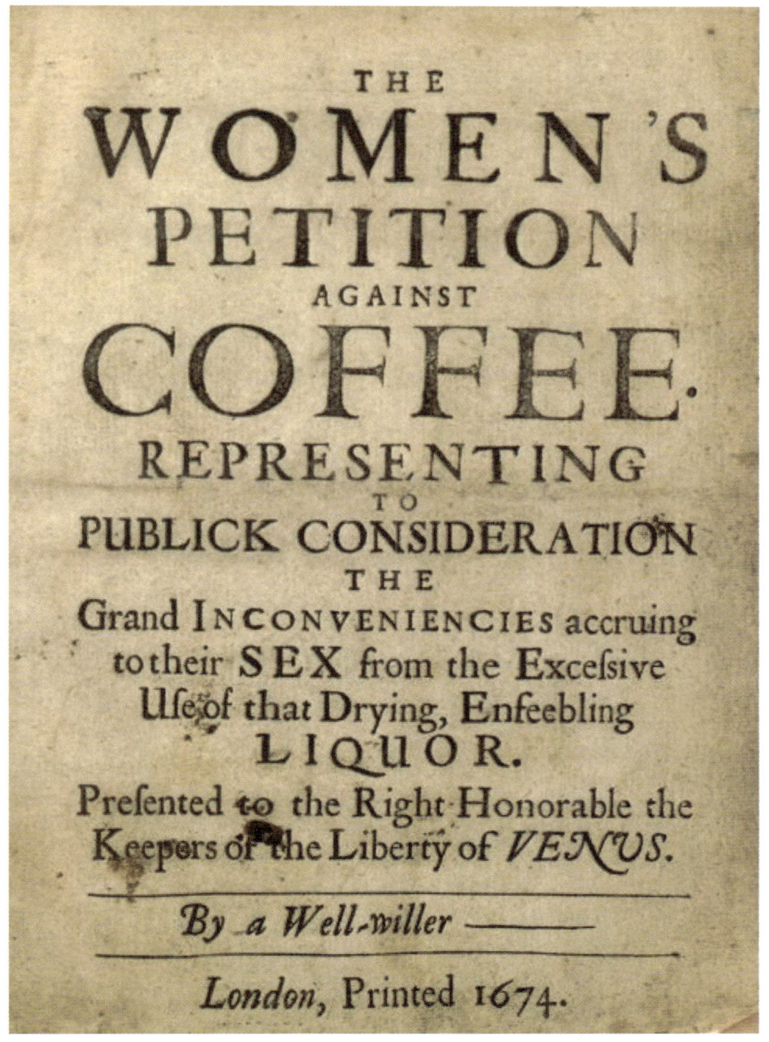
THE
WOMEN'S
PETITION
AGAINST
COFFEE.
REPRESENTING
TO
PUBLICK CONSIDERATION
THE
Grand INCONVENIENCIES accruing
to their SEX from the Excessive
Use of that Drying, Enfeebling
LIQUOR.
Presented to the Right Honorable the
Keepers of the Liberty of VENUS.

By a Well-willer

London, Printed 1674.

Women's Petition Against Coffee, Houghton library, by Harvard university

이러한 커피 열풍은 각국의 고유한 문화를 만나 다양한 모습으로 피어났다. 이탈리아 베네치아의 산마르코 광장(Piazza San Marco)에는 18세기, 1720년부터 운영한 카페 플로리안(Caffè Florian)과 1775년에 개업한 카페 콰드리(Caffè Quadri)가 현재까지 운영되고 있다. 카페 플로리안은 이탈리아에서 가장 오래된 카페로서 베네치아의 상징 중 하나이다. 당시 이러한 카페들은 괴테(Johann Wolfgang von Goethe), 스탕달(Stendhal) 등 여러 예술가와 유명인들이 즐겨 찾던 곳이었다.

결국, 유럽의 강대국들은 치솟는 커피 수요를 감당하기 위해 더 많은 커피를 손에 넣고자 바다 건너 식민지의 토양에 커피나무를 심기 시작했다. 한 알의 씨앗은 제국의 욕망을 품고 이국의 땅에 뿌리내렸고, 커피는 그렇게 세계 곳곳으로 퍼져 나갔다.[32]

대서양을 건너 미국에서의 커피 이야기는 17세기 초, 맨해튼(Manhattan)을 지배하던 네덜란드인들의 손에서 시작되었다. 이후 1664년, 네덜란드가 영국과의 전쟁에서 패배하며 뉴암스테르담(New Amsterdam)은 '뉴욕(New York)'이라는 새로운 이름을 갖게 되었고, 그와 함께 커피 문화 또한 신대륙에 뿌리를 내리기 시작했다. 보스턴(Boston)과 뉴욕을 중심으로 문을 연 미국의 커피하우스는 18세기에 걸쳐 빠르게 확산되었다. 이곳은 단순한 음료 공간이 아니었다. 상인과 정치가, 지식인들이 한데 모여 신대륙의 미래를 논의하는 열띤 담론의 장이었으며, 때로는 혁명의 불씨가 오가는 역동

Caffè Florian, by caffeflorian.com

Caffè Florian, by caffeflorian.com

적인 장소가 되기도 했다. 그러나 영국의 지배 아래 있던 시절, 커피는 신대륙에서 그리 큰 주목을 받지 못했다. 사람들의 잔에는 여전히 차(tea)가 더 자주 올랐고, 그 향과 풍습이 일상을 지배하고 있었다.

미국에서 커피가 비로소 진정한 인기를 얻기 시작한 것은 18세기 후반, 독립이라는 거대한 변화의 바람이 불기 시작한 이후였다.[33] 필라델피아(Philadelphia)에 자리한 시티 태번(City Tavern)[34]은 조지 워싱턴(George Washington), 토머스 제퍼슨(Thomas Jefferson) 등 미국 건국의 주역들이 모여 회의를 하던 역사적인 장소로 전해진다. 그곳은 식음 공간을 넘어, 새로운 국가의 구상을 논의하는 생생한 역사의 현장이었다.

독립 이후 미국에서 커피가 급속히 유행하게 된 데에는 몇 가지 흥미로운 해석이 존재한다. 그 이유가 뚜렷하게 규명되지는 않았지만, 영국에서 주로 마시는 홍차 대신 커피를 마시는 것이 당시 애국심의 표현이었을 것이라는 해석이 있다. 혹은 홍차에 부과된 영국의 세금으로 인해 상대적으로 커피가 저렴해지면서 소비가 늘었을 것이라는 추측도 있다. 어쩌면 그 두 가지 이유가 뒤섞여, 한잔의 커피가 신생 국가의 정체성과 자부심을 담아내는 상징적인 음료가 되었는지도 모른다. 그리하여 미국식 커피 문화는 독립전쟁을 전후하여 자리 잡게 되었다.

The Destruction of Tea at Boston Harbor

커피 성분 중 카페인(caffeine)[35]은 중추신경계를 자극하여 활력을 불어넣는 동시에 중독성을 가지고 있다. 이러한 카페인을 품은 커피는 인류 역사 속에서 미각과 후각을 매혹적으로 자극하며, 인간을 유혹하는 데 성공해온 음료이다. 한잔의 깊은 맛과 향은 시대와 문화를 넘어 수많은 이들의 일상과 기억 속에 스며들었다. 커피는 단순한 기호품이 아닌 사상의 교환이 이루어지는 공간을 만들었고, 예술과 문학의 영감을 불러일으켰으며, 때로는 정치적 결의와 사회적 담론의 장을 형성하기도 했다. 이처럼 커피는 인류 문명과 나란히 걸으며 감각과 사고, 그리고 사회를 변화시킨 하나의 문화적 동반자가 되었다.

특히, 세계의 문학가와 예술가들은 점차 커피의 매혹에 깊이 사로잡혀 갔다. 그 끝맛에 스치는 미묘한 신맛과 쓴맛, 그리고 은근한 단맛의 조화는 그들의 감각을 깨우기에 충분했다. 당시 그들은 커피하우스에 앉아 잔을 기울이며 예술적 구상을 나누고, 문학적 논쟁을 벌이는 일을 하나의 유행처럼 즐겼다. 커피하우스는 그들에게 창작의 무대를 넘어, 뜨거운 사상이 교차하는 지적 교류의 장이었다.

Nachdem Goethe mir seine größte Zufriedenheit sowol über die
Erzählung des durch scheinbaren schwarzen Staar Geretteten,
wie auch über das andere ausgesprochen, übergab er mir noch eine
Schachtel mit Kaffeebohnen, die ein Grieche ihm als etwas
Vorzügliches gesandt "Auch. diese können sie zu Ihren Untersuchungen
brauchen," sagte Goethe. Er hatte recht; denn bald darauf entdeckte
ich darin das, wegen seines großen Stickstoffgehaltes
so berühmt gewordene Coffein(wikipedia).

괴테는 나에게 겉보기에 검은 백내장으로부터 구해진 사람의 이야기뿐만 아니라
다른 이야기들에 대해서도 큰 만족감을 느꼈다고 말했다.
그리고 나서 그는 한 상자를 내게 건네주었는데, 그것은 한 그리스인이
그에게 특별히 훌륭한 것이라며 보내온 커피 생두였다.
"이것도 당신의 연구에 유용할 것입니다."라고 괴테가 말했다. 그의 말이 맞았다.
왜냐하면 얼마 지나지 않아 나는 그 속에서 질소 함량이 높아 유명해진
카페인(coffein)을 발견했기 때문이었다.

이처럼 커피는 서양 문화 속에서도 깊이 뿌리내려 예술의 영역까지 확장되었다. '음악의 아버지'라 불리는 독일 작곡가 바흐(Johann Sebastian Bach)는 1732년경 '커피 칸타타(Coffee Cantata)'라는 세속 칸타타를 통해 커피에 관한 풍자와 해학을 선보였다. 이 작품은 커피에 광적으로 집착하는 딸과 그녀에게 커피를 끊으라 다그치는 아버지 사이의 유쾌한 말다툼을 그려낸다. 당시 커피가 사회와 일상 속에 얼마나 깊이 자리한 문화였는지 엿볼 수 있다. 18세기 독일, 특히 바흐가 거주하며 창작 활동을 하던 라이프치히(Leipzig)에서는 가정 내 커피 소비뿐만 아니라, 시내 곳곳의 커피하우스에서 소규모 공연과 사교 활동이 활발하게 이루어졌다. 하지만 당시에는 여성들의 커피하우

GOOD! ITS MASON'S

MASON'S ESSENCE OF COFFEE AND CHICORY

MASON'S
HIGHLY RECOMMENDED
ESSENCE
COFFEE
AND
CHICORY
DIRECTIONS
MANUFACTURED BY
NEWBALL & MASON
NOTTINGHAM.

EXPELS THE OLD METHOD

Mason's Essence of Coffee and Chicory Advert

스 출입이 제한되는 등, 커피 문화를 온전히 즐기는 데 사회적 제약 또한 존재했다.

엄숙한 종교 음악의 거장으로서의 이미지와 달리, 바흐가 이처럼 대중적이고 희극적인 작품을 창작한 배경에는 커피에 대한 그의 각별한 애정이 자리한다는 해석이 지배적이다. 그는 커피를 찬미하는 '커피 칸타타'를 일종의 헌정곡처럼 남겼다. 그리고 "아침에 커피가 없으면 나는 그저 말린 염소고기에 불과하다."라는 일화는 농담 속에 커피가 그의 일상에 얼마나 깊이 스며들어 있었는지를 여실히 보여준다. 이처럼 커피는 바흐의 삶과 창작에 빼놓을 수 없는 영감의 원천이었다.

Bach· Cantata

Ei! wie schmeckt der Kaffee süße,
Lieblicher als tausend Küsse,
Milder als Muskatelwein.
(Kaffee, Kaffee muss ich haben,
Und wenn jemand mich will laben,
Ach, so schenkt mir Kaffee ein!)(Bach Cantata, wikipedia).

"오! 커피가 얼마나 달콤한가!
천 번의 입맞춤보다 사랑스럽고,
머스캣 와인보다 부드러워요.
커피, 커피는 꼭 마셔야 해요.
누가 나를 기쁘게 해주고 싶다면,
아, 내게 커피를 따라 주세요!"

세상을 뒤흔든 천재 음악가 베토벤(Ludwig van Beethoven)은 커피를 향한 깊은 애정을 지닌 예찬론자로 알려져 있다. 그의 작업실 식탁에는 언제나 악보 용지와 커피잔이 나란히 놓여 있었는데, 이는 그의 창작과 일상이 커피와 얼마나 밀접하게 얽혀 있었는지를 단적으로 보여주는 풍경이다. 당시 커피가 귀한 사치품이었던 시대에, 상대적으로 궁핍한 삶을 살았던 베토벤이 꾸준히 커피를 즐겼다는 점은 그가 진정한 커피 애호가였음을 방증한다. 커피 한잔이 그의 음악적 영감과 집중력을 지탱하게 했음을 짐작케 한다. 그를 둘러싼 일화에 의하면, "나는 매일 아침, 내 벗과 만나는 것이 가장 즐겁다. 아침에 커피를 빼놓고는 어떠한 것도 좋은 것은 없다. 한 잔의 커피에 담긴 60개의 원두[36]는 내게 60가지의 영감을 가져다준다."라고 전해진다. 이처럼 매일 아침 커피와 함께 하루를 시작하는 의례는 그의 창작과 삶에 깊은 의미를 더했던 것이다.

오늘날 커피에서 '60'이라는 숫자는 '베토벤 넘버(Beethoven number)'로 불린다. 약 8그램에 해당하는 60개의 원두가 에스프레소 한 잔을 추출하는 데 필요한 양으로 비유되기도 한다. 다만 이 '베토벤 넘버'라는 개념은 후대 사람들이 붙인 명칭일 뿐, 당시 실제로 사용되었다는 역사적인 근거는 존재하지 않는다.

Zimmermannsches Kaffeehaus

Beethoven

프랑스에서도 커피하우스는 배우, 작가, 음악가, 시인, 철학자 등 예술과 사상의 거장들이 문화를 이끄는 중심지 역할을 하였다. 파리의 유서 깊은 카페 프로코프(Café Procope)[37]는 루소((Jean-Jacques Rousseau), 디드로(Denis Diderot)와 같은 프랑스 철학자들이 지적인 대화를 나누던 곳으로 유명하다. 이후 카페 레 되 마고(Les Deux Magots)[38]는 생텍쥐페리(Antoine de Saint-Exupéry), 사르트르(Jean-Paul Sartre) 등 20세기 작가들이 커피와 함께 뜨거운 이야기를 펼치던 공간이었다.

Café Procope, Paris, by Jean-Marie Hullot

이러한 커피하우스 문화는 각국의 고유한 특징을 낳기도 하였다. 영국의 까다로운 커피 문화를 이해하지 못한 한 프랑스인이 한꺼번에 열세 잔의 커피를 받았다는 일화가 전해진다. 이는 19세기 초, 영국에서 커피를 마신 이후 더 이상 주문하지 않을 때 티스푼을 잔에 남겨두는 독특한 관습이 있었기 때문이다. 이 문화에 익숙하지 않은 외국인들은 종종 당황하거나 조롱의 대상이 되기도 했다고 한다. 이러한 흥미로운 에피소드는 당시 유럽 전역을 휩쓴 커피 열풍과 그 사회적 풍경을 엿보게 한다. 19세기 후반에는 프랑스에도 수만 개의 카페가 들어서며 커피 문화가 대중 속 깊이 자리 잡게 되었다.

에티오피아의 고원에서 싹튼 커피는 예멘의 항구를 거쳐 오스만 제국의 활기찬 시장을 지나 유럽과 아시아의 드넓은 곳으로 퍼져 나갔다. 이 검은 음료는 단순 기호품을 넘어, 각 문명과 조우하며 그들 고유의 정체성과 취향을 흡수해 새로운 문화적 예술로 거듭났다. 커피는 단순히 입맛을 자극하는 음료가 아니라, 인간의 감성, 사상, 그리고 공동체의 숨결을 담아내는 매개체로 자리 잡았다.

유럽은 이 이국적인 음료를 열정적으로 받아들였고, 각국은 자신들의 미학적 감수성과 생활 방식으로 커피를 재해석하며 독창적인 문화의 꽃을 피웠다. 이탈리아의 카페 라테(caffè latte)는 부드러운 우유와 커피의 조화로 마치 르네상스 예술의 균형미를 닮은 듯한 섬세한 맛을 선사했다. 오스트리아의 카페 아인슈페너(caffè einspänner)는 생크림의 풍성한 질감과 깊은 커피 향이 어우러져, 합스부르크 제국(Habsburg Empire)의 화려한 궁정 문화를 떠올리게 한다. 그리고 프랑스의 카페 오레(café au lait)는 우유의 따뜻함과 커피의 강렬한 개성이 만나, 계몽주의의 자유로운 사유를 담은 듯한 여유로운 풍미를 자아낸다.

이처럼 커피는 음료를 넘어 각국의 문화적 정체성과 미적 감각이 녹아든 예술적 표현으로 탈바꿈했다. 우유와 생크림이라는 평범한 재료는 커피와의 만남을 통해 각기 다른 이야기와 정서를 품은 독특한 작품으로 재탄생했다. 이는 마치 화가가 캔버스 위에 색채를 덧입히듯, 각국의 전통과 취향이 커피라는 매체를 통해 새롭게 창조된 인문학적 서사라 할 수 있다. 커피는 이렇게 인류의 손끝에서 문화를 빚는 도구가 되었으며, 그 향기 속에 시대의 정신과 인간의 열망을 담아냈다.

셋, 조선, 커피를 받아들이다

커피가 조선의 땅에 처음 발 디딘 순간은 역사의 심연 속에 묻혀 있으나, 단편적인 기록들은 그 신비로운 여정을 은연중에 그려낸다. 19세기 중반, 유교적 질서가 일상의 기조로 자리 잡고 있던 조선에서, 실학의 시선은 점차 넓은 세계로 향하고 있었다. 이 과정에서 서역의 낯선 음료 역시 글 속에 모습을 드러낸다.

1857년, 실학자 최한기의 『지구전요(地球典要)』[39]에서 '가비(*加非, 架非*)'라 표기한 구절을 찾아볼 수 있다. 그러나 이 서적은 조선 내부의 생활 경험에서 비롯된 것이 아니라, 당시 청나라에서 유입된 『해국도지(海國圖志)』와 『영환지략(瀛環志略)』에서 인용한 문구를 바탕으로 작성된 것이다. 사상가 위원(魏源)이 집필한 『해국도지』는 서양의 앞선 군사·과학 기술을 인정하고 이를 배워야 한다는 인식을 제시함으로써, 관념적 명분에 머물러 있던 당시의 시야에서 벗어나 현실에 대응하는 사고를 일깨워주었다. 또한 관료이자 지리학자인 서계여(徐繼畬)의 『영환지략』은 서양의 정치와 역사, 세계 각국의 상황을 기존의 중화 중심적 관점에서 벗어나 비교적 객관적으로 소개하며, 세상에는 다양한 나라와 문화가 존재함을 인식하게 했다.

이러한 지리서는 조선의 지식인들이 낯선 바깥세상을 이해하고, 그 속에서 우리의 처지를 보다 객관적으로 성찰하게 만드는 하나의 거울이 되었다. '가비'라는 단어는 이러한 참조의 맥락 속에서 형성된 것으로, 당시 조선에서 커피가 실제로 유통되었음을 직접적으로 입증하는 자료로 보기에는 한계가 있다. 이 글자들은 커피의 실체를 담지 못한 채, 조선의 학문적 상상력을 살짝 흔들었을 뿐이다.

……物產土肥濕宜稻產米最多又產白糖棉花麻煙草**加非**……

*생산물은 땅이 기름지고 습하고 벼농사에 적합하여 쌀 생산이 가장 많으며, 또한 백당(설탕)·면화(목화)·삼(마)·담배·**가비(커피)**를 생산한다(지구전요).*

米長者五六分

下

風氣

人民山內野番黑面拳毛結茅寮衣樹皮與臺灣內山

生番相似居民二百餘萬性情強悍樂於戰鬬

物產土肥濕宜稻產米最多又產白糖棉花麻煙草加

非加非似扁豆青黑色炒而煮之味苦香似茶西洋人用以代茶或沃糖酥飲之可可子果名即藥

料中訶子西洋人亦以代茶金珠玳瑁冰片燕窩海參烏木紅木

島嶼南大小十餘島閩人稱之曰利仔友曰甘馬力曰

班愛曰莽黨曰宿霧曰貓霧煙曰綢巾礁腦一作蜘中焦老又名

澗仔低泰西人稱之曰撒馬曰馬隣得曰把拉灣曰泥鄴

底厚不過五層薄則一層面亦有帶繫之靴亦長不過膝底厚者多上下皆用牛皮穿時以大褲脚盖之所有衣服鈕扣皆開在正面無左右開也

食 飲食則每日三餐早饍或飯或麵及肉亦有牛奶雞蛋牛油茶架非（架非者將青豆炒焦研末水煎或白滚水冲隔渣）自七點鍾至十點各隨其便惟不多食名曰早餐至一點鍾及五點後所食則鷄豚魚鴨牛羊多用燔炙自割而食并有生菓糖菓牛奶雞蛋等物或茶或酒合家同一檯檯面用布舖蓋後置各物其上男女各一便每人以一碟盛物不用箸惟用刀叉調羹等隨人暢飽故名大餐晚上六

……食飮食則每日三餐早饍或飯或麵及肉亦有牛奶雞蛋牛油茶**架非**……

*음식은 매일 세 끼를 먹는데, 아침에는 밥이나 국수를 먹으며 고기도 있다. 또한 우유 · 달걀 · 버터 · 차 · **가비(커피)**도 있다(지구전요).*

그 이국적인 향은 새로운 문명의 숨결을 품고 있었다. 음료라는 경계를 지나 선교사와 외교관의 손에서 위세와 권력의 상징으로 다가온 커피는, 한약재를 닮은 쓴맛과 낯선 검은빛으로 조선 사람들에게 이질적인 경이로 다가섰다. 서양이라는 낯선 기표를 지닌 이 음료는 새로운 종교의 유입과 궁궐의 한잔 한잔에 담겨 미각과 상상력을 깨웠고, 근대의 거리에서 점차 일상의 풍경으로 스며들었다. 단편적 기록 속에 흩어진 그 여정은 커피가 새로운 시대와 문물이 교차하는 지점에서 한국의 역사에 조용히 뿌리내린 흔적을 드러낸다.

1860년 3월, 조선의 천주교 제4대 주교였던 프랑스인 베르뇌(Simeon Francois Berneux)는 홍콩에 있는 파리외방전교회 극동대표부의 리부와(N.F. Libois) 신부에게 보낸 서한에 여러 물품과 함께 40리브르(livre)의 커피를 요청하였다. 그 물품들이 언제 조선에 도착했는지는 명확히 알 수 없으나, 1861년 9월의 서한에는 주문한 짐들이 무사히 도착했다는 내용이 담겨 있다. 이는 그사이 여러 차례 물품이 청구되고 반입되었음을 짐작케 한다. 베르뇌 주교는 1863년 11월과 1865년 12월 서한에도 커피를 언급한 것으로 보아 지속적으로 이 향신의 음료가 조선에 들여왔음을 방증한다. 이렇듯 커피는 1866년 병인양요, 즉 천주교 박해에 대한 프랑스의 군사적 보복 이전부터 이미 외국 선교사들의 손을 타고 조선의 종교적 · 외교적 공간 속으로 스며들고 있었던 것이다.

Je recevrai encore les confréres demandés pour 1861 si on les envoie. Supposé que l'expédition de cette année manque encore, envoyez l'an prochain M.M. Landres [sic] et Joanno et même deux autres missionnaires avec eux; mais dans ce cas n'augmentez pas le bagage. Si M.M. Landres et Joanno entrent cette fois ci; donnez aux confréres qui viendront en 1861(l'an prochain) deux barils de vin rouge ou blanc(50 bouteilles chacun), 4 douzaines de cognac, **40 livres de café**, 100 livres de cassonade. Pas d'argent, nous en avons assez, il faut du confortable.

1861년에 요청한 다른 신부들도 파견해 주신다면 또 받을 것입니다. 만약 올해 원정에도 무산된다면, 내년에는 랑드르 신부와 조안노 신부와 함께 다른 두 명의 신부도 보내주시기 바랍니다. 그 경우 짐을 늘리지 마시기 바랍니다. 랑드르 신부와 조안노 신부가 이번에 입국하게 된다면, 1861년(내년)에 올 신부들에게 적포도주나 백포도주 2통(각 50병들이), 꼬냑 4다스, ***커피 40리브르****, 흑설탕 100리브르를 보내주시기 바랍니다. 돈은 충분해서 보내지 마십시오. 우리는 마음이 편해야 합니다(베르뇌 주교 서한, 1860).*

Grâce à Dieu les autre confréres sont arrivés en paix jusqu'à la Capitale, le 7 Avril: le bagage aussi, dont l'introduction me causait bien des soucis, est entré chez moi aprés quelques petites miséres, et la perte d'une caisse, valeur de 2,000fr. Tout était en bon état excepté la soie noire que vous m'avez envoyée: n'ayant pas été enveloppée de papier huilé, elle a été à peu prés perdue par l'humidité.

감사하게도 동료 신부님들께서는 4월 7일에 평안히 수도에 무사히 도착하셨습니다. 짐을 반입하는 문제로 걱정이 많았는데, 약간의 파손과 2,000프랑 상당의 물품이 든 상자 하나를 분실한 것 말고는 전부 도착하였습니다. 신부님께서 보내주신 검은 비단을 제외하고 모든 것들은 양호한 상태였습니다. 비단은 기름종이에 싸여 있지 않아서 습기로 인해 거의 손상되었습니다(베르뇌 주교 서한, 1861).

이후 19세기 말, 1876년 조선과 일본 사이에 체결된 강화도 조약으로 개항의 문이 열리면서 조선은 일본을 매개로 서구의 문물이 들어왔다. 이에 조선은 전통 질서와 새로운 사상이 충돌하는 개화기의 격동을 맞이하게 되었다. 전통의 한옥과 궁궐이 전신주의 울림에 흔들리던 그때, 커피의 향은 궁중의 담을 넘어 점차 퍼져 나갔다. 1884년, 개항 이후의 혼란과 변화 속에서 발행된 근대 신문 '한성순보(漢城旬報)'[40]에는 커피를 의미하는 '가배(珈琲)'[41]라는 단어가 모습을 드러낸다. 그리고 1885년, 미국의 퍼시벌 로웰(Percival Lowell)은 『조선: 고요한 아침의 나라: 코리아 스케치(*Chosŏn: the Land of Morning Calm: a Sketch of Korea*)』[42]에 조선에서 마주한 커피의 모습을 기록하였다.

……如西印度諸島之**珈琲**及煙草 如魯西安納之砂糖如蜜...(한성순보, 1884)

서인도 여러 섬의 ***커피****와 담배, 루이지애나(Louisiana)의 설탕과 꿀과 같다.*

人民之親睦由之而益敦富國强兵之策由之而漸就故文明開化之源由之而漸進若使社會不有運輸之便則財權利源皆不可興豐風戎俗亦不可變吁在於邃古非無此術特人皆曚昧不知運輸之爲社會急務因循自足已經數千載之久也始至今日聰明與開百巧俱興未滿百年終致社會之零美國以是而富强民以是而安樂此非運輸之有功於社會者乎或以余言爲過則請申明其由今統觀宇內萬國不特氣候之各異風俗之相殊其土産品類亦自不同或有甲富於此而簡於彼乙優於彼而粗於此者甚多必以富資簡以優濟粗然後可利用厚生由貧而謀富是乃通商貿遷之所由始也若富不以資簡優不以濟粗則富者獨富粗者獨粗將至身不絲腹不穀而使萬國生靈阽於困苦必有莫之救也如南喀爾勒那及若耳治之綿花如西印度諸島之珈琲及烟草如魯西安納之砂糖如審士失秘沿岸諸州之穀物及畜類如法蘭西之絹帛如英吉利之棉布也陶器也鐵器也皆是物産之獨富而獨粗者使以上諸國若無運輸之便則法蘭西止於絹帛而外他棉布陶器等皆不可利用諸國亦皆如是而民不能聊生必矣所以通商之議盛行於五洲而必須運輸之便者此也甞査運輸之便有四一曰運費由以低廉二曰輸送由以迅疾三曰危難由以減小四曰發達由以有期四者備而貿換之利日就盛大也蓋使購求物品者核詳値價則土産之原價及原價之利息又自土産處運至需用處之費額并運輸危難等項總爲購求者之償辦何則凡運輸物品也或遭危難被損耗則自運輸人必增價値而償辦他如藏庫包裝等諸費亦增物價者也統計此等諸費則或數倍原價或至原價之五分四譬如南喀爾勒那之棉花自該處苞裝而輸送於士爾斯頓及司倭那等諸港又自此等諸港搭載火船以運英國之里味阪港自此港更附載火車以送英國之製布局織成棉布後乃轉運各處以供人民之需用然則運費之倍徙於原價者自可見矣故非運費極廉則需用者獨於原産傍近之地而止耳特如乳汁植物等不但以運費低下計之最關輸送之迅速夫牛乳植物等雖都市內外必有其價之懸殊每多使人喫驚或原産價値不過數戔若運至府內則增至數兩故運遲費多則需用此品者貴人及富家而已貧人賤輩比比缺望必使運費極廉送達極速然後能夥布於人物繁庶之區使貧賤之徒皆可得以需用誠彼此各得其利也至如法之爲國雖土質膏腴戶口繁殖而兼有其民之瞻智勤業然特由運輸之未便使人爲之歎惜者多矣何則法之牛羊植物等自原産之處運送需用之地則其增價値者常有一二與五六之差豈不由運輸之未便乎又如一物推在産地則未有計價而或運於他方則必爲人生所需之物品亦增價値者有之農家之糞栽等是也又有輸送則必爲緊用否則必害生物者都府街上之塵埃是也若將此糞栽及塵埃運於郊外播於畎畝則無價者爲有價爲害者反爲有用豈不是民生利益之一端乎論者或云若使運費極低則曾從事於運輸之徒或至失業此亦不思之甚也無論某國智巧日進運輸益

Yet I neither saw nor heard of any. Even sliding upon the ice, which I was obliged to substitute in lieu of the more noble invention, was set down in their minds as a foolish foreign eccentricity. Indeed, the zeal with which not only friends and attendants, but even disinterested bystanders and lookers-on, endeavored to warn me off the ice, would have done credit to the hen with her obstinate duckling. Pushing always forward, I found the ice perfectly firm everywhere, and reached without difficulty the chevaux de frise along the opposite shore. This I scrambled over, and climbed up the bank. Once on the bank, there was nothing to do but to return; for the bluff on which the house stood was, like most Korean suburbs, much better to look from than to look at. The mass was good enough; but at this distance the surface had an excoriated appearance, due to indiscriminate trampling.

We mounted again to the House of the Sleeping Waves to sip that latest nouveauté in Korea, after-dinner **coffee**.

As we sat on the veranda, there stole up to us the ring from the ice as the fishers tramped over it, — that hollow booming sound, which always seems so to typify and enhance the deadness of a winter landscape(Percival Lowell, www.loc.gov).

하지만 나는 그런 놀이를 본 적도 들은 적도 없었다. 나는 더 현대적인 발명품 대신 얼음 위에서 미끄러지며 놀 수밖에 없었는데, 이것은 그들 마음속에 외국인의 괴상한 기행으로 자리 잡았다. 사실 친구들과 하인들뿐만 아니라, 무관심한 구경꾼들조차도 나에게 얼음에서 내려오라고 경고했는데, 이들은 마치 고집스러운 새끼 오리를 두고 애타는 암탉 같은 모습이었다. 나는 계속 앞으로 나아갔고 얼음이 어디에서나 완벽히 단단하다는 것을 확인하며 반대편 물가의 방책에 쉽게 도달했다. 나는 이를 넘고 강둑을 올라갔다. 강둑 위에 오르자 돌아갈 수밖에 없었는데 그 집이 자리한 절벽은 대부분의 조선 외곽 지역처럼, 가까이서 보기보다는 멀리서 보는 것이 더 나았기 때문이다. 얼음의 상태는 괜찮았지만, 사람들이 무분별하게 밟고 다녀서 표면이 상처투성이처럼 보였다.

우리는 조선의 최신 유행인 저녁 식 후 ***커피****를 마시기 위해 'House of the Sleeping Waves'라는 곳으로 올라갔다. 베란다에 앉아 있을 때, 얼음 위를 어부들이 밟고 다닐 때 나는 속이 빈 듯한 울림을 들었다. 이 소리는 겨울 풍경의 적막함을 상징하는 듯했다.*

Percival Lawrence Lowell(1883)

한편, 관료 민건호는 『해은일록(海隱日錄)』 1884년 7월 27일자에 갑비차, 곧 커피를 대접받은 사실을 기록하였다. 개항기 부산항의 감리서(監理署, 관청) 서기로 임명된 그는 1883년부터 1914년까지의 일상을 일기 형식으로 남겼고, 이를 모아 『해은일록』이라는 책으로 정리하였다. 이 일기에는 해당 연도 이후 여러 차례 커피를 대접받은 경험이 반복적으로 등장한다. 이러한 기록으로 민건호는 현재까지 문헌으로 검증된 우리나라 최초의 커피 음용자로 평가된다.

> 二十七日 己巳 晴
> 午後微灑 進海關 午正訪尹定植寓 小焉唐紹儀自海關來 進**甲斐茶** 和牛乳 白雪糖一大鐘 及卷煙一介 未刻還海關視務...(민건호, 부산근현대역사관)
>
> *27일 기사. 맑음.*
> *오후에 보슬비가 왔다. 해관에 나갔다. 오시(午時) 정각에 윤정식(尹定植) 집을 방문했다. 조금 있다가 당소의(唐紹儀)가 해관에 왔다. **갑비차(甲斐茶)**, 우유, 흰 설탕 큰 종지로 하나, 궐련(卷煙) 1개를 대접받았다. 미시(未時)에 해관에 돌아와서 업무를 보았다.*

개화사상가이자 정치인 유길준의 『서유견문(西遊見聞)』[43] '제16편 옷, 음식, 집의 제도'에 커피를 뜻하는 '*가비(茄菲)*'의 언급은 새로운 문물이 조선의 미각을 깨우는 순간을 포착한다. 한편, 고종은 일찍부터 잇따른 변란과 정치적 격랑 속에서 불안과 공포의 나날을 보냈다. 명성황후 시해 사건 이후 그는 점점 고립되어 갔고, 마침내 1896년 2월 새벽, 세자와 함께 궁녀들의 가마를 타고 경복궁을 빠져나와 러시아 공사관으로 피신하였다. 이른바 아관파천이라 불리는 그 1년의 망명 기간 동안, 고종이 커피를 즐겨 마셨다는 일화가 전해진다. 만약 이것이 사실이라면, 그는 이미 그 이전부터 커피의 매혹적인 향과 자극에 익숙해 있었을지도 모른다. 비록 확정된 사실로 단정할 수는 없으나, 근대 한국에 커피의 향기를 퍼뜨린 상징적 순간으로 빛난다.

영국의 작가이자 여행가인 이사벨라 버드 비숍(Isabella Bird Bishop, Isabella Lucy Bird)은 조선을 처음 방문한 서양인 여성 가운데 한 사람이다. 그녀는 3년에 걸쳐 조선과 중국을 여러 차례 오가며 고종과 명성황후를 알현했다. 이러한 경험을 토대로 1897년, 『조선과 그 이웃 나라들(*Korea and Her Neighbours*)』이라는 기행문을 출간하

杞溪 兪吉濬 輯述

西遊見聞 全

開國四百九十八年

서유견문 표지, by 재단법인 현담문고

十五 飮食은人의氣血을滋補ᄒᆞᄂᆞᆫ者ㅣ니若其烹飪ᄒᆞᄂᆞᆫ方道가荒鹵ᄒᆞ야消化ᄒᆞ기에有難ᄒᆞ면人의害를反貽ᄒᆞ야滯積으로平生의痼病되며又或人의性命이此를因ᄒᆞ야天壽의限을不屆ᄒᆞᄂᆞᆫ憂가有ᄒᆞᆫ지라然ᄒᆞᆫ故로必先食料의物品을理化의法으로試驗ᄒᆞ야其性質을究格ᄒᆞᆫ然後에其利를世人과同受ᄒᆞᆷ이可ᄒᆞ니泰西人이滯病의罕少ᄒᆞᆫ緣由ᄂᆞᆫ實狀이食物의害가無ᄒᆞᆷ이오又人의飮ᄒᆞᄂᆞᆫ水도穢氣를含蓄ᄒᆞᆫ則飮者의病源을成ᄒᆞᄂᆞᆫ故로淸淨ᄒᆞᆫ者아니면不用ᄒᆞ고些少의汙濁ᄒᆞᆫ疑慮가有ᄒᆞ야도必漉ᄒᆞ며牛肉도太熟ᄒᆞ면人에게不利ᄒᆞ다ᄒᆞ야半熟ᄒᆞ고又毒이有ᄒᆞ다ᄒᆞ야必薯藷와同食ᄒᆞ야其毒을制ᄒᆞᄂᆞᆫ者라

十六 其飮食의器具를記ᄒᆞ건ᄃᆡ

匙　刀　叉子　把子　巾　楪　鍾子　琉璃鍾　食物의　盛器　藥鹽臺

漱器

十七 匙ᄂᆞᆫ麥粥과茶茄非及他濕膩物을食ᄒᆞ기에用ᄒᆞᄂᆞᆫ者가各有ᄒᆞ니鍍銀ᄒᆞᆫ者라

十八 刀ᄂᆞᆫ果와魚肉을食ᄒᆞ기에用ᄒᆞᄂᆞ니肉類에ᄂᆞᆫ鋼鐵이오果에ᄂᆞᆫ銀이라食物이換ᄒᆞᄂᆞᆫᄃᆡ로刀도亦換ᄒᆞᄂᆞᆫ者라

十九 叉子는其柄이象牙或角或木이니其身은鋼鐵에鍍銀ᄒᆞ고其末이四枝라所食ᄒᆞᄂᆞᆫ物
을剌ᄒᆞ야口에入ᄒᆞᄂᆞᆫ者라

二十 把子는胡桃種類의有皮ᄒᆞᆫ乾果를破ᄒᆞᄂᆞᆫ者라

二十一 巾은襟前에繞ᄒᆞ야或口或手를拭ᄒᆞᄂᆞᆫ者라

二十二 楪은大中小各種砂器니每一食에每一介換用ᄒᆞᄂᆞᆫ者라

二十三 鍾子는茶茄非等物을飮ᄒᆞᄂᆞᆫ者라

二十四 琉璃鍾子는酒或水를飮ᄒᆞᄂᆞᆫ者라

二十五 食物의盛器는各種飮食을盛來ᄒᆞᄂᆞᆫ者니其形이或方或圓ᄒᆞ야或砂器도有ᄒᆞ며或銀
器도有ᄒᆞᆫ者라

藥鹽臺는各色藥鹽의器를排安ᄒᆞᄂᆞᆫ者라

二十六 漱器는食畢後에進ᄒᆞᄂᆞᆫ者라

二十七 以上은大綱其食飮의器具를擧論홈이니今에其飮食을記錄ᄒᆞ건ᄃᆡ名目의數가浩繁
二十八 ᄒᆞ고烹飪ᄒᆞᄂᆞᆫ法은未審ᄒᆞᆫ者라大槪麵包와牛乳及牛乳油와牛羊魚鳥의各種이며生
果乾果及蔬菜의各種과造果茶及茄非의諸物이니泰西人의食物이麵包乳油魚肉으

였다. 이 책에는 명성황후로부터 커피를 대접받은 장면이 등장하는데, 이는 당시 조선 궁궐에 이미 커피가 존재했음을 보여주는 귀중한 기록이다.

> Hence it was with real pleasure that I received an invitation from the Queen to a private audience, to which I was accompanied by Mrs. Underwood, an American medical missionary and the Queen's physician and valued friend. Mr. Hillier sent me to the Kyeng-pok Palace in an eight-bearer official chair, escorted by the Korean Legation Guard. I have been altogether six times at this palace, and always with increased wonder at its intricacy, and admiration of its quaintness and beauty. In a simple room hung with yellow silk we were entertained in courteous fashion with **coffee** and cake on arriving, and afterwards at dinner, the nurse, "supported" by the Court interpreter, taking the head of the very prettily decorated table. The dinner was admirably cooked in "foreign style," and included soup, fish, quails, wild duck, pheasant, stuffed and rolled beef, vegetables, creams, glace walnuts, fruit, claret, and **coffee**. Several of the Court ladies and others sat at table with us. After this long delay we were ushered, accompanied only by the interpreter, into a small audience-room, upon the dais at one end of which stood the King, the Crown Prince, and the Queen in front of three crimson velvet chairs, which, after Mrs. Underwood had presented me, they resumed and asked us to be seated on two chairs which were provided. Her Majesty, who was then past forty, was a very nicelooking slender woman, with glossy raven-black hair and a very pale skin, the pallor enhanced by the use of pearl powder. The eyes were cold and keen, and the general expression one of brilliant intelligence(Isabella, Korea and her neighbors).
>
> *그래서 나는 왕비로부터 개인 알현의 초대를 받았을 때 진정한 기쁨으로 그것을 받아들였다. 그 자리에 나는 미국인 의료 선교사이자 왕비의 의사이며 소중한 친구인 언더우드 부인과 함께하였다. 힐리어 씨는 여덟 명의 가마꾼이 메는 공식용 가마에 나를 태우고, 조선 공사관 경비병의 호위를 붙여 경복궁으로 보냈다. 나는 지금까지 모두 여섯 번 이 궁전에 갔으며, 갈 때마다 그 복잡함에 대한 놀라움이 커지고, 그 특이함과 아름다움에 대한 감탄이 깊어졌다. 노란 비단으로 장식된 단정한 방에서 우리는 도착하자마자 정중하게* ***커피****와 케이크를 대접을 받았고, 이후 만찬 자리에서는 그 여인이 궁정 통역관의 도움을 받아 매우 아름답게 꾸며진 식탁의 상석에*

앉았다. 그 만찬은 '서양식'으로 훌륭하게 조리되었으며, 메뉴에는 수프, 생선, 메추라기, 청둥오리, 꿩, 속을 채워 말은 소고기, 채소, 크림, 설탕절인 호두, 과일, 클라렛 와인, 그리고 ***커피****가 포함되어 있었다. 궁정의 여러 부인들과 다른 이들이 우리와 함께 식탁에 앉았다. 한참 이후 우리는 통역관만을 동반한 채 작은 알현실로 인도되었다. 그 방 한쪽의 단상 위에는 왕과 왕세자, 그리고 왕비가 세 개의 진홍색 벨벳 의자 앞에 서 있었다. 언더우드 부인이 나를 소개하자, 그들은 자리에 앉았고, 우리에게도 준비된 두 개의 의자에 앉기를 권했다. 왕비폐하는 당시 마흔이 넘은 나이였으며, 아주 보기 좋게 날씬하였다. 윤기나는 까만 머리와 매우 창백한 피부를 가지고 있었고, 그 창백함은 진주가루 사용으로 더욱 강조되었다. 그 눈빛은 차갑고 예리했으며, 전체적인 표정은 빛나는 지성을 드러내었다.*

또한 대한제국 시기, 황실이 서양 외교 사절을 접대하기 위해 마련한 프랑스식 연회 메뉴에는 커피가 포함되어 있었다. 이러한 정황은 고종 황제가 커피를 즐겼다는 가능성을 한층 더 뚜렷하게 뒷받침한다. 이처럼 커피는 궁궐의 잔에서 개화의 거리로 흘러나오며, 새로운 문명과 조우한 근대의 일상 속으로 서서히 스며들었다.

이 낯선 음료의 흔적은 당시 신문 지면의 한 구석에서도 은근히 모습을 드러내기 시작했다. 1897년 3월, 독립신문 영문판에는 정동에 위치한 '골스찰키(Gorschalki)'[44]에서 '자바 커피(Java coffee)'를 판매한다는 한국 최초의 커피 광고가 세상에 나왔다. 이어 1899년 8월[45] 독립신문에 "윤용주가 차, 커피, 그리고 코코아 등을 판매하는 다과점을 개업한다."는 광고가 실렸다. 그리고 1900년 11월 황성신문[46]에 '송교청향관(松橋淸香舘)에서 가피차(加皮茶) 파는 집'이라는 광고가 등장하였다. 이러한 단편적 기록들은 커피가 상업적 유통을 시작하며 일상에 뿌리내린 순간을 증언한다. 한편, 1902년 독일인 여성 손탁(Antoinette Sontag)은 서울 정동의 한 모퉁이에 자신의 이름을 내건 '손탁호텔(Sontag Hotel)'[47]의 문을 열었다. 2층은 귀빈들을 위한 객실, 1층에는 일반 객실과 주방, 식당이 자리한 이 건물은 서구 문명의 기호가 조선의 토양에 또 한 번 각인된 상징적 공간이었다.

격변의 시기를 지나던 우리나라에서 커피는 '*가비*,' '*가배*,' '*가배차*'와 같은 음역어뿐만 아니라 '서양에서 들어온 끓여 먹는 국'이라는 의미의 '*양탕국(洋湯麴)*'으로도 불렸다. 커피는 이렇게 서양의 이국적 상징과 조선의 호기심이 얽힌 독특한 명칭으로 자리잡았다.

Seoul le 19 Septembre, 1905.

DINER:

Potage pointes d' asperges

Poisson roti aux Champignons

Pigeons aux Olives

Paté de foie gras en aspic

Filet braise aux Truffles

Asperges en branches—Sauce Hollandaise

Roti, Gigot de Mouton

Salade

Glace d' Ananas

Fromage

Desserts assortis

Café —— Cognac

Liqueurs.

1905년 9월 19일 만찬 식단, by Emma Kroebel

ADVERTISEMENTS.

F. H. MORSEL.

Commission and Forwarding Agent. Broker and Auctioneer. Responsibility of goods are taken, breakage and loss of goods made good to the owner. Charges moderate. Work done diligently, and careful attention is given to quick dispatch and delivery to all ports of the country.
Office, Chemulpo, Korea.

10-2.

—:o:—

FOR SALE OR RENT.

A foreign built house of four rooms in good repair, situated in the foreign settlement in Seoul. Apply to this Office.

2-18.

—:o:—

THE INDEPENDENT.

IS THE BEST MEDIUM FOR ADVERTISEMENTS. IF YOU DESIRE TO INCREASE YOUR TRADE IN KOREA, ADVERTISE IN *THE INDEPENDENT.*

—:o:—

A. SUZUKI.

Customs Broker and Stevedore,
Landing, Shipping, Forwarding
and
General Commission Agent.
Parcel Express between
Seoul and Chemulpo.
Chemulpo office opposite
Nippon Yusen Kaisha
Seoul Office address.

泥峴 鈴木陸運出張店

14-3m.

ADVERTISEMENTS.

A. GORSCHALKI.

Chong Dong, Seoul.

WE HAVE STARTED A BAKERY, AND WILL SUPPLY THE COMMUNITY WITH THE BEST BREAD MADE OF THE BEST AMERICAN FLOUR. PRICE 8 CENTS PER POUND.

JUST RECEIVED A FINE CONSIGMENT OF JAVA COFFEE.

5-23.

—:o:—

READ
THE
KOREAN REPOSITORY

IF YOU WANT MORE EXTENDED AND COMPLETE ACCOUNTS OF KOREAN MATTERS, SOCIAL, POLITICAL, HISTORICAL, AND ESPECIALLY RELIGIOUS. IT IS A MONTHLY OF FORTY PAGES.

—:o:—

SEOUL BRANCH

OF THE DAI ICHI GINGO LIMITED

OF TOKYO, JAPAN.

Paid up Capital, 90,000 Shares of $50.00 each. 4,500,000.

BRANCHES AND AGENCIES.
and Rates of *Exchange.*

Tokyo 7.10 per cent: Yokohama 7.10 per cent: Osaka 6.10 per cent: Yokkaichi 7.10 per cent: Kiyoto 7.10 per cent: Niigata 7.10 per cent: Nagoya 7.10 per cent: Fusan 1.2 per cent: Shimonoseki 6.10 per cent: Nagasaki 6.10 per cent: Shanghai 40.10: Gensan 6.10 per cent: Chemulpo 1.10 per cent: Kobe 6.10 per cent.

INTEREST IS ALLOWED AS FOLLOWS:

A. On Current Account, One cent per $100 per day on Daily Balance of $100.00 and over.
B. On fixed Deposits for 12 months at 6½ per cent.
C. On fixed Deposits for 6 months at 5½ per cent.
D. On fixed Deposits for 3 months at 4½ per cent.

Interest on money overdrawn on Current Accounts is calculated at the rate of 4 cents per $100.00 per day.

Customers are requested to send their passbooks at earliest convenience to balance accounts to the 31st of Dec. 1896.

12-30.

ADVERTISEMENTS.

—:o:—

HOLME, RINGER & CO.

Chemulpo, Korea

Authorized Agents
of the
RUSSIAN STEAMSHIP
NAVIGATION CO.
in the East;
Agents for
THE CANADIAN PACIFIC
ROYAL MAIL STEAMSHIP CO.
and Agents for
NAGASAKI
ROLLER FLOUR MILLS.

We have a large stock of American flour (Starrs & Orient Brands).

Through passage to America by the Canadian line will be furnished upon application.

10-30.

—:o:—

TAILORS.

SPRING AND SUMMER CLOTHES.
VARIOUS STYLES OF
NECK-TIES, SHIRTS, COLLARS,
CUFFS &C. &C.
ARRIVED.

☞ 10 per cent less than the net for 40 days from the 5th of March.

Our late cargo contains various kinds of clothes for Spring and Summer wear. In order to please the customers of our Company, we will give them 10 per cent discount from the 5th of this month to the 15th April. We earnestly solicit your favors. All orders promptly executed.

RIKITAKE TAILOR CO.

Front of the New Japanese Consulate,
Jangdong, Seoul.

5-9.

—:o:—

국내 최초 커피 광고, 독립신문 영문판, by 국립중앙도서관

ADVERTISEMENTS.

JAMES MCMULLAN,

CHEFOO.
PRICE LIST
of
GOODS NOW ON SALE IN SEOUL.
Store open for a few days only.

Butter—Cold Brook Creamery $1.00 per 2-lb. tin,
Lard—Drifted Snow 1.10 " 5-lb "
Milk—Porcelain Brand $4.00 per doz. $15.50 per case.
Jams, Jellies and Preserved Fruits made at the Chefoo Preserve Factory—

Plum Jam	$2.40	per	doz.	1-lb.	tins.	
Pear "	2.40	"	"	1	"	"
Apple "	2.40	"	"	1	"	"
Peach "	2.00	"	"	1	"	"
Red Fruit Jelly	2.40	"	"	1	"	"
Bartlett Pears	3.50	"	"	2	"	"
Lai-yang "	3.00	"	"	2	"	"
Cherries	3.50	"	"	2	"	"
Tomatoes	2.40	"	"	2	"	"
Devonshire Golden Syrup	6.00	"	"	4	"	"
do.	3.50	"	"	2	"	"
do.	2.00	"	"	1	"	"
English Hams	.50	"	"	per	"	"
Pears' Unscented Soap	2.50	per doz.				
Vinolia Powder	.75	"	box of 3 tablets.			
Calvert's Toilet	.75	"	"	"	3	"
Jeyes' Brown Windsor	1.20	"	"	"	12	"
" Special Line	.30	"	"	"	3	"
Finlay's Pure Tar	.50	"	"	"	3	"
" Assorted Toilet	.30	"	"	"	3	"

Fine Rose Soap $.20 cents per box of 3 tablets.
Red Pale Soap 2-lb. bars 30 cents, box of 20 bars $4.75.
Brooks' 20 per bar.
Primrose 2-lb. 20 cents, box of 20 bars $3.25.
Pickles, pints, all kinds $4.00 per doz. bottles.
Mellins' Food, small $7.00 per doz. $.50 per box.
do. Biscuits 13.00 " " 1.10 " tin.
do. Emulsion 9.00 " " 1.00 " box.
Kepler's Extract of Malt 1.00 " "
do. and Cod Liver Oil 1.75 small 1.00 " "
Orange and Quinine Wine 20 oz. bots. $1.20 cts. each, $10.00 per doz.
Quinine and Iron Tonic 8 oz. bots. 60 cts. each, $7.00 per doz.
Hommons, $.50 per box,
Parrish's Chemical Food 16 oz. bots. 60 cts. each
Eraine, $1.25 per box
Washing Ammonia, .50 " " $7.00 per doz.
Cough Mixture 25 cts. each,

CHEFOO SILK AND LACE
Books, Stationery, Perfume &c.
Timepiece from $1.00 upwards.
TERMS:—CASH ONLY.
Boxing and Packing Free.
Address:

The Store is situated just within the Compound of THE INDEPENDENT.

Business Hours: 10 A. M.—5 P. M.
March 31st 1897. A. DAVIS, Manager.

——:o:——

THE INDEPENDENT.

IS THE BEST MEDIUM FOR ADVERTISEMENTS. IF YOU DESIRE TO INCREASE YOUR TRADE IN KOREA, ADVERTISE IN *THE INDEPENDENT.*

——:o:——

A. SUZUKI.

Customs Broker and Stevedore.
Landing, Shipping, Forwarding
and
General Commission Agent.
Parcel Express between
Seoul and Chemulpo.
Chemulpo office opposite
Nippon Yusen Kaisha.
Seoul Office address.

泥峴 鈴木陸運出張店

14-3m.

ADVERTISEMENTS.

A. GORSCHALKI.

Chong Dong, Seoul.

FRESH BREAD.

Made of the best American Flour.

I have just received a new consignment of European and American goods of various kinds.

NING CHOW AND HANDKOW, BLACK AND GREEN TEAS OF THE BEST QUALITY.

Very good Java Coffee Beans.
American Oatmeal.
American Cornmeal.
Korean Potatoes on hand.

5-27.

——:o:——

READ
THE
KOREAN REPOSITORY

IF YOU WANT MORE EXTENDED AND COMPLETE ACCOUNTS OF KOREAN MATTERS, SOCIAL, POLITICAL, HISTORICAL, AND ESPECIALLY RELIGIOUS. IT IS A MONTHLY OF FORTY PAGES.

——:o:——

SEOUL BRANCH

OF THE DAI ICHI GINGO LIMITED
OF TOKYO, JAPAN.

Paid up Capital, 90,000 Shares of $50.00 each. 4,500,000.

BRANCHES AND AGENCIES.
and Rates of Exchange.

Tokyo 7.10 per cent: Yokohama 7.10 per cent: Osaka 6.10 per cent: Yokkaichi 7.10 per cent: Kiyoto 7.10 per cent: Niigata 7.10 per cent: Nagoya 7.10 per cent: Fusan 1.2 per cent: Shimonoseki 6.10 per cent: Nagasaki 6.10 per cent: Shanghai 4.10: Gensan 6.10 per cent: Chemulpo 1.10 per cent: Kobe 6.10 per cent.

INTEREST IS ALLOWED AS FOLLOWS:
A. On Current Account, One cent per $100 per day on Daily Balance of $100.00 and over.
B. On fixed Deposits for 12 months at 6½ per cent.
C. On fixed Deposits for 6 months at 5½ per cent.
D. On fixed Deposits for 3 months at 4½ per cent.

Interest on money overdrawn on Current Accounts is calculated at the rate of 4 cents per $100.00 per day.

Customers are requested to send their passbooks at earliest convenience to balance accounts to the 31st of Dec. 1896.

12-30.

ADVERTISEMENTS.

——:o:——

HOLME, RINGER & CO.

Chemulpo, Korea

Authorized Agents
of the
RUSSIAN STEAMSHIP
NAVIGATION CO.
in the East;
Agents for
THE CANADIAN PACIFIC
ROYAL MAIL STEAMSHIP CO.
and Agents for
NAGASAKI
ROLLER FLOUR MILLS.

We have a large stock of American flour (Starrs & Orient Brands).

Through passage to America by the Canadian line will be furnished upon application.

10-30.

——:o:——

TAILORS.

SPRING AND SUMMER CLOTHES.
VARIOUS STYLES OF
NECK-TIES, SHIRTS, COLLARS,
CUFFS &C. &C.
ARRIVED.

☞ 10 per cent less than the set for 40 days from the 5th of March.

Our late cargo contains various kinds of clothes for Spring and Summer wear. In order to please the customers of our Company, we will give them 10 per cent discount from the 5th of this month to the 15th April. We earnestly solicit your favors. All orders promptly executed.

RIKITAKE TAILOR CO.

Front of the New Japanese Consulate.
Jangdong, Seoul.

5-9.

——:o:——

국내 최초 커피 광고, 독립신문 영문판, by 국립중앙도서관

Vol. 4 No. 13

THE INDEPENDENT.

NOTHING EXTENUATE NOR AUGHT SET DOWN IN MALICE.

건양원년四월七일농상공부인가 明治二十九年九月十四日遞信省認可

SEOUL, KOREA, THURSDAY, AUGUST 31ST, 1899.

NOT SO FAR AWAY AT CHICAGO, U. S. A.

Is the Greatest Mail Order House in the World.

MONTGOMERY WARD & Co.

111 TO 120 MICHIGAN AVE.

WHO ISSUE SEMI-ANNUALLY THE MOST COMPREHENSIVE

GENERAL CATALOGUE & BUYERS' GUIDE.

—:o:—

Containing 1,000 pages (8 1-2 by 11 inches), 15,000 illustrations, 50,000 dependable quotations, and Twenty SPECIAL PRICE LISTS, devoted to distinctive lines of GENERAL MERCHANDISE, viz.: FURNITURE, AGRICULTURAL IMPLEMENTS, WAGONS AND CARRIAGES, DRUGS, MEDICINES, SEWING MACHINES, ORGANS, PIANOS, BOOKS on every subject, PHOTOGRAPHIC MATERIALS, CHILDREN'S CARRIAGES, BOOTS AND SHOES, CLOTHINGS, CLOAKS, DRESSES, BICYCLES, GROCERIES, HARDWARE, CARPETS, DRY GOODS, WALL PAPER and BARBERS' SUPPLIES.

Any one or all of these publications will be sent post paid upon application to dwellers in foreign lands, including our "Hand Book for foreign Buyers." Send in your request, induce your neighbors, friends and relatives to do so and learn of our limitless facilities for filling orders expeditiously at minimum prices. Goods guaranteed as represented or money refunded

MONTGOMERY WARD & CO.,

111 TO 120 MICHIGAN AVE.,

CHICAGO, U. S. A.

TRANSATLANTIC FIRE INSURANCE CO., HAMBURG.

IMPERIAL INSURANCE CO. LTD., LONDON.

NEW YORK LIFE INSURANCE CO., NEW YORK.

UNION INSURANCE SOCIETY OF CANTON, LTD.

YANGTSZE INSURANCE ASSOCIATION LTD.

The undersigned Agents for the above are prepared to accept risks at current rates.

E. MEYER & CO., CHEMULPO.

REFRESHMENTS!

—:o:—

Yun Yong Ju has opened Refreshment Rooms at the Queen's Tomb Terminus, close to the line, where refreshments of all kinds may be obtained including, Tea, Coffee, and Cocoa, etc.

Special attention given to the needs of foreigners.

THE EQUITABLE LIFE ASSURANCE SOCIETY

OF THE

ESTABLISHED 1859. UNITED STATES.

SURPLUS over all LIABILITIES

AMOUNTS TO NEARLY

TWELVE MILLONS STERLING.

This Surplus belongs exclusively to Policy-holders.

PAID TO POLICYHOLDERS IN 1898

Over £4,980,000 Stg.

PAID TO POLICYHOLDERS DURING LESS THAN 40 YEARS

Over £62,270,000 Stg.

The Policies of the Equitable of the United States secure:—

1.—A Lucrative Investment.
2.—Protection for a Wife.
3.—Endowment for Children.
4.—Education for Children.
5.—Provision for Old Age.

Amounts of Cash Surrenders, Loans, Paid-up Assurance are written in the EQUITABLE'S Policies and Guaranteed.

HEAD OFFICE FOR THE EAST, *SHANGHAI.*

J. T. HAMILTON, *GENERAL MANAGER.*

SOLE AGENTS FOR KOREA

Holme, Ringer & Co.

Chemulpo.

윤용주의 다과점 개업 광고, 독립신문 영문판, by 국립중앙도서관

論說

兩相論耻 (續)

◉余ㅣ聞其二說ᄒᆞ고以手招之曰來ᄒᆞ라吾ㅣ語之ᄒᆞ리라家國之寒微者를幸知其耻ᄒᆞ니若能因其耻而激之ᄒᆞ야動心忍性ᄒᆞ야增益其所不能이면安知今日之爲耻가膚玉汝于成也리오自古聞人達士之流가往往崛出於草莽之間者ㅣ多矣라子牙之起於鼓刀와傳說之起於胥靡와管仲之起於市井과蕭曹之起於椽吏가信非奕奕之輩로ᄃᆡ未嘗自歎於門戶而能興王定霸ᄒᆞ고立功建名ᄒᆞ야銘太常而默默碌碌ᄒᆞ야垂百世而不朽者ᄂᆞᆫ與其錦世綺席紈袴ᄒᆞ고呻桑籠鷄愚還ᄒᆞ야富貴光榮이撼天動地ᄒᆞ다가一跌一步而寥寥無聞者로比之컨ᄃᆡ卓然自樹ᄒᆞ며巍然自立이孰有多於此哉아今以家閥之寒微로自餒其充然之志氣者도苟非天質之俚爽이오又非學識之淵博이라卽豎孺子苟齪齪之所局也니竊爲君不取也ᄒᆞ노라若其益修其學ᄒᆞ며益進其業ᄒᆞ야扶王室於既弱ᄒᆞ며濟蒼生於既溺ᄒᆞ야措天下於泰山盤石之安이면德望이彌高ᄒᆞ고名節이彌隆ᄒᆞ야從此簪纓世族之碌碌庸才가皆皆趨走下風ᄒᆞ야仰之若山斗矣리니夫何患乎家閥之寒微也리오國閥之孤陋者ᄂᆞᆫ君豈獨見耻於外國耶아余亦歷覽歐美ᄒᆞ야目擊其範圍之遠大ᄒᆞ며耳聞其事爲之宏暢일ᄉᆡ揣料我國之形勢컨ᄃᆡ不惟不敢其爭衡並駕於其間이라自不暇同日而論也니苟有分槪者ㅣ何待其人之侮慢而後에始知其耻也哉리오世界之萬區分割者ㅣ大小强弱之分이有萬不同ᄒᆞ니古之陳蔡鄒宋之弱으로도並存於秦晉齊楚之間ᄒᆞ고今之丁抹白耳之小로도自立於英法德墺之列者ㅣ不受强大之侮辱은皆自修自保故也어ᄂᆞᆯ今之游覽外國者ㅣ一見海外風氣ᄒᆞ고心驕神浮ᄒᆞ야及還故土에百不稱心ᄒᆞ고萬不盈目ᄒᆞ야藐視本國ᄒᆞ야直欲成疾者ㅣ種種有之ᄒᆞ니此輩ᄂᆞᆫ皆癡漢子搖颺之心質也오又其頑固不移ᄒᆞ야坐聽房闥者ᄂᆞᆫ不識時勢之日遷ᄒᆞ고不知隨機而應變ᄒᆞ야坐談干羽之格苗와俎豆之斥蠻ᄒᆞ야徒守子莫之執中ᄒᆞ니此輩ᄂᆞᆫ皆墻植者泥滯之癲病也니俱切慨然이어니와若知國閥孤陋之耻者ᄂᆞᆫ幸具血性者耳어ᄂᆞᆯ空言憤懣ᄒᆞ야一以渙然無知로灰其心而已則是ᄂᆞᆫ自喪其性이라况今全國之人이素所闇昧ᄒᆞ야不知愛國之爲何事ᄒᆞ며不知開進之爲何物則外國之侮辱을雖沒世而可免乎아思之及此에不覺潸然이로다何不奮發志氣ᄒᆞ며驟驟步武ᄒᆞ야百折而不毁ᄒᆞ고至死而不變ᄒᆞ야以造其域哉아如是則弱者漸强이오貧者漸富오闇者漸明ᄒᆞ야將與翺翔於世界之日을必可坐而待也리라歐洲列邦도亦自羅馬以後로貧弱闇昧가不啻如我國이로ᄃᆡ及其奮勵振淬之功은如德之俾斯麥伊之客普衛等이不過一個人而已라由是見之컨ᄃᆡ國之盛衰가各自己任而已라夫何患乎國閥之孤陋리오二子者之耻ᄂᆞᆫ不可使聞於人也니何不自奮ᄒᆞ고屑屑作兒女之悲爲오二人이蹙眉而不言이러라 (完)

雜報

◉(旅費支撥)中學敎師轄潘坦氏의旅費二百元을昨日學部에서支撥ᄒᆞ야不日渡韓케ᄒᆞ얏더라

◉(李氏被囚)北靑鎭衛隊參領李乘武氏가說撓民擾事로因ᄒᆞ야日前上京ᄒᆞ얏더니軍部에被囚되얏더라

◉(討論停止)貞洞培材學堂에서學員과敎徒를齊會ᄒᆞ고討論코져ᄒᆞᆫ問題ᄂᆞᆫ耶蘇敎를主意ᄒᆞ야敎道가興旺ᄒᆞ면世界에兵革이無ᄒᆞ깃다ᄂᆞᆫ意러니昨日學部大臣이該學堂長벙커氏를招請ᄒᆞ야自今으로敎會演說을停止케ᄒᆞ라ᄒᆞ얏더라

◉(關罷分稅)農部에서長木廠民安聖範의訴請을依ᄒᆞ야該部에照會ᄒᆞ되　永禧殿總攝閣主人劉金南溪이藉托　發重ᄒᆞ고木物口文을勒捧ᄒᆞ고分稅所를普濟院에設置貽弊ᄒᆞ니捉囚嚴懲ᄒᆞ고一切革罷ᄒᆞ라ᄒᆞ얏더라

◉(一物三稅)金浦郡居商民洪秉梯等十七人이　宮內府에呼訴ᄒᆞ되民等의資賴資生이于今數百年에度支部所納이鹽每鼎에十九兩式이더니自今年爲始ᄒᆞ야或稱監官或稱派員ᄒᆞ고下來侵索ᄒᆞᄂᆞᆫᄃᆡ　宮禧宮收稅가每石一兩이오內藏院收稅가每鼎二十二兩五錢이오니今番　詔勅을依ᄒᆞ야一幷革罷ᄒᆞ야一物三稅의弊源이無케ᄒᆞᆷ을請ᄒᆞ얏더라

◉(城津民訴)城津府民李知命等이內部에呼訴ᄒᆞ되本府變擾事ᄂᆞᆫ公報에登聞ᄒᆞ얏거니와蓋此衛兵毁破와搶奪戕殺은雖佛眼者之라도乃是土匪어ᄂᆞᆯ明川守李聚鎬가以査官到府ᄒᆞ야一宿之費로濫索二百餘金ᄒᆞ고還郡ᄒᆞ더니乃憑附飭ᄒᆞ고提去被燒民十餘名ᄒᆞ야惡刑鍛鍊이無所不至ᄒᆞ기로官屬의各班討索錢이洽至一千二百餘兩ᄒᆞ얏고富寧守楊時郁이再査官으로更派ᄒᆞ니斧之得失은難是邑民之謂罪나無罪良民을搆成罪案ᄒᆞ야合施重律이라ᄒᆞ고吉州齋長金奎賢은關於齋體ᄒᆞ야置之不問ᄒᆞ고城津則校宮被破ᄒᆞ며祭器見奪이되不有論律一句ᄒᆞ기로逐條說陳ᄒᆞ니明川官吏의各班討索錢을還推ᄒᆞ라ᄒᆞ얏고또新官이未赴任ᄒᆞ야戶結之未收와應下之未辦이自爲亂結ᄒᆞ여러見被燒餘生數千口가棲屑道路라ᄒᆞ얏더라

外報

◉(媾和談判開始通牒)滬電에曰列國公使가淸國政府에近近媾和談判을開始ᄒᆞᆯ事로通告ᄒᆞ얏다ᄒᆞ고又曰列國公使가媾和談判을開始ᄒᆞᆯ事에就ᄒᆞ야本國政府의訓令을待ᄒᆞ더라

송교청향관 커피 광고, 황성신문, by 국립중앙도서관

한편, 1909년 11월, 황성신문[48]에는 '다좌개설(茶座開設)'이라는 제목으로 '남대문 정거장에 끽다점(喫茶店)을 개업하였다'는 소식이 실렸다. '다좌'와 '끽다점'은 커피와 차를 내는 근대적 공간의 이름으로, 서구의 문물과 일본의 바람이 얽힌 경성의 거리에서 새로운 생활양식을 예고했다. 남대문역, 그 번잡한 교통의 심장부에서 피어난 이 다방은, 이국적인 음료가 궁중과 상류층을 넘어 중산층의 일상에 스며드는 순간을 포착한다. 전통과 근대가 교차하던 1909년의 경성은, 이처럼 커피의 향기로 새로운 문명의 숨결을 맞이하고 있었다. 일제강점기 무렵 당시 사람들은 이러한 다방을 일본식 표현 '*끽다점(喫茶店, きっさてん)*'이라 불렀다.

우리나라에 외래문화가 본격적으로 스며든 것은 일본의 강제 식민통치를 겪은 1910년 이후였다. 서구를 거쳐 일본을 통해 유입된 근대적 생활양식과 소비문화가 본격적으로 우리 사회에 자리 잡았다. 그중 커피 문화도 이 시기를 기점으로 일상 속으로 빠르게 전파되어, 근대 도시의 풍경과 생활감각 속에 녹아들기 시작했다. 특히 '다방(茶房)'[49]은 문학, 음악, 미술 등 다양한 분야의 지식인들이 만나고 교류하는 사상적 소통의 장으로써 큰 인기를 누렸다. 그들은 다방에 모여 커피를 마시면서 나라를 잃은 아픔과 예술에 대한 심오한 이야기를 주고받았다.

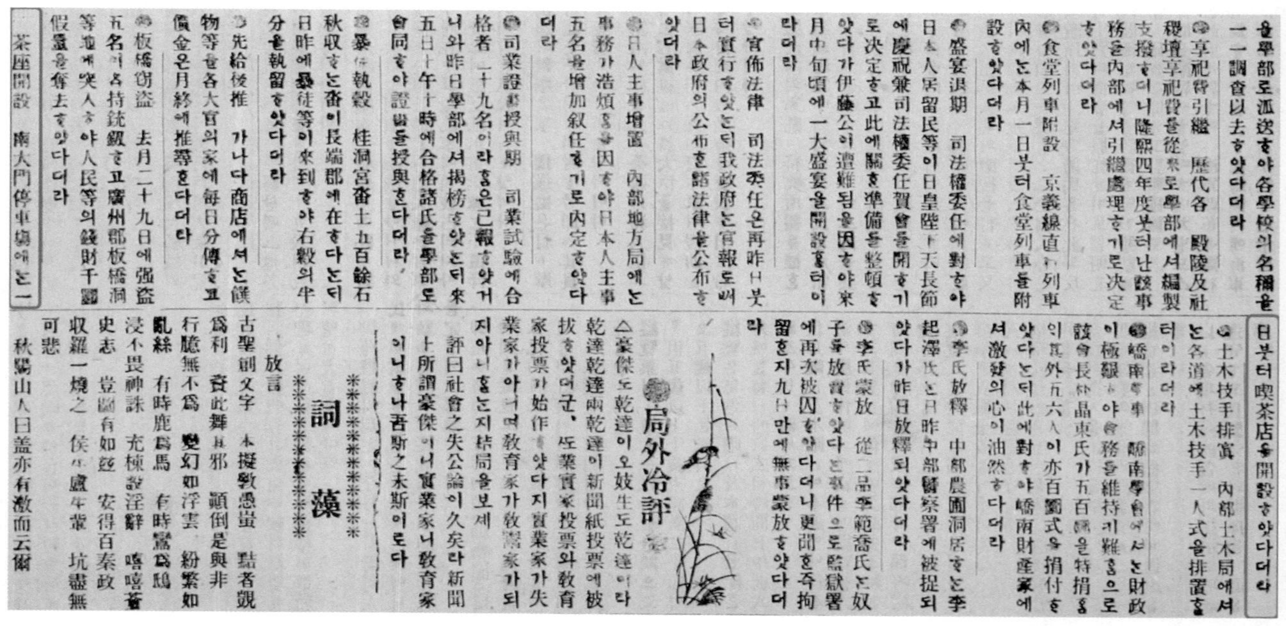

을學部로派送ᄒᆞ야各學校의名稱을一一調査以去ᄒᆞ얏다더라

◎享祀費引繼 歷代各殿陵及社稷壇享祀費를從來로學部에서編製支撥ᄒᆞ더니隆熙四年度붓터난該事務를內部에서引繼處理ᄒᆞ기로決定ᄒᆞ얏다더라

◎食堂列車附設 京義線直行列車內에ᄂᆞᆫ本月一日붓터食堂列車를附設ᄒᆞ얏다더라

◎盛宴退期 司法權委任에對ᄒᆞ야日本人居留民等이日皇陛下天長節에慶祝兼司法權委任賀會를開ᄒᆞ기로決定ᄒᆞ고此에關ᄒᆞᆫ準備를整頓ᄒᆞ얏다가伊藤公이遭難됨을因ᄒᆞ야來月中旬頃에一大盛宴을開設ᄒᆞᆯ터이라더라

◎宣佈法律 司法委任은再昨日붓터實行ᄒᆞ얏ᄂᆞᆫ듸我政府ᄂᆞᆫ官報로ᄡᅥ日本政府의公布ᄒᆞᆫ諸法律을公布ᄒᆞ얏더라

◎日人主事增置 內部地方局에ᄂᆞᆫ事務가浩煩ᄒᆞᆷ을因ᄒᆞ야日本人主事五名을增加叙任ᄒᆞ기로內定ᄒᆞ얏다더라

◎司業證書授與期 司業試驗에合格者二十九名이라ᄒᆞᆷ은已報ᄒᆞ얏거니와昨日學部에서揭榜ᄒᆞ얏ᄂᆞᆫ듸來五日午十時에合格諸氏를學部로會同ᄒᆞ야證書를授與ᄒᆞᆫ다더라

◎暴徒執穀 桂洞宮畓土五百餘石秋收ᄒᆞᄂᆞᆫ畓이長湍郡에在ᄒᆞ다ᄂᆞᆫ듸日昨에暴徒等이來到ᄒᆞ야右穀의半分을執留ᄒᆞ얏다더라

◎先給俵推 가나다商店에서ᄂᆞᆫ饌物等을各大官의家에每日分傳ᄒᆞ고價金은月終에推尋ᄒᆞᆫ다더라

◎板橋劫盜 去月二十九日에强盜五名이各持銃劒ᄒᆞ고廣州郡板橋洞等地에突入ᄒᆞ야人民等의錢財千圜假量을奪去ᄒᆞ얏다더라

茶座開設 南大門停車場에ᄂᆞᆫ一日붓터喫茶店을開設ᄒᆞ얏다더라

◎土木技手排寘 內部土木局에서ᄂᆞᆫ各道에土木技手一人式을排寘ᄒᆞᆯ터이라더라

◎嶠南學事 嶠南學會에서ᄂᆞᆫ財政이極艱ᄒᆞ야會務를維持키難ᄒᆞᆷ으로該會長朴晶東氏가五百圜을特捐ᄒᆞᆷ의其外五六人이亦百圜式을捐付ᄒᆞ얏다ᄂᆞᆫ듸此에對ᄒᆞ야嶠南財産家에서激發의心이油然ᄒᆞ다더라

◎李氏放釋 中部農圃洞居ᄒᆞᄂᆞᆫ李耟澤氏ᄂᆞᆫ日昨中部警察署에被捉되얏다가昨日放釋되얏다더라

◎李氏蒙放 從二品李範喬氏ᄂᆞᆫ奴子를放賣ᄒᆞ얏다ᄂᆞᆫ事件으로監獄署에再次被囚ᄒᆞ얏다더니更詔ᄒᆞᆫ즉拘留ᄒᆞᆫ지九日만에無事蒙放ᄒᆞ얏다더라

局外冷評

△豪傑도乾達이오妓生도乾達이라乾達乾達兩乾達이新聞紙投票에被拔ᄒᆞ얏더군、또業實家投票와敎育家投票가始作ᄒᆞ얏다지實業家가失業家가아니며敎育家가敎獨家가되지아니ᄒᆞᆯᄂᆞᆫ지結局을보세

評曰社會之失公論이久矣라新聞上所謂豪傑이니實業家니敎育家이니ᄒᆞ나吾斯之未斯이로다

詞藻

放言

古聖創文字 本擬敎愚蚩 黠者覬爲利 資此舞且邪 顚倒是與非 行聽無不爲 變幻如浮雲 紛紛如亂絲 有時鹿爲馬 有時鷺爲鴟 浸不畏神誅 充棟設淫辭 嘻嘻著史志 豈圖有如玆 安得百秦政 收羅一燒之 俟ᄂᆞᆫ盧年背 坑盡無可悲

秋鷄山人曰蓋亦有激而云爾

남대문 끽다점 개업, 황성신문, by 국립중앙도서관

당시 경성(서울)은 청계천을 경계로 조선인이 주로 거주하는 북촌(종로, 인사동, 안국동 일대)과 일본인이 많이 사는 남촌으로 나뉘어 있었다. 남촌은 오늘날의 서울 명동, 충무로 일대로, 일제강점기에는 '진고개(珍古介)' 혹은 본정(本町, ほんまち)이라 불렸다. 이 지역에서는 일본인들이 끽다점을 열어 커피를 판매하기 시작했다. 1915년 이전부터 '남대문역 끽다점'이 운영되었으며, 이후 1920년대에는 다리야 끽다점(ダリヤ 喫茶店), 이견(二見, ふたみ), 끽다점 금강산(喫茶店 金剛山) 등 여러 다방이 문을 열었다.

1904년 경성시가 전경, by 서울역사아카이브(경성시가 전경)

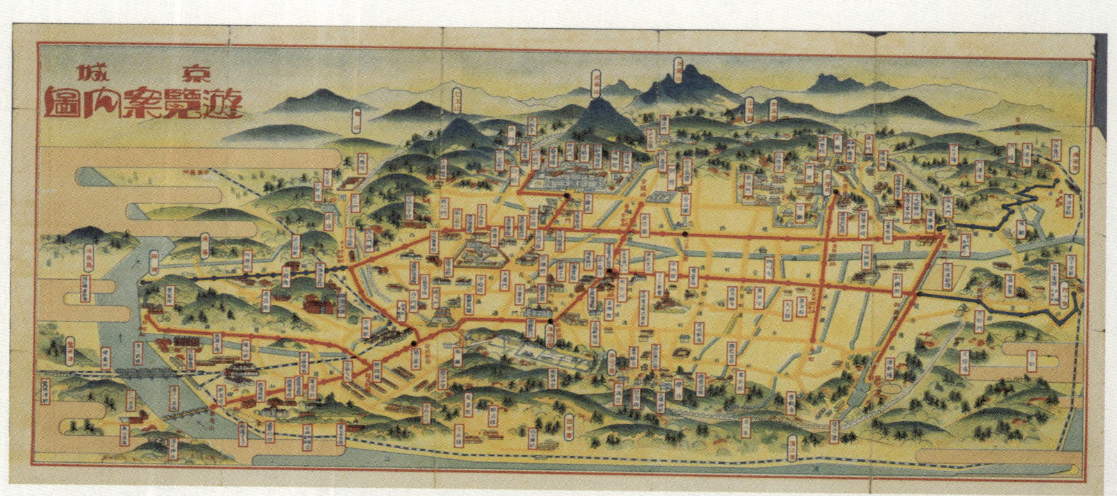

경성유람안내도, 조선철도여행안내, by 조선철도국, 1915

남대문역 끽다점 개업,
조선철도여행안내,
by 조선철도국, 1915

남대문역 끽다점 내부, 조선철도여행안내, by 조선철도국, 1915

한편, 1914년 10월 개관한 조선호텔은 근대적 시설과 서구식 서비스를 갖춘 최고급 호텔로서 당시의 위용을 뚜렷하게 드러내기 시작하였다. 이처럼 근대 호텔과 다방은 서로 맞물리며, 경성에서 점차 커피 문화를 꽃피우는 중심지로 자리 잡았다.

조선호텔 전경, 조선철도여행안내, by 조선철도국, 1915

1918년 부산일보[50]에는 대구에서 '끽다점(喫茶店)을 개업한다'는 내용이 게재되었고, 1925년 조선신문[51]에 '끽다점 광고'가 실렸다. 또한, 1927년 부산일보[52]에 '커피(コーヒー) 만드는 방법'이라는 제목의 글이 실리면서, 경성 이외 지역에서도 커피 문화가 점차 확산되기 시작했다. 이후 경성일보를 비롯한 여러 신문 지면에는 끽다점(喫茶店) 광고가 빈번히 등장하게 된다.

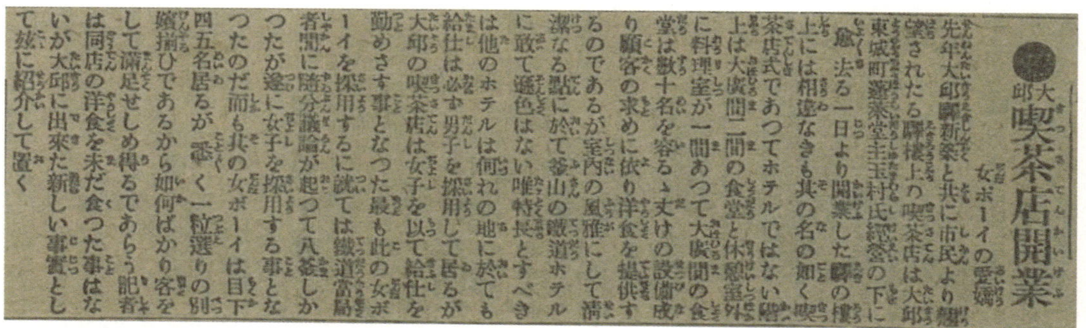

大邱 喫茶店開業

女ボーイの愛嬌

先年大邱驛新築と共に市民より歡迎されたる驛樓上の喫茶店は大邱東城町[illegible]茶堂主玉村氏經營の下に愈去る一日より開業した驛の樓上には相違なきも其の名の如く喫茶店式であつてホテルではない階上は大廣間二間の食堂と休憩室外に料理室が一間あつて大廣間の食堂は數十名を容るゝ丈けの設備成り顧客の求めに依り洋食を提供するのであるが室内の風雅にして清潔なる點に於て釜山の鐵道ホテルに敢て遜色はない唯特長とすべきは他のホテルは何れの地に於ても給仕は必ず男子を採用して居るが大邱の喫茶店は女子を以て給仕を勤めさす事となつた最も此の女ボーイを採用するに就ては鐵道當局者間に隨分議論が起つて八釜しかつたが遂に女子を採用する事となつたのだ而も其の女ボーイは目下四五名居るが悉く一粒選りの別嬪揃ひであるから如何ばかり客をして滿足せしめ得るであらう記者は同店の洋食を未だ食つた事はないが大邱に出來た新しい事實として茲に紹介して置く

대전 끽다점 개업, 부산일보, by 국립중앙도서관

끽다점 광고, 조선신문, by 국립중앙도서관

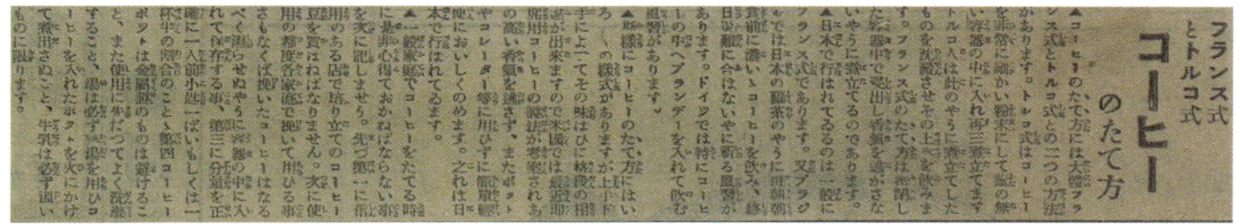

フランス式とトルコ式

コーヒーのたて方

▲コーヒーのたて方には大體フランス式とトルコ式との二つの方法があります。トルコ式はコーヒーを非常に細かい粉末にして蓋の無い容器の中に入れ再三煮立てます。トルコ人は此のやうに煮立てしたものを沈澱させその上汁を飲みます。フランス式のたて方は密閉した容器中で浸出し香氣を逃がさないやうに煮立てるのであります。

▲日本で行はれてるのは一般にフランス式であります。又ブラジルでは日本の緑茶のやうに毎朝食前に濃いコーヒーを飲み、終日役職に合はないやに飲る風習があります。ドイツでは特にコーヒーの中へブランデーを入れて飲む風習があります。

▲斯様にコーヒーのたて方にはいろいろの様式がありますが上手下手によつてその味はひに格段の相違が出来ますので米國では最近専門用コーヒーの濾器が発案されあの高い香氣を逃さず、またポットやコレーター等に用ひずに簡單輕便においしくのめます。之れは日本で行はれてるます。

▲一般家庭でコーヒーをたてる時に是非心得ておかねばならない事を次に記しませう。先づ第一に信用のある店で煎り立てのコーヒー豆を買はねばなりません。次に使用の都度各家庭で挽いて用ひる事、さもなくば挽いたコーヒーはなるべく濕らせぬやうに容器の中に入れて保存する事、第三に分量を正確に一人前小匙一ぱいもしくは一杯半の割合のこと、第四コーヒーポットは金屬製のものは避けること、また使用に先だつてよく洗滌することと湯は必ず熱湯を用ひコーヒーを入れたポットを火にかけて煮沸させぬこと、牛乳は必ず温いものに限ります。

커피 만드는 방법, 부산일보, by 국립중앙도서관

우리나라에서 근대적인 다방을 최초로 운영한 인물은 「춘희」·「숙영낭자전」 등을 제작한 영화감독 이경손이다. 그는 1927년 관훈동 근처에 '*카카듀*'라는 이름의 다방을 열었다. 이 다방은 단순히 커피와 차를 마시는 장소가 아닌, 예술가·문인·지식인들이 모여 담론을 나누고 시대의 감각을 공유하는 근대적 살롱(salon)의 기능을 하였다. 영화감독이라는 그의 직업적 배경은 다방을 예술과 대중문화가 교차하는 공간으로 만들었으며, 당대의 영화계 인사와 문화 예술인들이 자연스럽게 드나드는 사교의 장이 되었다. 이처럼 '카카듀'는 1920년대 경성에서 영화와 다방 문화가 맞닿는 지점을 상징하며, 근대적 여가 생활이 어떻게 형성되고 확산되었는지를 보여주는 중요한 사례로 남아 있다. 이후에도 다방의 확산은 계속되었다. 1928년 영화배우 복혜숙이 운영한 '비너스,' 1929년 영화배우 겸 미술감독 김인규의 '*멕시코*,' 1932년 공예가 겸 교수 이순석의 '*낙랑파라*,' 그리고 1933년에는 시인 이상이 지금의 종로에 다방 '*제비*'를 개업하였다.

1938년 김동환이 발행한 잡지 『삼천리』 5월호에는 경성의 거리를 따라 흩어진 다방의 분포를 한눈에 보여주는 '서울거리 다방지도'가 실렸다. 같은 해 6월, 화가 구본웅이 주간한 문예지 『청색지(靑色紙)』[53] 제1호에 실린 '경성다방 성쇠기'는 다방의 형성과 변천을 세밀히 기록하며, 그 공간이 어떻게 근대적 문화의 중심으로 자리 잡았는지를 보여준다. 글 속에는 다방이 단순한 휴식의 장소가 아닌, 문학과 예술, 사상의 흐름이 교차하는 근대적 살롱으로 기능하던 시대를 담고 있다. 이러한 기록을 통해 우리는 1930년대의 경성에 수많은 다방이 존재했고, 그곳에서 커피 향과 함께 근대적 자의식이 피어났음을 알 수 있다.

서울서 맨 처음 우리가 茶店이라고 드나든 곳은 本町三丁目 現在『윈』近處에 있든『二見』이란 곳으로 이것이 아마 京城 茶房의 元祖일 것이다. 그 다음이 現在 本町二丁目에 食料品店龜屋안에 있는『金剛山』으로 우리들과 같이 東京서 새 風習을 익혀 가지고 도라온 文學者나 畫家나 그박게 至極히 少數의 內地人靑年이 있을 뿐이었다. 아마 그 時節 茶房 손님은 現在 적어도 나히가 三十을

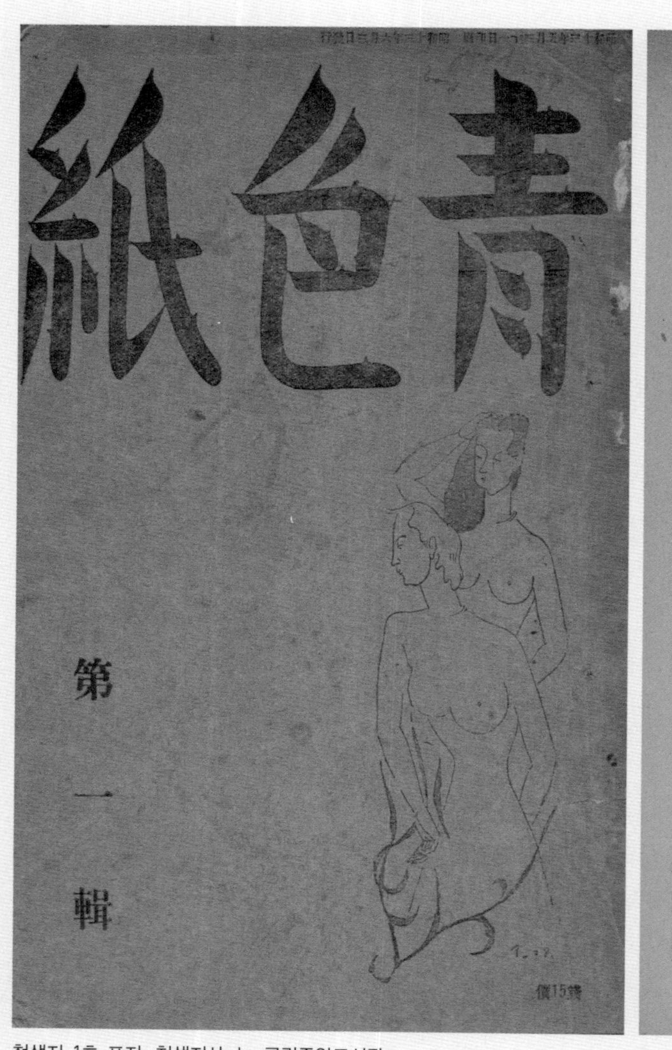

청색지 1호 표지, 청색지사, by 국립중앙도서관

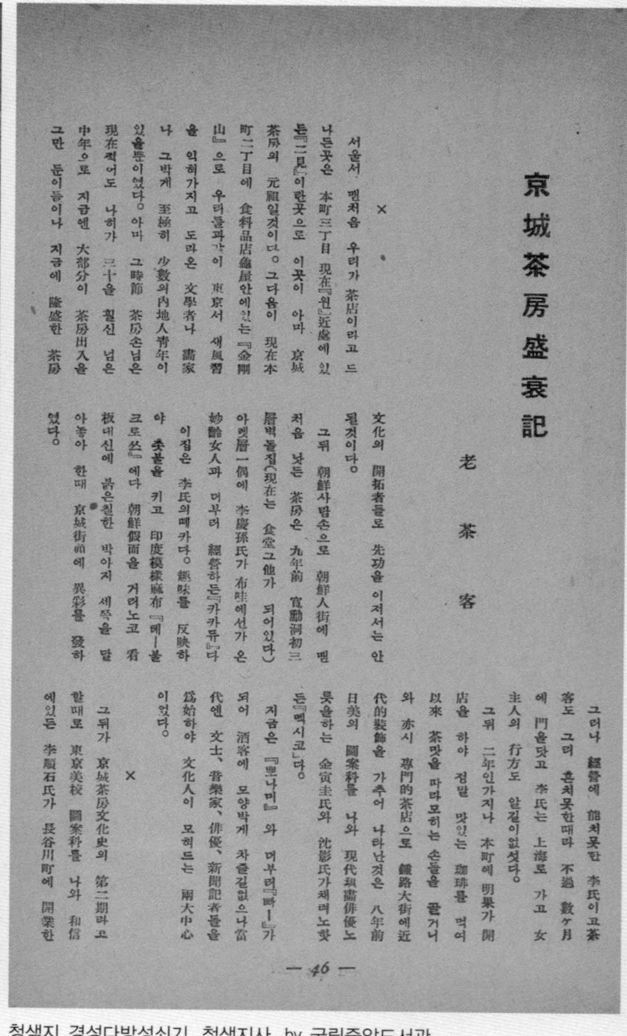

京城茶房盛衰記

老茶客

×

서울서 맨처음 우리가 茶店이라고 드나든곳은 本町三丁目 現在『윈』近處에 있든『二見』이란곳으로 이곳이 아마 京城茶房의 元祖일것이다。그다음이 現在本町二丁目에 食料品店龜屋안에잇는『金剛山』으로 우리들과같이 東京서 새風習을 익혀가지고 도라온 文學者나 畵家나 그박게 至極히 少數의內地人靑年이 있을뿐이엿다。아마 그時節 茶房손님은 現在적어도 나히가 三十을 훨신 넘은 中年으로 지금엔 大部分이 茶房出入을 그만 둔이들이나 지금에 隆盛한 茶房文化의 開拓者들로 先功을 이저서는 안될것이다。

그뒤 朝鮮사람손으로 朝鮮人街에 맨처음 낫든 茶房은 九年前 官勳洞初三層벽돌집(現在는 食堂그他가 되어있다) 아랫層一偶에 李慶孫氏가 布哇에선가 온 妙齡女人과 머부러 經營하든『카카듀』다

이집은 李氏의때카다。趣味를 反映하야 촛불을 키고 印度模樣麻布『떼ー불크로쓰』에다 朝鮮假面을 거려노코 看板대신에 붉은칠한 박아지 세쪽을 달아놓아 한때 京城街面에 異彩를 發하엿다。

그러나 經營에 能치못한 李氏이고 茶客도 그리 흔치못한때라 不過 數ケ月에 門을닷고 李氏는 上海로 가고 女主人의 行方도 알길이없섯다。

그뒤 二年인가지나 本町에 明果가 開店을 하야 정말 맛잇는 珈琲를 먹여 以來 茶맛을 따라모히는 손들을 끌거니와 亦시 專門的茶店으로 鐘路大街에 近代的裝飾을 가추어 나타난것은 八年前 日美의 圖案科를 나와 現代現畵俳優노릇을하는 金寅圭氏와 沈影氏가채려노핫든『멕시코』다。

지금은『뽀나미』와 머부러『빠ー』가 되어 酒客에 모양박게 차즐길없으나 當代엔 文士、音樂家、俳優、新聞記者들을 爲始하야 文化人이 모히드는 兩大中心이엇다。

×

그뒤가 京城茶房文化史의 第二期라고 할때로 東京美校 圖案科를 나와 和信에있든 李順石氏가 長谷川町에 開業한

— 46 —

청색지 경성다방성쇠기, 청색지사, by 국립중앙도서관

훨신 넘은 中年으로 지금엔 大部分이 茶房出入을 그만 둔이들이나 지금에 隆盛한 茶房文化의 開拓者들로 先功을 이저서는 안될 것이다. 그 뒤 朝鮮사람손으로 朝鮮人街에 맨 처음 낫든 茶房은 九年前 寬勳洞初三層 벽돌집(現在는 食堂 그他가 되어 있다) 아렛層 一偶에 ***李慶孫****氏가 布哇에선가 온 妙齡女人과 더부러 經營하든* ***『카카듀』****다(청색지, 경성다방성쇠기).*

삼천리 5월호 표지, by 국사편찬위원회 한국사데이터베이스

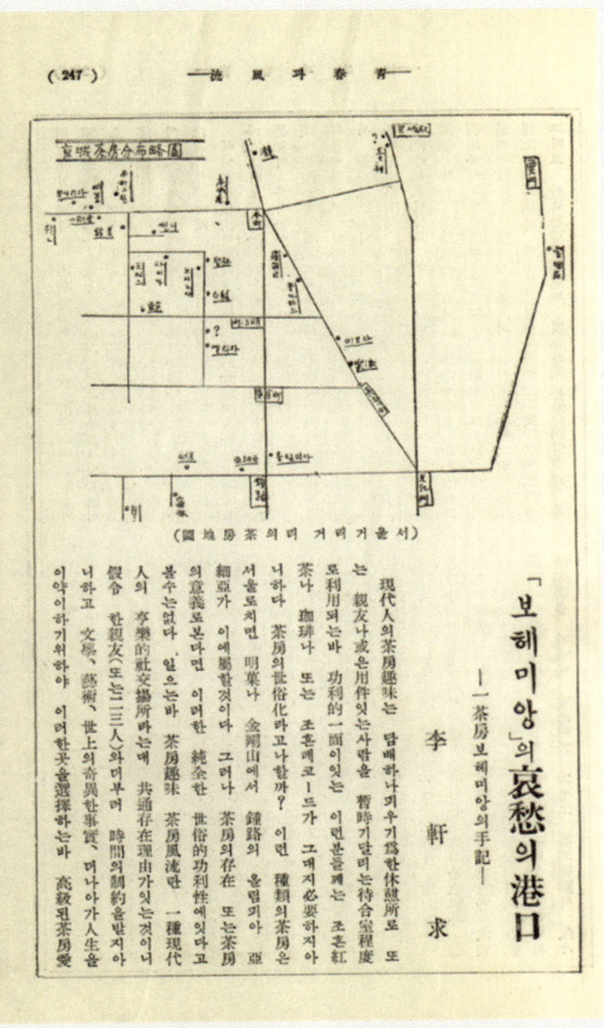

(247) —靑春과 風流—

京城茶房分布略圖

(서울거리거리의茶房地圖)

「보헤미앙」의 哀愁의 港口

—茶房보헤미앙의手記—

李軒求

現代人의茶房趣味는 담배하나피우기爲한休憩所로 또는 親友나或은用件잇는사람을 暫時기달리는待合室程度로利用되는바 功利的一面이잇는 이런분들께는 조혼紅茶나 珈琲나 또는 조혼레코ー드가 그대지必要하지아니하다 茶房의世俗化라고나할까? 이런 種類의茶房은 서울로치면 明菓나 金剛山에서 鍾路의 올림피아 亞細亞가 이에屬할것이다 그러나 茶房의存在 또는茶房의意義로본다면 이러한 純全한 世俗的功利性에잇다고 볼수는없다 일으는바 茶房趣味 茶房風流란 一種現代人의 享樂的社交場所라는데 共通存在理由가잇는것이너 假令 한親友(또는二三人)와더부러 時間의制約을밧지아니하고 文學、藝術、世上의奇異한事實、더나아가人生을 이약이하기위하야 이러한곳을選擇하는바 高級된茶房愛

삼천리 5월호 다방지도, by 국사편찬위원회 한국사데이터베이스

또한, 1936년 조선중앙일보(여운형)54에는 '솜씨따라 달라지는 커피맛 비결을 아십니까'라는 글이 게재되기도 하였다. 그밖에 1942년 황민일보55 최근 지식면에 '커피의 가격이 안정되다'라는 기사가 실려 일제강점기에 커피 소비가 상당했음을 엿볼 수 있다.

이 외에도 다수의 신문 지면을 통해 커피에 관한 다양한 내용이 실렸다.

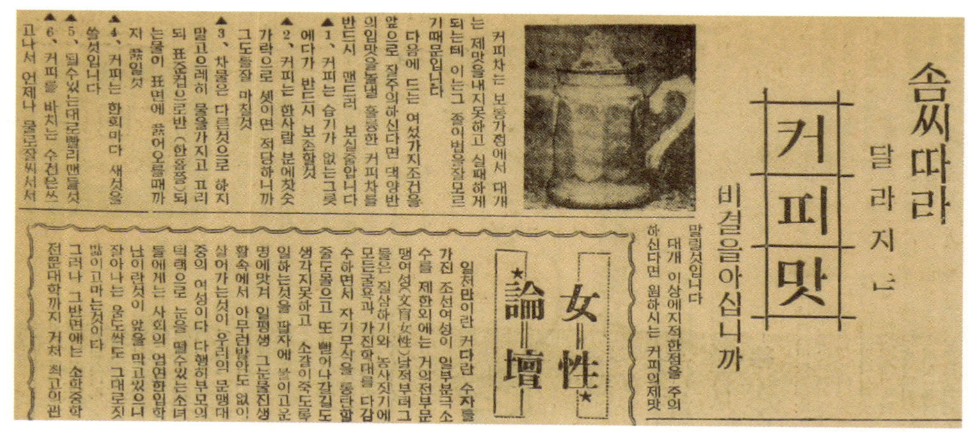

솜씨따라 달라지는 커피맛 비결을아십니까

말릴것입니다
대개 이상에지적한점을 주의하신다면 원하시는 커피의제맛

커피차는 보통가정에서 대개는 제맛을내지못하고 실패하게되는테 이는그 졸이법을잘모르기때문입니다

다음에 드는 여섯가지조건을 앞으로 잘주의하신다면 댁양반의입맛을놀랠 훌륭한 커피차를 반드시 맨드러 보실줄압니다

▲1、커피는 습기가 없는그릇에다가 반드시 보존할것

▲2、커피는 한사람 분에찻숫가락으로 셋이면 적당하니까 그도를잘 마칠것

▲3、차물은 다른것으로 하지말고으레히 물을가지고 끄리되 표준컵으로반(한홉쯤)되는물이 표면에 끓어오를때까지 끓일것

▲4、커피는 한회마다 새것을 쓸것입니다

▲5、될수있는대로빨리맨들것

▲6、커피를 바치는 수건은쓰고나서 언제나 물로잘씨서서

★女性論壇★

일천만이란 커다란 수자를 가진 조선여성이 일부분극소수를 제한외에는 거의전부문맹여성(文盲女性)남적부터그들은 질삼하기와 농사짓기에 모든굴욕과 가진학대를 다감수하면서 자기무식을 통탄할줄도몰으고 또 뻗어나갈길도 생각지못하고 소갈이죽도록 일하는것을 팔자에 붙이고운명에맛겨 일평생 그눈물진생활속에서 아무런반항도 없이 살어가는것이 우리의 문맹대중의 여성이다 다행히부모의 덕택으로 눈을 뜰수있는소녀들에게는 사회의 엄연한입학난이란것이 앞을 막고있으니 잠아나는 움도싹도 그대로짓밟히고마는것이다

그러나 그반면에는 소학중학전문대학까지 거처 최고의관

솜씨따라 달라지는 커피맛, 조선중앙일보(여운형), by 국립중앙도서관

この頃の知識

コーヒーの値段が安くなる

總督府では、こんど一ぱい十八錢だつたコーヒーの値段を十二錢に引下げた。今までの値段はまじりけのないコーヒーをもとにしてきめた値段であつたが近ごろのコーヒーは三割から五割も安い代用コーヒを使つてゐるので値下げしたのである。冷しコーヒーも勿論十二錢になつたわけだ。

커피 가격 안정되다, 황민일보, by 국립중앙도서관

우리나라에서 커피가 대량으로 보급된 결정적인 계기는 6·25전쟁 이후 주한미군의 주둔이었다. 미군 부대에서 흘러나오는 보급품들이 시중에 빠르게 퍼지면서 커피는 점차 일상적인 음료로 인식되기 시작했다. 일부 학교 교과서에는 '커피를 만드는 방법'이 실릴 정도로 대중의 관심이 높아졌고, 전쟁의 폐허 속에서도 서울 명동·종로·충무로를 중심으로 다방이 우후죽순처럼 문을 열었다. 1950년대 중반, 서울 종로구 동숭동에 '학림다방'이 개업하면서 이곳은 대학생과 젊은 지식인들 사이에 낭만과 사색이 공존하는 새로운 문화 공간으로 자리매김하였다. 전쟁의 상흔이 채 가시지 않은 시기였지만, 학림다방은 자유로운 토론과 문학, 예술이 꽃피는 장이 되어 지성의 향연을 펼쳤다.

1960년대에 들어서면서 명동 뒷골목에 자리한 '심지다방'은 음악다방으로서 젊은 세대의 감성을 자극하는 문화의 중심지로 변모했다. 대중가요와 외국 음악이 울려 퍼지는 그곳은, 사회적 억압과 변화의 시기에 젊은이들이 자신들의 정체성과 자유를 모색하는 중요한 문화 거점이었다. 이 시기 다방들은 단순히 음료를 제공하는 장소가 아닌, 정치적·사회적 담론이 오가는 지성의 광장이자 도시 문화의 상징적 공간으로 굳건히 자리 잡았다. 젊은 세대가 자신의 목소리를 내고 문화적 실험과 교류가 활발히 이루어진 다방 문화는 오늘날 한국 대중문화와 예술의 깊은 뿌리가 되었다고 해도 과언이 아니다.

우리나라에서 커피가 본격적인 상업화와 대중적 소비 단계에 접어든 것은 인스턴트커피(instant coffee)[56]의 보급과 확산이 결정적인 계기가 되었다. 간편함과 신속성을 무기로 한 인스턴트커피는 고객들의 일상에 깊숙이 스며들며, 커피 문화의 대중화와 상업적 발전을 촉진하였다. 인스턴트커피의 역사는 스위스에 본거지를 둔 식품회사 네슬레(프랑스어: Nestlé)가 1938년 '네스카페(Nescafé)'라는 브랜드를 출시하면서 세계적으로 보급되기 시작했다. 우리나라에서는 1970년 동서식품이 '맥스웰하우스'라는 인스턴트커피를 판매하기 시작했고, 1974년에는 커피 크리머(coffee creamer) '프리마'를 출시하며 커피 소비 방식에 변화를 가져왔다. 그리고 1976년 동서식품은 커피, 크리머, 설탕을 최적의 비율로 배합한 '맥심' 브랜드의 '커피믹스'를 개발하여 출시하였다. 이 혁신적인 제품은 세계 최초의 제품으로 알려져 있으며, 당시 인스턴트커피는 주로 다방에서 소비되었다. 이후 가정과 사무실에서도 손쉽게 즐길 수 있는 제품으로 폭발적인

Nescafé Instant Coffee, by Alf van Beem

David Strang Coffee Mills(1912), by SouthlandInfo

Kato Coffee Co., by Kato Coffee

인기를 얻으면서 수요가 급증하였고, 그 결과 전통 다방의 숫자는 줄어들게 되었다.

더불어 1970년대 후반, 우리나라에 커피 자동판매기[57]가 도입되면서 커피는 새로운 유통 경로를 확보하게 되었다. 자판기를 통한 손쉬운 구매는 고객들의 일상 속에 커피를 한층 더 가까이 끌어당겼으며, 커피 문화의 다변화에 중요한 전환점이 되었다. 이 시기는 산업화와 도시화가 급격히 진행되던 격변기로, 커피 소비는 점차 '즉시성'과 '편의성'을 특징으로 하는 새로운 생활양식으로 자리 잡았다.

South Korean Vending Machines, by Douglas Paul Perkins

1990년, 미원음료(현, 대상그룹)가 커피믹스 생산과 판매를 시작하며 국내 커피 시장의 경쟁 구도가 본격적으로 형성되기 시작했다. 그리고 1991년, 인스턴트커피 생산에 주력해오던 네슬레가 커피믹스 시장에 진출하면서 시장 경쟁은 한층 더 치열해졌다. 커피의 대중화 흐름 속에서 제품 다변화도 가속화되었다. 같은 해, 롯데칠성음료는 '레쓰비'라는 브랜드로 캔 커피를 출시하며 휴대성과 즉시성을 내세운 새로운 소비문화를 열었다. 이후 여러 식음료 기업들이 커피 시장에 잇달아 진입하면서, 커피는 더 이상 특별한 음료가 아니라 일상 속에서 쉽게 접할 수 있는 대중적 기호품으로 자리 잡았다.

우리나라 커피 시장은 1990년대 후반까지 인스턴트커피가 압도적으로 주류를 이루었으나, 이후 원두커피가 점차 보급되면서 새로운 국면을 맞이하였다. 88올림픽이 열리던 1988년, 서울 압구정동에 국내 최초의 원두커피 전문점 '쟈뎅커피타운'이 문을 열어 원두커피를 선보였다. 1998년에는 원두커피 캔 제품인 '쟈뎅 레귤라 커피'가 출시되며 가정과 일상 공간에서도 원두커피를 즐길 수 있는 길이 열렸다. 같은 해, 국내 최초의 에스프레소 커피 전문점 '할리스'가 문을 열었고, 뒤이어 1999년에는 글로벌 브랜드 '스타벅스'가 이화여대 앞에 1호점을 개점하며, 한국 커피 전문점 시대의 본격적인 막을 올렸다. 이는 한국 커피 문화가 인스턴트 중심에서 원두 중심으로, 그리고 단순히 마시는 음료에서 경험과 공간을 공유하는 문화로 탈바꿈하는 결정적 계기가 되었다.

인스턴트커피는 볶은 원두를 분쇄하여 추출한 커피 원액을 건조시켜 만든 분말형 음료이다. 간편하게 즐길 수 있다는 장점 덕분에 대중의 일상 속으로 빠르게 확산되었지만, 원두커피에 비해 맛과 향이 떨어지는 한계 또한 지니고 있었다.

2000년대에 들어서면서 커피는 더욱 폭넓게 사랑받는 기호품으로 자리 잡았고, 고객들은 점차 편의성을 넘어 '커피 본연의 맛'과 향을 중요하게 여기기 시작했다. 이러한 변화는 원두커피 전문점의 확산과 함께 한국 커피 문화가 양적 성장에서 질적 성숙으로 나아가는 중요한 전환점이 되었다. 고객들의 높아진 눈높이에 부응하기 위해 수많은 커피 전문업체들이 등장하였으며, 이들은 프랜차이즈(Franchise)[58] 방식으로 사업을 확장하기 시작했다. 2000년 엔제리너스를 시작으로 2001년 이디야, 탐앤탐스, 2002년 투썸플레이스, 그리고 2008년 카페베네 등이 연이어 론칭(launching)하며 전국적으로 매장 수가 급격히 늘어났다. 이후 2015년에는 메가MGC커피, 컴포즈커피, 빽다방 등 저가 커피를 지향하는 커피 전문 프랜차이즈들이 등장하면서 커피 시장은 더욱 치열한 경쟁 국면으로 접어들었다.

Hollys Coffee, by Hollys Coffee

Starbucks Center in Seattle, by Coolcaesar

Starbucks Beijing, by Mr. Tickle

원두커피를 선호하는 고객들이 폭증하자, 커피 제조업체들은 인스턴트커피의 간편함에 원두의 향미를 더한 '인스턴트 원두커피'를 개발하여 시장에 선보였다. 기존의 인스턴트커피가 원두의 수용성 추출액을 건조한 것이라면, 인스턴트 원두커피는 여기에 미세하게 분쇄한 원두를 섞어 본연의 맛에 더 가깝게 다가가려는 시도였다. 그리고, 커피의 주요 성분인 카페인을 기피하는 고객층을 위해 카페인 함량을 최소화하거나 완전히 제거한 디카페인(decaffeinated) 커피가 개발・출시되었다. 이러한 제품은 카페인의 각성 효과 없이도 커피의 맛과 향을 즐기고자 하는 이들에게 새로운 선택을 제공하고 있다. 또한, 편의점 등에서 손쉽게 구매하여 마실 수 있는 RTD(Ready to Drink)[59] 형태의 액상 커피가 출시되어, 현대인의 새로운 소비 니즈(needs)에 부응하고 있다.

글로벌 브랜드 스타벅스와 더불어 엔제리너스, 이디야 등 국내・외 유명 커피 프랜차이즈들은 에스프레소를 중심으로 우유를 가미한 라테, 카푸치노 등 다양한 응용 음료를 선보이며, 고객들의 취향에 맞춘 선택의 폭을 꾸준히 넓혀 왔다. 한편, 첨단 기술의 발전은 로봇 바리스타를 통해 커피 추출의 정밀함과 일관성을 구현하게 했다. 이처럼 커피는 2000년대의 창조적 리듬과 기술적 진보 속에서, 단순한 음료를 넘어 경험과 기술, 그리고 문화가 융합된 혁신의 상징으로 자리매김하고 있다.

Coffeed Method, by 인공지능신문

Coffee

넷, 세계 커피의 길을 걷다

커피나무는 섬세한 생명체이다. 그 뿌리는 토양 속의 영양분과 수분을 흡수하며 하늘로 향해 가지를 뻗지만, 그 모든 성장은 기후라는 보이지 않는 손에 의해 좌우된다. 기온이 지나치게 낮으면 꽃이 피지 못하거나 열매가 맺히지 않고, 반대로 지나치게 높으면 생육이 저하되어 맛과 향이 빈약해진다. 또한, 습도가 과도하면 열매 속의 씨앗이 제대로 발달하지 못하거나 곰팡이와 병해에 노출되어 품질이 저하된다. 이러한 까다로운 조건 때문에 인류가 마주하는 한잔의 커피는 우연이 아닌, 지구의 특정한 허리띠 위에서만 길러진 귀한 결실이다.

커피나무를 재배할 수 있는 적절한 기후와 토양을 가진 지역을 '커피 벨트(coffee belt)' 또는 '커피 존(coffee zone)'이라고 한다. 이 지대는 적도를 중심으로 남・북위 25도 사이에 분포하고, 평균 기온 약 20°C, 연간 강수량 1,500~2,000mm 환경을 갖춘다.

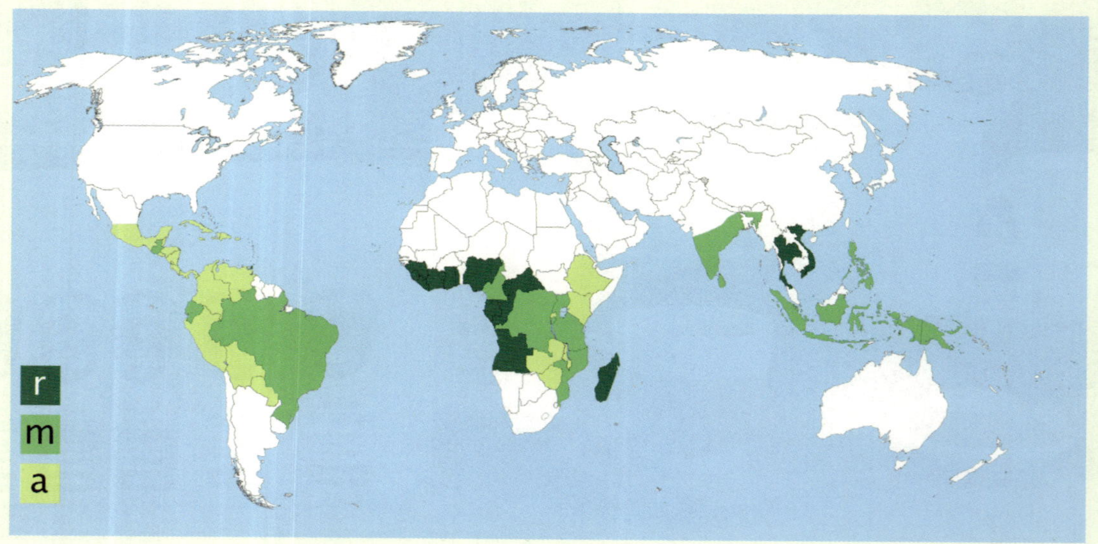

Map Showing Areas of Coffee Cultivation

낮과 밤의 일교차가 19℃를 넘거나 서리가 내리면 커피 열매가 잘 자라지 않는다. 때문에 '커피 벨트' 지대는 햇빛과 비, 토양과 바람이 절묘한 균형을 이루는 지역이다. 이곳은 세계에서 커피 생산을 가장 많이 하는 브라질을 비롯해, 향긋하고 부드러운 아라비카를 길러내는 콜롬비아, 커피의 기원지로서 깊은 역사와 전통을 지닌 에티오피아와 예멘, 선명한 산미로 이름난 케냐, 부드러운 단맛으로 사랑받는 자메이카, 그리고 과테말라와 코스타리카, 하와이, 베트남, 인도네시아 등이 포함된다. 이들 국가는 커피 생산지를 넘어 수백 년 동안 기후와 토양, 문화와 노동이 한데 어우러져 커피라는 독자적 문화를 빚어낸 터전이다. 결국, 우리가 마시는 커피 한잔에는 이 '커피 벨트' 위의 대지와 기후, 사람들의 삶과 시간이 응축되어 있다.

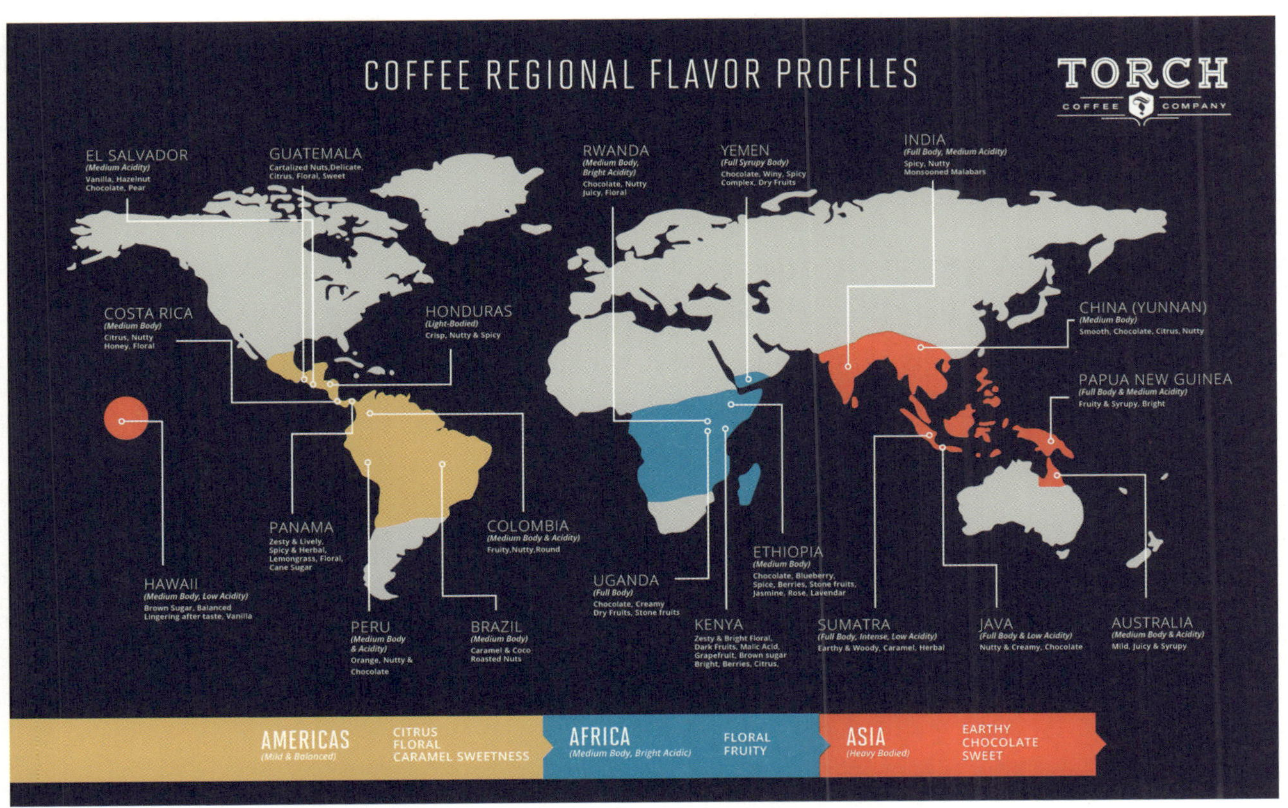

Coffee Regional Flavor Profiles, by torchcoffee.asia

이러한 커피 벨트의 심장부에서 커피의 오랜 역사를 온몸으로 품고 있는 나라가 바로 에티오피아이다. 에티오피아는 명실상부한 커피의 고향이라 불리며, 아프리카 최대 커피 생산국으로서 다양한 가공법으로 많은 종류의 커피를 생산하고 있다. 해발고도 1,500m~3,000m 고지대까지 커피가 생산되며, 커피 재배를 위한 최적의 강수량과 평균 기온을 지니고 있다. 주로 전통적인 유기농법과 그늘 경작법, 건식법, 습식법으로 재배하며 커피 재배에 인공비료를 사용하지 않는다. 토양, 기후, 생산 방식 등 자연을 최대한 이용하여 커피를 생산하므로 커피의 맛에 커다란 영향을 미친다. 에티오피아 커피는 풍부한 산미와 열대 과일향, 꽃향기, 입안에서 느껴지는 바디감(body)[60]으로 품격있는 양질의 커피를 생산하고 있다.

에티오피아는 커피의 국내 소비 또한 매우 활발하여 생산량의 약 30~40%가 자국 내에서 소비된다는 사실이 흥미롭다. 커피는 에티오피아의 주요 수출 품목 중 하나로, 국가 전체 수출액의 상당 부분을 차지하며 경제의 중요한 축이 되고 있다. 산과 계곡, 고원과 평야 곳곳에서 자라는 커피나무들은 수천 년 전부터 이 땅의 기후와 토양 속에서 길러져 왔다. 에티오피아의 주요 커피 산지 이름이 오늘날 세계적으로 통용되는 대표적인 커피 브랜드의 이름으로 자리 잡았다. '카파(Kaffa)'는 커피라는 단어의 어원이 되었을지 모르는 깊은 상징성을 지니며, '짐마(Jimma, Djimmah)'는 묵직하고 흙 내음이 배어 있는 향으로, '하라르(Harrar, Harar)'는 건조하고 따뜻한 바람 속에서 익어 과일과 와인을 연상시키는 향미로 알려져 있다. 또한 '시다모(Sidamo)'와 '예가체프(Yirgacheffe)'는 부드럽고 세련된 산미, 꽃향과 과일향이 어우러진 맛으로 전 세계 커피 애호가들에게 변함없이 사랑받는다. 이러한 이름들은 단순한 지리적 표기를 넘어선다. 그것은 한 지역의 기후, 토양, 재배 방식, 그리고 오랜 세월속에 축적된 재배자 손끝의 기억을 담은 문화적 표식이다. 그래서 우리는 한잔의 에티오피아 커피를 마실 때, 단순히 원두를 소비하는 것이 아니라, 그 이름 속에 담긴 땅의 역사와 사람들의 이야기를 함께 음미하게 된다.

에티오피아 커피는 국제커피기구(International Coffee Organization, ICO)에 의해 세계적으로 높은 품질의 아라비카 커피 중 하나로 평가받으며, 오랜 전통의 음용 문화와 함께 국가 경제에서 핵심적인 역할을 하고 있다.

에티오피아 커피 농업, by Reliable barista Team

한편, 세계 커피 시장의 흐름을 이끄는 또 다른 축에는 브라질이 자리하고 있다. 브라질(Brazil) 커피는 18세기 초 프랑스령 기아나(Guiana)를 통해 전파되었다고 전해지며, 이후 리우데자네이루(Rio de Janeiro) 지역에 대규모 경작지가 조성되었다. 1822년 포르투갈로부터 독립한 이후, 커피 재배가 본격적으로 확산되었다. 브라질은 평균 해발고도가 800~1,200m로 비교적 낮고, 온화한 기후와 적당한 강수량, 비옥한 토양, 풍부한 노동력, 그리고 주변 중남미 국가들에 비해 커피 녹병(Hemileia vastatrix)의 피해가 적은 환경을 갖추어 커피 재배에 매우 유리한 조건을 갖추고 있다.

The Port of Santos, São Paulo(1880)

브라질은 세계 커피 생산량의 약 38%를 차지하며, 단일 국가로서는 세계 최대의 커피 생산국이다. 아라비카 커피 품종 생산을 가장 많이 하지만, 일부 로부스타의 품종도 재배한다. 브라질의 주요 커피 산지는 해발고도가 낮고 평지가 많아 기계 작업이 수월하여 대규모 플랜테이션(plantation) 형태로 재배가 이루어진다. 넓은 재배 면적 덕분에 지역별 기후와 토양 조건이 다양하여 여러 품종과 품질의 커피가 생산된다. 브라질 커피는 당도와 보관성을 높이기 위해 주로 건식법(natural process)을 사용하며, 이러한 가공 방식은 특유의 부드럽고 균형 잡힌 단맛을 부여한다. 전 세계 커피 시장에서는 모양과 품질 특성에 따라 '브라질종'으로 분류된다. 뚜렷한 단일 향미보다는 다른 원두와 잘 어울리는 조화로운 맛을 지녀 에스프레소와 필터 커피용 기본 블렌딩(blending)에 널리 활용된다.

Brazilian Arabica Coffee

브라질은 기계식 생산 방식으로 효율성을 극대화하여 대량 생산을 확보하면서 대중적 커피라는 인식을 갖게 되었다. 그러나 현재 국가적 차원의 광범위한 노력을 기울이며 커피 산업의 질적 개선을 추구하고 있다. 이는 커피 농가들의 생산 시설을 현대화하고, 커피 품질 향상에 초점을 맞춘 재배 및 가공 기술을 도입하는 데 집중되고 있다. 이와 같은 노력으로 브라질은 '스페셜티 커피' 시장에서 중요한 생산국으로 부상하고 있으며, 기존의 대량 생산지라는 이미지에서 벗어나 고품질 커피 생산지로서의 위상을 견고히 구축해 나가고 있다.

주요 커피 산지로는 커피 생산을 가장 많이 하는 미나스제라이스(Minas Gerais)를 비롯하여 상파울루(San Paulo), 에스피리투산토(Espirito Santo), 파라나(Parana), 바니아(Bania) 등이 있다. 특히 미나스제라이스 지역에는 브라질 커피의 대표적인 원산지 명칭인 '세라도(Cerrado)'가 포함되어 있으며, '산토스(Santos)'는 상파울루 주의 주요 항구 도시의 이름에서 유래한 명칭이다. 브라질은 전통적으로 환대의 의미를 담은 '카페지뉴(Cafezinho)'[61]라는 달콤하고 진한 커피를 대접하는 문화를 가지고 있다.

Coffee Plantation, by Knase

인도차이나 반도에 위치한 베트남(Vietnam)은 19세기 중반 프랑스 선교사들에 의해 처음 커피가 소개되었다. 20세기 중반까지 프랑스의 식민지 지배를 받았던 역사적 배경 속에서 커피는 베트남의 일상에 스며들었다. 현재 베트남에서 커피를 지칭하는 '까페(cà phê)'라는 명칭은 프랑스어 'Café'의 발음에서 유래한 것으로 전해진다. 특히 베트남 사람들이 커피에 연유를 섞어 뜨겁게 마실 때 부르는 까페 쓰어 농(cà phê sữa nóng)[62]은 프랑스인들이 즐겨 마시는 카페오레(café au lait)[63]에서 그 유사성을 찾아볼 수 있다.

Cà Phê Sữa Nóng

베트남은 현재 세계에서 두 번째로 많은 커피를 생산하는 국가이다. 전쟁의 상처와 사회주의 계획 경제체제를 지나 농업 개방 등 새로운 길을 모색해온 이 나라의 변화 중심에는 놀랍게도 커피가 있었다. 국가 차원에서 커피 산업을 전략 작물로 육성하기 시작하여, 불과 수십 년 만에 세계 커피 시장의 핵심 생산국으로 변모하였다. 이처럼 짧은 기간 안에 커피 산업을 통해 국제 시장에서 압도적인 존재감을 드러낸 국가는 흔치 않다.

특히 베트남은 로부스타(Robusta)로 불리는 카네포라(Canephora) 커피 종을 세계에

Weasel Coffee

서 가장 많이 생산하는 국가이기도 하다. 고지대 아라비카의 품종보다 상대적으로 재배가 용이하고, 수확량이 높은 로부스타 커피에 집중함으로써 생산성과 효율성을 극대화하였다. 이 전략은 가격 경쟁력과 안정적인 공급을 중시하는 글로벌 커피 시장에서 독자적인 위치를 확립시켰다.

베트남 커피는 주로 인스턴트 커피 제조에 활용되며, 저가 블랜딩(blending)의 주요 원료로 각광 받고 있다. 주요 커피 산지로는 베트남 최대 커피 생산 지역인 닥락(Dak Lak)을 비롯해 람동(Lam Dong), 닥농(Dak Nong) 등에서 생산되고 있다. 또한, 베트남의 중앙고원 지대에서 아라비카의 품종인 버본(Bourbon), 카투아이(Catuai) 등도 소량으로 재배되고 있다. 특히, 베트남에서 생산되는 위즐(Weasel) 커피[64]는 사향족제비(사향고양이)가 커피 열매를 먹고 소화기관을 거쳐 배설된 생두를 세척하여 만든 것이다. 부드럽고 고소하며 산미와 단맛까지 지닌 독특한 향미 때문에 고가에 판매되고 있다. 베트남의 카네포라 커피는 주로 해발고도 800m 이하의 낮은 곳에서 재배되고 있으며, 아라비카에비해 카페인 함량이 높고 쓴맛이 다소 강한 것이 특징이다.

17세기 말, 유럽 열강의 팽창주의가 절정에 달하던 시기, 네덜란드는 동인도 회사를 통해 인도네시아(Indonesia) 자바섬(Java Island)을 식민지화하며, 그곳의 풍요로운 열대 기후와 비옥한 토양에 주목했다. 이들은 에티오피아와 예멘을 거쳐 유럽으로 전파된 아라비카 커피의 묘목을 이국적인 자바섬에 이식했고, 그로부터 동남아시아 전역으로 커피 재배를 확산시켰다. 자바(Java)라는 지명은 이후 '자바 커피(Java coffee)'라는 명칭으로서 세계 커피 문화에 영향을 미쳤다. 이는 단순 작물의 이식을 넘어 유럽 제국주의와 열대작물 식민 경제의 상징적 교차점으로 해석되기도 한다.

그러나 19세기 중반, 아라비카 커피는 커피 녹병(hemileia vastatrix)이라 불리는 전염성 곰팡이병에 취약하다는 치명적인 약점을 드러냈다. 이 병해는 자바섬을 비롯한 인도네시아 주요 재배지를 초토화시켜, 아라비카 커피를 거의 전멸에 이르게 했다. 이에 따라 인도네시아는 병충해에 강한 카네포라, 즉 로부스타의 품종으로 재배를 전환하기 시작했다. 이후 로부스타 커피는 높은 수확량과 강한 내병성 덕분에 전역으로 빠르게 확산되었다.

오늘날 인도네시아는 브라질, 베트남, 콜롬비아와 함께 세계 4대 커피 생산국 중 하나로 꼽히고, 로부스타 생산량에서 높은 비중을 차지하고 있다. 수마트라(Sumatra), 술

라웨시(Sulawesi), 발리(Bali) 등의 고지대에서는 여전히 소규모 농가 중심으로 아라비카의 품종 재배가 지속되고 있다. 인도네시아 정부 역시 품질 중심의 아라비카 커피 확대를 점진적으로 추진하며, 스페셜티 커피 시장에서의 위상을 높이고자 노력하고 있다. 이렇듯 인도네시아 커피는 식민지적 이식, 질병으로 인한 위기, 품종 전환과 회복이라는 다채로운 서사를 모두 내포하고 있다.

Mandheling Coffee

주요 커피 산지로는 수마트라, 자바가 대표적이다. 수마트라섬은 만델링(Mandheling) 커피로 유명하다. 이 지역은 인도네시아에서 가장 많은 커피를 생산하고, 세계에서 가장 비싼 커피 중 하나인 코피 루왁(Kopi Luwak)[65]의 주요 산지로도 잘 알려져 있다. 코피 루왁은 루왁이라는 사향고양이가 커피 열매를 먹은 후 배설한 생두를 가공하여 만드는 독특한 커피이다. 또한, 자바섬에서는 고원지대에서 생산되는 아라비카 싱글 오리진(single origin)[66] 고급 스페셜티(specialty) 커피가 재배되고 있다.

Kopi Luwak

다섯, 커피, 세 갈래로 피어나다

예멘은 커피의 상업적 재배가 최초로 시작된 지역 중 하나로, 전 세계 커피 문화사에서 빼놓을 수 없는 중요한 기원을 품은 땅이다. 에티오피아에서 시작한 커피가 홍해를 건너 아라비아 반도에 전해졌고, 예멘은 이를 상업적으로 재배하고 무역 품목으로 정착시킨 국가로 평가된다. 특히 예멘의 험준한 산악 지형은 계단식 밭(terraced fields) 형태로 개간되어, 전통적인 건식 재배법과 토착 품종을 중심으로 수백 년간 이어져 온 자생적 농업 기술의 기반이 되었다.

예멘 농부들은 오늘날까지도 기계화되지 않은 방식으로 커피 체리를 손수 수확하고, 강한 일조량을 활용해 건식법(natural process)으로 자연 건조시키는 가공 방식을 고수한다. 건조한 기후와 강한 일조량을 활용해 전통적인 건식법(natural process)을 고집하며, 이 과정에서 토착 효모와 미생물의 발효가 일어나 예멘 특유의 복합적 향미가 형성된다. 이러한 전통은 예멘 모카(Yemen Mocha)커피를 세계 커피사 속에서 가장 상징적인 존재로 만들었다. '모카(Mocha)'라는 이름은 단순한 맛의 표현이 아니라, 실존했던 무역 항구 도시 알 무카(al-Mukhā)의 지명에서 비롯된 것이다. 이 항구는 15세기부터 유럽과 중동 시장을 위한 커피의 주요 수출항으로 기능했으며, 이후 17세기에는 영국·네덜란드·덴마크·프랑스 등의 무역 상관이 설치되어 국제 커피 무역의 중심지로 번성했다. 그 결과 '모카'는 예멘 커피의 대명사가 되었고, 세계 커피사의 상징적 기점으로 자리 잡았다. 이렇듯 예멘 커피는 단순한 음료를 넘어, 전통 농업, 무역사, 제국주의 이전의 자생적 상업 네트워크를 증언하는 살아있는 문화유산으로 남아 있다.

예멘 커피의 개성을 형성하는 중심에는 고지대 산악 지역들이 있다. 대표적인 산지로는 수도 사나(Sana'a)를 중심으로, 하라즈(Haraz), 베니 마타르(Bani Mattar) 등이 있다. 이러한 지역들은 해발 1,800~2,400m에 이르는 고지대 환경이다. 낮과 밤의 온도차가 크고, 토양 배수력이 뛰어나며, 유기농에 가까운 전통 농법이 어우러져 커피 체리

Yemen Haraz, by Rod Waddington

의 밀도와 당도를 높인다. 특히 '모카 마타리(Mocha Mattari)'는 예멘 베니 마타르 지역에서 재배된 커피를 말하며, 진한 건과일 향과 다크 초콜릿, 약간의 스파이시(spicy)함이 어우러지는 복합적 향미를 지닌다. 이러한 특징 덕분에 '커피의 여왕(queen of coffee),' '커피의 귀부인(lady of coffee)'이라는 별칭으로 불리며, 역사적 유산과 감각적 매력을 겸비한 예멘의 상징적 커피로 평가된다.

그러나 예멘의 커피 산업은 지난 수년간의 내전, 정치 불안, 경제 제재 등으로 인해 심각한 타격을 받아왔다. 농업 기반 시설은 물론, 물류와 수출 경로도 크게 위축되었으며, 이로 인해 커피 생산

량의 급감과 품질 관리의 불균형으로 이어졌다. 유엔 식량농업기구(FAO)와 국제커피기구(ICO)는 2014년 이후 예멘의 커피 생산량이 50% 이상 감소했으며, 이는 글로벌 커피 시장에서 예멘산 커피의 접근성을 극도로 제한시키는 요인으로 작용했다고 분석하였다.

그럼에도, 예멘 모카 커피는 단지 맛의 차원을 넘어 문화적 유산이자 역사적 상징으로 여겨지고 있다. 전통적인 방식으로 소규모 농가에서 생산된 커피는 여전히 전 세계 애호가들 사이에서 희소성과 고유성으로 큰 사랑을 받고 있다.

Mocha Mattari, by Reliable barista Team

이처럼 커피는 그 고유한 맛을 넘어, 재배되는 땅과 사람의 역사를 고스란히 담아내는 살아있는 유산이 되어 왔다. 대서양을 건너 카리브해의 푸른 심장부, 자메이카 블루 마운틴 커피(Jamaica Blue Mountain Coffee)도 그러한 역사와 명예를 온전히 담아낸 결정체이다. 자메이카 블루 마운틴 커피는 커피 그 이상의 의미를 지닌다. 18세기 초, 자메이카 고지대에 커피나무가 심어진 이래로 이 지역은 커피 역사 속에서 특별한 지위를 차지해 왔다. 대다수는 아라비카의 종 중 티피카(Typica) 계통에 속하며, 이는 원종에 가까운 순수성을 지닌 품종으로 여겨진다. 이 귀한 커피가 자라나는 곳은 해발 2,256m에 달하는 자메이카 동부의 블루 마운틴(Mt. Blue Mountain) 산맥이다. 그중 해발 약 900m에서 1,700m 사이의 고지대에 자리한 이 지역은 강한 일사량(insolation)과 적절한 기온차, 그리고 잦은 안개와 비가 반복되는 독특한 기후 조건을 자랑한다. 이러한 환경은 커피 체리를 천천히, 그러나 정밀하게 성숙할 수 있는 시간을 제공한다. 이 덕분에 자메이카 블루 마운틴 커피는 쓴맛이 적고, 특유의 풍부한 아로마(aroma)와 섬세한 신맛, 자연스러운 단맛, 그리고 우아한 바디감과 깔끔한 후미(aftertaste)[67]를 동시에 지니고 있다.

Caribbean Map, by Kmusser

자메이카 블루 마운틴 커피는 “커피의 황제(Champagne of Coffees)”라고 불리는데, 그것은 단지 그 희귀성과 가격 때문만은 아니다. 자메이카 정부는 이 품질을 유지하기 위해 지리적 표시 제도를 도입하고 있으며, 오직 블루 마운틴 지역 내에서 생산된 원두만이 공식적인 ‘블루 마운틴 커피’로 인정되도록 엄격히 관리하고 있다. 연간 생산량 역시 철저히 제한되어 커피 한잔에 깃든 품질과 명성, 그리고 장인의 땀방울을 증명하는 표식이 된다. 커피의 생산과 유통 전 과정은 국가 차원의 엄격한 법적 규제와 품질 관리 속에서 이루어진다. 심지어 커피 열매를 가공하거나 판매, 수출용으로 준비하려는 모든 사람이 반드시 공식 면허를 취득해야 한다. 이 면허는 단순한 행정 절차를 넘어, 공장법(Factories Act) 및 천연자원보존당국법(Natural Resources Conservation Authority Act)의 요건을 충족하는 별도의 허가도 함께 요구된다.

View of the Blue Mountain, by Wolmadrian

Blue Mountain Coffee, by Reliable barista Team

'Jamaica Blue Mountain' 혹은 'High Mountain Supreme'이라는 공식 상표명을 사용할 수 있는 권리는 아무에게나 주어지지 않는다. 이 상표는 자메이카 커피산업규제청(Jamaic Coffee Industry Regulatory Authority, JACRA, 구 Jamaica Coffee Industry Board, CIB)의 엄격한 심사와 인증을 통과한 딜러 및 외국 수입업자에게만 허용된다. 이는 블루 마운틴 커피의 브랜드 가치를 보호하고, 자메이카 커피의 국제적 신뢰도를 유지하기 위한 핵심 장치이다. 이러한 품질 관리와 차별화 전략은 물리적 포장 방식에도 반영된다. 일반적인 커피 원두가 수출용 자루에 담겨 운송되는 것과 달리, 블루 마운틴

Jamaican Blue Mountain Coffee Roasting, by Matthew. kowal

커피는 전통적인 나무 상자(wooden barrels)에 담겨 수출된다. 이는 단순 포장을 넘어 커피에 담긴 품격과 희소성, 그리고 문화적 상징성을 전달하는 매개체이기도 하다.

자메이카 블루 마운틴 커피는 대부분 소규모 영세농가에서 재배되고, 지형적 제약으로 인해 생산량이 매우 제한적이다. 또한, 1960년대부터 일본계 자본의 입김으로 인해 주요 수입·가공·유통망을 구축하면서, 전체 블루 마운틴 커피 수출의 약 70~80 %가 일본으로 향하고 있다. 이러한 구조적 편중으로 시장 접근성이 제한되고, 가격 형성 또한 일본 수입업체의 수요 변화에 크게 영향을 받는다.

Certified Jamaica Blue Mountain Coffee, by Reliable barista Team

한편, 태평양 한가운데 화산이 빚어낸 낙원 하와이(Hawaii)에서 커피는 오랜 세월 고유한 명성을 쌓아왔다. 하와이어(Hawaiian)로 커피를 의미하는 코페(kope)는 이 외래 음료가 하와이 문화 속에 자연스럽게 녹아든 흔적을 보여준다. 커피나무는 1828년 선교사 사뮤얼 러걸스(Samuel Ruggles)에 의해 코나(Kona) 지역에 도입된 것으로 알려져 있다. 하와이섬(Hawaii Island)의 코나 지역은 미국 내에서 특별히 커피 재배에 최적화된 명산지로 자리 잡았다.

코나 지역은 하와이섬 서부에 위치해 있으며, 코나 커피는 이곳의 후알랄라이(Hualalai)와 마우나로아(Mauna Loa) 산의 경사면에서 재배되는 커피를 말한다. 이 특정 구역에서 재배·수확된 것만이 '코나 커피'라는 명칭을 사용할 수 있다. 특유의 화산재 토양은 탁월한 배수성과 영양분을 제공해 커피나무 생육에 이상적인 조건을 갖추고 있다. 또한, 일정한 강우, 강렬한 일조, 낮과 밤의 큰 일교차, 바다에서 불어오는 서늘한 바람은 코나 커피의 균형 잡힌 맛과 향을 만드는데 핵심적인 역할을 한다.

Hawaiian Kona Coffee, by Reliable barista Team

코나 커피의 생두는 일반적으로 크고 길쭉하며, 단면이 평평하고 매끈한 것이 특징이다. 로스팅 후 추출된 커피는 전반적으로 산뜻하고 균형 잡힌 맛을 지니고, 부드럽고 달콤한 과일 향미, 상큼한 신맛, 가벼운 단맛, 그리고 은은한 꽃향기(floral note)[68]가 느껴지는 섬세한 맛을 선사한다. 이처럼 강한 쓴맛이나 묵직함보다는 섬세하고 깨끗한 맛(clean flavor)이 강조된다. 하와이주 법령에 따라 '코나 커피'라는 명칭은 반드시 코나 지구에서 재배된 원두가 일정 비율 이상 함유된 경우에만 사용이 허용된다. 만약 혼합 제품일 경우에는 블렌드 커피 라벨에 '10% Kona Blend' 등과 같이 코나 커피 함량을 명확히 표기해야 한다. 이러한 규정은 원산지 명칭 보호를 강화하고, 코나 커피의 고유성과 품질에 대한 국제적 신뢰도를 유지하는 데 기여한다. 이로 인해 하와이안 코나 커피는 일반 상업용 커피에 비해 가격이 훨씬 높지만, 그 일관된 품질, 희소성, 그리고 독특한 테루아(terroir)[69]로 인해 전 세계 커피 애호가들 사이에서 높은 평가를 받고 있다.

Certified Kona Coffee, by Reliable barista Team

여섯, 커피, 땅과 기후를 품다

인류가 매일 아침 잔을 들며 마주하는 커피는 단순한 음료가 아니다. 그것은 수천 년을 거슬러 올라가는 문명의 일부이며, 사람들의 정신과 육체, 그리고 문화 전반을 각성시켜 온 식물적 존재이다. 결국, 커피는 식물학적 존재이면서도 철학적 존재이며, 하나의 문명 그 자체라고 할 수 있다. 뿌리는 땅을 딛고 있으나, 그 향기는 머리 위 하늘로 퍼지고, 그 맛은 시대를 넘어 사람과 사람을 이어준다. 이처럼 인류의 삶 깊숙이 스며든 커피는 식물학적으로 꼭두서니과(Rubiaceae)[70] 코페아속(Coffea)[71]에 속하는 쌍떡잎식물이다. 이는 자연 속 하나의 생명이자 인간의 역사와 나란히 걸어온 동반자로서의 커피를 규정한다. 꼭두서니과는 열대와 아열대에 널리 분포하는 대형 식물 분류군으로 알칼로이드(alkaloid)의 일종인 카페인(caffeine)[72]을 포함하고 있는 식물이 다수 존재한다.

Coffee Trees, by Dirk van der Made

커피나무는 아프리카의 적도 인근, 특히 에티오피아 고지대의 야생림에서 자생하던 식물이다. 고산지대의 안개와 강수, 그리고 강렬한 태양은 커피에게 특별한 생리적 조건을 제공하였고, 이는 오늘날에도 고급 커피의 산지 조건으로 여겨진다. 이러한 환경에서 자란 커피나무는 10m 이상 자라기도 하지만, 인간의 손으로 재배될 때에는 수확의 편의와 병해 방지를 위한 관리 목적으로 보통 2~3m 높이로 조절된다. 식물로서의 커피는 그 형태와 색채, 향기까지도 인간의 감각을 매혹시킨다. 잎은 품종에 따라 길게 늘어진 타원형에서 타원상 난형에 이르기까지 다양하며 끝은 뾰족하게 뻗어 있다. 물결 모양의 가장자리는 바람이 스쳐 지나가는 듯한 유연한 선을 그리고 광택 있는 짙은 녹색 잎은 커피나무가 지닌 생명력의 깊이를 암시한다. 꽃은 작고 소박하지만, 그 색은 순백이며, 향기는 은은한 재스민을 떠올리게 한다. 이 향기로운 꽃들이 가지 끝에 피어나는 순간, 그것은 단순한 개화가 아닌 하나의 서정적 선언처럼 느껴진다. 이후 수정된 꽃은 시간이 지나 붉은 열매로 익어가며, 바로

Coffea arabica, by Marcelo Corrêa

그 속에서 커피의 본질, 즉 씨앗이 모습을 드러낸다. 더욱 흥미로운 점은 커피나무가 단지 외적 아름다움에 머물지 않는다는 것이다. 그것은 카페인을 함유하고 있는데, 이 물질은 식물에게 있어 해충으로부터의 방어 수단인 동시에, 인간에게는 각성의 힘을 선사한다. 이처럼 한 식물 안에는 자연과 인간을 잇는 매개가 숨어 있다.

커피나무는 코페아속이라는 특별한 가지에 속하며, 이 속에 속한 식물들 중 약 120종이 학계에 알려져 있다. 그러나 인간의 손에 의해 경작되고 씨앗을 내어주는 종은 단 세 종류에 불과하다. 아라비카(Coffea arabica)와 카네포라(Coffea canephora, 로부스타),[73] 리베리카(Coffea liberica) 종이다. 아라비카와 카네포라가 전 세계 커피 생산량의 대부분을 차지하며 대규모로 재배되고 있다. 그리고 아주 극히 소수로 경작되는 리베리카 종이 그 명맥을 잇는다. 이 세 가지 근본적인 종으로부터 수많은 교배종과 잡종이 만들어지면서 오늘날과 같은 방대한 커피 품종이 존재하게 된 것이다.

Coffea arabica, by Forest & Kim Starr

아라비카는 세계에서 가장 먼저 재배된 커피 종으로, 원산지는 에티오피아이다. 주로 해발 800m 이상의 고산지대와 고원에서 생산된다. 재배 고도가 높을수록 서늘한 기후로 인해 열매가 천천히 익어 밀도가 높아지며, 이에 따라 품질이 우수한 것으로 평가받고 있다. 아라비카의 생두는 일반적으로 타원형이며, 센터컷(center cut)이 약간 S자형으로 굽어 있다. 잎은 짙은 녹색이고 끝이 뾰족하다. 병충해에 취약하며, 나무 높이는 4~6m에 달한다. 그러나 수확 편의성과 수량 증대를 위해 농장에서는 주로 3m 이하로 가지치기하여 관리한다. 아라비카는 한때 세계 커피 시장의 약 70%를 차지했으나, 현재는 약 60% 수준으로 생산되고 있다. 아라비카는 고급스러운 산미(acidic brightness)가 특징이며, 향미 개선과 병충해 저항성 강화를 위해 다양한 품종으로 개발되었다. 번식은 자가수분 방식으로 카페인 함량(약 0.8~1.4%)은 다른 커피 종에 비해 가장 낮다.

Coffea arabica(1860), by Linnaeus

Rubiacceae.
Coffea arabica L.

아라비카는 여러 품종으로 구성되어 있으나 가장 널리 알려진 것은 티피카(Typica)[74]와 버본(혹은 부르봉, Bourbon)[75]이다. 이 두 품종은 세계 아라비카 커피의 유전적 기반이자 재배 역사에서 가장 중요한 모체 품종으로 평가된다. 티피카는 두 가지가 직각에 가깝게 대칭적으로 뻗어 있는 반면, 버본은 두 가지가 약 50~60도로 뻗어 있는 것이 특징이다. 티피카는 아라비카 커피의 원조(origin) 품종으로, 품질은 뛰어나지만, 수확량이 적고 병충해에 취약하다. 버본은 티피카와 유사한 낮은 생산성을 보이지만 우수한 향미로 인해 소규모 고급 커피 농장에서 재배되며, 다양한 품종과의 교배를 통해 수많은 변이 품종이 개발되었다. 옐로 버본(Yellow Bourbon), 오렌지 버본(Orange Bourbon), 핑크 버본(Pink Bourbon) 등이 대표적이다. 버본의 변종인 카투라(Caturra)는 브라질에서 발견되어 중남미로 전파되었으며, 생산성이 높고 밝은 산미, 과일과 균형 잡힌 단맛으로 스페셜티 커피시장에서 높은 평가를 받고 있다. 한편, 에티오피아에서 전파된 게이샤(Geisha 혹은 게샤: Gesha)[76]는 파나마에서 재배되며, 2004년에 개최된 파나마 커피 대회(The Best of Panama Competition, BOP)에서 '신이 내린 커피'로 극찬을 받으며 세계에서 가장 비싼 커피 품종 중 하나로 자리 잡았다.

Coffea arabica Plantation, by Fernando Rebêlo

카네포라 종은 흔히 로부스타라는 이름으로 널리 알려져 있으며, 로부스타는 카네포라의 대표 품종이다. 이 커피는 아프리카 중부 및 서부, 특히 콩고 분지에서 기원한 것으로 알려져 있다. 로부스타는 병충해에 강하고 고온다습한 환경에서도 잘 자라는 특성을 지녔으며, 주로 해발 800m 이하의 저지대에서 재배된다. 이러한 강점 덕분에 베트남, 인도네시아 등 동남아시아와 브라질 등 남아메리카 지역에서 광범위하게 재배되고 있다. 현재 세계 커피 생산량의 약 40%를 차지하며, 그 비중이 점차 증가하는 추세이다. 로부스타 커피나무는 최대 10m까지 자란다. 잎은 아라비카보다 크고 길쭉한 타원형을 띠고, 생두는 더 작고 둥근 형태를 보인다. 번식은 타가수분 방식으로 이루어지며, 카페인 함량은 1.7~2.7%로 아라비카의 약 두 배 수준이다. 일반적으로 쓴맛이 강하고 향미의 복합성은 아라비카보다 낮지만, 가격이 저렴해 블렌딩이나 인스턴트 커피 제조에 주로 활용된다. 로부스타는 해충과 질병에 대한 저항성이 높아 아라비카보다 제초제 및 살충제 사용량이 적다는 장점을 지닌 품종이다.

Coffea robusta Flowers, by Okkisafire

한편, 리베리카(Coffea liberica) 종은 서아프리카 대서양 연안에 위치한 라이베리아(Liberia)가 원산지인 종이다. 리베리카는 커피 향미가 상대적으로 약하고 쓴맛이 강해 상업적 가치가 낮다. 전 세계 커피 생산량의 약 1% 미만을 차지할 정도로 경작 규모가 매우 작다. 주로 서아프리카와 필리핀 등 동남아시아 지역에서 소량 재배되며, 수출보다는 현지 소비 중심으로 이용된다. 특히 필리핀에서는 '바라코(Barako)'라는 명칭으로 생산되기도 한다. 리베리카 생두는 아라비카・로부스타와 구별되는 독특한 형태를 지니고 있다. 센터컷이 비대칭적이고 한쪽이 짧아 끝에 '후크(hook)'처럼 휘어져 있는 것이 특징이다. 리베리카는 강한 나무 향이나 흙 향의 향미를 지니고 있는 종으로, 나무, 꽃, 잎, 그리고 열매의 크기가 다른 커피 종에 비해 훨씬 큰 편이다. 최대 600m 이하 저지대의 고온다습한 지역에서 잘 자란다. 커피나무는 최대 약 20m까지 자랄 수 있어서 커피 열매 수확 시 사다리를 이용하는 경우도 있다.

Coffea canephora Flowers, by Jeevan Jose, Kerala, India

세 가지 커피 종은 식물학적 분류를 넘어, 오랜 세월 동안 각 지역의 자연환경과 인간의 재배 방식 속에서 유전적 다양성과 문화적 상징성을 동시에 확장해 온 존재들이다. 특히 아라비카는 예멘 고지대에서 에티오피아 숲, 안데스 산맥에 이르기까지 다양한 환경 속에서 수많은 변이 품종을 낳으며, '테루아'를 통해 고유한 정체성을 형성해왔다. 마찬가지로 카네포라와 리베리카 역시 열대 저지대의 고온다습한 환경과 인류의 재배 목적 속에서 독자적인 생태적 특성과 향미를 구축하며 오늘날까지 이어져 온 종들이다. 오늘날 우리가 접하는 커피 한잔은 이처럼 서로 다른 유전적 계보, 재배지의 자연환경, 그리고 인류의 농업 지식과 문화가 수 세기에 걸쳐 결합되어 탄생한 결과물이다.

Coffea canephora Berries, by Ksd5

그리고 각 종의 향미는 자연의 품에서 피어난다. 강렬한 직사광은 커피나무를 시들게 하지만, 부드러운 햇빛과 적절한 일조량은 생명을 북돋는다. 그러나 서리나 과도한 일교차는 열매의 숨을 멎게 한다. 토양은 유기질이 풍부한 화산성 충적토[77]가 최적이며, 배수성과 보수성을 겸비한 땅, 바람이 잔잔한 산골짜기에서 뿌리를 깊이 내린다. 개화는 짧은 건기 후 첫 비의 속삭임으로 촉발되며, 열매는 적당한 강수량 속에서 향미를 키운다. 고지대에서는 느린 시간이 생두에 밀도를 더하고, 복합적인 산미와 꽃 향(floral note)을 자아낸다.

이처럼 커피의 품질은 온도, 습도, 토양, 일조량, 바람이 어우러진 지역적 특성과 농부의 정성으로 완성된다. 에티오피아 예가체프의 자스민 향, 파나마 게이샤의 복숭아 향, 자메이카 블루 마운틴의 부드러운 단맛은 자연과 인간이 함께 그린 초상이다. 커피 한잔은 단순 작물이 아닌, 지역의 숨결과 인류의 지혜가 엮어낸 문화적 창작물로서, 우리의 감각과 기억 속에서 영원히 되살아난다.

Coffea canephora Berries

Coffee Cherry Colors, by Fernando Rebelo

일곱, 한 알의 씨앗이 세상의 열매가 되다

커피의 여정은 생물학적 시작점인 커피 종자로부터 비롯된다. 생물학적으로 커피 종자는 커피나무의 생장(growth)을 위한 생식 기관이자 새로운 개체를 탄생시키는 기초 단위이다. 우리가 흔히 '생두'라고 부르는 것은 사실상 커피 열매의 씨앗이며, 발아가 가능한 종자이다. 커피 종자는 커피 생산의 출발점이자 유전적 다양성의 저장고이다. 종자의 선택은 품종 특성, 재배 환경, 병충해 저항성, 수확량, 그리고 무엇보다 향미에 이르기까지 결정적인 영향을 미친다. 따라서 커피 종자는 농학적 가치뿐만 아니라 미각 문화와 직결된 상징적 자산이기도 하다. 역사적으로 커피 종자는 문화 간 교류와 식민지적 확산의 매개체였다. 세계적으로 전파된 커피의 여정 뒤에는 언제나 종자의 이주가 있었고, 그 종자들이 뿌리내린 각기 다른 토양과 기후는 오늘날 테루아 개념으로 연결된다.

현재 커피 종자는 단지 생산 수단을 넘어 '지리적 정체성'과 '문화적 유산'의 결정체로 여겨진다. 예컨대, 에티오피아의 지역 품종은 커피의 기원과 유전적 보고(repository)로서 세계적으로 보존과 연구 대상이 되고 있다. 하와이 코나, 자메이카 블루 마운틴처럼 특정 지역의 종자는 그 자체로 브랜드이자 고유성을 상징하는 이름이 되었다. 결국, 커피 종자는 단순한 식물의 씨앗이 아니라, 커피 문화의 근원이자 인간과 자연의 상호작용이 축적된 '살아 있는 문화 코드'라 할 수 있다.

커피 종자는 커피 열매(cherry)에서 껍질과 과육(pulp) 부분을 제거한다. 이후 내과피(파치먼트, parchment)의 점액을 물로 씻은 뒤 하루 정도 말려 주는 과정을 거치게 된다.[78] 일반적으로 커피 열매에 들어있는 커피 씨앗은 두 개[79]가 정상적인 형태이며, 이러한 것들을 선별하여 커피 종자로 사용한다. 커피 열매 속에 커피 씨앗이 한 개(피베리, peaberry)[80] 혹은 세 개(트라이앵글러 빈, triangular bean)도 존재한다. 이들은 발아 능력이 있더라도 유전적 변이성, 상업적 효율성 등의 측면에서 종자로서 선호도가 낮다.

Coffea Drupe, by Filo gén

Peaberry, by Reliable barista Team

커피나무의 재배는 일반적으로 종자를 이용한 유성생식으로 이루어지지만, 품종의 형질을 일정하게 유지하거나 재배 효율을 높이기 위해 접목이나 꺾꽂이(삽목)와 같은 무성생식(영양번식) 방법도 활용된다. 이러한 방법은 특히 모종 생산이나 우수 품종의 대량 증식에 유리하며, 커피 재배의 다양성과 지속가능성을 높이는 데 중요한 역할을 한다.

커피 재배의 여정은 작은 씨앗을 흙 속에 심는 파종(sowing)에서 시작된다. 이는 단순한 농업 행위를 넘어, 한잔의 커피가 탄생하기까지 이어지는 긴 여정의 출발점이라 할 수 있다. 커피 씨앗은 일반적으로 껍질이 남아 있는 파치먼트(parchment) 상태나, 이를 벗겨낸 생두 상태로 파종할 수 있다. 특히 재배 초기에는 씨앗이 흙 속의 다양한 미생물이나 병원성 균류에 노출되기 쉬우므로, 파치먼트 상태로 보존한 씨앗을 사용하는 것이 바람직하다. 이때 씨앗의 수분 함량은 약 10~12%로 조절하는 것이 이상적이며, 이는 병해 감염을 예방하고 발아율을 높이기 위한 중요한 조치이다. 땅에 뿌려진 씨앗 하나하나는 수개월 후 하나의 커피나무로 성장하며, 이 모든 과정은 인간과 자연의 협력 속에서 이루어지는 섬세한 생명 순환의 일부이다.

일반적으로 육묘상(커피 씨앗을 심는 판) 혹은 폴리백(polybag)에 물 빠짐이 좋은 상토(모판 바

닥에 까는 흙)를 깔고 커피 씨앗은 홈이 파진 부분(center cut)을 아래로 향하게[81] 하여 깊이는 1~2cm 정도로 심는다. 커피 씨앗의 적절한 수분을 위해 커피 씨앗 두께의 2~3배 정도 높이로 상토를 덮어준 다음 상토가 촉촉해지도록 물을 뿌려준다. 이후 상토가 마르지 않도록 수분 함량(60~80%)을 유지하며, 환경에 따라 주 1~2회 물을 뿌려준다. 흙 속에 뿌려진 작은 커피 씨앗은 마치 대지의 품 안에서 숨을 고르듯 잠시 침묵의 시간을 가진다. 파종 후 약 1~3개월이 지나면, 눈에 보이지 않는 곳에서 생명이 움트기 시작한다.

가장 먼저 돋아나는 것은 뿌리로, 지표 아래로 조용히 뻗어나가는 원뿌리(taproot)이다. 이 뿌리는 땅 깊숙이 내려가 식물의 생명을 지탱하는 기둥이 된다. 시간이 흐르며 원뿌리에서 갈라진 곁뿌리(lateral roots)가 주변으로 퍼져나가, 커피나무가 자랄 토대를 넓힌다. 이후 지상으로는 작은 새순이 올라오고, 이를 감싸듯 두 장의 떡잎이 펼쳐지며 세상과의 첫 만남을 시작한다. 이 순간은 단순 생육 단계가 아니라, 한 알의 씨앗이 스스로의 생명력을 증명하며 하나의 개체로 자리 잡는 경이로운 전환점이라 할 수 있다.

인간은 이 미세한 변화 속에서도 생명의 질서와 조화를 읽어낸다. 커피의 여정은 음료 생산을 넘어, 자연과 시간, 그리고 생명의 철학이 깃든 농사의 예술이라 할 수 있다. 같은 날 파종하더라도 씨앗의 상태와 환경에 따라 발아(germination) 시기는 각각 다르다. 떡잎은 일반적으로 두 장이 나오며, 이후 수개월이 지나면 본잎이 나타난다. 신선한 커피 열매에서 바로 수확한 씨앗을 사용하고 온도와 습도를 적절히 관리하면 뿌리는 빠르게 발아할 수 있다. 반면, 수확 후 1년 이상 지난 씨앗은 발아 기간이 길어지고 발아율도 떨어질 수 있다.

파종 이후 약 수개월이 지나 본잎이 나오면서 커피나무의 형태를 갖추는데, 이 시점부터 점차 일조량을 늘려 묘목이 일광 조건에 적응하도록 돕는 것이 바람직하다. 어린 커피나무는 환경·품종·관리 조건에 따라 성장 속도가 다르지만, 대략 파종 후 약 6개월에서 1년 사이에 이식 적령기에 이른다. 이때, 튼튼히 생장한 묘목을 선별하여 경작지로 옮겨 심는 과정을 '묘목 이식(transplanting)'이라 한다. 이식 시기는 고정되어 있지는 않으나, 묘목이 과도하게 자라 관리가 어려워지기 전에, 그리고 토양이 촉촉하고 날씨가 비교적 흐린 우기 시작 무렵이 가장 적합하다. 이식할 때는 뿌리가 손상되지 않도록 주의 깊게 경작지에 옮겨 심는 것이 매우 중요하다.

어린 커피 묘목이 새로운 땅에 뿌리를 내린 이후, 그 생명은 아직 연약하고 외부 환경에 민감하다. 마치 막 태어난 아기를 햇살 아래 바로 내어놓을 수 없듯이, 이식한 커피 묘목 또한 직사광선으로부터 섬세한 보호가 필요하다. 뜨거운 태양은 성숙한 나무에게는 성장의 에너지가 되지만, 아직 뿌리가 약한 어린 묘목에게는 쉽게 수분을 빼앗고 잎을 시들게 하는 위협이 될 수 있다. 이러한 이유로 커피 농부들은 햇볕을 완전히 차단하기보다는 빛과 그늘이 조화롭게 어우러지는 환경을 만든다. 특히 열대 고산지대의 전통적인 커피 농장에서는 셰이드 트리(shade tree, 그늘나무)를 커피나무 사이사이에 심는다. 이 나무들은 단순한 차양이 아닌 토양의 수분을 유지하고 온도의 급격한 변화로부터 묘목을 보호한다. 또한, 토양의 유기물을 풍부하게 하고 때론 곤충과 새의 서식처가 되어주는 복합 생태적 역할을 수행한다. 커피와 셰이드 트리의 공존은 인간이 자연을 지배하는 방식이 아니라, 자연의 리듬에 맞춰 살아가는 조화의 방식이다.

커피나무의 가지치기(전지, pruning)는 농업 기술을 넘어 자연과의 상호작용을 반영하는 관리 방식이라 할 수 있다. 자연 상태에서 나무는 본능적으로 다양한 방향으로 가지를 뻗어 나가며, 인간의 개입 없이 자라면 구조가 복잡해지고 관리가 어려워질 수 있다. 때문에, 품질 좋은 열매 생성을 위해서는 가지치기를 통한 형태 정비와 영양분 집중이 중요하다. 특히 묘목이 어느 정도 성장한 이후에는 내부 공기 순환과 햇빛 접근을 확보하기 위해 불필요하거나 약한 가지를 제거하는 것이 바람직하다. 여러 재배 지침에 따르면, 묘목이 자리 잡은 이후나 꽃이 피기 직전과 같이 나무가 안정적으로 구조를 형성한 시점에서 가지치기하는 것을 권장한다. 이는 나무가 건강하게 자라며 효율적으로 열매 맺을 수 있도록 돕는 행위이다.

Shade Tree, by Café Gato-Mourisco

나아가 커피나무 가지치기는 단지 기술적 행위에 그치지 않는다. 이는 커피 재배의 역사 속에서 전승되어온 지식이자 경험의 축적이며, 커피 생산지의 기후, 품종, 재배 철학에 따라 다양한 방식으로 실천되어 왔다. 예컨대, 가지치기는 단순 가지 절단이 아니라, 어떤 가지를 남기고 제거할 것인가를 판단하는 농부의 숙련된 통찰이 반영된 행위이다. 가지치기는 식물체에 상처를 내는 과정이므로 절단 부위의 감염을 막기 위해 반드시 소독된 전지가위를 사용하는 것이 좋다.

커피나무는 태양 아래 성급히 자라기를 택하지 않는다. 햇빛을 가려주는 나무 그늘 아래서 천천히 숨을 고르며, 시간과의 내밀한 대화를 나누듯 자신을 빚어간다. 대량 생산이라는 효율의 논리를 거부한 채, 커피나무는 자연의 리듬을 따르며 느리게, 그러나 깊이 있게 성장한다. 이러한 느림은 곧 축복으로 이어진다. 햇살의 직격을 피해 서서히 익어가는 열매는 마치 오랜 사색 끝에 도달한 깨달음처럼 더욱 깊은 단맛과 복합적인 향을 품는다. 실제로, 그늘 아래에서 자라는 커피는 더 긴 성숙 기간 덕분에 당과 유기산이 풍부해지는 경향이 있다. 그 결과, 생두는 더 크고 단단해질 수 있고, 그 안에는 계절과 토양, 바람의 기억이 차곡차곡 스며든 듯한 독특한 향미가 깃든다. 또한, 그늘 재배는 생물 다양성 보전과 토양 건강 유지에도 긍정적인 역할을 하며, 커피의 향미뿐 아니라 생태적 지속가능성까지 더해진다.

재배 환경과 품종에 따라 차이가 있을 수 있으나, 커피나무 꽃은 파종 후 약 3~4년 만에 흰 꽃을 피운다. 이 꽃은 가지와 잎 사이의 잎겨드랑이(node)에서 소박하게 피며, 다섯 장의 꽃잎이 정갈하게 펼쳐진다. 꽃의 향기는 자스민(Jasmine)을 닮아 은은하고 부드러워 주변을 감싼다. 그러나 각 꽃은 오래 머물지 않는다. 개별 꽃은 보통 1~3일 안에 시들며, 때로는 아침에 피고 저녁에 지기도 한다. 모든 꽃이 동시에 피고 지는 것은 아니지만, 일부 재배 환경에서는 특정 조건에서 나무 전체가 일제히 개화하는 장관을 연출하기도 한다. 이렇게 커피나무는 자신만의 시간표를 따라 생명의 순환을 이어간다.

커피나무는 봄의 짧은 향연처럼 꽃을 피우고, 진 자리에는 열매가 맺힌다. 이 열매는 시간이 축적된 자연의 언어이며, 꽃이 진 뒤 약 6~12개월에 걸쳐 천천히 성숙한다.[82] 열매의 성숙 시기는 재배 지역의 기후와 커피 품종에 따라 달라질 수 있으며, 아라비카종은 주로 붉은색[83]으로 익지만, 일부 품종은 노란색 또는 주황빛을 띠기도 한다. 완전히 익은 커피 체리는 품질을 유지하기 위해 나무에 붙어 있는 상태에서 조심스럽게 수확된다. 한 그루의 커피나무는 대지와 시간, 인간의 손길이 어우러진 복합적 산물로, 재배 지역의 토양과 기후 조건에 따라 연간 약 2~6kg의 열매를 생산한다. 이 수확량은 단순한 양이 아니라, 커피 한잔 속에 담긴 시간과 노동, 그리고 풍토의 결정체라 할 수 있다.

Coffee Cherry, by wanhoff

환경에 따라 다소 차이는 있으나, 커피나무는 파종 후 약 3~4년 만에 첫 열매를 맺는다. 자연 상태에서 일부 커피나무는 50~100년 이상 살기도 하지만, 상업적 재배 목적에서는 보통 30~40년까지 생존하며, 그중 약 20~30년 동안 열매를 생산한다. 그러나 수명 전반에 걸쳐 일정하게 열매를 맺는 것은 아니다. 이러한 주기 속에서 커피나무는 매년 자연의 순환에 따라 꽃을 피우고 열매를 맺으며, 스스로의 생애를 완성해 간다.

커피 식물 성장과정, by torchcoffee.asia

결국, 커피는 이 나무가 품은 열매의 씨앗, 곧 '생두(green coffee bean)'[84]를 가공하여 만든 산물이다. 인간은 이 작은 씨앗을 불로 구워 '원두(roasted coffee bean)'로 만들고, 다시 물이라는 가장 근원적인 자연의 매개를 통해 그 안에 숨겨진 맛과 향을 끌어낸다. 이 모든 과정은 단순히 음료를 만드는 행위를 넘어, 식물의 생명과 인간의 기술, 그리고 시간이 교차하며 빚어내는 정교한 과정이다.

Green Coffee Bean, by wisnu dwi wibowo

Roasted Coffee Bean, by Łukasz Rawa

CHAPTER 2.

손끝에서 시작된 한잔의 여정

하나 열매를 거두다, 향기를 빚다

둘 시간을 품다, 향미를 지키다

셋 향기를 싣고 길을 나서다

하나, 열매를 거두다, 향기를 빚다

커피 열매의 수확 시기는 그 나무가 뿌리 내린 땅의 위도와 고도, 그리고 계절의 흐름에 따라 다르게 결정된다. 적도 인근의 고지대에서는 서늘한 기온과 건기・우기의 교차가 뚜렷하여 해마다 한 번, 그 시기에 맞추어 대 수확이 이루어진다. 그러나 열대 저지대나 연중 따뜻함이 이어지는 땅에서는 커피나무가 서로 다른 시기에 꽃을 피우고 열매를 맺어, 한 해에 두 번 이상 수확이 가능하다. 이러한 지리적・기후적 차이는 단순 자연현상을 넘어, 그 땅이 지닌 '시간의 결'이 커피 열매 속으로 어떻게 스며드는지를 보여주는 것이다.

흥미롭게도 한 그루의 커피나무 안에서도 시간은 균일하게 흐르지 않는다. 어떤 가지에는 이제 막 꽃이 피고, 다른 가지에는 초록빛 미성숙 열매가 매달려 있으며, 또

Canephora Coffee Cherry

다른 곳에는 벌써 붉게 익은 체리가 빛을 발한다. 이는 커피 농부에게 한 번의 수확이 결코 단순한 작업이 아님을 의미한다. 그들은 매일 나무를 살피며, 열매의 빛깔, 단단함과 향기를 가늠한다.

잘 익은 커피 열매는 마치 완숙한 과일처럼 당도와 산미가 조화로워 향미가 깊지만, 덜 익은 열매는 맛이 거칠고, 그리고 지나치게 익은 열매는 발효가 과해 제 향을 잃는다. 때문에 수확의 핵심은 '적기(optimal harvest time)를 맞추는 일'이며, 농부가 이 순간을 포착하지 못하면, 한 해의 노동과 자연이 빚은 결실이 온전히 구현되지 못한다.

커피 수확 방식 중 '핸드 피킹(hand picking)'은 장인의 손길을 가장 닮은 방법이다. 숙련된 수확자가 커피나무 앞에 서서 열매의 색과 밀도를 세심하게 살피고, 충분히 성숙해 잘 익은 체리만을 하나하나 골라낸다. 이는 단순한 노동이 아니라, 커피의 향미를 좌우하는 첫 번째 선택이자 품질을 가르는 정교한 선별행위라 할 수 있다. 이러한 방식은 균질하고 우수한 생두를 확보하는 데 탁월하지만, 그만큼 막대한 시간과 인력이 필요해 생산비가 높아진다. 그럼에도, 핸드 피킹은 고품질을 지향하는 스페셜티 커피 산지에서 여전히 가장 신뢰받는 수확 방식으로 자리하고 있다.

Hand Picking

반면 '스트리핑(stripping)'은 효율을 우선으로 하는 수확 방식이다. 커피나무 아래 천을 깔아두고, 가지를 손으로 한 번에 훑어내려 열매를 떨어뜨리는 방식으로, 동일한 인력으로도 훨씬 빠르게 체리를 거둘 수 있다는 장점이 있다. 그러나 이 과정에서는 열매의 익음 정도를 가리지 않기 때문에 덜 익은 체리와 과숙한 열매가 뒤섞이고, 때로는 잎이나 작은 가지까지 함께 떨어지기도 한다. 그 결과 후속 선별 공정에서 더 많은 손질이 필요하며, 가지가 손상될 위험도 존재한다. 핸드 피킹이 장인의 세밀한 붓질을 닮았다면, 스트리핑은 넓은 캔버스를 한 번에 스쳐 지나가는 거친 스트로크(stroke)에 가깝다. 전자가 완벽한 품질을 위해 시간을 기꺼이 들이는 방식이라면, 후자는 속도와 생산성을 우선하며 품질 관리의 일부를 뒤로 미루는 접근이다. 커피 농부들은 생산량, 가용 노동력, 목표 품질 수준 사이에서 이 두 방법의 균형점을 찾을 필요가 있다.

Stripping, by Livestart Stiven

한편, '기계 수확(mechanical harvesting)'은 인간의 손길 대신 산업 기술이 투입되는 방식으로, 넓은 커피 농장에서 속도와 효율성을 극대화하기 위해 개발되었다. 이 방법에서 수확 기계는 나무 줄 사이를 지나며 커피나무에 진동을 가한다. 진동은 가지를 흔들어 익은 커피 열매를 떨어뜨리고, 이 열매들은 트럭이나 수거 장치 위에 모인다. 이러한 시스템은 짧은 시간 안에 방대한 양을 거둘 수 있어, 노동력 부족에 시달리는 대규모 농장에서는 특히 유용한 방법이다.

Mechanical Harvesting

그러나 기계 수확에는 전제가 따른다. 묘목을 이식하는 초기 단계부터 나무 간격을 일정하게 두어 기계가 원활히 통과할 수 있도록 설계해야 한다. 이는 단순 재배가 아니라 '기계 친화적' 농장 설계라는 추가 조건을 요구한다. 또한, 기계는 익은 열매만 골라내는 손의 감각을 갖고 있지 않기에, 덜 익은 체리, 과숙한 열매, 심지어 가지와 잎까지도 함께 떨어뜨리는 경우가 발생한다. 때문에 수확 후에는 선별 과정이 필수적이며, 이 과정에서 품질의 균일성을 맞추기 위한 노력이 필요하다. 기계 수확은 마치 한 번에 숲의 모든 색을 쓸어 담는 거대한 붓질과 같다. 시간과 인력을 크게 절약하지만, 그만큼 섬세함은 희생된다. 또한, 기계 도입에는 높은 초기 투자 비용이 뒤따르며, 장비 유지·보수에도 지속적인 자본이 들어간다. 기계 수확 방식은 '속도와 효율성' 대 '정밀함과 품질'이라는 오래된 딜레마를 가장 극단적으로 드러내는 수확법이라 할 수 있다.

수확된 커피 열매는 다층 구조의 복잡한 해부학적 형태를 지니고 있다. 바깥쪽부터 외과피(outer skin), 과육(pulp), 점액질(mucilage), 내과피(parchment), 은피(silver skin)가 차례로 감싸고 있으며, 그 중심에는 우리가 생두라 부르는 그린 빈(green bean)이 자리하고 있다. 생두의 정중앙을 따라 있는 얇은 절개선은 흔히 센터컷(center cut)이라 불린다. 생두를 만들기 위해서는 먼저 커피 열매의 과육, 점액질을 제거하는 가공 과정을 거쳐야 한다. 커피 열매의 가공방식은 커피의 향미를 결정하는 매우 중요한 요소 중 하나이므로 어떤 방식으로 가공하였는가에 따라 커피 애호가들의 생두 선택도 달라진다.

따라서 생두를 얻기 위해서는 먼저 열매의 과육과 점액질을 제거하는 가공과정이 필수적이다. 이 가공 방식은 커피의 향미 형성에 중요한 영향을 미치기에 어떤 공정을 거쳤는가는 생두 선택의 중요한 기준이 된다. 대표적인 가공 방식으로는 습식법(washed process)과 건식법(dry process)이 있으며, 이 두 방식을 기반으로 펄프드 내추럴(pulped natural process), 허니(honey process), 무산소 발효(anaerobic fermentation process) 등 다양한 변형된 공정들이 발전해 왔다. 다만 동일한 가공 방식이라도 커피 산지의 자연조건, 농장의 규모와 설비, 생산자의 기술 수준 등에 따라 결과가 달라질 수 있다. 즉, 가공법은 이름만으로 단일한 품질을 보장하는 것이 아니라, 각 산지의 환경과 처리 방식이 복합적으로 반영된 결과물이라 할 수 있다.

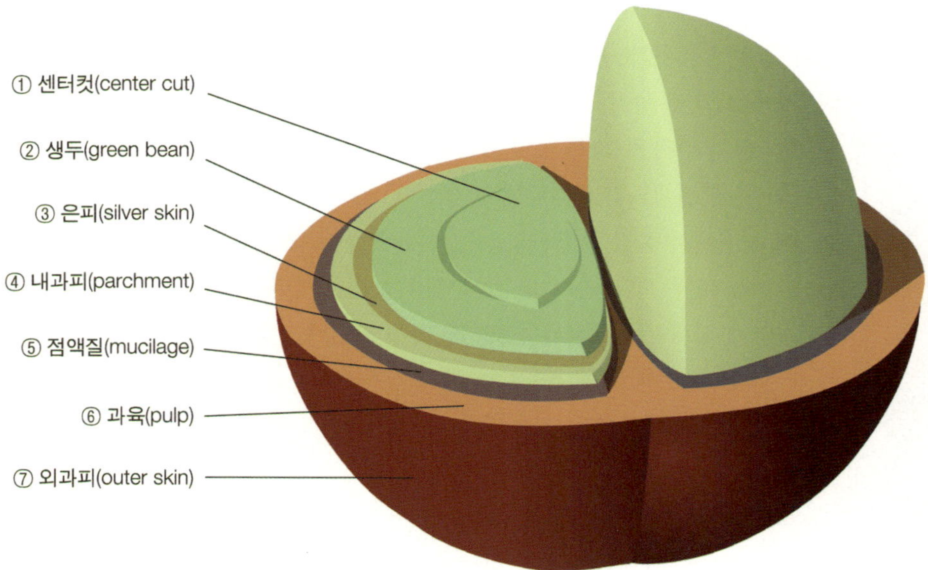

Coffee Bean Structure, by Y tambe

커피 가공을 위한 습식법은 워시드 방식(washed process)이라고도 불린다. 이 방식은 먼저 커피 열매를 물에 담가 세척하는 과정으로 시작된다. 이때 덜 익은 열매는 밀도가 낮아 물 위로 떠올라 이를 쉽게 골라내어 제거할 수 있다. 이후 외과피와 과육을 제거하고, 알맹이에 남아 있는 점액질을 없애기 위해 약 1~2일 동안 물속에서 발효 과정을 진행한다. 발효가 끝나면 표면에 남은 점액질 찌꺼기를 완전히 제거하기 위해 다시 한번 세척하고, 햇볕 아래에서 천천히 건조시킨다. 건조된 생두는 내과피 상태로 보관하는 것이 품질 유지에 가장 유리하기 때문에, 대부분 출하 직전까지 이 상태로 저장된다. 출하 단계에서 내과피를 제거한 뒤 생두를 선별하여 시장에 내보낸다.

습식법은 생두가 지닌 본연의 향미를 가장 안정적으로 보존하고, 균일한 품질을 확보할 수 있어 다른 가공 방식에 비해 높은 가격으로 거래되는 경향이 있다. 특히 점액질이 완전히 제거되어 깔끔하고 부드러운 향미를 얻을 수 있으며, 건조 기간이 비교적 짧아 밝고 선명한 산미를 드러내는 데 유리하다. 다만 습식법은 많은 양의 물과 전용 설비를 필요로 하며, 이로 인해 생산 비용이 크게 증가하는 단점이 있다.

Washing Coffee Cherries

반면 건식법은 내추럴 방식(natural process)이라고도 불리며, 커피 가공법 가운데 가장 오래되고 전통적인 방식이다. 이 방법은 자연 건조에 전적으로 의존하기 때문에, 수확기에 강수량이 적고 햇볕이 충분한 지역에서 주로 이루어지며 소규모 농장에서 특히 흔하게 사용된다. 수확한 커피 열매를 선별해 이물질을 제거한 뒤, 열매를 그대로 넓은 건조장이나 건조대에 펼쳐 약 2~3주 동안 햇볕에 말려 수분 함량을 약 12% 수준까지 낮춘다. 이때 열매가 고르게 마르도록 꾸준히 뒤집어 주는 세심한 관리가 필수적이다. 건조가 충분히 이루어진 뒤에는 탈곡 과정에서 외과피와 내과피를 분리해 생두를 얻는다. 그러나 건식법에는 숙명적인 한계가 있다. 서로 다른 숙성 단계의 열매가 한데 섞여 건조될 경우, 생두의 수분 함량과 밀도가 균일하지 않게 되어 품질

Coffee Drying

편차가 발생하기 쉽다. 즉, 건식법은 '시간, 노동, 이상적인 자연조건'이라는 세 요소가 완벽하게 맞아떨어질 때 비로소 최상의 결과를 내는 방식이다.

충분한 햇빛과 부지런한 관리가 조화를 이루면 묵직하고 달콤한 향미가 두드러진 커피가 만들어지지만, 조건이 조금만 어긋나도 품질 차이가 크게 벌어지는 양날의 검과 같다. 이러한 자연건조의 제약 때문에 건조기를 이용한 인공건조를 병행하는 사례도 점차 늘고 있다. 건식법은 한때 로부스타와 일부 아라비카 종에서 주로 사용되었으나, 최근에는 품질 향상을 위해 습식법을 도입하는 농장들도 증가하는 추세다. 열매를 자연 그대로 건조하는 과정 덕분에 단맛과 바디감이 뛰어난 반면에 산미는 상대적으로 약한 편이다.

펄프드 내추럴법(pulped natural process)은 '세미 드라이(semi-dry)' 또는 '세미 워시드(semi-washed)' 방식으로도 불리며, 20세기 후반 브라질의 대규모 커피 농장에서 효율성과 품질을 동시에 확보하기 위해 개발된 가공법이다. 이 방법은 건식법과 습식법

Natural Process

의 중간 지점에 위치한 하이브리드(hybrid) 방식으로, 장시간 발효에 전적으로 의존하지 않으면서도 습식법이 제공하는 깔끔한 산미와 균질한 품질을 어느 정도 유지할 수 있는 것이 특징이다. 가공 과정은 먼저 선별한 커피 열매를 흐르는 물에 가볍게 세척하는 것에서 시작된다. 이후 펄핑(pulping) 기계를 사용해 열매의 외과피만 제거하고, 점액질이 내과피(parchment)에 붙은 상태로 햇볕에 건조한다. 건조는 수분 함량이 약 12%에 이를 때까지 진행되는데, 이는 모든 커피 가공 방식에서 미생물 증식을 방지하고 장기 보관을 가능하게 하기 위한 표준 기준이다. 건식법보다 상대적으로 건조 시간이 짧은 편이므로 효율성 측면에서도 유리하다.

펄프드 내추럴법은 건식법의 품질 불균일 문제를 보완하고, 점액질이 생두에 일부 남아 스며들도록 하여 독특한 풍미를 만들어낸다. 그 결과 단맛과 안정적인 바디감을 지니면서도 적절한 산미를 갖춘 균형 잡힌 커피를 생산할 수 있다.

Semi-dry, by Jean Valjean

허니법(honey process)은 이름만 보면 꿀을 사용하는 방식처럼 보이지만, 실제로는 커피 가공 과정에서 점액질이 남기는 끈적임과 광택 때문에 붙여진 이름이다. 이 방식은 펄프드 내추럴(pulped natural)과 매우 유사하지만, 핵심적인 차이는 과육과 점액질을 얼마나 남기느냐에 있다. 먼저 커피 열매의 외과피를 제거한 뒤, 점액질을 남기는 정도에 따라 건조 과정을 조절한다. 점액질을 거의 제거하면 화이트 허니(white honey), 소량 남기면 옐로우 허니(yellow honey), 중간 정도 남기면 레드 허니(red honey), 가장 많이 남기면 블랙 허니(black honey)로 구분된다. 블랙 허니는 점액질을 대부분 남긴 채 건조하기 때문에 건식법의 장점인 풍부한 단맛과 과일 향을 느낄 수 있으며, 반면 화이트 허니는 점액질을 거의 제거하고 건조하므로 습식법의 장점인 깔끔한 산미를 유지한다. 점액질이 많을수록 건조시간은 길어지지만, 그만큼 묵직한 바디감과 복합적인 풍미가 살아나 다양한 향미 스펙트럼(spectrum)을 선사한다.

허니법은 햇빛 건조와 그늘 건조를 번갈아 진행하며, 가공 과정에서 물 사용량을 크게 줄일 수 있어 친환경적이기도 하다. 또한 당도 확인 등 섬세한 관리가 수반되기 때문에 고품질로 평가되는 경우가 많다. 이러한 방식이 발전한 배경에는 중미 국가들의 기후와 경제적 조건이 중요한 역할을 했다. 코스타리카, 엘살바도르 등 습도가 높고 강우가 잦은 지역에서는 완전 건식법이 곰팡이 위험 때문에 품질이 불안정했고, 습식법은 물 사용량이 많아 환경 부담이 컸다. 이에 따라 점액질을 의도적으로 남기고 건조 시간을 조절함으로써 물 사용을 최소화하면서도 향미를 살리는 허니 프로세스가 확고하게 자리 잡게 된 것이다.

무산소 발효법(anaerobic fermentation process)은 커피 열매가 거치는 가장 은밀한 여정 중 하나로, 혁신적인 가공 방식이다. 이 과정은 먼저 잘 익은 체리를 선별하고 깨끗이 세척하는 것에서 시작된다. 이어 외과피는 제거하고 과육과 점액질, 내과피 상태의 생두를 밀폐 가능한 드럼통에 함께 넣고, 외부 산소가 스며들지 않도록 단단히 봉한다. 이곳은 발효의 침묵이 지배하는 공간으로, 내부에서 과육이 천천히 발효되며 이산화탄소를 방출하고, 기압이 서서히 상승한다. 이 압력은 과육의 향과 당분을 생두 속 깊이 밀어 넣어, 결과적으로 커피에 독특하고 강렬한 향미를 부여한다.

한편, 와인 제조에서 유래한 카보닉 매서레이션(carbonic maceration)은 커피 가공에서 무산소 발효의 한 형태로, 밀폐 드럼통에 세척한 커피 체리를 넣고 이산화탄소를 주입하여 산소를 제거한다. 이 이산화탄소 환경에서 발효가 진행되면, 과일과 와인 같은 향미가 생두에 스며들어 강렬하고 복합적인 향미를 만들어낸다.

Anaerobic Fermentation

둘, 시간을 품다, 향미를 지키다

커피 열매는 단지 농작물의 운명을 마치는 것이 아니라, 가공이라는 과정을 거쳐 비로소 '커피'라는 이름을 얻는다. 수확된 열매는 건식법, 습식법, 허니 프로세스 등 각기 다른 방식으로 다듬어지며, 그 과정 속에서 향미와 개성이 형성된다. 이는 마치 한 알의 원석이 장인의 손길 속에서 제 빛을 찾아가는 과정과도 같다. 가공을 마친 커피는 일정한 온도와 습도를 유지한 공간에서 보관되며, 숙성의 시간을 거치면서 맛과 향이 한층 깊어진다. 이어지는 탈각(milling) 과정은 껍질을 벗겨 본질만을 드러내는 행위로, 거칠었던 외피를 벗고 속살을 드러내는 순간이다.

그 후 진행되는 선별 과정은 마치 세심한 감식가가 보석을 고르듯, 결점두를 가려내고 우수한 생두만을 남긴다. 이 모든 여정은 단순 생산 공정을 넘어, 한잔의 커피가 세상에 태어나기까지의 숙련과 기다림, 선택의 역사를 담고 있다. 그렇게 완성된 생두는 먼 길을 건너 로스터(roaster)의 손길을 만나고, 추출의 예술을 거쳐 우리의 잔속에 담기게 된다.

한편, 커피 생두의 품질은 보관 방식에 따라 크게 달라진다. 특히 온도와 습도는 생두의 신선함과 향미를 결정하는 핵심 변수이다. 생두는 보관 중 자연스럽게 이산화탄소와 열을 방출하며, 이 과정이 장기화될수록 품질 저하의 위험은 점차 커진다. 이는 마치 생두가 숨을 쉬며 시간의 흐름에 따라 변화를 겪는 유기체와 같다. 적절히 관리된 환경에서는 생두가 품질을 오래 유지하며 고유의 맛과 향을 지킬 수 있지만, 조건이 나쁘면 향은 서서히 퇴색하고 맛은 변질된다. 결국 커피 생두의 보관 상태는 한잔의 커피가 지닐 수 있는 감동과 향미의 깊이를 결정하는 중요한 열쇠라 할 수 있다.

이상적인 생두 보관 환경은 약 20℃, 습도 40～50%를 유지하며, 통풍이 잘되는 창고이다. 생두는 내과피와 은피가 보호된 상태에서 포대에 담아 보관하며, 포대가 바닥에 직접 닿지 않도록 나무 등을 깔고, 포대와 창고 벽 사이에 공간을 두어 통풍이 원활하도록 관리한다. 일반적으로 커피 도매업자는 대량의 생두를 자체 창고에 보관한다. 커피 생두는 단순 저장물이 아니라, 마치 살아 있는 생명체처럼 휴식기(resting)를 거쳐야 본연의 품질을 온전히 유지할 수 있다. 이 기간은 생두 내부의 화학 반응과 수분 분포가 균형을 이루며, 커피의 맛과 향을 한층 성숙하게 만든다.

생두의 보관 기간에 따라 그 명칭도 달라진다. 뉴 크롭(new crop)은 갓 수확하고 1년 이내의 신선한 커피 생두를 의미한다. 이 생두는 짙은 녹색, 때로는 청록색(blue green)에 가까운 빛깔을 띠며, 수분 함량이 높은 상태로 보존되어 있다. 덕분에 풋풋한 풀 내음과 신선한 산미가 두드러진다. 새롭게 수확된 생두인 만큼 향미가 활기차고 강렬하며, 커피 고유의 생생한 맛을 경험할 수 있다. 다만 아직 완전히 안정화되지 않은 상태이기 때문에, 로스팅 과정에서 미세한 조절이 필요하다. 생두가 가진 잠재력을 최대한 이끌어내기 위해서는 세심한 접근이 요구된다. 이러한 특성 덕분에 뉴 크롭은 로스터들에게는 신선함의 상징이자 도전이 되며, 고객에게는 계절의 생기를 담은 커피로 사랑받는다.

커런트 크롭(current crop)은 수확 후 보관 기간이 뉴 크롭과 같이 1년 이내이지만, 갓 수확한 것이 아닌 이보다 오래 된 커피 생두를 의미한다. 뉴 크롭에 비해 상대적으로 신선도는 다소 떨어질 수 있으나, 전체적인 향미가 조금씩 무르익을 수 있다. 이는 자연스럽게 생두 내부의 수분과 화학적 안정화 과정이 진행된 결과로, 커피의 맛과 향이 보다 부드럽고 균형 잡힌 형태로 변모하는 과정이다. 커런트 크롭은 로스터들에게 신선함과 안정감 사이의 중간 지점에 있는 생두로 평가되며, 잠재력을 안정적으로 이끌어내기 위해 세심한 로스팅 조절과 경험이 요구된다. 고객 입장에서는 뉴 크롭의 활기찬 맛에 비해 보다 온화하고 조화로운 커피를 즐길 수 있다.

패스트 크롭(past crop)은 수확 후 약 1년에서 2년 사이의 커피 생두를 의미한다. 이 시기의 생두는 시간이 지나면서 녹색이 점차 옅어지고, 신선한 초록빛은 점차 퇴색한다. 향미 측면에서는 건초(hay), 볏짚(straw), 연한 목재(woody)와 같은 자연적 노트(note)가 나타나며, 이는 생두가 겪는 산화와 화학적 숙성 과정에서 비롯된다. 그 결과 뉴 크롭이나 커런트 크롭과 비교할 때 맛과 향의 강도, 신선함은 낮아진다. 패스트 크롭은 품질 면에서 스페셜티 커피로 인정받기 어려운 경우가 많지만, 적절한 보관과 로스팅 전략을 통해 일부 특유의 묵직한 바디감과 풍미를 살릴 수 있다. 예를 들어, 로스터들은 로스팅 온도를 조금 높이거나 시간 조절을 통해 노후화된 화합물의 영향을 최소화하면서 남아 있는 긍정적 향미를 최대한 끌어낸다. 그러나 일반적으로 향미는 시간이 지남에 따라 감소하므로, 커피 애호가들 사이에서는 신선한 생두를 선호하는 기준점으로 여겨진다.

올드 크롭(old crop)은 수확 후 2년 이상 경과한 커피 생두를 의미한다. 이 생두는 시간이 흐르면서 색이 점차 희미해져 거의 흰색(white)에 가까운 빛깔을 띠며, 수분 함량이 매우 낮아져 로스팅 시 각별한 주의가 필요하다. 향미는 매콤함과 건초, 볏짚과 같은 곡물성 냄새가 패스트 크롭보다 더욱 강하게 나타나며, 커피 특유의 산미는 거의 사라지고 전체적인 맛과 향도 크게 저하된다. 이러한 변화는 생두가 오랜 기간 산화와 자연적인 화학 변화를 겪은 결과이다. 그러나 적절한 보관 환경(습도, 온도, 통풍)을 세심하게 유지하며 장기간 숙성한 올드 크롭은 '에이징 커피(aging coffee)'로 재탄생할 수 있다. 이 과정에서 독특하고 깊이 있는 향미가 발현되며, 일부 커피 애호가들 사이에서는 소수의 매니아(mania)층을 형성한다. 올드 크롭은 일반 상업용 커피로서의 가치는 낮지만, 신중한 관리와 로스팅 기법을 통해 새로운 미학적 가치를 창출할 수 있는 커피로 자리매김할 수 있다.

포대에 보관된 커피 생두는 다음 단계의 공정으로 넘어가는데, 그 첫걸음이 바로 프리클리닝(precleaning)이다. 이 과정은 생두에 섞여 있을 수 있는 작은 돌, 불순물 등을 제거하는 단계로, 단순 청소를 넘어 전체 가공 과정의 원활한 진행과 품질 유지를 위한 필수 절차로 여겨진다. 이 과정이 생략되면 이후 진행되는 공정 과정에서 기계 손상 위험이 커지고 생산 효율도 떨어질 수 있다. 프리클리닝은 이물질 제거를 넘어 전체 커피 가공 과정의 원활한 진행과 품질 관리를 위한 필수 절차이다.

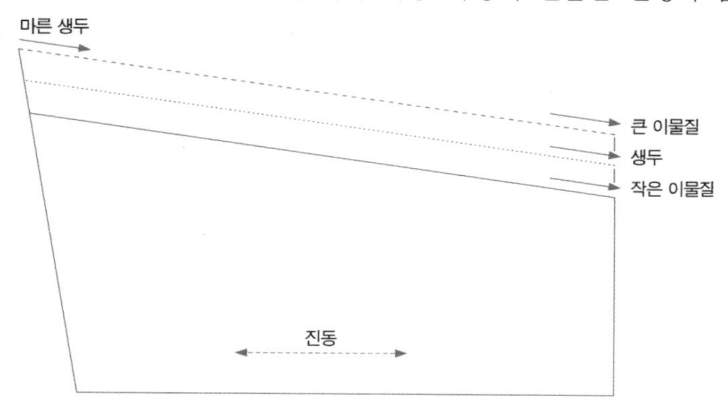

프리클리닝을 마친 생두는 여전히 내과피(parchment)를 포함하고 있어 출하 전 이를 제거하는 과정이 필요하다. 이 과정을 탈각(milling)이라고 하며, 커피 생두를 얻기 위한 최종 단계 중 하나이다. 탈각 작업은 커피가 거친 가공 방식에 따라 세부 명칭과 과정이 달라진다. 먼저 헐링(hulling)은 주로 습식법으로 처리되어 건

조된 커피 생두에서 내과피만을 제거하는 작업을 의미한다. 습식법에서는 이미 외과피, 과육, 점액질이 제거된 상태이므로, 이 단계에서는 남은 내과피만 벗겨내는 것이 핵심이다. 이와 대조적으로, 허스킹(husking)은 건식법으로 건조된 커피 열매에서 생두를 추출할 때 사용되며, 외과피, 건조된 과육·점액질 잔여물, 내과피 등 모든 외부 껍질들을 한 번에 제거하는 작업이다. 헐링과 허스킹은 각 가공법의 특성에 맞춰 순수한 생두를 분리하는 필수 단계이다.

헐링 작업에는 전용 기계를 사용하는데, 이 기계는 내과피를 마찰을 통해 벗겨내는 원리로 작동한다. 헐링 기계는 크기와 처리 능력에 따라 소형부터 대형까지 다양하며, 대형 탈각 공장을 운영하는 전문 업체들은 탈각뿐 아니라 생두 크기 분류, 결점두 선별 등 여러 작업을 동시에 수행할 수 있는 자동화 시스템을 갖추고 있다. 또한, 탈각 과정 중에 남아 있을 수 있는 작은 이물질을 제거하는 클리닝(cleaning) 작업도 병행한다. 이처럼 탈각 과정은 단순 껍질 제거를 넘어 커피 품질을 높이는 데 중요한 역할을 한다.

탈각이 완료된 생두는 크기, 재배 고도, 밀도, 결점두(defects), 생산 지역, 품종, 색상, 모양 등 다양한 기준에 따라 분류(grading)한다. 이러한 등급 분류는 커피 생산국마다 다소 차이가 있으며, 일반적으로 수출을 위한 품질 기준으로 활용된다. 커피 생두의 등급은 품질을 가늠하는 중요한 지표이지만, 절대적 기준은 아니다. 이는 커피 품질이 생산지의 자연환경, 품종, 재배 기법, 가공 방식, 보관 조건 등 다양한 요인의 영향을 받기 때문이다. 일반적으로 생두 등급 평가는 크기, 재배 고도, 밀도, 결점두의 유무와 정도를 중심으로 이루어진다. 생두 등급은 커피 품질을 대략적으로 가늠하는 도구이며, 최종적인 커피 맛과 향을 결정하는 데에는 다양한 변수들이 복합적으로 작용한다.

생두의 크기에 따라 등급을 분류하는 방법으로는, 생두 사이즈별로 철망을 빠져나갈 수 있게 제작된 스크리너(screener)를 많이 이용한다. 이 방법은 생두를 크기가 각기 다른 구멍이 뚫린 스크린(판) 대형 철망 위에 올려놓고 강하게 흔들어 밑으로 떨어지게 하는 방식이다. 생두의 크기를 스크린(screen)이라고 부르며, 스크린 사이즈 1은 생두의 가로 작은 폭이 1/64인치(inch)로 약 0.4mm에 해당한다. 콜롬비아, 하와이, 탄자니아, 케냐, 베트남, 인도 등 여러 생산국에서는 스크린 사이즈를 기준으로 생두 등급을 나타내며, 표기 방식과 세부 기준은 국가별로 차이가 있다. 일반적으로 스크린 사이즈 16(약 6.35mm) 이상이면 상업적으로 큰 생두(large)로 분류되며, 스크린 사이즈 14(약 5.56mm) 이상이면 수출용 표준 등급(export grade)으로 분류된다. 크기가 일정하고 균일한 생두는 로스팅(roasting) 과정에서도 열 전달이 균일하게 이루어져, 커피 향미의 일관성을 높이는 데 중요한 역할을 한다.

세계 각국은 자국에서 생산되는 커피가 자연과 문화의 산물로 인정받기를 원한다. 이에 따라 커피 생두의 가치를 평가할 때, 단순히 크기만을 기준으로 하지 않고, 재배 고도, 결점두의 유무, 외관과 색상의 조화, 수분율 등 다층적 기준을 활용한다. 재배 고도는 커피가 자라나는 자연의 품격을 말해주고, 결점두의 존재는 생명이 지닌 상처와 고난의 흔적을 드러낸다. 생두의 외관과 색상은 그간의 성장 과정을 시각적으로 표현하며, 수분율은 생두 속에 남아있는 시간의 흐름과 신선함을 상징한다. 이처럼 다채로운 요소들이 모여 하나의 등급으로 결정되는 과정은 상품 분류를 넘어, 커

피가 품고 있는 이야기를 섬세하게 읽어내는 인문학적 성찰이기도 하다. 개별 원두가 지닌 고유한 생명력, 지역적 특성, 장인들의 손길이 어우러져 비로소 '좋은 커피'라는 이름 아래 빛을 발한다.

이러한 다층적인 가치 평가를 바탕으로, 각 국가는 커피를 선별하고 분류하는 고유한 등급 체계를 통해 품질을 공식적으로 규정한다. 그러나 때로는 공식 체계 위에, 수출업체나 로스터가 고객에게 커피를 보다 매력적으로 전달하기 위해 마케팅용 명칭을 덧붙이기도 한다.

예를 들어, 콜롬비아의 공식 수출 등급(FNC 기준)에서는 Supremo, Excelso, UGQ가 중심을 이루지만, Premium, Extra, Europa와 같은 이름들은 공식 문서에서 확인되지 않는다. 이들은 상업적·마케팅적 맥락에서 고객에게 친숙하게 다가가기 위해 붙여진 명칭이다.

이러한 배경 속에서, 공식 기관 기준에 따라 분류되는 주요 국가별 커피 등급과 스크린 사이즈를 살펴보면, 커피 한 알이 지닌 역사와 지리적 특성이 수치와 등급으로 어떻게 표현되는지 한눈에 이해할 수 있다.

국가별 등급 체계 중에서도, 재배 고도(altitude)는 커피 품질 평가에서 특히 중요한 역할을 한다. 커피는 낮과 밤의 큰 일교차 덕분에 생두가 더 단단하고 밀도가 높아지며, 이러한 특성은 커피의 맛과 향을 풍부하게 만들어 저지대 커피보다 상대적으로 높은 품질로 평가받는다. 등급 표기 방식은 일반적으로 생산 국가명 뒤에 'SHB (Strictly Hard Bean)'와 같은 명칭이 붙는데, 이는 엄격히 고지대에서 재배된 단단한 원두임을 나타낸다. 다만, 등급 체계와 명칭은 국가별로 다소 차이가 있으며, 이를 완전히 표준화하기는 어렵다. 예를 들어, 코스타리카, 과테말라, 멕시코, 온두라스 등 중미 국가들은 고도에 따라 커피 등급을 세분화하는 대표적인 나라들이다. 그러나 같은 고도라도 토양의 비옥도, 강수량, 기후 등 환경적 요인이 다르기 때문에, 일부 국가는 고도뿐 아니라 다양한 자연조건을 반영하여 등급을 정하기도 한다. 결국, 재배 고도는 커피 품질 평가에서 핵심적인 요소이지만, 자연의 복합적 조건과 인간의 세심한 관리가 함께 어우러질 때 비로소 최상의 커피가 탄생한다.

커피 밀도(density)는 생두 내부 조직의 단단함과 치밀함을 나타내는 중요한 품질 지표이다. 밀도가 높은 생두는 구조적으로 견고하여 고급 등급으로 평가받는다. 이는

국가명	등급	스크린 사이즈	비고
콜롬비아	Supremo	17	비공식: Premium, Extra, Europa
	Excelso	14~16	
	U.G.Q	14	Usual Good Quality
	Peaberry	12	
하와이	Extra fancy	19	Kona
	Fancy	18	
	No.1	16	
	Prime	제한없음	
	Caracolillo(Peaberry)	10~12	별도 분류
탄자니아	AA	18	
	A	17	
	B	16	
	C	15	
케냐	AA	17~18	
	AB	15~16	
	C	14	
베트남	Special Grade	18	주로 18, 최소 16
	Grade 1	16	Grade 1A
	Grade 2	12½	상업용 로부스타
	Grade 3	10~12	상업용 로부스타
인도	Plantation AA	17	
	Plantation A	16	
	Plantation B	15	
	Plantation C	14	

*생두 크기, 등급 표기 및 스크린 사이즈는 국가에 따라 부분적으로 더 세분하여 나타내고 있다.

스크린 사이즈	19	18	17	16	15	14
크기(mm)(약)	7.54	7.14	6.75	6.35	5.95	5.56

등급 표기	설명
SHG	Strictly High Grown
SHB	Strictly Hard Bean
HG	High Grown
HB	Hard Bean
GHB	Good Hard Bean
MHB	Medium Hard Bean
HGA	High Grown Atlantic
MGA	Medium Grown Atlantic
LGA	Low Grown Atlantic
EPW	Extra Prime Washed
PW	Prime Washed
EGW	Extra Good Washed
GW	Good Washed
P	Pacific

커피가 자라는 재배지의 해발 고도와 밀접한 연관이 있으나, 밀도와 고도 간의 상관관계는 완벽하지 않을 수 있다. 일반적으로 서늘한 고지대에서 자란 커피는 생두가 더욱 단단하고 치밀하게 형성되어 높은 밀도를 지닌다. 반면, 저지대에서 재배된 커피는 상대적으로 온도가 높고 성장 속도가 빨라 생두 조직이 덜 단단하고 밀도가 낮은 경향이 있다. 밀도가 높은 커피는 로스팅 과정에서 열이 균일하게 전달되어 향미가 더욱 풍부하게 발현되며, 깊고 복합적인 맛을 만들어내는 데 중요한 역할을 한다. 따라서 커피 밀도는 단순한 물리적 특성을 넘어, 커피가 자란 자연환경과 그 속에서 형성된 향미의 깊이를 보여준다.

커피 생두의 밀도를 정확히 측정하기 위해서는 일반적으로 전용 측정 장비가 사용된다. 이러한 장비들은 일정한 조건에서 생두의 부피와 무게를 측정하여 밀도를 산출하도록 설계되어 있다. 다만 실험실이나 현장에서는 보다 간단한 도구를 이용해 생두 밀도의 대략적인 값을 얻을 수 있으며, 그 대표적인 방법은 메스 실린더(graduated cylinder)와 전자저울을 함께 사용하는 것이다. 메스 실린더에 생두를 채운 뒤, 그 생두를 전자저울로 달아 질량을 측정한다. 이후 측정된 질량을 해당 부피로 나누어 밀도를 계산한다. 예를 들어 100ml까지 생두를 채운 후 무게가 75g이라면, 밀도는 75g ÷ 100ml = 0.75g/ml이 된다. 다만 이 방법은 생두 사이의 공간이 측정 방법에 따라 달라지기 때문에 오차가 발생하기 쉽다. 따라서 여러 번 반복해 평균값을 구하는 것이 필요하다.

생두의 밀도는 로스팅과 추출 과정에 직접적인 영향을 미치므로, 밀도에 따라 가공 및 추출 방법을 달리하는 것이 좋다. 밀도가 높은 생두는 열전도가 다소 느려 더 긴 시간과 섬세한 온도 조절이 필요하며, 밀도가 낮은 생두는 상대적으로 빠른 로스팅이 가능하다. 그리고, 생두의 밀도를 정확히 파악하는 것은 커피 추출 과정에서도 중요한 참고 자료가 된다. 밀도가 높은 원두는 조직이 단단하고 치밀하여 추출수가 원두를 통과하는 속도를 느리게 조절해야만, 커피 속의 풍부한 성분들이 충분히 우러나 원하는 맛과 향을 제대로 끌어낼 수 있다. 반면, 밀도가 낮은 원두는 조직이 상대적으로 덜 치밀하고 다공성(porosity)이기 때문에 추출수가 빠르게 흐르더라도 성분 추출이 잘 되어 적절한 맛을 낼 수 있다. 이처럼 원두의 밀도 차이에 따라 추출수의 흐름 속도를 조절하는 것은 커피의 맛을 최적화하는 섬세한 기술이다. 따라서 생두의 밀도 파악은 커피 맛의 완성도와 로스팅 기술의 정밀함을 좌우하는 핵심 요소로 평가받는다.

한편, 커피 생두의 결점두(defective beans)는 물리적 결함을 넘어, 인간의 손길과 자연의 조화, 그리고 글로벌 시장의 복잡한 역학이 얽힌 이야기를 담고 있다. 결점두란 커피나무가 열매를 맺는 순간부터 수확, 가공, 건조, 탈각에 이르는 긴 여정 속에서 발생한 불완전성을 의미한다. 이 불완전성은 벌레의 침입, 곰팡이의 은밀한 침투, 색상의 미묘한 불균일, 혹은 원두가 깨지거나 썩는 물리적 상흔으로 나타난다. 이러한 결함은 단지 원두의 외관을 손상시키는데 그치지 않고, 커피 한잔에 담길 향미(그 섬세한 산미, 고유한 단맛, 혹은 깊은 바디감)를 저해하며, 궁극적으로 고객의 감각적 경험을 왜곡한다.

또한 결점두의 의미는 단순한 품질 저하를 넘어선다. 이는 커피 생산의 전 과정을 투영하는 거울이다. 결점두는 농부의 세심한 손길, 가공 시설의 위생 상태, 건조장의 환경, 그리고 저장 방식의 치밀함까지 모든 요소의 성공과 실패를 적나라하게 드러낸다. 때문에 커피 산업에서 결점두는 단순한 결함의 집계가 아니라, 농업적 실천, 기술적 숙련, 그리고 환경과의 공존을 평가하는 척도이다. 따라서 결점두의 수를 점수화하여 커피 등급을 매기는 관행은 품질 관리를 넘어, 커피가 생산된 지역의 생태적 조건과 인간의 노고를 정량화하는 상징적 행위로 간주된다. 결점두가 적을수록 커피는 더 높은 품질로 인정받으며, 이는 스페셜티 커피 시장에서 그 가치를 더욱 빛나게 한다.

이러한 결점두 관리의 중요성은 국가마다 고유한 맥락과 철학 속에서 다르게 구현된다. 가령, 브라질의 광활한 고원에서 재배되는 아라비카는 NY 등급 체계로 엄격히 분류되며, 결점두 4개 이하(NY.2)에서 86개 이하(NY.6)까지의 기준이 시장의 신뢰를 담보한다.

심각한 결점두는 쓴맛, 떫은맛, 곰팡이 냄새와 같은 부정적인 향미를 유발한다. 때문에 300g 샘플에 단 몇 개의 결점두만 포함되어도 커피의 균일한 맛과 품질이 손상되며, 이는 가격 결정에 지대한 영향을 미친다. 이러한 결점두 관리를 위해 로스팅하기 전 이루어지는 철저한 선별 과정은 필수적이다. 결점두는 외관만으로도 식별할 수 있지만, 육안으로 구분하기 어려운 미세한 결함도 존재하기 때문에 정밀한 검사가 필요하다. 현대 커피 산업에서는 이를 위해 고성능 카메라와 정밀 분류 장비를 갖춘 자동 선별 시스템을 활용하여, 생두가 갖는 잠재적 품질을 최대한 보존하려 한다. 이 과정은 커피가 고객에게 도달하기 전에 그 가치와 완성도를 보증하는 핵심 단계이기도 하다.

결점두는 생두가 재배・수확・건조・가공・보관의 전 과정에서 겪은 환경과 관리의 흔적을 그대로 드러낸다. 검게 변색된 생두는 부적절한 건조나 과도한 발효를 의미하며, 갈라진 생두는 기계적 충격이나 가공 과정의 압력 문제를 암시한다. 곰팡이 오염은 저장 환경의 습도 관리 실패의 징표이다. 이처럼 결점두는 단순 품질 저하 요소가 아니라, 커피 생산 과정의 서사(narrative)를 담고 있는 기술적 지표이다. 커피 생두의 결점두는 구체적인 유형들로 다양하게 나타난다. 국제적으로 사용되는 결점두 기준(예: SCA Green Coffee Classification, ICO Grading System)에서는 이러한 결함을 1차 결점과 2차 결점으로 나누어 평가한다. 검은 생두, 과발효 생두 등과 같은 1차 결점은 커피의 품질에 치명적인 영향을 미치며, 깨진 생두나 벌레 먹은 생두 등 2차 결점은 비교적 영향이 경미한 유형에 속한다. 이처럼 결점두는 그 한 알이 지나온 환경과 과정의 흔적을 고스란히 품고 있으며, 다음과 같은 다양한 형태로 나타난다.

국가명	등급표시	결점두 허용개수(300g 기준)
브라질	NY.2	4개 이하
	NY.3	12개 이하
	NY.4	26개 이하
	NY.5	46개 이하
	NY.6	86개 이하
페루	G1	15개 이하
	G2	23개 이하
인도네시아	G1	11개 이하
	G2	25개 이하
	G3	44개 이하
	G4a	60개 이하
	G4b	80개 이하
	G5	150개 이하
	G6	225개 이하
에티오피아	G1	3개 이하
	G2	12개 이하
	G3	25개 이하
	G4	45개 이하
	G5	100개 이하
	G6	153개 이하
	G7	340개 이하
	G8	341개 이상

* G1(=Grade1), NY(=New York Board of Trading)

검은 생두(black bean)는 커피 열매가 나무에 매달린 채로 시기를 놓쳐 늦게 수확되었거나, 가공 과정에서 지나친 발효가 일어났을 때, 혹은 습기 어린 공기 속에서 부주의하게 보관되었을 때 발생한다. 그 겉모습은 어둠이 스며든 듯 깊은 검은빛을 띠고, 한가운데의 센터 컷은 고통스러운 틈새처럼 벌어져 있다. 로스팅의 불길 속에서도 이들은 결코 균일한 색을 얻지 못하며, 마침내 잔 속에 스며들 때는 커피의 고소함이나 과일의 산미 대신, 축축한 낙엽 속에서 피어오르는 듯한 불쾌하고 탁한 향을 남긴다. 이는 한 알의 부패가 전체 향미를 흐릴 수 있어 커피의 품질을 크게 저하시킨다.

Black Bean

HQJ COFFEE SCHOOL

건조된 열매(dried cherry)는 커피 열매가 제때 껍질을 벗지 못한 채 시간 속에서 굳어버린 흔적이다. 주로 건식 가공 과정에서 펄핑이 이루어지지 않은 체리 전체가 햇볕 아래 그대로 말라붙을 때 나타나는 결점으로, 외과피와 과육, 점액질, 내과피가 한데 엉겨 하나의 단단한 껍질처럼 굳어버린다. 겉으로 보기에는 마치 자연스러운 건조의 결과처럼 보이지만, 그 내부에는 불균일한 수분과 남은 과육 성분이 숨어 있어 로스팅 과정에서 돌발적인 발화나 탄화를 일으킬 수 있다. 한 잔의 커피로 내려졌을 때는 커피 본연의 향미를 가려버리고, 대신 혀끝에 떫고 거친 씁쓸함을 남긴다.

Dried Cherry

과발효 생두(sour bean)는 커피 열매가 자신에게 허락된 절정의 순간을 지나쳐, 시간이 남긴 변질의 흔적이다. 때로는 나무에서 너무 오래 매달려 있거나, 땅에 떨어진 채로 방치되어 자연 발효가 과도하게 진행되기도 한다. 겉모습은 약간 갈색을 띠며, 그 안에는 발효가 지나친 과실 특유의 시큼함이 응고되어 있다. 컵 속에서는 상쾌한 산미가 아닌, 코를 찌르는 날선 신맛과 불쾌한 뒷맛으로 다가오며, 커피가 지닌 본래의 향미를 무너뜨린다. 이는 커피가 적절한 수확 시기와 세심한 처리 과정을 필요로 한다는 사실을, 맛을 통해 직관적으로 느끼게 해 준다.

Sour Bean

곰팡이 생두(fungus damaged bean)는 한때 온전한 생명력을 지녔던 커피가 부주의한 보관 환경 속에서 서서히 훼손되어 간 흔적이다. 낮은 온도와 높은 습도가 뒤섞인 저장고는 곰팡이가 자리잡기 좋은 조건을 만들고, 미세한 균사(hypha)는 생두 표면을 파고들어 변색과 조직 손상을 일으킨다. 이렇게 오염된 생두는 흐린 황색을 띠며, 향미의 세계에서 가장 기피되는 곰팡내와 거친 불쾌미를 품게 된다. 특히 곰팡이 독소는 단순한 품질 저하를 넘어, 인체 안전성까지 위협하는 문제로 이어진다. 이 결점두는 커피의 가치를 결정하는 요소가 재배와 가공에만 머무르지 않으며, 마지막 저장 공간의 공기 한줄기까지도 깊이 관여한다는 사실을 일깨운다.

Fungus Damaged Bean

내과피 생두(parchment bean)는 마치 얇은 종이막 같은 내과피가 아직 생두를 감싸고 있는 상태를 말한다. 이는 탈곡 과정에서 완전히 벗겨지지 못한 채 남은 흔적으로, 빛을 받으면 그 얇은 막이 은은하게 투명한 결을 드러낸다. 그러나 이 미세한 껍질은 단순한 외형적 아름다움만을 품고 있지 않다. 로스팅 과정에서 열의 전달을 방해해 원두를 고르게 익지 못하게 만들고, 때로는 불필요한 탄 향이나 거친 쓴맛을 남겨 커피가 지닌 맑고 섬세한 향미를 흐리게 한다. 작은 막 하나가 한잔의 균형을 무너뜨릴 수 있다는 사실은, 커피가 얼마나 세심한 손길을 요구하는지를 보여 준다.

Parchment Bean

물에 뜨는 생두(floater bean)는 마치 커피 숲의 여정에서 길을 잃은 떠돌이와 같다. 부적절한 건조와 보관의 틈새에서 태어난 이 생두는 본래의 묵직함을 잃고 변색되어 희끄무레한 빛을 띠며, 물 위에 떠 오른다. 그 가벼움은 곧 커피가 품어야 할 깊은 향미의 결여를 의미한다. 흙냄새 같은 불쾌한 향기가 뒤따르며, 로스팅 과정에서는 검게 타 버릴 위험성을 지니고 있다. 물에 뜨는 생두는 품질 관리의 작은 틈새를 드러내는 지표이며, 한잔의 완벽한 커피를 위해 반드시 걸러내야 할 존재이다.

Floater Bean

미성숙 생두(quaker bean)는 자연의 시간이 충분히 머무르지 못한 채 서둘러 수확된 커피의 어린 자식과도 같다. 표면은 고른 빛을 잃고 짙은 녹색을 띠며, 익지 않은 열매의 흔적을 그대로 담고 있다. 내부의 성분이 충분히 발달하지 않아 산미는 희미하고 풋풋한 풋내가 남아, 마치 미완성된 악보처럼 조화롭지 못하다. 이런 생두가 정상적인 원두와 함께 로스팅될 경우, 커피 완성도가 크게 저하되어 기대한 향미를 얻기 어렵다. 결국, 미성숙 생두는 수확 시기와 정성의 중요성을 일깨워주는 흔적이라 할 수 있다.

Quaker Bean

주름진 생두(withered bean)는 자연의 혹독한 시련 속에서 생명이 시들어버린 듯한 모습을 하고 있다. 성장 과정에서 가뭄 등으로 충분한 수분을 공급받지 못한 커피 열매는 정상적으로 성숙하지 못한 채 표면에 깊은 주름을 남긴다. 마치 세월의 흔적처럼 깊게 패인 그 자태는 커피 본연의 향미를 가로막는 풋내와 비릿한 향으로 나타나, 커피 맛에 불협화음을 일으킨다. 주름진 생두는 커피가 자라나는 자연환경의 섬세함과 균형이 얼마나 중요한지를 상기시킨다.

Withered Bean

부서진 생두(broken bean)는 커피의 여정 속에서 마찰과 충격에 의해 조각난 연약한 파편들이다. 건조 과정이나 탈곡 과정에서 과도한 힘과 마찰을 겪은 생두는 본래의 견고함을 잃고, 로스팅 과정에서는 얇아진 표면 때문에 쉽게 타버린다. 그 결과 탄 맛과 쓴맛, 흙냄새 같은 불쾌한 향이 커피 본연의 섬세한 맛 속으로 스며들어, 한 모금 입안에 들어오는 순간 맛의 흐름에 잡음을 일으키며, 커피가 전하려는 균형과 조화를 흐리게 한다.

Broken Bean

벌레 먹은 생두(insect damaged bean)는 자연의 작은 해충들이 남긴 흔적이며, 생두가 자라는 동안 맞닥뜨린 위협의 기록이다. 벌레들이 표면을 뚫고 속으로 스며들면서 생긴 미세한 구멍 속에는 곰팡이가 자라 푸른빛이나 검푸른 빛으로 변색되어, 커피 본연의 섬세한 향미를 훼손한다. 또한, 때로는 건강에 해로울 수 있는 불순물이 함께 섞여 들어와 커피의 품질과 안전성을 위협한다. 벌레 먹은 생두는 커피가 태어나고 성장하는 과정에서 겪는 도전과 위험을 보여주는 증거로써, 이를 극복하기 위한 세심한 관리와 보호의 중요성을 절실히 일깨워 준다.

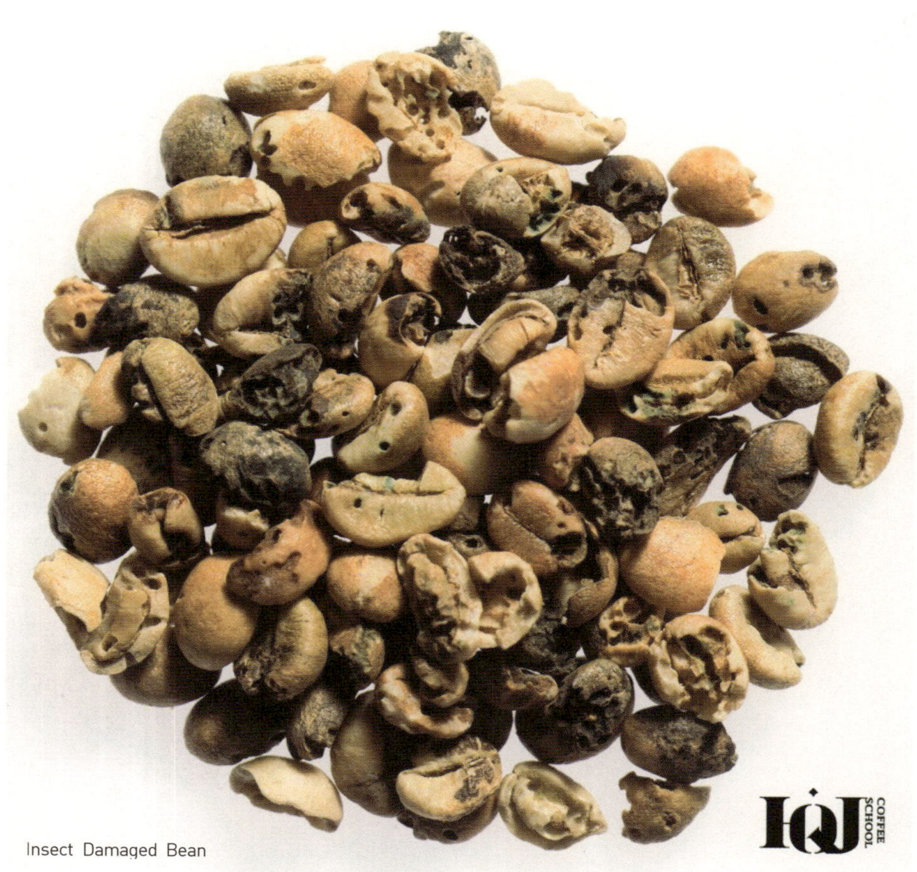

Insect Damaged Bean

조개 모양 생두(shell bean)는 자연이 빚어낸 독특한 형태의 커피 알갱이로, 속이 비어 마치 작은 조개 껍질처럼 보이는 기형적 생두를 일컫는다. 이는 커피 열매가 성장하는 초기 단계에서 두 개의 생두가 서로 엉켜 함께 자라면서 생기는 현상으로, 유전적 요인과 자연의 우연이 맞물려 만들어진 결과이다. 이러한 생두는 로스팅 과정에서 열이 고르게 전달되지 않아 불균일하게 익으며, 그로 인해 탄 맛과 쓴맛이 섞여 커피의 섬세한 향미를 흐리게 만든다. 조개 모양 생두는 커피 농장의 자연 속에서 피할 수 없는 기형과 우연의 흔적을 담고 있으며, 커피 한 알이 겪는 성장의 시련과 여정을 섬세하게 드러낸다.

Shell Bean

외부 이물질(foreign matter)은 커피의 순수한 여정에 불청객처럼 끼어든 나무 조각이나 돌멩이 같은 물질들이다. 이들은 수확이나 선별 과정에서 제대로 걸러지지 못해 생두 속에 섞여 들어가며, 완벽한 커피 향미를 위협한다. 특히 딱딱한 돌조각은 정교한 로스팅과 분쇄 기계에 치명적인 손상을 입힐 수 있어서, 커피의 품질과 생산 공정을 위해 반드시 제거되어야 한다. 외부 이물질은 커피가 완성되기까지 이어지는 섬세한 과정에서 결코 용납될 수 없는 것이다.

스페셜티 커피(specialty coffee)[85]는 스페셜티 커피 협회(SCA)[86]가 정한 엄격한 평가 기준에 따라 인정받는 커피를 의미한다. 이 평가 기준은 물리적·화학적 실험을 토대로 체계적으로 개발되었으며, 커피의 품질을 객관적으로 점수화하는 데 사용된다. 스페셜티 커피는 특수하고 이상적인 기후 조건에서 재배되어 독특하고 풍부한 향미와 맛을 지니며, 결점두가 거의 없고 엄격한 분류와 관리가 이루어진다. 품종별 차이는 있으나, 일반적으로 아라비카 종이 스페셜티 커피 등급을 받는 경우가 많으며, 특히 고지대에서 재배되는 아라비카는 생두 밀도가 높고 상큼하면서도 균형 잡힌 산미가 특징으로 꼽힌다.

셋, 향기를 싣고 길을 나서다

커피 생두 하나하나는 자연의 품과 인간의 손길이 얽힌 긴 여정을 담고 있으며, 그 본연의 특성과 향미를 지키는 일은 포장(packing)이라는 섬세한 의식에서 절정을 이룬다. 생두는 반출을 앞두고 먼저 탈각과 선별의 과정을 거치며, 이 여정의 마지막 단계에서 품질을 온전히 보존하는 것이 무엇보다 중요하다. 신선함과 향미의 숨결을 간직하기 위해 포장은 장기 보관의 안정성과 운송 중 습도와 온도의 시련을 견뎌낼 수 있는 방패가 되어야 한다. 전통적으로 삼베나 황마로 짠 포대는 생두를 품는 그릇이었다. 이들은 저렴한 값과 층층이 쌓아 올리기 쉬운 실용성으로 오랜 세월 사랑받아 왔다. 그러나 통기성이 높은 천연 섬유의 본성은 양날의 검이다. 생두의 수분과 향미가 자유롭게 빠져나가고, 외부의 습기와 이물질이 스며드는 것을 막지 못해, 그 본질을 온전히 지키지 못하는 한계가 있다. 이에 현대의 지혜는 보다 정교한 재질과 기술로 이 약점을 보완하며, 생두의 서사를 새롭게 써 내려간다. 그레인 프로(GrainPro) 필름은 이러한 진화의 결정체로, 특수 비닐의 견고한 장벽이 생두의 수분과 향미를 굳건히 지키며 외부의 침입을 차단한다. 비용 대비 뛰어난 효율성으로 생산자와 수출업자의 신뢰를 얻으며, 생두의 생명을 연장하는 충실한 동반자로 자리 잡았다. 더 나아가, 진공 포장(vacuum packing)과 특수 제작된 포장백은 고급 생두의 고귀한 운명을 위해 선택된다. 이들은 비용이 높아 소량의 선별된 생두에 주로 쓰이지만, 시간과 환경의 도전을 이겨내며 향미의 본질을 오랜 기간 간직하게 한다.

한편, 생두 포장의 무게 단위는 국가마다 차이가 있다. 예를 들어 브라질에서는 1포대(bag)를 보통 60kg으로 규정하며, 이 기준은 국제커피무역의 사실상 표준 단위로 사용된다. 다른 국가에서는 69kg 또는 70kg 등 다양한 기준이 존재한다. 이러한 차이는 각국의 무역 관행과 규격에서 비롯되며, 국제 커피 거래 시 반드시 고려해야 할 요소이다. 커피를 생산하는 국가에서는 생두를 포장할 때 일반적으로 생산국명, 수출 항구명 혹은 생산지명, 등급, 가공 방식 등의 정보를 명확히 표기한다. 경우에 따라 생

Green Coffee Packing

산 농장명, 생산자 성명, 수확 연도, 브랜드명 등 세부 정보도 함께 제공되기도 한다. 이러한 표기는 라벨 이상의 의미를 가지며, 고객과 수입업자가 해당 커피 생두의 출처와 특성을 정확히 식별할 수 있는 중요한 자료가 된다. 동시에 이는 커피의 투명성과 신뢰성을 높이고, 품질에 대한 신빙성을 보증하는 역할을 수행한다.

이렇게 포장된 커피 생두는 생산지에서 소비국가로 운송(shipping)될 때 주로 선적용 컨테이너(container)를 사용한다. 소비국에서는 거래 이전에 생두 샘플(sample)을 받아 상태와 향미를 꼼꼼히 검사한 후 거래가 확정된다. 일반적으로 생두는 드라이 컨테이너(dry container)에 적재되어 선박으로 운송되며, 이 과정에서 포장 재료와 컨테이너 구조에 따라 내부 온도와 습도 변화에 민감하게 반응할 수 있다. 이러한 품질 변화를 최소화하기 위해, 리퍼 컨테이너(reefer container)를 활용하기도 한다. 리퍼 컨테이너는 온도 관리가 중요한 식품이나 식물류를 장시간 일정한 온도로 운송할 수 있도록 설계되어 있으며, 특히 스페셜티 커피와 같이 품질 유지가 최우선인 경우에 적합하다.

커피 생두 또는 원두를 국내로 수입하는 과정은 여러 단계의 엄격한 통관 절차(customs procedures)를 거쳐야 한다. 먼저, 수입된 커피는 사전에 지정된 커피 특성에 최적화된 보세창고(bonded warehouse)로 신속히 입고된다. 이 과정에서 한글 표시사항 등 라벨 부착 여부를 면밀히 확인하며, 필요 시 보세창고 내에서 라벨 보수작업이 진행되기도 한다. 다음으로, 커피 원두는 식품의약품안전처(MFDS)의 식품검사를 받으며, 커피 생두는 농림축산검역본부(QIA)의 식물검역과 식품검사를 거친다. 식품검사는 정밀검사, 서류검사, 무작위표본검사, 현장검사 중 상황에 따라 진행되며, 이를 통해 안전성과 품질을 확보한다. 검사와 검역을 모두 통과하면, 수입자는 관련 서류를 첨부하여 세관에 수입신고를 한다. 세관이 수입신고를 수리하면 발급된 필증을 근거로 보세구역에서 국내로 반출할 수 있으며, 이후 정식으로 유통이 가능하다. 이러한 통관 절차는 커피가 국내 시장에 안전하고 신선한 상태로 공급될 수 있도록 보장하는 필수 과정이다.

Customs Procedures

CHAPTER 3.

내면의 향을 깨우는 로스팅

커피 생두를 음료로 환생시키는 과정에서 반드시 거쳐야 하는 신비로운 단계가 바로 로스팅(roasting, 배전)이다. 이는 생두에 열을 가해 볶는 작업으로, 단순한 가열을 넘어 생두 내 숨어 있던 화학적 변화와 향미를 끌어내는 예술이자 과학이다. 선별된 생두는 본질적으로 탄수화물, 단백질, 지방, 클로로겐산(Chlorogenic acid), 카페인(caffeine) 등 다양한 유기 성분을 함유하고 있다. 로스팅 과정에서 열이 가해지면 이러한 성분들은 서로 반응하며 새로운 향미를 만들어낸다. 열은 생두 속 수분을 기체로 변환시켜 증발시키고, 동시에 이산화탄소와 수많은 휘발성 향기 성분을 생성한다. 그 결과, 생두는 놀라운 변화를 겪는다. 크기는 약 두 배로 팽창하고, 밀도는 절반 이하로 낮아지며, 중량, 색상, 맛과 향이 새롭게 재구성된다. 이처럼 로스팅은 단순 볶음이 아니라, 커피 생두 속 잠재력을 끌어내어 감각을 일깨우는 일종의 '변신의 의식'이라고 할 수 있다.

Roasted Coffee Beans

이처럼 복잡하고 신비로운 변신의 과정에는 다양한 요인들이 복합적으로 작용한다. 커피 로스팅에 영향을 미치는 요인은 크게 세 가지 축으로 나눌 수 있다. 첫째, 로스팅 머신의 구조와 작동 방식이다. 열원의 종류, 가열 방식, 배기 조절, 그리고 열 에너지 분배의 비율 등이 여기에 포함된다. 이러한 요소들은 열이 생두에 전달되고 확산되는 방식을 결정하여, 최종 로스팅의 미묘한 맛과 향을 좌우한다. 둘째, 자연이 부여하는 조건, 즉 기압, 온도, 습도, 풍속과 같은 환경적 요인이다. 외부 환경은 열 전달 과정에 직접적인 영향을 미쳐 로스팅의 일관성에 변화를 주며, 동일한 기계라도 고도와 날씨에 따라 전혀 다른 결과가 나올 수 있는 이유가 된다. 셋째, 로스팅의 시작점인 생두 자체의 물리적·화학적 특성 또한 중요한 변수이다. 품종, 수확 시기, 수분 함량, 밀도, 가공 방법 등은 생두가 열을 흡수하고 화학적으로 반응하는 방식을 결정한다. 결국, 이러한 다층적인 변수들이 얽히며, 커피 로스팅의 과정과 결과를 다채롭고 독특하게 만든다.

Hot Roasted Coffee Beans, by Jameswasswa

하나, 한 알의 운명을 가늠하다

커피가 지닌 고유의 맛과 향을 온전히 이끌어내기 위해서는 자연과 인간의 손길 속에서 여러 핵심 요소들이 복합적으로 얽혀야 한다. 무엇보다 중요한 것은 생두의 엄선과 세심한 선별 과정, 그리고 로스팅 머신의 본질을 꿰뚫는 이해와 숙련된 로스팅 기술이 조화를 이루는 것이다.

커피 생두는 창조의 근원으로서, 재배 지역의 숨결, 수확 방식의 정성, 수분 함량의 균형, 보관과 운송의 여정에 따라 그 품질이 깊이 새겨진다. 따라서 바리스타가 꿈꾸는 맛과 향의 세계를 구현하기 위해서는 적절한 생두를 선택하는 것뿐만 아니라, 추가적인 선별 과정을 통해 결점두를 제거하는 것이 필수적이다. 이 선별 과정은 생두의 균일성을 확보하고 로스팅 과정에서 발생할 수 있는 불균형을 사전에 정화하는 단계로, 자연의 이야기가 담긴 본질을 지키는 의식이 된다. 생두의 품질만큼이나 중요한 것은 로스팅을 이끄는 머신의 역할이다. 열원의 종류, 열에너지의 형태, 그리고 열이 생두에 스며드는 방식에 따라 로스팅의 결과는 크게 달라진다. 따라서 로스터는 자신이 사용하는 머신의 특성을 정확히 이해하고, 그 잠재력을 최대한 활용하여 생두의 숨겨진 매력을 꽃피우는 것이 필요하다.

더 나아가, 로스팅 기술은 단순한 이론이 아니라, 반복적인 테스트와 시행착오 속에서 쌓이는 경험의 깊이다. 로스팅은 예측할 수 없는 자연 변수와 맞닿은 무대이기에, 체계적인 로스팅 일지 작성과 성찰의 과정을 통해 자신만의 로스팅 철학을 세우는 것이 중요하다. 이러한 경험과 감각, 지식, 헌신이 결합될 때, 비로소 균형 잡힌 커피 맛을 이끌어낼 수 있다.

둘, 향을 그리는 기계를 만나다

커피 생두를 향미 가득한 원두로 탄생시키기 위해서는 로스터(roaster)라 불리는 장비가 필요하다. 커피 로스팅의 역사는 인류가 커피를 음미하기 시작한 시기만큼이나 오래되었으며, 그 형태와 기술은 시대와 지역에 따라 다채롭게 발전해 왔다.

가장 초기에는 말린 커피 열매 전체를 토기나 석기에 담아 난로 위에서 볶는 방식이었다. 이후 15세기 오스만 제국과 페르시아 제국에서는 구멍이 뚫린 얇은 금속이나 도자기 팬을 사용해 볶았다. 17세기 들어 생두가 타지 않도록 원통형 구조를 도입하면서 로스팅의 효율과 품질이 크게 향상되었다. 19세기 산업화 시대에 접어들며 유럽과 미국에서는 대량 생산을 위한 상업용 로스터가 활발히 개발되었다. 1824년, 영국의 리처드 에반스(Richard Evans)가 대규모 상업용 로스터를 선보여 특허를 받았으며, 이 기계는 크기뿐만 아니라 로스팅 챔버(chamber)에서 커피를 쉽게 꺼낼 수 있는 편리한 기능 등 여러 혁신을 더했다. 1846년 미국의 제임스 카터(James W. Carter)는 '풀아웃(pull out)' 로스터를 특허 내고, 이후 20년간 미국에서 널리 쓰이는 상업용 기계가 되었다. 1864년, 뉴욕의 자베스 번스(Jabez Burns)는 현대 드럼 로스터의 원형이라 할 '번스 로스터(Burns roasters)'를 개발해 커피 산업에 큰 변화를 가져왔다. 이 로스터는 생두가 타지 않고 균일하게 볶아지며, 드럼을 내리지 않고도 원두를 배출할 수 있는 구조였다. 이후 1868년, 독일 에머리히(Emmerich)에서는 오늘날 세계적인 명성을 자랑하는 프로바트(Probat)사의 전신이 설립되었고, 1870년에 최초의 에머리히 구형 로스터(Emmerich spherical roaster)를 만들었다. 내부에서 나무와 석탄으로 열을 발생시키는 이 기계는 당시 로스팅 기술의 정점으로, 커피 생산에 새로운 시대를 열었다.

20세기 초 전기가 보편화되면서 로스터에 전기 모터가 도입되어 노동을 크게 줄이고 과정을 자동화하였다. 다만 열원은 여전히 가스나 석탄을 사용하였다. 20세기 후반과 21세기 초, 스페셜티 커피의 부상으로 로스팅 기술은 근본적으로 바뀌었고, 제조사들은 일관성과 정밀성을 최우선으로 삼게 되었다. 로스팅 기계는 더욱 발전해 자동화와 직관적인 열전달 방식을 통해 품질을 유지하고, 커피의 특성을 최대한 끌어내는 데 초점을 맞췄다.

Coffee Roster(1846)

Coffee Roaster(1890)

Druck 227 I.

EMMERICHER MASCHINENFABRIK & EISENGIESSEREI,

G. m. b. H.

Älteste und grösste Spezialfabrik für

RÖSTMASCHINEN

Gegründet 1868.

EMMERICH.

Patentamtlich eingetragene Schutzmarke.

Patentamtlich eingetragene Schutzmarke.

ORIGINAL

EMMERICHER GAS-SCHNELLRÖSTER „PERFEKT."

= Neueste Konstruktion. =

Coffee Roaster(1907)

이처럼 커피 로스터는 유럽과 미국을 중심으로 다양한 형태로 진화해 왔으며, 그 여정은 지금도 계속되고 있다. 커피 공급망의 모든 단계에 AI(artificial intelligence, 인공지능)가 적용되고 있듯이, 커피 로스터의 혁신 기술에도 AI가 도입되고 있다. 최신 로스터의 정교한 제어 시스템은 온도, 공기 흐름, 공기 순환, 드럼 회전 속도, 냉각 메커니즘, 열 출력을 완벽하게 제어한다. 이를 통해 정교한 로스팅 프로파일을 구현하여 커피 최상의 맛과 향을 끌어낸다.

커피 로스터는 생두에 열을 효율적으로 전달하여 생두 내부의 화학적 변화를 유도하는 정교한 설비이다. 이 과정에서 열에너지는 전도(conduction), 대류(convection), 복사(radiation)라는 세 가지 방식으로 생두에 전달된다. 전도열은 고체 간 직접 접촉을 통해 열이 이동하는 현상이다. 예컨대, 예열된 로스터 표면에 차가운 생두가 투입되면 표면의 열이 생두로 직접 전달되어 가열된다. 이는 손난로를 쥐었을 때 손에 전해지는 온기와 같다. 대류열은 가열된 공기가 순환하면서 열을 옮기는 방식이다. 로스터 내부에서는 뜨거운 공기가 상승하고 차가운 공기가 하강하는 자연스러운 흐름이 발생하며, 순환하는 뜨거운 공기가 생두 표면에 접촉해 열을 전달한다. 이는 온풍기에서 따뜻한 바람이 방 전체로 퍼지는 것과 유사하다. 그리고 복사열은 고온 물체가 방출하는 전자기파 형태의 에너지가 생두 표면에 직접 도달하여 가열하는 현상이다. 태양 빛이 피부를 데우는 원리와 마찬가지로, 로스터 내부의 고온 복사열이 생두를 가열한다.

커피 로스팅에 사용되는 열원(heat source)의 유형으로는 가스, 전기, 화목 등이 있으며, 각각의 열원은 로스팅 과정에서 독특한 영향을 미친다. 이 열원은 단순한 에너지 공급원을 넘어 로스터의 철학과 감각을 커피에 불어넣는 매개체이다. 가스는 빠르고 강력한 열로 현대 로스팅의 효율성과 정교한 제어를 가능하게 하며, 전기는 미세한 온도 조절을 통해 로스터의 섬세한 의도를 커피에 담아내는 데 기여한다. 그리고 화목은 전통적인 방식으로 자연의 정수를 커피에 불어넣으며, 불과 나무의 기운이 커피의 깊은 향미를 빚어내는 듯한 아날로그적 미학을 선사한다.

로스터의 종류는 일반적으로 열전달 방식과 기계 구조, 그리고 조작 방식에 따라 분류된다. 단일 드럼(single drum) 또는 이중 드럼(double drum) 구조, 히터의 종류, 배기 시스템의 송풍 능력, 그리고 내부 교반 날개의 디자인과 크기 등은 기계적 사양을 넘어 로스터의 손과 눈이 되어 생두의 변화를 읽어내는 감각의 확장이라 할 수 있다.

이러한 미세한 차이들이 커피의 로스팅 품질과 궁극적인 향미의 개성을 빚어내므로, 바리스타는 자신이 사용하는 로스터 장비의 숨결을 깊이 이해하고 그 잠재력을 최대한 끌어내야 한다. 이는 마치 오랜 시간 함께한 동반자처럼 기계와 교감하며 커피의 완성을 향해 나아가는 장인의 길이기도 하다.

한편, 로스터의 열전달 방식은 크게 세 가지로 구분할 수 있다. 이는 생두에 열을 가하는 주요 메커니즘(mechanism)을 기준으로 나뉘며, 각 방식은 커피의 맛과 향에 독특한 영향을 미친다.

첫 번째, 직화식(direct fire roaster)은 생두에 열을 직접 가하는 방식이다. 보통 구멍이 뚫린 타공 원통형 드럼이 회전하면서 직접 생두 표면에 열이 전달된다. 이 방식은 커피의 바디(body)감[87]이 극대화되고 고소한 풍미가 풍부하게 드러난다. 그러나 생두의 팽창률이 상대적으로 낮고 로스팅 균일성이 떨어질 수 있으며, 화력 조절이 까다로워 과도한 탄화 위험이 있다.

두 번째, 반열풍식(half hot air roaster)은 직화식의 단점을 보완한 형태이다. 타공이 없는 원통형 드럼을 사용해 드럼 표면의 전도열과 내부의 뜨거운 공기(대류열)가 조화를 이룬다. 열효율이 높아 균일한 로스팅과 우수한 팽창률을 제공하며, 대량 생산에 적합해 상업용으로 널리 채택된다. 다만 로스팅 시간과 온도 조절이 섬세하게 요구되며, 머신 분해 및 청소가 다소 번거로울 수 있다.

세 번째, 열풍식(hot air roaster)은 드럼에 직접 화력이 닿지 않고 뜨거운 공기의 대류로 생두를 가열한다. 열 풍량 조절이 자유로워 고속・저속 로스팅 모두 가능하며, 짧은 시간 내 생두 전체를 균일하게 익혀 일관된 맛과 향을 구현하는 데 탁월하다. 그러나 특정 생두의 고유한 개성을 섬세하게 드러내는 데는 한계가 있으며, 드럼 예열에 비교적 오랜 시간이 소요될 수 있다.

어떤 유형의 로스터라 하더라도 100% 단일한 열전달 방식만으로 이루어지지 않는다. 예로서 열풍식 로스터는 대류열이 주된 역할을 하지만, 내부 금속 구조물의 온도에 의해 발생하는 복사열과, 생두가 드럼이나 금속 표면과 접촉하면서 생기는 전도열이 필연적으로 함께 작용한다. 따라서 자신이 추구하는 향미와 로스팅 장비의 구조적 특성에 맞추어 이러한 열전달 비중을 세심하게 조절해야 한다.

로스팅 기술이 점점 발전함에 따라 로스팅 머신은 열전달 방식뿐 아니라, 구조적으로 더욱 편리하고 효율적인 형태로 진화하고 있다. 그중 널리 알려진 방식으로 드럼 방식(drum roaster), 유동층 방식(fluid bed roaster), 그리고 재순환 방식(recirculation roaster)이 있다.

가장 전통적인 드럼 로스터(drum roaster)는 열전도율이 뛰어난 금속으로 제작된 원통형 드럼 내부에서 로스팅을 진행한다. 이 드럼은 수평으로 회전하며, 가열된 공간 속에서 생두를 끊임없이 움직여 균일한 열 전달을 실현하도록 설계되었다. 이러한 회전 운동은 생두가 한 곳에 정체되지 않고 고르게 볶이도록 하여 일관된 로스팅 결과를 보장한다. 생두는 드럼 내벽과 직접 접촉하며 전도열을 흡수하고, 동시에 드럼 내부를 순환하는 뜨거운 열풍으로부터 대류열을 받는다. 이 두 열전달 메커니즘이 조화를 이루며 생두 전체에 열이 고르게 퍼져 균일한 로스팅을 완성한다. 다만 드럼의 구조, 재질, 형태에 따라 로스팅 특성이 달라진다. 드럼 로스터는 가열 방식에 따라 직접 가열과 간접 가열로, 드럼 구조에 따라 싱글 월(single wall)과 더블 월(double wall)로 분류된다. 싱글 월 드럼은 한 겹의 철판으로 구성되어 하부 버너의 화염이 직접 전달되는 전도열 중심의 로스팅을 구현한다. 반면 더블 월 드럼은 두 겹의 철판 사이 공기를 단열층으로 활용해 대류열을 강화하도록 설계되었다.

유동층 로스터(fluid bed roaster)는 1970년대 후반 상용화된 기술로, 전통적인 드럼 구조를 배제한 것이 특징이다. 주로 대류열에 의해 뜨거운 공기가 로스팅 챔버를 순환하며 생두를 공중에 부양시켜 지속적으로 움직이게 한다. 이 강력한 공기 흐름은 생두가 열과 광범위하게 접촉하도록 유도해 빠르고 균일한 로스팅을 실현한다. 드럼 방식 대비 로스팅 시간이 현저히 짧고 표면 과탄 위험이 낮은 것이 장점이다. 그러나 강한 공기 유동으로 인해 생두 고유의 섬세한 개성과 품질을 온전히 드러내는 데는 한계가 있을 수 있다.

재순환 로스터(recirculation roaster)는 외부 영향을 차단한 밀폐형 시스템으로, 사용된 배기가스를 재가열해 로스팅에 재활용한다. 배기가스가 외부로 배출되지 않고 드럼 내부에서 순환함에 따라 열 손실을 최소화하고 안정적인 온도 및 속도를 유지한다. 이를 통해 일관된 품질의 원두를 생산할 수 있으며 대량 생산에도 적합하다. 다만 고효율 설계로 인해 초기 설치 비용이 높아 경제적 부담으로 작용할 수 있다.

셋, 향미의 운명이 결정되다

커피 열매가 한잔의 음료로 완성되기까지는 여러 과정을 거치며, 그중 생두 로스팅(roasting)은 향미를 결정짓는 가장 핵심적인 단계이다. 생두는 로스팅 중 투입되는 열의 양과 속도, 시간, 그리고 전도·대류·복사열과의 상호작용 방식에 따라 서로 다른 변화를 겪으며 원두로 변한다. 이러한 변수들이 생두의 구조와 성분에 직접 작용해 복합적인 물리·화학적 변화를 유도함으로써, 커피 고유의 색과 향, 맛의 기초가 만들어진다.

'최적의 로스팅'이란 커피의 산지, 품종, 가공법, 그리고 개인 취향의 다양성으로 인해 단정적으로 정의하기 어렵다. 로스팅 기술은 이론을 넘어 반복적인 시행착오와 장기적인 경험 축적으로 점진적으로 완성된다. 이러한 경험은 감각적 직관이 아닌 체계적인 분석으로 뒷받침되어야 하며, 그 핵심 도구가 바로 로스팅 프로파일(profile)[88]이다. 프로파일이 없으면 동일 조건의 재현이 어렵고, 완성된 커피에 대한 객관적 피드백(feedback)도 제공하기 힘들다. 따라서 로스팅 프로파일은 일관된 품질의 기반이자, 차후 공정 설계와 개선을 위한 필수 지침으로 기능한다. 일반적으로 로스팅 프로파일 작성 시 생두 온도(Bean Temperature, BT),[89] 배기온도(Environment Temperature, ET),[90] 그리고 온도 상승률(Rate of Rise, ROR)[91]의 세 지표를 활용한다. 특히 생두 온도가 급격히 상승하는 구간에서는 온도 상승률이 최대치를 기록하며, 이는 로스팅 과정의 주요 변곡점으로 작용한다.

커피 로스팅은 치밀한 흐름과 섬세한 감각이 맞물리는 공정이다. 먼저 생두의 특성을 깊이 읽어내고, 현재 상태를 세심하게 점검하는 과정에서 전체 작업의 방향을 세운다. 이어 로스팅 계획을 구체화하고 사용하는 로스터의 특성과 반응을 충분히 이해한 뒤, 드럼을 차근히 예열한다. 적정 온도에 다다르면 비로소 생두를 투입하게 되며, 이어 초기 온도가 내려갔다 다시 상승하는 이른바 '터닝 포인트(turning point)'를 지나 로스팅의 본격적인 여정이 펼쳐진다. 이 시점부터 생두 내부 수분이 점차 증발하고, 곧이어 '크랙(crack)'과 함께 팽창 현상이 발생한다. 이후 '발현 단계(roast development)'에서 커피의 향미가 본격적으로 형성된다. 로스팅이 완료되면 원두를 즉시 배출해 냉각한 후 포장 및 보관 과정을 거친다.

이처럼 단계마다 고유한 의미와 역할이 있는 로스팅의 전체 과정을 따라 한 걸음씩 자세히 더듬어 보면 다음과 같다.

로스팅 공정의 출발점은 커피 생두 자체의 다양한 특성에 대한 이해부터 시작한다. 생두는 산지, 품종, 생산 시기, 수분 함량, 밀도, 크기, 재배 고도, 등급 등 다양한 요소에 따라 각기 다른 개성을 지닌다. 이러한 생두 고유의 특성은 로스팅 전에 반드시 면밀히 파악되어야 하며, 이로써 최적의 로스팅 프로파일과 시간, 온도 조절이 결정된다. 예를 들어, 생두의 크기가 클수록 로스팅 과정에서 에너지 소모가 늘어나기 때문에 가스압을 적절히 높여 내부 압력을 안정적으로 관리하는 것이 좋다. 또한, 수분 함량이 높은 생두는 증발에 더 많은 열이 필요하고, 방출되는 수증기가 생두 내부로의 열 전달을 방해해 로스팅 시간을 길게 만들 수 있다. 따라서 생두의 수분 함량(함수율)을 2~3회 반복 측정해 평균값을 구하는 것이 좋다. 수분 함량뿐 아니라, 수분활성도(Aw)[92]를 함께 측정하면 커피의 맛이 유지되는 기간(상미기한)을 더 정확히 예측할 수 있어 유용하다. 생두의 수분 함량은 일반적으로 약 10~12%가 이상적이며, 수분 활성도는 약 0.45~0.55 Aw 사이일 때 최적의 상태로 평가된다. 이러한 수분 특성은 로스팅 과정에서 커피의 맛과 향을 결정짓는 핵심 요소 중 하나이다.

생두 분석 결과를 바탕으로 재현 가능한 로스팅 프로파일(공정 계획)을 설계한 후에는, 사용하는 로스터의 성능과 구조를 정확히 이해해야 한다. 로스터는 그 구조와 열원 방식이 다양하므로, 사용할 머신의 특징을 정확히 파악하는 것이 중요하다. 드럼 크기, 공기 흐름 정도, 버너 출력 등은 투입 온도, 로스팅 시간, 생두의 투입량 등을 결정하는 핵심 요소이다. 이러한 로스터의 특성을 정확히 이해해야 투입 온도, 시간 등을 적절히 설정할 수 있으며, 이는 로스팅 안정성과 향미 재현성에 직접적인 영향을 준다.

드럼 온도가 충분히 확보되지 않은 상태에서 생두를 투입하면, 투입 순간 드럼 내부의 열이 급격히 떨어지면서 열전달 효율이 무너지고, 그 결과 로스팅 전반이 지연되거나 불균일한 색과 맛이 나타날 수 있다. 반대로 예열 온도가 지나치게 높으면 생두가 너무 빠르게 가열되어 표면은 타고 내부는 덜 볶아지는 문제가 발생할 위험이 커진다. 적절한 열량을 공급하기 위해 드럼식 머신의 경우 투입 온도를 약 180~220℃ 정도로 설정하는 것을 권장하고, 유동층식 머신의 경우 열풍 온도 설정을 약 250~300℃ 정도로 높여 시작한다. 그리고 드럼식 로스터는 보통 약 8~12분 정도의 로스팅 시간을 목표로 삼는 경우가 많으나, 이는 기계의 설계와 특성에 따라 달라질 수 있다. 결국, 최적의 예열 온도와 시간은 로스터의 특성을 이해하고 반복적으로 조정하며 경험적으로 확립해야 한다. 드럼 예열은 그저 숫자를 맞추는 과정이 아니라, 투입할 생두의 특성(수분 함량, 밀도 등), 로스팅 목표(맛, 향, 바디감 등), 그리고 로스터의 열역학적 특성을 종합적으로 고려해야 한다. 이러한 요소들을 유기적으로 조율할 때 비로소 안정적이고 재현 가능한 로스팅이 이루어진다.

로스팅에 적절한 온도로 드럼이 예열되면, 미리 계량해 둔 생두를 로스터에 투입한다. 이때 한 번의 로스팅에 들어가는 생두의 양을 '배치 사이즈(batch size)'라고 한다. 배치 사이즈는 로스팅의 균일성과 최종 커피 품질에 직접적인 영향을 미친다. 생두를 과도하게 많이 투입하면 드럼 내부의 공간이 부족해져 공기 흐름이 원활하지 못하고, 반대로 너무 적게 넣으면 공간이 과도하게 남아 열과 공기의 순환이 불균일해질 수 있다. 이런 불균형은 로스팅 과정에서 생두의 열전달과 화학 반응에 영향을 주어, 원하는 맛과 향을 내지 못한다. 따라서 적절한 배치 사이즈를 찾는 일은 안정적이고 일관된 로스팅을 위한 필수 조건이다. 일반적인 생두의 표준 양은 드럼 대비 약 50~70% 정도의 생두를 넣었을 때 가장 이상적이다. 하지만 이 또한 로스터의 크기와 구조, 열원 방식, 공기 흐름 특성, 그리고 생두의 밀도와 가공 방식 등 다양한 요소들에 의해 달라질 수 있다.

예열된 드럼에 생두를 투입하면 로스터 내부 온도는 급격히 떨어지며, 이후 서서히 다시 상승한다. 이때 온도가 가장 낮은 지점에 도달하는 순간을 터닝 포인트(Turning Point, TP)라고 한다. 터닝 포인트는 로스팅 공정 전반의 진행 속도와 열 흐름을 판단하는 핵심 지표로, 예열 온도, 배치 사이즈와 생두의 물리적 특성, 주변 온도나 습도와 같은 환경 조건에 따라 크게 달라진다. 이 시점의 온도와 그에 도달하기까지의 시간은 이후 로스팅의 전개 속도를 예측하고 열 조절 전략을 세우는 데 매우 중요하다. 예로서 드럼 예열 온도가 적정하게 높으면 터닝 포인트에 빠르게 도달하고 전체 로스팅도 경쾌하게 진행되지만, 예열이 부족하면 터닝 포인트가 늦어져 전체 로스팅 시간이 늘어난다. 터닝 포인트는 최종 향미 형성에도 영향을 주기 때문에, 원하는 결과를 얻으려면 이 지점을 정확히 기록하며 프로파일을 구축하는 작업이 반드시 필요하다.

커피 향미의 형성은 로스팅 과정에서 시간과 온도가 어떻게 맞물려 변화하는지, 즉 시간·온도 곡선(time-temperature curve)에 크게 좌우된다. 이 곡선은 로스팅 전반의 온도 변화를 시간의 흐름에 따라 시각화한 지침으로, 로스터가 목표하는 맛과 향을 구현하기 위해 반드시 이해해야 한다. 로스터는 전체 로스팅 동안 열전달을 정밀하게 조절하며, 생두의 온도가 특정 시간대에 목표 곡선을 따라가도록 지속적으로 제어한다. 이 곡선의 형태가 조금만 달라져도 향미 발현 방식뿐 아니라 원두의 물리적 변화(팽창 정도, 색상, 밀도 등)에도 차이가 생기며, 결국 커피의 최종 품질과 개성이 달라지게 된다. 따라서 이 곡선은 단지 온도 기록이 아니라, 로스팅 기술의 핵심이자 커피 향미의 예술적 완성도를 결정하는 중요한 지표라 할 수 있다.

이러한 로스팅 과정에서 생두는 크게 흡열반응과 발열반응을 거친다. 로스팅 초반 생두는 열을 흡수하는 흡열반응을 겪는데, 이 과정에서 생두 내부의 수분이 서서히

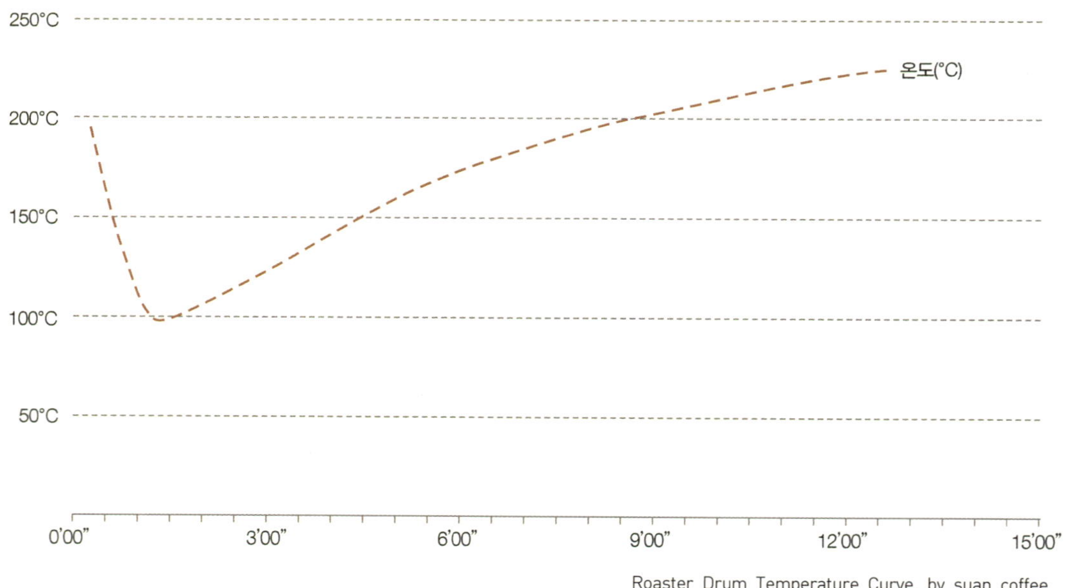

Roaster Drum Temperature Curve, by suan coffee

증발하며 무게는 점차 감소한다. 만약 수분 증발이 충분히 이루어지지 않으면 커피 고유의 향미 발현에 부정적인 영향을 미쳐 맛이 밋밋하게 떨어질 수 있다. 수분 증발 단계가 끝나고 열이 생두 내부 깊숙이 침투하기 시작하면 이산화탄소가 생성되며, 생두의 색은 점차 옅은 노란색으로 변한다. 이 시점부터 고소한 향과 은은한 단맛, 그리고 산뜻한 산미가 동시에 드러나기 시작한다. 이는 커피 특유의 매력적인 향미가 만들어지는 초기 신호이자 로스팅의 중요한 전환점이 된다.

생두가 열을 흡수하는 흡열반응 단계를 지나면, 열을 방출하는 발열반응이 시작된다. 이 시점은 생두의 부피가 약 50%까지 급격히 팽창하며 1차 크랙(first crack) 현상이 발생한다. 1차 크랙은 생두 내부 압력이 증가해 껍질이 터지는 소리로, '톡톡' 또는 '펑펑' 같은 경쾌한 음향을 내며 로스팅 진행 상태를 알린다. 이 과정에서 생두의 색깔은 점차 밝은 갈색으로 변하고, 신맛이 두드러지는 라이트 로스트(light roast)의 특징을 띠게 된다. 일반적으로 1차 크랙은 약 196°C(385°F)에서 시작되며, 로스터는 이 소리를 통해 적절한 화력 조절과 로스팅 속도를 결정한다. 1차 크랙은 로스팅의 질과 방향을 결정짓는 핵심 지표로, 향미 발현의 중요한 분기점이다.

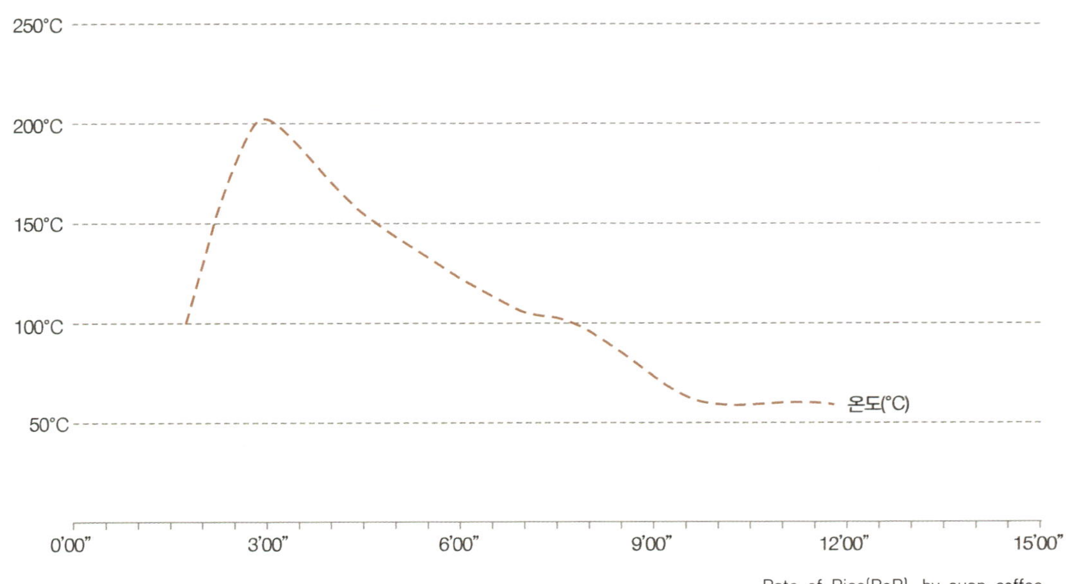

Rate of Rise(RoR), by suan coffee

1차 크랙 발생 후, 파열음은 점차 잦아들며 로스팅은 일시적인 소강 상태에 접어든다. 이 시점에서 생두 내부에서는 열역학적 변화가 일어나 다시 흡열 반응이 진행되며, 원두에 단맛과 고소한 맛을 만들어낸다. 온도가 약 224°C(435°F)에 도달하면, 생두 중심부의 이산화탄소 압력과 세포구조의 물리적 붕괴로 2차 크랙(second crack)이 발생한다. 2차 크랙은 1차 크랙보다 상대적으로 부드러운 금속성이나 '따르릉' 같은 소리로 구분되며, 이때부터 타는 듯한 향을 내기 시작한다. 또한, 원두 표면에는 기름기가 나타나면서 부피는 생두 대비 약 80%까지 팽창한다. 원두의 색은 진한 갈색에서 거의 검은색에 가까워지고, 쓴맛[93]이 강해진다. 2차 크랙 이후 로스팅을 계속 진행하면 원두가 탄화되어 본연의 커피 특성이 소실될 수 있어 주의가 필요하다.

발현(development)은 흔히 디벨롭(Roast Development, RD)[94]이라고도 하며, 1차 크랙이 시작된 시점부터 로스팅 종료 시점까지의 과정을 의미한다. 이 단계는 로스팅의 성패를 결정하는 매우 중요한 구간으로, 완성된 커피 원두의 최종 품질과 향미가 형성되는 시점이다. 로스팅 계획에 따라 RD의 길이는 로스팅 수준과 목표 프로파일에 맞춰 조정될 수 있다.

그리고 1차 크랙이 시작되는 순간부터 배출까지 걸리는 시간을 발현시간이라고 하며, 전체 로스팅 시간에서 발현시간이 차지하는 비율이 발현시간 비율(Development Time Ratio, DTR)이다. DTR은 로스팅 프로파일을 분석하는 핵심 지표로, 커피 맛과 향의 균형을 조절하는 데 중요한 역할을 한다. 적절한 발현시간과 비율 조절은 커피의 단맛, 바디감, 산미 등 다양한 향미를 극대화하는 데 필수적이다. 예를 들어, 전체 로스팅 시간이 10분인 경우 1차 크랙이 7분에 발생했다면, 발현시간은 10분에서 7분을 뺀 3분이 된다. 이때 DTR은 전체 시간 대비 발현시간 비율이므로 3분÷10분×100으로 계산해 30%가 된다. 발현시간의 길이에 따라 커피의 맛과 향이 크게 달라지기 때문에, 생두의 특성에 맞는 적절한 발현시간을 설정하고 체크하는 것이 중요하다. 발현시간은 개인이 추구하는 향미의 목표에 따라 조정될 수 있다.

로스팅이 완료되면 원두를 즉시 쿨링 트레이(cooling tray)로 배출하여 신속히 냉각하는 과정이 필수적이다. 이는 원두 내부에 남아있는 잔열이 계속해서 로스팅을 진행시켜 의도한 로스팅 정도를 초과하게 만들 수 있기 때문이다. 또한, 커피의 향미를 좌우하는 아로마 성분은 휘발성 기체 형태이기 때문에 빠른 냉각을 통해 원두 내부

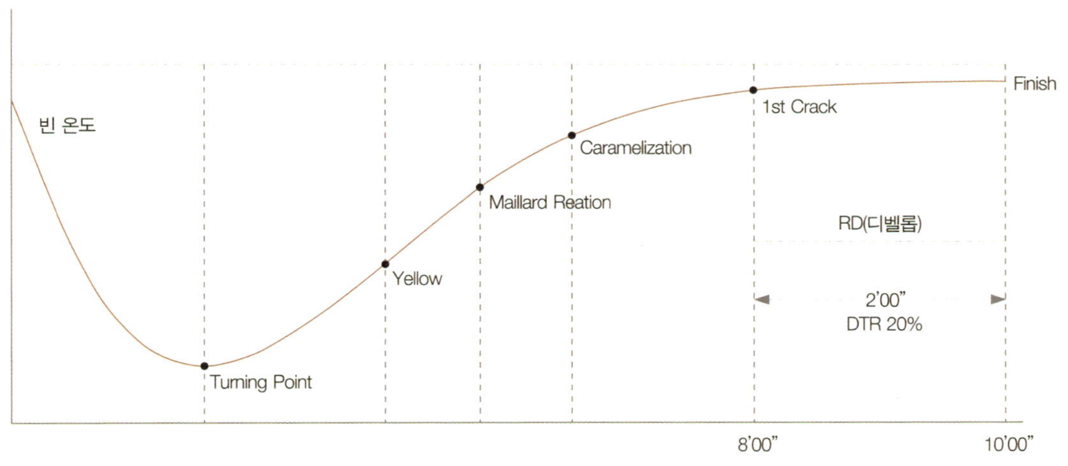

Roast Development, by suan coffee

에 고체 상태로 최대한 보존하는 것이 중요하다. 이를 위해 원두를 교반(agitation)[95]하면서 찬 공기를 순환시키거나, 때로는 짧은 시간 동안 미세한 물방울을 분사하는 방법으로 냉각을 촉진한다. 특히, '워터 퀀칭(water quenching)'이라 불리는 스프레이(spray)식 물 분사 기법은 로스팅 후 냉각 단계에서 원두의 향미 손실을 최소화하는 방어적인 공법으로 활용되기도 한다.

냉각된 원두는 포장 전에 발견하지 못한 결점두가 있는지 다시 한번 꼼꼼히 점검하는 것이 바람직하다. 이후 원두의 저장 수명을 최대한 연장하기 위해서는 산소, 열, 빛에 노출되지 않는 서늘하고 어두운 환경에서 보관하는 것이 좋다. 일반적으로 원두의 신선도는 약 2~4주 정도 유지되며, 이 기간을 넘기면 맛과 향이 점차 감소한다. 원두는 진공 포장, 질소 충전 포장 등 다양한 방법으로 밀폐하여 보관하며, 특히 냉장이나 냉동 보관 시 밀봉 상태에 따라 약 1개월까지 신선도를 유지할 수 있다. 다만 냉장 보관 시에는 냉장고 내부의 습기가 원두 품질에 부정적인 영향을 미칠 수 있어 반드시 밀폐된 용기에 담아 보관해야 한다.

원두를 포장하여 보관하는 과정에서 로스팅 중에 생긴 이산화탄소 가스가 원두 외부로 자연스럽게 빠져나가는 디개싱(degassing)[96] 과정을 거치게 된다. 디개싱은 신선한 원두에서 일어나는 필수적인 현상이다. 이산화탄소가 충분히 배출되지 않은 원두를 사용해 커피를 추출하면 과도한 가스로 인해 물의 흐름이 원활하지 않아 추출을 방해한다. 한편, 냉장 보관된 원두는 시간이 지날수록 추출 시간이 길어질 수 있다. 그리고 보관 방식에 따라 원두의 수분 함량, 크레마의 양, 그리고 커피의 맛과 향에 변화가 생긴다. 따라서 최고의 커피 맛을 유지하기 위해서는 적당한 양의 원두를 구매하고, 가능한 빨리 소비하는 것이 좋다.

커피가 지닌 고유의 맛과 향은 한 사람의 기호에 따라 달라진다. 누군가에게는 선명한 신맛이 깨어 있는 아침을 상징하지만, 다른 사람에게는 부드러운 단맛이 하루를 시작하는 위로가 된다. 따라서 '최고의 커피'라는 개념은 절대적이지 않다. 그러나 인간은 감각의 영역조차 질서와 기준을 세우려는 존재이다. 에티오피아 고산지대에서 자란 아라비카는 재배 고도가 높아 밀도가 단단하고, 복합적인 꽃 향과 밝은 산미를 나타낸다. 반면 브라질 저지대에서 재배된 원두는 온화한 기후와 비교적 낮은 해발고도의 영향으로 바디감이 묵직하고 단맛이 뚜렷하다. 하지만 이러한 원초적 특성은 로스팅 과정을 거치면서 완전히 다른 모습으로 재해석된다. 예를 들어 로스팅 과정에 따라 산을 분해하기도 하고 생성하기도 하여, 약배전, 중배전, 강배전에 따라 산성 구성에 차이를 만든다. 어디에도 모든 사람을 만족시키는 '완벽한 커피'는 존재하지 않지만, 각자가 추구하는 이상적인 향미를 구현하는 발현의 순간은 분명히 있다. 그리고 그 순간은 단순한 기술적 지표가 아니라, 커피를 다루는 사람의 철학과 취향, 그리고 경험이 집약된 결과물이다.

로스팅의 '정도(level)'를 구분하는 일은 단순히 기술을 넘어, 커피의 숨겨진 맛과 향을 이끌어내는 섬세한 작업이다. 마치 우리가 감정을 말로 표현하듯, 커피도 로스팅 정도에 따라 다양한 맛과 향을 이야기한다. 사람들은 이를 위해 다양한 기준을 마련해왔으며, 그중 대표적인 것이 원두의 색과 무게 비율이다. 원두의 색은 로스팅의 깊이를 시각적으로 드러내는 신호이자, 로스팅 과정에서 원두가 겪은 열과 시간, 화학적 변화의 기록이 담겨있다. 색도계를 사용하면 이러한 로스팅 단계를 객관적인 수치로 분류할 수 있다. 일반적으로 밝은 색은 산미가 강조된 약배전(라이트 로스트)을, 짙은 갈색에서 흑갈색으로 갈수록 쓴맛과 바디감이 강해지는 강배전(다크 로스트)을 의미한다. 이 방식은 경험과 직관을 계량화하는 장점이 있지만, 같은 색 수치가 반드시 동일한 맛과 향을 보장하지는 않는다. 이는 화학 반응의 복잡성과 로스팅 과정의 변수가 색도 값을 넘어서는 까닭이다.

원두의 색을 어떻게 정의하고 명명할 것인가는 여러 국가마다 그 차이를 보여 왔다. 전통적으로 자신들이 오랫동안 경험을 통해 익혀온 색의 범주를 사용하였다. 국제 교류가 활발해지면서 표준화의 필요성이 제기되었다. 색채 전문 기업 팬톤(Pantone LLC.)[97]은 커피 색을 세분화하여 구분할 수 있는 색상 체계를 마련했다. 그리고 미국 스페셜티 커피 협회(SCA)[98]는 '아그트론 로스트 칼라 키트(Agtron roast color kit)'[99]라는 종이 색상판을 채택하여 업계에서 활용하도록 하였다. 이 키트는 시각적 기준의 통일을 꾀한 시도였으며, 이후에는 종이 색상판보다 정밀한 수치를 제공하는 커피 전용 색도계가 개발되었다. 이는 로스팅 정도를 객관적이고 재현 가능한 데이터로 변환하여 경험의 영역이었던 '적당한 색'을 과학적으로 규명하려는 노력의 결실이다.

이러한 색상 기준의 한계를 보완하기 위해 무게 비율이 활용된다. 커피 로스팅에서 무게 비율은 단순한 수치 이상의 의미를 가지는데, 그것은 생두가 열과 시간, 그리고 화학적 변화를 거치며 겪는 '여정의 기록'이기도 하다. 로스팅 전후의 무게 변화율을 계산하면, 색상의 변화 너머에 있는 내부 반응의 정도를 더 정확히 추정할 수 있다. 가열 과정에서 수분이 증발하고 휘발성 성분이 빠져나가면서 무게는 눈에 띄게 줄어든다. 그 감소 폭은 로스팅의 강도를 반영한다. 터닝 포인트(TP)를 지난 이후, 내부의 수분은 빠르게 증발하고, 1차 크랙에 이르러서는 고온에 의해 수분이 급격히 기화되면서 압력이 형성된다. 이 과정에서 탄수화물 및 열분해와 복합 반응 과정으로 다량의 이산화탄소가 방출되고, 채프(chaff)가 떨어져 나가며 무게는 더욱 줄어든다. 그 감소 폭은 일반적으로 12~25%에 이르지만, 이는 단순히 수분의 손실만이 아니다. 유기물의 분해, 구조의 변화, 그리고 맛과 향을 결정짓는 미세한 화합물의 휘발이 모두 이 무게 손실에 포함된다. 또한, 부피가 팽창하며 밀도는 줄어들고, 강배전일수록 그 손실은 더욱 크다. 예를 들어, 동일한 생두를 같은 색상까지 로스팅했는데 무게 감소율이 다르다면, 이는 열전달 방식이나 로스팅 곡선에 차이가 있었을 가능성을 시사한다. 또한, 생두 자체의 밀도와 수분 함량이 달라서 나타난 현상일 수도 있다. 그래서 무게 비율은 절대적 기준이 아니라 커피가 걸어온 '변화의 길'을 가늠하는 보조 지표로 이해해야 한다.

Pantone Coffee Bean Color, by pantone.com

Pantone Apple Cinnamon Color, by pantone.com

결과적으로 로스터는 원두의 색과 무게 감소율이라는 두 가지 중요한 지표를 함께 읽어야 한다. 이는 정해진 수치를 맞추는 기계적인 작업이 아니라, 커피가 가진 잠재된 향미를 최적화하기 위해 로스팅 과정을 해석하는 일이다. 이 과정에서 발견되는 미세한 차이는 문제점이 될 수도 있지만, 동시에 로스팅을 개선할 수 있는 중요한 실마리가 된다. 로스팅 프로파일을 면밀하게 비교하고 분석하며, 생두의 특성을 다시 점검하는 과정이야말로 커피가 한잔의 음료로 완성되기까지 숨겨진 예술적이고 과학적인 조율의 영역이다.

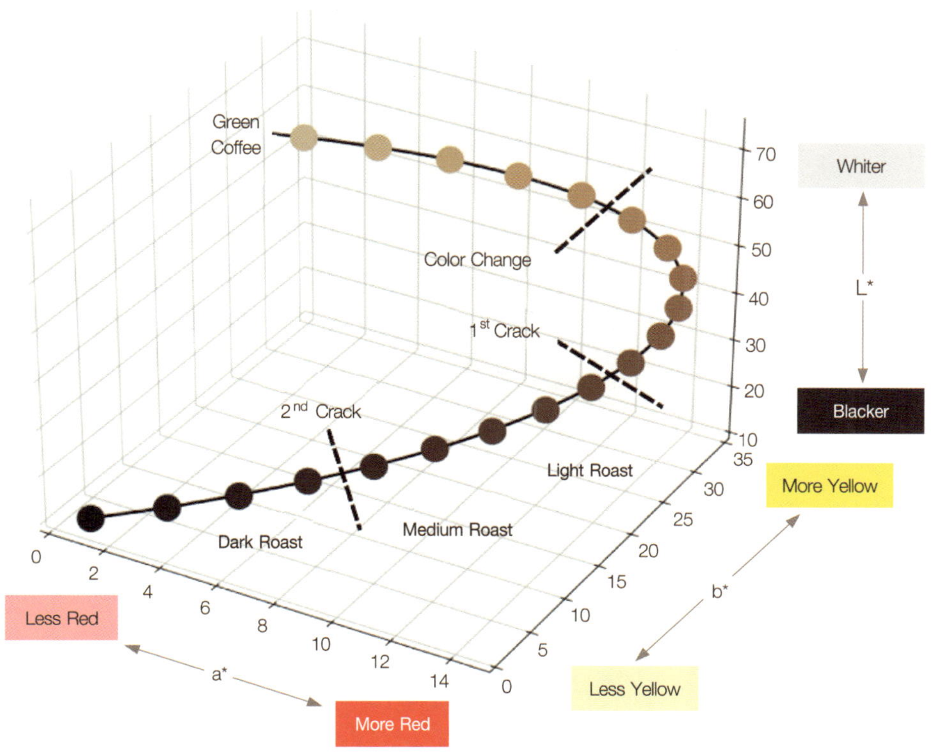

Universal Coffee Color Curve, by SCA

세계 여러 나라는 커피 로스팅의 깊이를 표현하는 방식에서 저마다 고유한 체계를 발전시켜왔다. 이는 단지 등급 구분을 넘어서 커피가 품은 문화와 미각의 철학이 녹아 있는 표현법이라 할 수 있다. 예컨대 우리나라의 커피 배전도 분류는 섬세한 맛의 층위를 중시하며, 볶음 정도에 따라 커피의 감성적 특성과 여운을 세심히 포착하려는 태도를 반영한다. 반면, 미국 스페셜티 커피 협회(SCA)의 분류는 과학적이고 체계적인 기준을 토대로 로스팅 단계를 세분화하여, 커피의 화학적 변화를 명확히 규정하며 고객과 바리스타가 일관된 품질을 경험하도록 돕는다. 이러한 차이는 각 나라의 커피 문화가 역사적 배경과 미각적 선호, 그리고 산업적 요구에 따라 진화해 온 결과이다. 우리나라에서는 커피의 향미를 '맛과 향의 예술적 연출'로 바라보는 경향이 짙어, 로스팅 단계마다 드러나는 미묘한 맛의 차이를 중시한다. 한편 미국에서는 '품질 관리와 표준화'에 방점을 두어 로스팅 프로파일을 명확히 정의하고자 한다. 따라서 로스팅 분류법은 단순 기술적 기준이 아니라, 커피를 매개로 한 문화적 담론과 경험적 세계가 교차하는 지점이다. 각 국가의 기준은 그들이 커피를 어떻게 이해하고, 어떻게 향유하며, 또 그 과정에서 어떤 미학적 가치를 중시하는지를 투영하는 거울인 셈이다. 이런 다층적인 관점에서 커피 로스팅의 분류 체계를 바라볼 때, 우리는 맛의 구분을 넘어 그 안에 깃든 인간과 문화, 그리고 시간의 흐름을 함께 음미하게 된다.

우리나라에서 커피의 배전 정도를 '라이트(Light),' '시나몬(Cinnamon),' '미디움(Medium),' '하이(High),' '시티(City),' '풀시티(Full City),' '프렌치(French),' '이탈리안(Italian)'과 같이 세분화하여 부른다. 이러한 배전도 명칭은 일본식 체계를 거의 그대로 받아들였다. '시나몬,' '시티,' '풀시티,' '프렌치'와 같은 용어는 원래 미국 커피 업계에서 상업용 로스터들이 로스팅 단계를 구분하기 위해 사용한 비공식적, 실무적 명칭이다. 일본은 이러한 용어들을 받아들여 커피 로스팅 업계와 바리스타 커뮤니티에서 널리 사용하였고, 로스팅 과정에서 발생하는 맛과 향, 그리고 그 변화가 축적하는 시간적·감각적 깊이를 언어 속에 담아냈다. 이후 이러한 명칭들이 우리나라로 전해지면서 그 의미는 다시금 변형되었다. 예를 들어 '시나몬'은 단순히 밝은 갈색을 의미하는 단계에서 벗어나, 1차 크랙 직후 형성되는 강한 산미와 경쾌한 향을 함축하는 용어로 자리 잡았고, '풀시티'는 2차 크랙 직전의 풍부한 바디감과 진한 단맛, 그리고 쌉싸래한 여운을 표현하는 말로 쓰이게 되었다. 이처럼 커피 배전도 명칭은 단순히 '밝음'과 '어두움'을 구분하는 색상이나 수치 이상의 의미를 가진다. 각 배전 단계는 음악의 음색이나 회화의 색채처럼, 커피가 전달하는 관능적 질감과 정서적 뉘앙스를 세밀하게 드러낸다. 이는 한국의 커피 고객들이 맛과 향에서 느끼는 미묘한 차이를 존중하고, 그 차이를 통해 개인의 취향과 기억, 감정을 공유하는 문화적 경향과 맞닿아 있다. 실제로 국내 바리스타 교육 자료와 로스팅 매뉴얼(manual)에서도 이러한 명칭은 물리적 지표와 함께 관능 평가의 서술어로 병기되어, 기술과 감성이 결합된 분류 체계로 활용되고 있다.

반면, 미국의 SCA(과거 SCAA) 커피 배전도 분류는 '라이트(Light),' '미디엄(Medium),' '다크(Dark)'를 기본으로 하는 단순명료한 체계를 사용하며, 이는 산업적 표준화와 글로벌 커뮤니케이션의 효율성에 중점을 둔 방식이다. SCA의 로스트 분류는 커피의 화학적 변화와 향미 프로파일을 이해하기 위한 기준을 제공하고, 교육과 품질관리에 적합한 과학적 언어를 형성한다. 이를 통해 다양한 배경의 로스터 · 바리스타 · 고객 간에 공통된 이해가 가능하도록 노력하였다. 1990년대 후반, 당시 미국 스페셜티 커피 협회(SCAA)는 미국 회사인 아그트론 엔터프라이즈(Agtron Enterprises Inc.)가 개발한 독점적인 커피 로스팅 척도를 채택하였다. 아그트론이 '고메(gourmet)'와 '커머셜(commercial)'이라 이름 붙인 이 척도들은 근적외선 반사율, 즉 커피 샘플에서 반사되는 빛의 양을 측정하도록 설계되었다. 아그트론의 고메 척도는 당시 SCAA의 표준으로 사용되었고, 다른 많은 회사들도 경쟁 로스팅 측정 장치와 척도를 개발했다. 이처럼 커피 원두의 로스팅 정도를 객관적으로 측정하기 위해 SCA는 색도 측정 기기인 아그트론 시스템을 활용하였다. 하지만 SCA는 최근 로스팅 색상이 보편적인 곡선을 따른다는 연구 결과에 따라 향후 발표를 목표로 씨랩(CIELAB)[100] 기반의 새로운 로스팅 측정 표준을 개발하고 있으며, 색상 명칭 표준화도 진행하고 있다.

한편, 과거 SCAA 표준에서 미디엄(Medium) 로스트는 Agtron Specialty #55에 해당하고, #65는 Medium Light 단계에 속한다. 최근까지도 일부 커피 업계에서는 과거의 아그트론 척도(8단계 등)를 참고 자료로 사용하고 있다.

커피 생두는 로스팅이라는 시간의 무대 위에서 복합적인 화학 반응들이 얽히고 설키며, 향미를 품은 원두로 변한다. 생두 속 푸른 엽록소는 열이 닿는 순간부터 서서히 분해되어 노란색을 띠고, 마치 새벽녘 동트는 하늘처럼 색채가 살아나기 시작한다. 시간이 더 흐르면 마이야르 반응(Maillard reaction)[101]이 활발히 일어나, 깊고 풍부한 황토색과 갈색으로 옷을 갈아입는다. 이 시점에서 아미노산과 환원당의 결합이 향미의 기초를 다지며, 단맛과 고소함이 살아난다. 1차 크랙이 시작되면서 캐러멜화(caramelization)[102]가 활발해져 생두는 짙은 갈색으로 변하고, 달콤하고 부드러운 캐러멜 향과 초콜릿 같은 향미가 피어난다. 그러나 로스팅 시간이 길어지고 온도가 높아지면 탄화(carbonization)가 진행되어 생두는 검은빛으로 변하고, 쓴맛과 스모키한 탄맛이 강해지는 원두로 변모한다.

이 복잡한 과정 중 스트레커 분해 반응(Strecker degradation)[103]은 마이야르 반응의 한 갈래로, 아미노산이 분해되어 특유의 향미 화합물을 만들어낸다. 이 반응은 커피의 고소하고 견과류 같은 향, 때로는 향긋한 꽃 향까지도 더해, 커피 향의 깊이와 다양

분류		배전도	특성	Agtron Specialty No.[104]
한국	SCAA			
Light	Extremely Light		• 거의 생두 • 높은 수분 • 강한 산미	#95
Cinnamon	Very Light	 약배전	• 수분 배출 시작 • 신선한 과일향 • 강한 산미	#85
Medium	Light		• 수분 감소 • 단맛 시작 • 산미, 단맛 조화	#75
High	Medium Light	 중배전	• 수분 감소 • 산미 감소 • 단맛 증가	#65
City	Medium		• 수분 적음 • 산미 감소 • 균형 잡힌 맛	#55
Full City	Medium Dark		• 수분 거의 없음 • 바디감 강조 • 쓴맛 증가	#45
French	Dark	 강배전	• 수분 거의 없음 • 쓴맛 강함 • 탄맛 시작	#35
Italian	Very Dark		• 수분 거의 없음 • 강한 쓴맛 • 탄맛 증가	#25

Light Roast, by Dan Bollinger

Cinnamon Roast, by Dan Bollinger

Medium Roast, by Dan Bollinger

High Roast, by Dan Bollinger

City Roast, by Dan Bollinger

Full City Roast, by Dan Bollinger

French Roast, by Dan Bollinger

Italian Roast, by Dan Bollinger

Coffee Mouthfeel, by Reliable barista Team

성을 확장하는 데 중요한 역할을 한다. 스트레커 분해는 단순 맛의 변화가 아니라 커피의 향미를 구성하는 미묘한 향기 층을 형성하는 핵심 화학 반응이다.

로스팅을 통해 변화하는 것은 향뿐만이 아니다. 맛의 변화도 이 여정과 함께 한다. 초기에는 밝고 산뜻한 신맛이 입안을 감싸며 감각을 깨운다. 로스팅이 중배전 단계에 이르면 신맛은 점차 줄어들고, 단맛과 쓴맛이 균형을 이루어 완벽한 맛을 선사한다. 이후 더 깊은 로스팅은 쓴맛과 탄맛을 부각시키고, 무거운 바디감을 더해간다. 바디감은 연한 로스팅에서 미약하게 시작해 중배전에서 온화하게 자리 잡고, 강배전에서는 묵직하고 진하게 혀를 감싼다. 이처럼 커피는 열과 시간, 그리고 복합적인 화학 반응이 만들어낸 색, 맛, 향의 변주곡이다. 스트레커 분해 등을 포함한 열분해[105]로 인해 생두 속에 숨겨진 잠재력을 깨운다. 이처럼 커피의 맛은 로스팅 정도에 따라 신맛, 단맛, 쓴맛, 탄맛이 순차적으로 변화하며, 때로는 미네랄에 의해 미묘한 짠맛[106]이 느껴질 수 있다. 이러한 커피의 향미 변화는 단순히 로스팅 온도와 시간에만 의존하는 것이 아니라, 커피가 자란 토양의 특성, 기후 조건(온도, 강수량, 습도 등), 해발 고도와 품종에 따라서도 다르게 나타날 수 있다.

맛의 기준은 주관적일 수 있으나, 일반적으로 사람들은 신맛, 단맛, 쓴맛이 조화롭게 어우러진 커피를 선호한다. 따라서 로스팅 과정에서 쓴맛이 지나치게 강해지지 않도록 섬세하게 조절하는 것이 중요하다.

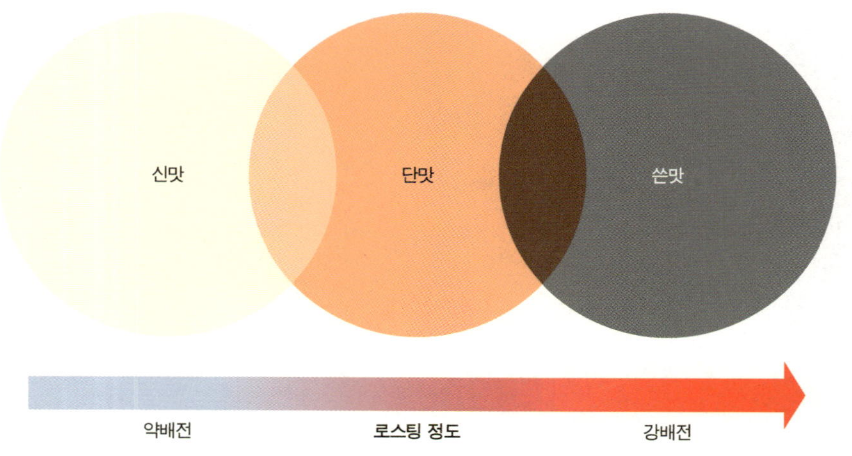

동시에 신맛이 부족하면 커피의 개성이 흐릿해지고 밋밋해질 수 있어 원두가 가진 고유한 특성을 최대한 살려야 한다. 생두에는 이미 다양한 산 성분이 존재하지만, 로스팅이 강해질수록(특히 강배전 단계에 이르면) 산미는 점차 분해되어 사라지는 경향이 있다. 반면, 쓴맛은 로스팅 과정에서 새롭게 생성되는 맛으로, 로스팅이 강할수록 그 강도가 뚜렷하게 드러난다. 이러한 맛의 변화를 이해하고 로스팅을 섬세하게 조절하는 것이 풍미 깊은 커피를 만드는 핵심이다.

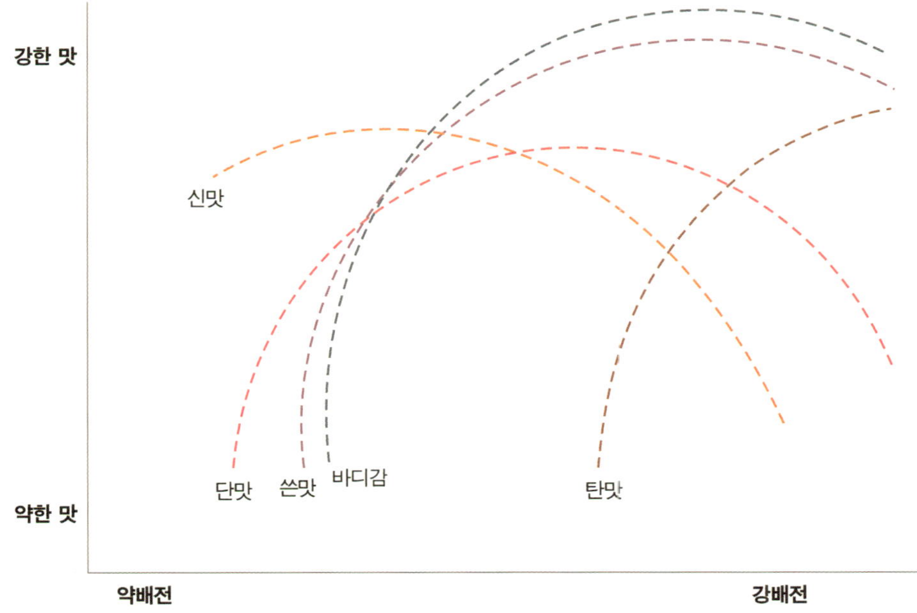

강한 맛
신맛
단맛
쓴맛
바디감
탄맛
약한 맛
약배전
강배전

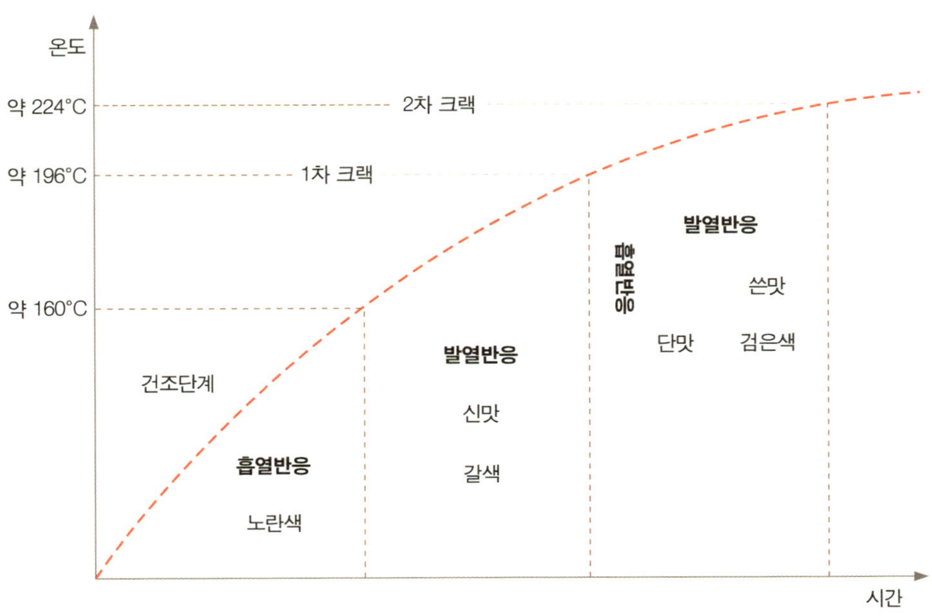

온도
약 224°C
2차 크랙
약 196°C
1차 크랙
발열반응
흡열반응
쓴맛
약 160°C
단맛
검은색
발열반응
건조단계
신맛
흡열반응
갈색
노란색
시간

넷, 로스팅 디펙트, 불완전한 맛과 향이 태어나다

로스팅은 좋은 커피를 완성하기 위한 매우 섬세하고 까다로운 과정이다. 그리고 그 과정이 언제나 성공적일 수만은 없다. 커피 생두는 성장, 수확, 가공 과정에서 이미 다양한 결함을 품고 있을 수 있으며, 이런 결점두는 최종 커피의 향미에 치명적인 영향을 미친다. 따라서 결점두(defect coffee beans)를 철저히 선별하는 것은 필수적이다. 한편 로스팅 중에도 새로운 결점두가 발생할 수 있으며, 그 원인은 매우 다양하다. 대표적으로 열량 조절, 열전달 방식, 로스팅 속도, 그리고 로스터 장비가 위치한 환경 등이 있으며, 이와 관련해 다음과 같은 사례들을 엿볼 수 있다.

- 과도한 열량 공급은 원두 표면을 빠르게 과열시켜 불균형한 로스팅을 초래하고, 반대로 열량이 부족하면 내부가 충분히 익지 않아 풋내 같은 불쾌한 맛이 남을 수 있다.
- 열 공급이 너무 강하면 원두의 특정 부위가 국소적으로 타는 '스코칭(scorching)' 현상이 발생할 수 있으며, 반대로 너무 약하면 내부 수분이 제대로 증발하지 않아 풋내 또는 생두 특유의 불쾌한 향이 남을 수 있다.
- 로스팅 속도가 지나치게 빠르면 원두 내부에 충분한 열이 전달되지 않아 '언더 디벨롭(underdeveloped)' 상태가 되고, 너무 느리면 열이 오래 머물러 단조롭고 평평한 맛으로 이어지는 '베이킹(baking)' 또는 '오버 디벨롭(overdeveloped)' 현상이 나타난다.
- 아울러 생두 자체의 밀도, 수분 함량, 로스터의 공기 흐름, 드럼 회전 속도 등도 결점두 발생에 주된 영향을 미친다.

따라서 균일한 열전달과 적절한 로스팅 속도 조절은 결점두 발생을 최소화하고 커피 고유의 향미를 최대한 끌어내기 위한 핵심 요인이라 할 수 있다.

로스팅 과정에서 발생하는 원두의 '결함'을 로스팅 디펙트(roasting defect)라고 한다. 이는 로스팅 중 원두가 손상되거나 예상치 못한 변화를 겪어 커피의 맛과 향을 떨어뜨리는 원인이 된다. 이런 문제를 줄이기 위해서는 생두의 성질을 정확히 이해하는 것뿐만 아니라, 로스팅 동안 끊임없이 변하는 열의 흐름과 시간, 온도, 배출 조건과 같은 다양한 변수를 세심하게 다룰 수 있어야 한다. 각 결함에는 저마다의 원인과 결과가 담겨 있고, 그 흔적은 원두가 지나온 여정과 환경을 은근히 드러낸다. 이러한 아픔의 자국을 들여다보면 로스터가 주의해야 할 지점들이 선명하게 드러나며, 더 나은 로스팅을 향한 길이 자연스레 보이게 된다.

- **치핑**(chipping)은 로스팅 과정에서 원두 표면의 약한 부분, 특히 가장자리에서 원형 모양으로 깨져 조각이 떨어져 나가는 경우를 말한다. 이로 인해 원두 외부에 작은 틈이나 조각들이 생기는 것이 특징이다. 주로 열이 고르지 않게 전달되거나, 1차 크랙에서 2차 크랙으로 넘어가는 순간 과도한 열량이 공급될 때 생기며, 기계적 마찰이나 물리적인 충격에 의해서도 발생할 수 있다. 이러한 원두로 만든 커피는 바디감이 괜찮을 수 있으나, 건조하고 탄 맛에 가까운 향이 느껴지는 경우가 많다.
- **티핑**(tipping)은 원두 '끝' 부분이 타는 현상으로, 주로 원두 가장자리 끝부분이 그을려 검은 점이나 작은 탄 자국 형태로 나타난다. 이 결함은 너무 높은 투입 온도, 급격한 열량 공급, 또는 불균일한 공기 흐름 등으로 인해 로스팅 초반에 발생할 수 있다. 티핑이 생긴 원두는 쓴맛이나 탄 맛이 강해져 커피의 향미 균형을 해칠 우려가 있다.
- **스코칭**(scorching)은 로스팅 과정에서 과도한 열이 원두 표면에 직접 닿아 부분적으로 타는 현상을 말한다. 보통 예열된 드럼의 표면 온도가 너무 높거나, 투입하는 생두의 양이 적어 드럼에 고루 섞이지 않을 때, 혹은 드럼 회전 속도가 너무 느려 원두가 한곳에 오래 머무를 경우에 발생한다. 이로 인해 원두 외부 일부가 검게 변하며, 강한 탄맛과 쓴맛이 느껴질 수 있다.
- **베이크드**(baked)는 베이킹(baking)이라고도 하며, 정확한 진단이 쉽지 않은 결함이다. 주로 투입 온도나 열 화력이 낮아 로스팅 과정에서 충분한 열이 생두 내부까지 전달되지 않을 때 발생한다. 이 경우, 생두가 1차 크랙에 도달하지 못하거나, 1차 크랙 이후에도 로스팅 시간이 지나치게 길어 팝 소리가 약하게 들릴 수 있다. 육안으로는 확인하기 어려우며, 주로 커핑(cupping) 과정에서 향미가 가볍

고 밋밋하며, 커피 특징이 부족한 맛으로 감지된다.

- **언더 디벨롭**(underdeveloped)은 원두 표면에는 큰 이상이 보이지 않지만, 내부가 충분히 로스팅되지 않은 상태를 의미한다. 이는 주로 로스팅 시간이 부족하거나 열량 공급이 부족해 생기는 현상으로, 1차 크랙 이후 원두를 너무 빨리 배출할 때 발생한다. 이로 인해 원두의 색상과 부피가 예상과 달리 덜 변화하여 풋내, 강한 산미, 그리고 떫은 맛이 두드러진다. 이를 해결하기 위해서는 투입 온도나 터닝 포인트를 약간 높이거나, 온도 상승을 천천히 조절하는 등의 경험적 조정이 필요하다.
- **오버 디벨롭**(overdeveloped)은 언더 디벨롭과 반대로 원두가 지나치게 오래 혹은 강하게 로스팅이 이루어진 원두를 말한다. 주로 2차 크랙 이후 열이 과하게 공급될 때 발생하며, 원두 표면은 윤기가 돌고 매우 어두운 색을 띤다. 이로 인해 탄맛과 쓴맛이 두드러지며, 본래 생두가 가진 섬세한 향미는 거의 사라지게 된다. 또한, 단시간에 과도한 열이 가해지면 생두 내부까지 균일하게 열이 전달되지 않아 정상적인 원두로 만들어질 수 없다.

CHAPTER 4.

커피, 분해를 통한 탄생

비로소 커피 한 잔을 마시기 위해서는 먼저, 원두를 분쇄(grinding)[107]하는 과정을 거친다. 물론, 원두 그 자체로 오랜 시간에 걸쳐 추출하는 방법도 존재하지만, 그 과정은 지나치게 길고, 우리가 기대하는 향미를 구현하기 어렵다. 분쇄란 단지 원두를 잘게 부수는 행위가 아니라, 커피 속 잠자고 있는 맛과 향을 깨워내는 의식과도 같다. 분쇄의 굵기와 균일성은 커피의 향미와 추출 효율성에 직접적인 영향을 미치며, 그 미묘한 차이가 한 잔의 완성도를 좌우한다.

커피 원두는 로스팅이라는 열의 세례를 거친 결과로, 그 과정에서 다양한 향미 성분과 함께 이산화탄소를 품게 된다. 이 가스는 원두 속 미세한 세포 조직 사이에 갇혀, 마치 내부에서 조용히 숨쉬듯 서서히 밖으로 빠져나오기를 기다린다. 우리가 원두를 분쇄하는 순간, 그 고요한 균형은 깨지고, 표면적이 넓어진 입자 속에서 이산화탄소는 재빨리 흩어진다. 이 과정에서 커피의 향은 살아나

Coffee Grinder[1800]

기도 하지만, 동시에 휘발성 향기 성분은 공기 중으로 빠르게 사라질 위험성을 지니고 있다. 이러한 이유로 바리스타는 추출 직전에 원두를 분쇄한다. 그것은 한낱 기술이 아니라, 향의 절정을 붙잡으려는 의식이자 약속이다. 분쇄를 통해 커피 입자의 표면적이 넓어지면 물과의 접촉 면적이 극대화되고, 그 안에 깃든 향미와 성분이 효율적으로 우러난다. 이때 분쇄도의 선택은 결코 단순하지가 않다. 굵기가 조금만 달라져도 추출 속도와 향미의 구조는 완전히 바뀌어 커피는 전혀 다른 결과를 초래하게 된다.

Coffee Grinder(1800)

하나, 그라인더, 향미를 조율하다

원두를 원하는 입자 크기로 분쇄하기 위해서는 커피 그라인더(grinder)가 필요하다. 그라인더를 선택할 때는 분쇄 입자의 크기 분포가 얼마나 균일한지, 그리고 분쇄 과정에서 발생하는 발열이 어느 정도인지 확인하는 것이 좋다. 입자 크기의 편차가 크면 추출이 균일하게 이루어지지 않아 커피의 향미가 왜곡될 수 있다. 또한, 커피의 향은 열에 민감하므로 과도한 열은 휘발성 향기 성분을 손실시키는 주요 원인이 된다. 특히 에스프레소(espresso) 추출과 같이 분쇄 상태가 결과물의 품질에 직접적인 영향을 미치는 경우, 사용하는 커피 추출 머신의 사양과 그라인더의 성능을 조화시키는 것이 더욱 중요하다.

그라인더는 조작 방식에 따라 수동식과 전동식으로 구분되며, 분쇄 방식, 날 형태, 날 재질 등에 따라 세부적으로 분류할 수 있다. 각 방식과 구조는 고유의 장단점이 뚜렷하여, 추출 목표와 사용 환경에 맞춰 적절한 제품을 선택하는 것이 바람직하다. 수동식 커피 그라인더, 일명 핸드밀(hand mill)은 전력을 사용하지 않는 단순한 구조이다. 가격이 비교적 저렴하면서도 적절한 사용법을 익히면 스페셜티 커피의 향미를 충분히 구현할 수 있다. 전원이 필요 없기 때문에 장소의 제약이 없으며, 크기가 작아 휴대가 용이하다. 다만, 사용자가 직접 손으로 원두를 분쇄해야 하므로 일정한 시간과 체력이 요구되며, 대량의 원두를 빠르게 분쇄하기에는 한계가 있다. 반면 전동식 커피 그라인더는 전력을 이용하여 원두를 자동으로 분쇄하는 기계 장치이다. 사용자가 분쇄도를 설정하고 원두를 투입하는 것만으로, 균일한 입자를 빠른 속도로 얻을 수 있다. 대량의 원두를 단시간에 처리할 수 있다는 장점이 있어 가정은 물론 카페와 같은 환경에서도 널리 쓰인다. 다만, 구조와 성능에 따라 가격 차이가 크며, 구동 과정에서 발생하는 열과 회전 특성은 커피의 향미에 영향을 미칠 수 있다. 전동식 그라인더를 선택할 경우에는 추출 목적에 맞추어 균일도, 날, 용량, 모터 속도, 무게, 크기, 휴대성 등 여러 요소를 종합적으로 고려하는 것이 좋다.

CAFE

커피 그라인더의 분쇄 방식은 크게 버(burr) 방식과 블레이드(blade) 방식으로 나눌 수 있다. 이 두 가지 방식은 분쇄 입자의 크기, 균일성, 발열 특성 등 원두를 잘게 부수는 구조와 원리적인 면에서 큰 차이점을 지니고 있다.

버 방식은 두 개의 맞물린 날(버)을 이용하여 원두를 압착하고 절단하는 구조로 되어 있다. 하나의 버는 회전하고 다른 하나는 고정되어 있으며, 원두는 두 날 사이의 간극으로 들어가 잘게 부서진다. 이 방식의 가장 큰 장점은 간극 조절 기능을 통해 분쇄 굵기를 세밀하게 설정할 수 있고, 한 번 세팅한 후에는 분쇄 입자의 균일도를 안정적으로 유지할 수 있다는 것이다. 버는 주로 세라믹(ceramic) 또는 스테인리스 스틸(stainless steel)로 제작된다. 세라믹 버는 마모에 강하고 발열이 보다 적으며, 스테인리스 버는 내구성이 뛰어나고 제조 공정상 정밀도가 높다. 발열이 적을수록 원두 내부의 휘발성 향미 성분 손실을 줄일 수 있어 고품질 커피를 추출하는 데 유리하다.

이러한 버 방식은 날의 형상에 따라 다시 플랫 버(flat burr)와 코니컬 버(conical burr)로 구분된다. 플랫 버는 평면형 구조로 원두가 수평 방향으로 이동하며 절단된다. 분쇄 입자의 균일도가 높아 추출 시 물의 투과가 일정하게 이루어져, 특히 에스프레소처럼 미세한 분쇄와 균일성이 중요한 추출 방식에 적합하다. 다만 구조상 모터 회전 속도가 높아 발열이 발생할 가능성이 크며, 장시간 연속 사용 시 적절한 냉각 시스템 없이는 원두의 향미가 손상될 수 있다. 한편, 코니컬 버는 원뿔형 구조로 원두가 상단에서 하단으로 내려오면서 절단된다. 모터 회전 속도가 낮아 발열이 보다 적고 분쇄 과정에서 상대적으로 조용하게 작동된다. 대량 분쇄 시에도 열 손실이 적어 상업용 환경에서 적합하지만, 플랫 버에 비해 입자의 균일도가 다소 떨어질 수 있다.

반면, 블레이드 방식은 회전하는 칼날을 사용하여 원두를 잘게 부수는 구조로 믹서기와 유사한 원리를 가진다. 원두가 칼날에 반복적으로 부딪히며 절단되고 구조가 단순하며, 가격이 저렴하고 부피가 작아 휴대하기 편리하다. 그러나 분쇄 입자의 크기와 모양이 일정하지 않아 추출 시 과다·과소 추출이 발생할 수 있으며, 분쇄 시간과 칼날 속도에 따라 발열이 쉽게 일어난다. 이러한 특성 때문에 블레이드 방식은 주로 가정에서 사용하는 용도로 적합하며 고품질 스페셜티 커피 추출에는 다소 한계가 있다.

Flat Burr

Conical Burr

둘, 분쇄도, 향미의 경계를 세우다

커피의 맛과 향을 완벽하게 이끌어 내는 과정은 단순 기계적 작용을 넘어 한 편의 섬세한 예술과도 같다. 이 가운데 원두 분쇄는 추출의 출발점으로, 커피가 지닌 향미의 다채로움을 결정짓는 중요한 열쇠 역할을 한다. 원두가 갈리는 정도, 즉 분쇄도는 단지 입자의 크기를 넘어서, 물과 커피 입자 사이의 미묘한 상호작용과 시간의 흐름을 조율하는 요소이다. 이러한 원두 분쇄도는 사용하는 추출 도구의 특성에 따라 다르게 조정되어야 한다. 에스프레소 머신처럼 압력과 빠른 추출을 요구하는 도구에는 아주 곱고 균일한 분쇄도가 필요하며, 드립이나 프렌치 프레스 같은 여과 방식에는 상대적으로 굵은 분쇄가 적합하다. 이는 각 도구가 물과 커피 입자와 만나는 방식과 그 시간이 다르기 때문이다. 또한, 로스팅 정도에 따라서도 분쇄도는 달라진다. 약배전 원두는 단단하고 밀도가 높아 물이 쉽게 침투하지 못하기 때문에, 더 곱게 분쇄하여 물과의 접촉 면적을 확보해야 한다. 반대로 강배전 원두는 열에 의해 조직이 느슨해지고 부피가 팽창해 물이 쉽게 스며들 수 있어, 굵은 분쇄가 오히려 쓴맛을 과도하게 추출하는 것을 막아준다.

이처럼, 같은 원두라도 분쇄도가 달라지면 커피가 품는 이야기와 감동의 결이 전혀 달라진다. 가늘게 갈린 원두 입자들은 서로를 촘촘히 감싸 짙고 풍부한 농도를 만들어내며, 반면에 굵게 갈린 원두 입자들은 숨을 트여 여유롭고 부드러운 맛을 선사한다. 그리고 이 모든 과정에서 시간은 곧 맛을 빚어내는 또 하나의 재료가 된다. 이 작은 입자 하나하나가 모여 우리의 감각을 깨우고, 일상의 순간을 특별하게 만드는 향미의 서사를 완성하는 것이다.

원두 분쇄도는 원두 입자의 크기에 따라 세분화하여 분류할 수 있다. 분쇄도는 기본적으로 굵은 조분쇄(coarse), 중간 분쇄(medium), 가는 미분쇄(fine)로 나뉘며, 이를 좀 더 세분하여 강 조분쇄(extra coarse), 조분쇄(coarse), 중간 분쇄(medium), 미분쇄(fine), 강 미분쇄(extra fine) 다섯 단계로 구분할 수 있다. 일반적으로 입자가 굵어지

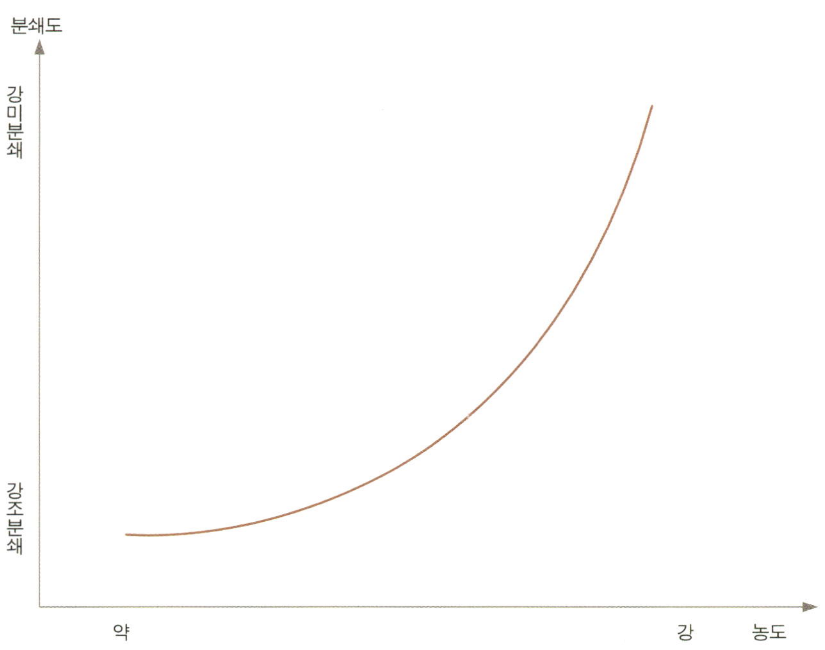

면 표면적이 줄어들어 용출량은 감소하지만, 입자 간 간격이 넓어지기 때문에 물의 흐름 저항이 낮아져 전체 추출 시간은 짧아진다. 반대로 분쇄도가 고울수록 표면적이 커져 더 많은 성분이 용해되지만, 촘촘해진 구조로 인해 물의 유속이 떨어져 추출 시간은 길어진다. 추출 도구마다 작동 원리가 다른 것도 분쇄도를 달리해야 하는 중요한 이유이다. 높은 압력으로 짧은 시간 안에 추출을 완료해야 하는 에스프레소 머신은 물이 빠르게 침투할 수 있도록 매우 고운 븐쇄가 필요하다. 반면 드립(drip)처럼 중력 방식에 의존하는 장비는 압력이 거의 없고 추출 시간이 상대적으로 길기 때문에 보다 굵은 분쇄가 더 적합하다.

요약하자면, 입자 크기는 곧 물과 커피가 만나는 방식 자체를 규정한다. 미분쇄된 원두가루는 표면적이 넓어 성분 용출이 활발하지만, 입자 간 공간이 좁아 물 흐름이 제한되면서 추출 시간이 자연스럽게 늘어난다. 이와 대조적으로 굵은 분쇄는 물이 빠르게 통과하지만 용출 면적이 적어 추출 효율이 낮아질 수 있다. 이러한 이유로 침출식 방식에는 굵은 분쇄가, 압력을 활용하는 방식에는 고운 분쇄가 적합하다.

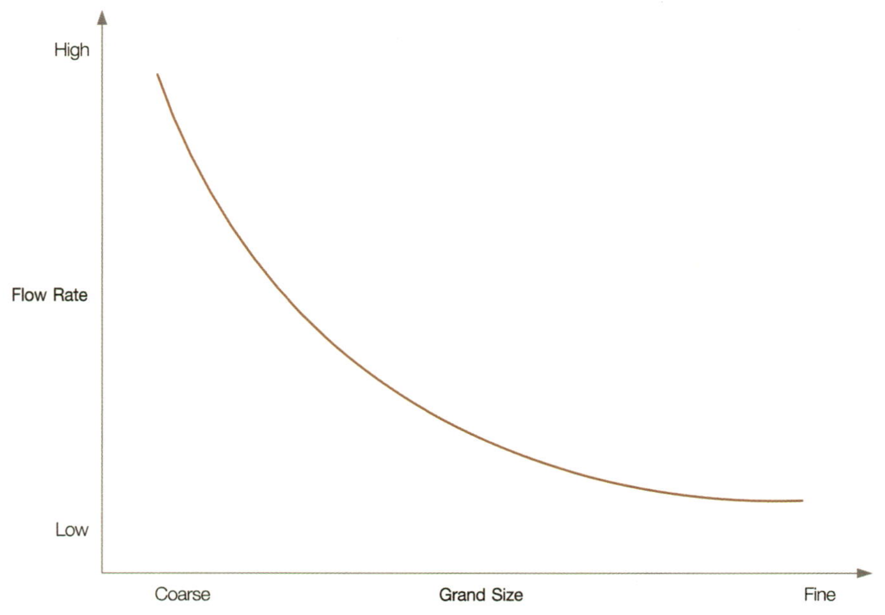

커피 추출 도구에 따라 요구되는 원두 분쇄도의 차이를 살펴보면, 각 도구가 가진 고유한 특성과 작용 방식이 어떻게 분쇄도를 결정하는지 그 모습을 엿볼 수 있다.

콜드 브루(cold brew)[108]와 프렌치 프레스(French press)는 원두 입자를 추출수에 직접 담가 장시간 우려내는 침출 방식이기 때문에, 입자가 굵은 조분쇄가 적합하다. 이는 굵은 분쇄가 추출 시간을 조절하고, 과도한 쓴맛이나 떫은맛을 방지하는 데 도움을 주기 때문이다. 그리고 드리퍼(dripper)[109]를 이용한 핸드 드립(hand drip)은 물이 천천히 통과하는 여과식(투과식) 추출 방식으로 중간 분쇄가 적합하다. 사이폰(siphon)도 진공 압력을 이용해 추출하는 방식이지만, 추출 메커니즘이 조금 다르면서도 전반적인 물의 흐름과 접촉 시간 면에서 핸드 드립과 유사하여 역시 중간 분쇄를 사용하면 좋다.

한편, 모카 포트(Moka pot)와 에어로프레스(Aeropress)는 압력과 열을 활용해 짧은 시간 안에 커피를 추출하는 방식으로 (중)미분쇄가 적절하다. 이들은 추출 시간과 압력의 특성 때문에 입자가 너무 굵으면 원하는 커피 농도와 맛을 얻기 어려워질 수 있다. 이와 대비되는 방식으로, 에스프레소 머신과 터키쉬 포트(Turkish pot)는 매우 짧은 시간에 진한 커피를 추출하는 고압 또는 미세 입자 침출 방식을 사용하기 때문에, 미분쇄에서 강 미분쇄까지 더 곱고 촘촘한 분쇄도가 요구된다. 이처럼 각 추출 도구의 특성과 작용 방식에 따라 적합한 원두 분쇄도가 달라지며, 이는 최종 커피의 맛과 품질에 영향을 미친다.

일반적으로 콜드브루에서 프렌치프레스, 핸드드립, 사이폰, 모카포트와 에어로프레스, 에스프레소, 그리고 이브릭(터키식 커피)에 이르기까지, 추출 방식의 특성에 따라 요구되는 분쇄도는 대체로 점차 가늘어지는 경향이 있다. 한편, 분쇄 입자가 고르지 못하고 불규칙할 경우, 커피 수용성 성분이 불균일하게 방출되어 추출 농도가 일정하지 않을 수 있다. 따라서 원하는 커피 맛을 얻기 위해서는 그라인더의 분쇄도를 세밀하게 조절하는 작업, 즉 다이얼 인(dial in)[110]이 반드시 필요하다. 이는 추출 환경을 체계적으로 조정하여 균형 잡힌 향미를 만들어내는 과정이다.

최적의 원두 분쇄도는 여러 요인이 복합적으로 작용한 결과로 나타난다. 생두의 밀도와 조직 강도, 로스팅 정도, 수분 함량, 그리고 사용되는 그라인더의 특성이 대표적인 영향 요소로 꼽힌다.

첫째, 생두의 밀도와 강도다.

이는 커피의 재배 환경과 후처리 과정 전반에 걸쳐 영향을 받는다. 재배 고도가 높을수록 생두는 서서히 익으며, 세포 조직이 치밀해져 밀도와 강도가 높아진다. 반대로 저지대에서 재배된 생두는 상대적으로 부드럽고 밀도가 낮다. 이러한 차이는 품종의 특성과도 맞물려 분쇄 시 입자의 부서짐 방식에 변화를 준다. 또한, 수확 후 보관 기간이 길어진 생두는 세포 구조가 느슨해지고 수분 함량이 줄어 미세 입자의 비율이 늘어날 수 있다. 가공 방식 역시 중요한 변수다. 건식(내추럴) 가공 생두는 과육과 함께 건조되며 조직이 단단하고 향미가 농축되는 반면, 습식(워시드) 가공 생두는 세척 과정에서 과육과 점액질을 제거하여 구조가 비교적 균일하고 깨끗하다. 이러한 차이는 로스팅 단계에서 열의 전달 방식과 속도를 바꾸고, 그 결과 분쇄 시 입자의 크기 분포에도 영향을 미친다.

둘째, 로스팅 정도다.

로스팅은 생두의 내부 구조와 화학적 성질을 근본적으로 바꾸는 과정이다. 강배전 원두는 높은 열에 오래 노출되면서 수분이 크게 손실되고 세포벽이 약해져 강도가 떨어진다. 그 결과 분쇄 시 쉽게 부서져 미세 입자가 많이 생성되는 경향이 있다. 반대로 약배전 원두는 세포 조직이 단단하고 밀도가 높아, 분쇄 시 상대적으로 큰 입자가 형성되기 쉽다. 또한, 로스팅 직후의 원두는 이산화탄소가 많이 남아 있어, 특히 강배전의 경우 추출 과정에서 두꺼운 크레마(crema) 층을 형성할 수 있다. 이 크레마는 가스를 머금은 거품 구조로, 때때로 거칠고 텁텁한 맛을 동반할 수 있다. 로스팅한 지 얼마 되지 않은 강배전 원두가루에 뜨거운 물을 부으면 표면에 거품이 활발히 형성되는 '블루밍(blooming)' 현상을 볼 수 있다. 반대로 오래 저장되어 가스가 빠진 원두는 같은 조건에서도 별다른 반응을 보이지 않는다. 이러한 차이는 단순한 시각적 변화에 그치지 않고 추출 속도와 향미에도 직접적인 영향을 미친다.

셋째, 원두의 수분 함량이다.

원두는 온도와 습도의 변화에 매우 민감하게 반응한다. 건조한 상태의 원두는 분쇄 과정에서 미분(미세한 가루)의 발생이 증가하며, 입자 분포의 불균형을 초래할 가능성이 크다. 이로 인해 추출 시 물이 빠르게 통과해 커피 농도가 낮아질 수 있으므로, 건조한 환경에서는 일반적인 기준보다 다소 가늘게 분쇄하는 것이 바람직하다. 반대로 덥고 습한 날씨에는 원두가 더 많은 수분을 흡수하여 분쇄 시 입자 간 결합력이 높아지고, 추출 과정에서 물의 흐름이 느려져 농도가 짙어지는 경향이 있다. 따라서 이러한 환경에서는 기준보다 다소 굵게 분쇄하여 추출 속도를 조절하는 것이 효과적이다. 이처럼 원두의 수분 함량은 추출의 균형을 맞추는 중요한 변수로, 계절과 기후 변화에 따라 세심한 분쇄도 조절이 필요하다.

넷째, 그라인더의 특성이다.

그라인더 날의 회전 속도, 구조, 그리고 마모 상태는 원두의 분쇄 결과물에 직접적인 영향을 미친다. 이 요소들은 원두 입자의 크기와 분포를 결정하고, 이는 곧 추출수의 통과 속도와 커피의 추출 품질을 좌우한다. 따라서 안정적이고 맛있는 커피를 만들기 위해서는 그라인더의 여러 요인을 면밀히 파악하고 관리하는 것이 중요하다.

원두 분쇄는 단순한 크기 변화를 넘어 물리적 구조에도 변화가 발생한다. 분쇄 과정에서 발생하는 마찰열은 산화(oxidation) 반응과 같은 미세한 화학적 변화를 유발하며, 이러한 변화는 최종 커피의 맛에 직접적인 영향을 미칠 수 있다. 그라인더 사용 중 발생하는 정전기마저도 커피 향미의 섬세한 균형을 저해하는 요소가 된다. 특히 두 개의 날이 맞물려 원두를 분쇄하는 버(burr) 방식 그라인더는 마찰로 인해 정전기가 빈번히 발생하여, 이로 인해 입자가 그라인더 내부에 달라붙거나[111] 파편처럼 흩어지는 현상이 나타날 수 있다. 때문에, 한 번에 너무 많은 원두를 분쇄하지 않는 것이 좋으며, 그라인더의 열 발생 방지와 원두 향의 손실을 막기 위해 그라인더를 장시간 연속 가동하지 말아야 한다. 분쇄된 원두 입자가 고르지 않거나 미분이 과도하게 섞여 나온다면, 이는 그라인더 날이 마모되었거나 청소가 제대로 이루어지지 않아 분쇄 성능이 저하된 경우일 가능성이 크다. 이런 상태에서 커피 추출 시 물이 만나는 표면적이 불균일해져 커피의 수용성 성분 용출 속도와 함량에 편차가 생길 수 있다.

커피 머신을 사용해 에스프레소를 추출할 때는 분쇄된 원두가루를 포터필터 바스켓(portafilter basket)[112]에 매번 정확히 계량하고, 추출 시간과 추출량을 꼼꼼히 점검하는 것이 중요하다. 커피 추출 버튼을 누른 후 기준 추출량에 도달하는 데 걸리는 시간을 확인해야 한다. 만약 동일한 조건(분쇄도, 원두가루 양, 추출수 온도, 추출 방법 등)에서 평소보다 추출 시간이 짧아졌다면, 분쇄 입자를 더 곱게 조절하거나 포터필터에 담는 원두가루의 양을 늘려 추출 속도를 길게 할 수 있다. 반대로 추출 시간이 평소보다 길어졌다면, 분쇄도를 더 굵게 조절하거나 원두가루의 양을 줄여 추출 속도를 빠르게 할 수 있다. 이처럼 분쇄도와 원두가루의 양을 세밀히 조절하며 추출 시간을 관리하는 것은 최적의 에스프레소 향미를 완성하는 핵심 작업이라 할 수 있다.

한편, 에스프레소 추출의 최적화를 위해서는 단순히 분쇄도를 조절하는 것 이외에, 원두가루의 입도 분포(PSD)[113]에 대한 깊이 있는 이해가 요구된다. 입도 분포는 입자들이 크기별로 어떻게 분포되어 있는지를 의미한다. 이를 확인하는 방법으로는 육안 관찰, 그라인더 설정값과 실제 입자 크기 비교, 또는 표준 물질(예: 맛소금, 설탕)과의 대조가 있다. 그러나 이러한 방법들은 대부분 개인의 주관적 판단에 의존하기 때문에 일관성을 유지하기 어렵다. 맛소금이나 설탕은 비교 기준으로 유용하지만, 원두가루는 다양한 입자 크기가 혼재하는 복합적인 분포를 보이므로 주관적 비교에는 한계가 있다. 이러한 이유로 원두 분쇄 입도를 보다 정확하게 분석하기 위해 다양한 과학적 방법들이 사용된다. 대표적인 방법으로는 이미지 분석, 레이저 회절, 그리고 체망 분리법이 있으며, 이 외에도 현미경 분석 등이 있다. 입도 분석은 단순히 커피 분야에 국한되지 않고, 제약, 식품, 화학, 건축 자재 등 다양한 산업 분야에서 폭넓게 활용되고 있다. 이 가운데 이미지 분석, 레이저 회절, 체망 분리법은 연구와 실무현장에서 널리 사용되는 주요 기법이다.

이미지 분석 방법은 고해상도 카메라나 현미경으로 촬영한 분쇄 원두 입자의 사진이나 영상을 컴퓨터 소프트웨어를 통해 처리하고 분석하는 기술이다. 이 과정에서는 각 입자의 크기뿐만 아니라 형태, 윤곽, 입자 간 연결 상태 등 다양한 물리적 특성이 정밀하게 측정된다. 소프트웨어는 수많은 입자 이미지를 자동으로 인식하고, 개별 입자의 면적, 직경, 둘레 등 다양한 지표를 산출한다. 이렇게 수집된 데이터는 통계적으로 처리되어 입자 크기별 분포(입도 분포 곡선)로 시각화되며, 이를 통해 전체 분쇄 품질을 한눈에 파악할 수 있다. 이 분석 방법은 전통적인 체망 분석과 달리 입자의 모양과 크기를 동시에 평가할 수 있어, 분쇄된 원두의 미세한 특성 차이까지도 정확하게 감지하는 데 강점을 가진다. 또한, 빠른 처리 속도로 다량의 샘플을 분석할 수 있어, 생산 공정 중 실시간 품질 관리에도 적합하다. 따라서 이미지 분석 방법은 커피 연구 및 산업 현장에서 입도 균일성, 미분 발생 여부, 입자 형태 변화 등을 체계적으로 평가하고 최적의 분쇄 조건을 설정하는 데 필수적인 도구로 자리 잡고 있다.

레이저 회절 방법은 입자 분석 분야에서 매우 정밀하고 신뢰받는 기술로, 분쇄된 원두를 포함한 다양한 입자의 크기와 형태를 측정하는 데 널리 사용된다. 이 방법은 시료에 레이저 빛을 비추었을 때 입자 표면에서 빛이 산란되는 현상을 이용한다. 산란된 빛의 각도와 강도 분포는 입자의 크기와 분포에 따라 달라지며, 이를 정밀하게 측정하여 입도 분포를 계산한다. 레이저 회절 분석 장비는 시료에 균일하게 빛을 투과시키고, 여러 개의 검출기가 다양한 각도에서 산란광을 수집한다. 대형 입자는 빛을 작은 각도로 산란시키는 반면, 미세 입자는 큰 각도로 산란시키는 특징을 가진다. 이를 통해 나노미터(nm) 단위에서 밀리미터(mm) 단위까지 매우 넓은 범위의 입자 크기를 동시에 측정할 수 있다. 이 장비는 복잡한 수학적 모델과 알고리즘(algorithm)을 사용해 산란광 데이터를 분석하고, 이를 입도 분포 곡선으로 변환한다. 이로써 단순 크기 측정을 넘어 입자 크기의 분포, 평균 크기, 분산 등 세부적인 입도 특성을 정량적으로 파악할 수 있다. 다만, 레이저 회절 분석기는 고가의 장비로 초기 투자 비용이 크고, 운용과 데이터 해석에 전문 지식이 필요하다. 그럼에도 높은 정확성과 재현성 덕분에 제약, 화학, 식품, 재료 과학 분야는 물론, 고품질 커피 분쇄도 측정에도 널리 활용되고 있다. 이 방법은 특히 미세하고 복잡한 입자 분포를 가진 샘플의 품질 관리 및 연구에 적합하며, 생산 공정 중 실시간 모니터링과 품질 개선에 효과적인 도구로 자리 잡고 있다.

체망 분리 방법은 여러 크기의 구멍을 가진 체망을 층층이 쌓아 올리고, 그 위에 분쇄된 원두를 투입한 뒤 흔들거나 진동을 가해 입자 크기에 따라 분리하는 전통적이면서도 실용적인 입도 분석 기법이다. 각 체망은 서로 다른 크기의 구멍을 가지고 있어 큰 입자는 상단의 굵은 체망에 걸리고 작은 입자는 아래쪽의 미세한 체망으로 내려가면서 자연스럽게 크기별로 구분된다. 이 방법은 장비가 간단하고 설치 및 운영 비용이 상대적으로 낮아 커피 산업뿐만 아니라 다양한 재료의 입도 분포를 파악하는 데 널리 사용된다. 또한, 직관적인 원리 덕분에 빠른 시간 내에 입도 범위를 대략적으로 파악할 수 있어 품질 관리의 기초 자료로 유용하다. 하지만, 분쇄된 입자들이 체망의 구멍에 걸리거나 서로 엉켜 흐름을 방해하는 현상이 발생할 수 있다. 특히 표면이 거칠거나 형태가 불규칙한 입자에서 두드러진다. 이로 인해 실제 입자의 크기와 형태를 정확히 반영하지 못하거나, 미세한 입자가 제대로 분리되지 않는 경우도 생긴다. 이러한 이유로 체망 분리법은 입자의 정확한 모양 분석이나 매우 세밀한 입도 분포 평가에는 한계가 있으며, 보다 정밀한 분석이 필요할 경우 레이저 회절법이나 이미지 분석법과 병행하는 것이 효과적이다.

한편, 원두 분쇄 입자 분석 결과를 해석하는 데 있어 흥미로운 연구들이 있다. 여기서 단봉(unimodal) 분포는 입자 크기가 비교적 일정하게 분쇄되었음을 의미하며, 쌍봉(bimodal) 분포는 서로 다른 크기의 입자들이 혼재되어 있음을 보여준다. 이러한 입도 분포의 특성과 관련하여, 일반적으로 균일한 단봉 분포는 안정적인 추출과 재현성을 보장하는 좋은 분쇄 상태로 여겨진다. 하지만 입자 크기의 다양성이 부족할 경우, 커피의 바디감이나 복합적인 질감이 다소 약해질 수 있다는 점도 지적되고 있다. 특히 상업용 에스프레소 그라인더의 경우, 쌍봉 분포가 종종 선호된다. 에스프레소는 매우 짧은 시간 내에 추출이 이루어지므로, 추출수와의 충분한 접촉을 유지하기 위해서는 여과식 추출보다 더 가는 분쇄가 필요하다. 입자가 지나치게 균일하고 미세하기만 하면, 추출수의 흐름이 막히거나 편중된 용출이 발생할 수 있어 이상적이지 않을 수 있다. 어느 정도 크기가 다른 다양한 입자들이 함께 분포하는 쌍봉형 분포가 추출수의 흐름을 원활하게 하고, 풍부하고 균형 잡힌 성분을 효과적으로 추출하는 데 유리하다. 이러한 내용으로 볼 때, 에스프레소 추출에 있어 이상적인 원두 분쇄는 미세하면서도 다양한 크기의 입자가 적절히 혼합된 쌍봉형 분포에 가까운 형태가 이상적일 수 있다.

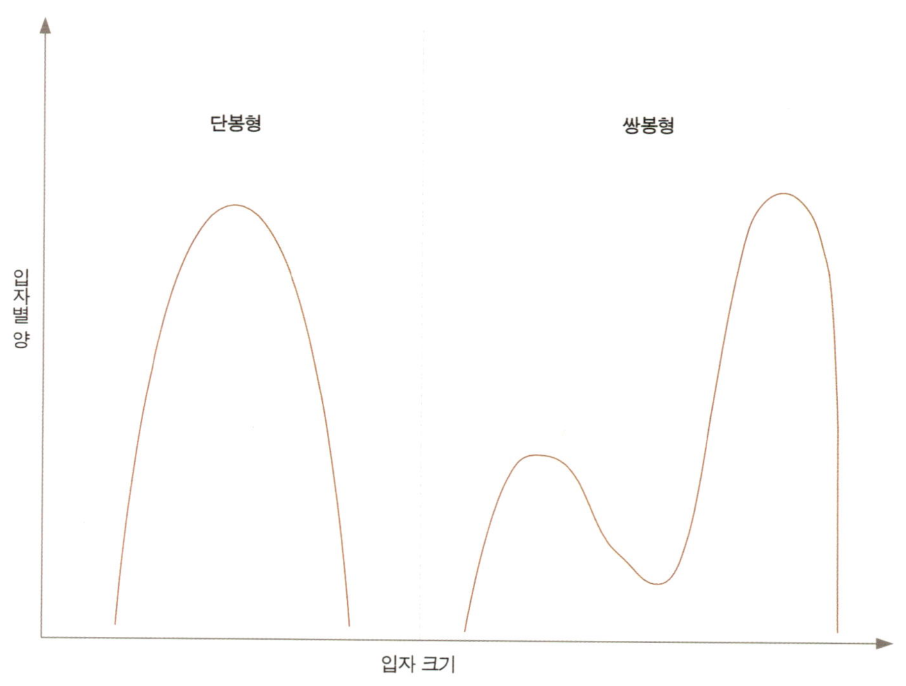

이러한 발견은 커피 추출에 있어 원두 분쇄 입자의 크기 분포가 과학적 변수를 넘어, 맛과 향의 미묘한 조화를 결정짓는 중요한 요소임을 시사한다. 프렌치 프레스(French press) 추출 방식으로 체망 분리법을 통해 균일한 단봉 분포와 다양한 입자 크기를 포함하는 쌍봉형 분포를 비교 분석한 여러 연구들이 있다. 그 결과에 따르면, 쌍봉형 분포를 가진 원두 분쇄물이 보다 풍부한 고형분을 추출해 내고, 입자 크기의 다양성이 커피 성분의 용출 효율을 높이는 데 긍정적인 영향을 준다는 사실을 증명하였다. 이러한 연구 결과는 커피의 맛이 단순히 '균일함'에 있지 않고, 서로 다른 크기의 입자들이 추출수와 상호작용하며 만들어내는 복합적이고 다층적인 맛의 스펙트럼에

기인함을 시사한다. 입자들이 서로 다른 속도로 성분을 용출하면서, 커피는 단조로움이 아닌 풍성함과 깊이를 얻는다. 물론, 좋은 커피를 추출하기 위한 조건은 단순한 입도 분포만으로 완성되지 않는다. 원두의 품종, 르스팅 정도, 추출수의 온도, 추출 시간 등 다양한 요소들이 어우러져야 한다. 그러므로, '최고의 입도 분포'란 절대적인 기준으로 정해지기 어렵다. 각 커피 애호가가 추구하는 맛과 향, 그리고 추출 방식에 따라 이상적인 커피 분쇄 입자의 조화는 달라진다. 커피라는 음료는 각기 다른 취향과 경험 속에서 무한한 변주를 가능케 하듯, 입도 분포 또한 하나의 자유로운 스펙트럼 위에 존재한다.

CHAPTER 5.

커피 향미의 탄생

하나 추출, 입자와 용해의 철학이다

둘 추출수, 향미를 품는 생명수이다

셋 여과와 침투의 미학을 만나다

커피 열매를 음료로 완성하는 마지막 과정은, 분쇄된 원두를 이용해 원하는 맛과 향, 성분을 끌어내는 추출(extraction, brewing)[114]이다. 그러나 이 단계는 단순히 분쇄한 원두에 물을 붓는 행위가 아니다. 이는 커피 농부가 씨앗을 심고 햇살과 비, 시간 속에서 길러낸 결실이 로스터의 손에서 불과 향을 입고, 바리스타의 손끝에서 한 잔의 운명을 완성하는 순간이다. 그 긴 여정이 바로 추출이라는 짧은 시간 속에 압축된다. 커피 추출의 품질을 결정짓는 요소는 여러 가지 다양하다. 물의 화학적 성질은 성분의 용해 속도와 비율을 변화시키고, 온도는 분자들의 움직임을 가속하거나 완만하게 만든다. 시간은 맛의 균형을 가르는 칼날처럼, 조금만 짧아도 단맛과 산미가 미처 자리 잡지 못하고, 너무 길면 쓴맛과 떫은맛이 앞서 나간다. 또한, 추출 방식은 성분들이 녹아 나오는 순서와 강도를 바꾼다. 이 외에도 분쇄도, 원두가루 투입량, 추출 압력 등 여러 변수가 복합적으로 작용하여 추출액의 화학적 성질과 관능적 특성에 영향을 미친다.

우리가 마시는 한 잔의 커피 속에서 맛과 향을 내는 성분은 원두 전체에 비하면 극히 일부이다. 실험적 분석에 따르면, 원두의 고형성분(soluble solids)[115] 중 약 70%는 불용성, 즉 물에 녹지 않는 섬유질, 오일, 세포벽 잔재들이다. 나머지 약 30%만이 수용성 성분으로, 카페인(caffeine), 클로로겐산(chlorogenic acid), 당류, 아미노산(amino acid), 향미 화합물 등이 여기에 포함된다. 그러나 약 30%조차도 모두 추출되는 것이 아니다. 이상적인 조건에서 우리는 전체 원두 질량의 18~22%만을 커피 속에 녹여낸다. 이 범위는 수십 년간의 실험과 감각적 평가를 통해 정립된 것으로, 이보다 적으면 밋밋하고 날카로운 맛, 이보다 많으면 쓴맛과 텁텁함이 지배한다. 따라서 커피 추출은 화학 실험처럼 정밀하면서도 동시에 예술처럼 유연하다. 최적의 추출 결과는 일관된 조건을 갖추더라도 완전히 동일하게 재현되기 어렵다. 원두 분쇄도, 레시피(recipe), 추출 장비, 추출 방식이 같아도 물줄기 유량의 미세 변동, 순간적인 온도 편차, 작업자의 기술적 숙련도 차이가 발생하여 추출 성분의 비율과 수율을 달라지게 한다. 이러한 변수들은 최종 감각 특성에도 유의미한 차이를 만들어낸다.

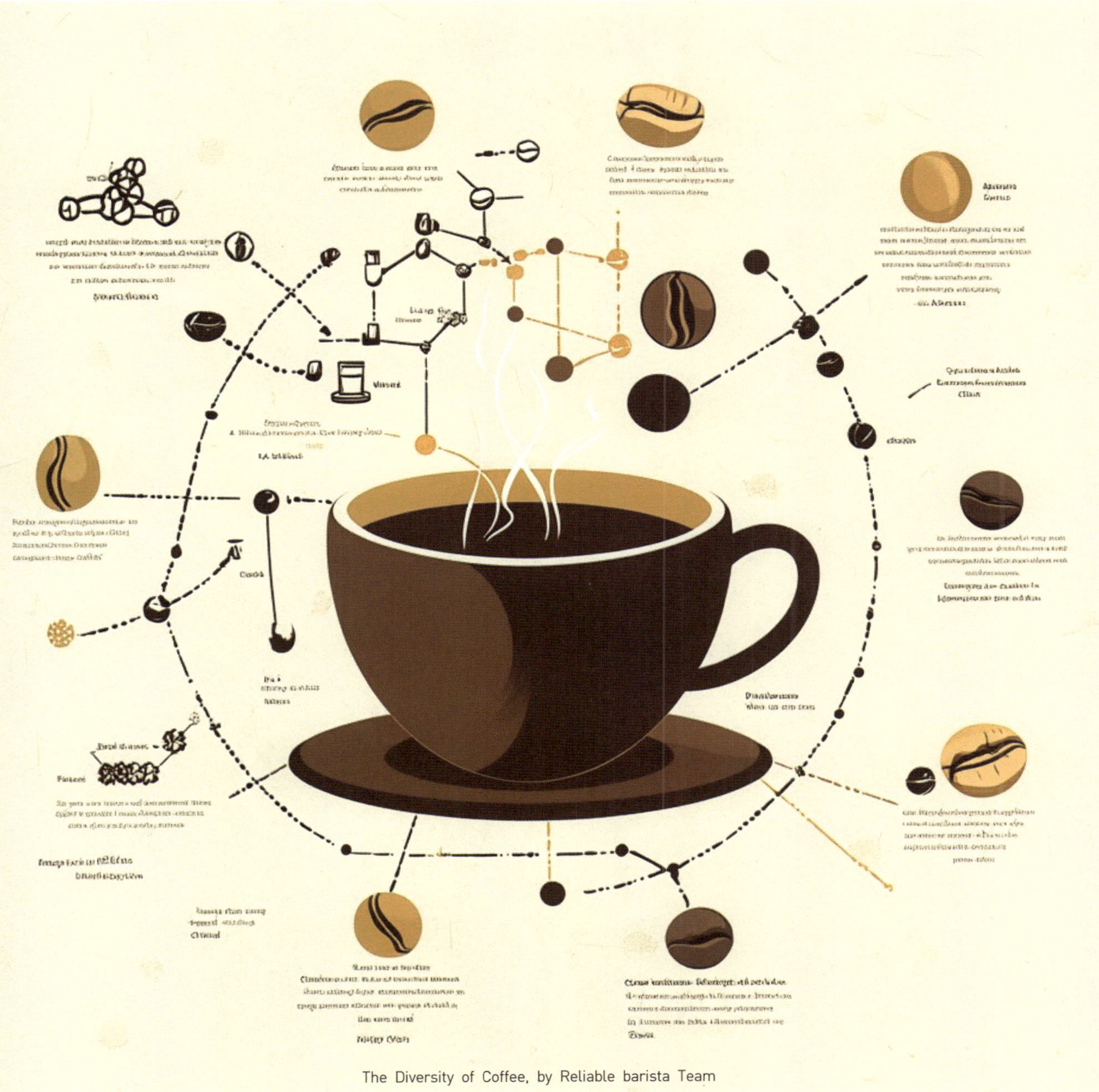

The Diversity of Coffee, by Reliable barista Team

Chemical Reactions in Coffee, by Reliable barista Team

커피 한 잔을 완성하는 순간은 그래서 음악의 연주와 닮아 있다. 악보는 같아도 연주자는 매번 다른 호흡과 터치로 곡을 새롭게 태어나게 한다. 커피 추출도 마찬가지이다. 추출수와 원두가루가 만나 화학 반응을 일으키는 짧은 찰나 속에서 우리는 어제와는 다른 커피를, 그리고 그 속에서 매번 새로운 나를 마주한다.

예컨대, 가장 많이 마시는 아메리카노 한 잔을 만들기 위해 원두가루 20g을 사용한다고 가정하면, 이 가운데 물에 녹아 추출될 수 있는 수용성 성분은 대체로 25~30% 정도이며 약 5~6g에 해당한다. 그러나 이 수용성 성분 전체가 맛과 향을 형성하는 것은 아니며, 실제 향미에 기여하는 주요 화합물은 그중 일부에 불과하다. 결국, 한 잔의 아메리카노 속에서 커피 고형분이 차지하는 비율은 약 1% 내외로 매우 적지만, 바로 이 소량의 성분이 복합적이고 매혹적인 커피 향미를 만들어내는 핵심이다. 마치 한 편의 시에서 몇 줄의 문장이 전체 분위기를 결정하듯, 커피의 미묘한 맛과 향 역시 이러한 미세한 비율 속에서 완성된다.

커피 향미를 결정하는 여정에는 원두의 품종과 로스팅 단계, 추출 도구, 추출수의 양과 온도, 시간, 그리고 분쇄도 등 많은 변수들이 복합적으로 관여한다. 예를 들어, 일반적으로 추출수의 온도가 높고, 접촉 시간이 길며, 추출수의 양이 많을수록 더 많은 성분이 녹아 나오는 고강도 추출(high-extraction)의 경향을 보인다. 이 복잡한 과정은 크게 세 단계로 이어진다.

- 첫째, 추출수가 원두가루 입자 내부로 스며드는 침투(penetration) 단계이다.
- 둘째, 원두가루 속 수용성 성분이 추출수에 녹아 나오는 용해(dissolution) 단계이다.
- 셋째, 녹아 나온 성분이 추출수에 의해 운반되어 컵으로 옮겨지는 분리(separation) 단계이다.

이러한 단계는 단순 물리·화학적 과정이 아니라, 커피 향미의 운명을 좌우하는 여정이라 할 수 있다. 침투는 미지의 공간에 물이 스며드는 첫 만남이고, 용해는 그 속에서 감춰진 맛과 향이 서서히 풀려나오는 대화이며, 분리는 그 이야기가 한 잔의 커피로 완성되어 우리의 감각에 전달되는 순간이다.

하나, 추출, 입자와 용해의 철학이다

커피 생두를 볶아 물에 우려 마신 것에 대한 시기와 그 과정의 기록은 명확하지 않다. 다만 윌리엄 우커스(William H. Ukers)의 저서 『*All About Coffee*』[116]에 따르면, 커피의 역사와 유래에 관한 중요한 단서를 엿볼 수 있다. 15세기 초반에서 중반, 예멘을 포함한 아랍 전역에서 이슬람 신도들이 커피를 처음 마시기 시작했으며, 예멘의 수피(Sufi) 수행자들은 커피 생두를 불에 구워 끓인 '카와(Qahwa)'라는 음료를 만들어 종교적 의식과 밤샘 수행을 위해 음용하였다. 당시 커피는 아라비아 반도, 즉 오늘날 중동 지역에서 종교 의식에 사용되는 중요한 음료였다.

Pitcher and Coffee Pot(17th)

이후 18세기 초반부터 중반에 이르러 유럽에서는 커피를 끓여 마시던 기존 방식과 달리, 분쇄한 원두를 뜨거운 물에 일정 시간 담가 성분을 추출하는 침지식(immersion brewing) 방식이 고안되었다. 특히 프랑스에서는 천 주머니에 분쇄 원두를 넣고 끓인 물을 부어 추출하는 방법이 최초로 사용되었으며, 이는 찌꺼기 없이 깨끗한 커피를 마시기 위한 획기적인 시도였다. 이처럼 일정 시간 원두 가루가 물에 잠겨 맛과 향을 우려내는 침지식은 프렌치 프레스(French press)나 콜드 브루(cold brew) 등과 같은 현대 추출 방식의 기본 원리와도 맞닿아 있다. 이 시기를 전후로 유럽 각지에서는 다양한 커피 추출 기구들이 개발되었고, 이를 통해 커피 문화는 더욱 빠르게 확산되었다.

Coffee Pot(1802)

둘, 추출수, 향미를 품는 생명수이다

커피 음료를 완성하기 위해서는 분쇄한 원두, 추출수와 추출 도구가 필수적이다. 특히 추출수는 원두가루 입자 내부로 스며들어 수용성 성분을 녹여, 다시 입자 밖으로 이 성분들을 운반하는 과정을 통해 커피의 향미가 형성되기 때문에 매우 중요한 역할을 한다. 이와 더불어, 추출 도구의 종류와 특성에 따라서도 커피 성분의 추출 양과 질이 크게 달라진다.

커피 추출 과정에서 관찰되는 영향 요인들은 원두의 품질, 로스팅 정도, 분쇄도와 분쇄 과정, 추출수 상태, 추출 방법, 추출 도구의 성능, 개인의 숙련도 및 환경 등 다양하다. 이러한 변수들은 매번 일정하게 유지되지 않으므로, 동일한 추출 조건이라도 그때마다 커피의 맛과 향이 달라질 수밖에 없다. 따라서 이후에 제시될 수치와 기준들은 전문가마다 다소 상이하여, 절대적인 값이 아닌 가이드라인(guideline)으로 이해하는 것이 좋다.

복잡다단한 커피 추출 변수들 중에서도 가장 기본적이면서도 중요한 것이 바로 추출수의 질이다. 커피 추출 과정에서 추출수는 분쇄된 원두 입자와 만나 다양한 수용성 성분을 녹여내는 역할을 한다. 특히 온도가 높은 추출수는 분자 운동이 활발해져 원두가루 속 성분들을 더 효과적으로 용해시키고, 이를 통해 커피의 향미를 풍부하게 만들어준다. 이러한 이유로 스페셜티 커피 업계에서는 추출수의 화학적 성분과 물리적 특성을 꼼꼼히 분석하고, 최상의 추출수를 사용하는 것을 중요한 기준으로 삼고 있다. 추출수는 단순한 매개체를 넘어 커피 맛을 결정짓는 근본적인 변수 중 하나임을 인식해야 한다.

커피 속에 담긴 향미를 최대한 끌어내기 위해서는 추출수의 특성을 정확히 이해하는 것이 필요하다. 이를 위해서는 수질과 밀접하게 관련이 있는 총용존고형물(Total Dissolved Solids, TDS), 수소이온농도(Power of Hydrogen, pH), 알칼리도(alkalinity), 그리고 경도(hardness of water)와 같은 요소들을 꼼꼼히 살펴볼 필요가 있다. 이 지표들은 추출수가 원두가루와 만나 이루는 섬세한 조화를 가늠하게 하며, 맛과 향을 좌우하

추출수의 상호작용, by Reliable barista Team

는 보이지 않는 손길이 된다. 따라서 커피 추출에 쓰이는 추출수에 이들이 얼마나 스며 있는지 이해하는 것은, 단순히 과학적 계산을 넘어 커피 한 잔이 가진 미묘한 감성과 조화를 완성하는 중요한 열쇠라 할 수 있다.

총용존고형물(TDS)은 한 잔의 커피 속에 녹아 있는 고형분의 총량을 의미한다. 즉, 우리가 마시는 커피는 물에 녹아든 수많은 커피 성분들이 만들어내는 농도의 집합체이다. TDS는 이 농도를 수치로 나타내는 지표로, 커피가 얼마나 진하게, 혹은 연하게 추출되었는지를 가늠하게 해준다. 이 수치는 원두가루의 양, 분쇄도, 추출되는 커피의 양, 그라인더의 종류, 커피 머신이 가하는 압력, 그리고 추출 시 물의 온도 등 다양한 요인에 의해 영향을 받는다. 추출된 커피의 총량을 알면 이 TDS[117]값을 보다 정확하게 산출할 수 있다. 예를 들어, 추출된 커피의 양이 100g이고 그 안에 녹아 있는 커피 성분(고형물)의 무게가 1.2g이라면, 이때 TDS는 1.2%가 된다. 즉, 100g의 커피 한 잔에는 1.2%에 해당하는 커피 성분만 존재하며, 나머지는 대부분 물임을 알 수 있다. 결국, TDS 값이 적정 수준까지 높아질수록 커피의 맛은 진하고 풍부해진다고 할 수 있다. 최근에는 굴절계(refractometer)를 사용하여 TDS 수치를 간편하게 측정할 수 있지만, 과거에는 추출한 커피를 계속 끓여 남은 고형분을 무게로 측정하는 전통적인 방식이 사용되었다. TDS 농도는 수치 이상으로, 일정량의 커피를 만들기 위해 사용한 원두가루의 양과 추출된 물의 비율을 함께 고려해야 한다. 많은 원두가루를 넣고 적은 양의 물로 추출하면 농도가 진해지는 것은 당연한 이치이다.

이처럼 TDS는 커피의 '진함'이나 '연함'을 표현하는 중요한 개념이다. 원두가루에 추출수를 부으면, 추출 초기에는 물에 대한 용해도가 높은 고형분들이 빠르게 용출되어 TDS 농도가 높게 나타난다. 그러나 추출 시간이 경과함에 따라 용해되는 고형분의 양이 점차 감소하고 주입되는 물에 의해 희석되면서, 일정 시점 이후로는 TDS 농도가 낮아지는 경향을 보인다. 또한, 이와 별개로 추출되는 맛 성분들의 용출 과정에는 그 차이가 있다. 일반적으로 신맛을 내는 성분들은 추출 초반에 빠르게 용출되며, 이후 단맛과 쓴맛을 내는 성분들이 점차 우러나오는 경향이 있다.

커피의 TDS는 단순히 원두의 특성이나 분쇄도뿐만 아니라, 추출수의 성분과 추출 조건에 의해서도 크게 좌우된다. 그리고 추출수에 요구되는 기본 조건은 무향・무색・무취의 청정함과 적절한 미네랄 함유이다. 물속 미네랄 중 대표적인 양이온(cations)[118]으로는 칼슘 이온(Ca^{2+}), 마그네슘 이온(Mg^{2+}), 나트륨 이온(Na^{+}), 칼륨 이온(K^{+}) 등이 있으며, 이 중 특히 칼슘 이온과 마그네슘 이온이 커피 맛에 큰 영향을 미친다. 다만, 미네랄 함량이 많다고 해서 항상 좋은 커피 결과를 만드는 것은 아니다. 적절한 미네랄 농도는 커피의 신맛, 단맛, 쓴맛 등 미묘한 향미를 살리는 데 기여하지만, 과도한 미네랄 농도는 오히려 부정적인 신맛과 떫은맛을 유발하여 커피의 품질을 떨어뜨릴 수 있다. 스페셜티 커피 협회(SCA)는 커피 추출에 적합한 추출수의 총용존고형물(TDS) 농도를 약 150mg/L로 목표로 하며, 허용 가능한 범위는 75~250mg/L로 제시하고 있다. 이러한 수치는 커피의 맛과 추출 효율을 균형 있게 최적화하는 데 중요한 기준이 된다.

추출수의 또 다른 주요 요소는 그 안에 포함된 불순물의 유무이다. 특히 가정에서 흔히 사용하는 수돗물은 TDS 수치만 놓고 보면 커피 추출에 적합해 보일 수 있으나, 그 속에 포함된 '염소'[119] 성분이 은밀히 커피의 맛을 방해한다. 염소는 강력한 산화제로서 커피 속 섬세한 산미를 무디게 하고, 때로는 불쾌한 냄새를 불러일으키기도 한다. 따라서 수돗물을 바로 사용하는 대신, 용기에 받아 하루 정도 공기 중에 두어 염소가 자연스럽게 휘발되도록 한 이후에 추출수로 활용하는 것이 좋다.

한편, 커피 수율(收率, yield)[120]은 일정량의 원두가루에서 얼마나 많은 커피 성분, 즉 고형물이 추출되었는지를 나타내는 지표이다. 즉, 한 잔의 커피를 완성하기 위해 사용한 원두가루에서 실제로 녹아 나온 커피 맛과 향의 본질적인 물질의 양을 의미한다. 이 수율은 먼저 TDS 값을 측정한 뒤, 이를 바탕으로 계산하여 추출의 효율과 품질을 객관적으로 평가하는 데 활용된다. 예를 들어, 10g의 원두가루에서 2g의 커피 성분(고형물)이 추출되었다면, 이를 백분율로 환산할 때 수율은 20%가 된다. 이는 사용한 원두가루 중 20%가 실제로 커피 음료 속으로 용해되어 나온 것을 의미한다. 이렇게 추출된 커피에 물을 더 첨가하여 희석하더라도 수율 자체는 변하지 않는다. 수율은 원두가루에서 추출된 고형물의 비율을 나타내는 지표로, 추출 이후의 희석 과정과는 별개의 개념이다. SCA는 선호하는 커피 맛을 구현하기 위해, 추출한 커피의 농도는 약 1.15%에서 1.45% 사이, 그리고 수율은 18%에서 22% 사이[121]가 적절하다고 제시하고 있다. 만약 수율이 18% 미만일 경우, 과소 추출(under-extraction)이 발생하여 커피가 산미 위주로 밋밋하거나 덜 우러난 맛을 낼 수 있다. 반면에 수율이 22%를 넘어서면 과다 추출(over-extraction)로 인해 쓴맛이 강해지고 텁텁한 여운이 남을 수 있다. 따라서 18~22%의 범위 내 수율은 커피의 단맛, 산미, 바디감이 조화롭게 어우러져 균형 잡힌 향미를 만들어 내는 데 중요한 기준으로 평가된다. 그러나 궁극적으로 커피 맛에 대한 선호는 각 개인의 취향에 달려 있으므로, 이 수치들은 절대적인 기준이라고 할 수 없다.

커피 추출의 효율을 나타내는 수율만큼이나 중요한 것이 바로 추출수의 산도이다. pH(Power of Hydrogen)[122]는 물의 산성과 알칼리성을 나타내는 척도로, 우리가 흔히 접하는 물질의 산도(acidity)를 수치로 표현한다. 일반적으로 pH가 7보다 낮으면 산성, 7보다 높으면 알칼리성으로 구분하며, 이때 7은 중성에 해당한다. 커피 추출에 사용되는 물의 pH는 중성에 가까울수록 이상적이며, 대체로 6.5에서 7.5 사이가 적합한 범위로 알려져 있다. 커피의 '산'은 단순히 신맛을 주는 성분을 넘어, 커피의 활력과 맛의 균형을 잡아주는 중심축 역할을 한다. 따라서 pH가 지나치게 낮아 추출수가 강한 산성을 띠게 되면, 커피 성분의 용해 과정에 부정적인 영향을 끼쳐 추출이 불균형해지고 쓴맛과 떫은맛이 강해질 수 있다. 반면에 pH가 너무 높아 알칼리성이 강하면, 추출수는 커피를 부드럽게 만들 수 있으나 커피의 복합적이고 미묘한 향미를 추출하는 데는 한계가 있다. 또한, 커피 추출 장비의 내구성과 관리 측면에서도 pH는 매우 중요한 변수이다. 커피 추출수의 산도와 알칼리도는 스케일(limescale, 석회질) 형성과 금속 부식에 영향을 미쳐, 장비의 수명과 성능을 저해한다. 따라서 커피 추출에 적합한 pH 조절은 맛뿐만 아니라 장비 보호와 장기적인 운영 효율성에도 필수적이다.

알칼리도(alkalinity)[123]는 산(acid)을 중화할 수 있는 완충 능력을 의미한다. 이는 물 속에 존재하는 탄산염 및 중탄산염과 같은 무기 탄소 형태로 존재하며, 물의 화학적 특성을 결정짓는 핵심 요소이다. 알칼리도는 pH와 관련이 있지만 동일한 개념은 아니며, pH는 현재 수소 이온 농도를 나타내는 즉각적 지표인 반면, 알칼리도는 pH 변화에 대한 저항성을 나타낸다.스페셜티 커피 업계에서는 알칼리도가 추출수의 초기 pH보다 커피 추출에 더 중요한 요소라고 강조한다. 알칼리도는 커피에서 추출되는 산을 어느 정도까지 중화할 수 있는지를 결정하므로, 감각적으로 인지되는 산미에 직접 영향을 준다. 커피에 적합한 알칼리도는 탄산칼슘($CaCO_3$) 기준으로 약 40ppm 정도이며, 허용 가능한 범위는 40~75ppm이다. 알칼리도가 지나치게 높으면 추출수의 완충 능력이 과도하게 커지고, 커피의 유기산이 부분적으로 중화되어 산미가 둔해지고 맛이 단조롭게 느껴질 수 있다. 반대로 알칼리도가 너무 낮으면 추출수의 완충 작용이 부족해 커피의 산 성분이 그대로 드러나 산미가 과도하게 날카롭게 표현될 수 있다. SCA에 의하면, 특히 에스프레소에서는 짧은 추출 시간과 높은 농도 때문에 추출수의 알칼리도가 최종 산도에 더 큰 영향을 미친다고 설명하고 있다. 이는 추출수의 완충 능력이 상대적으로 적은 양의 추출수 속에서 빠르게 작용하기 때문이다.

결과적으로 커피 음료의 최종 pH는 추출 과정에서 형성되는 지표이며, 이는 주로 추출수의 알칼리도(완충 능력) 와 커피 자체의 산 함량에 의해 결정된다. 이때 pH의 절대값보다 알칼리도의 완충 성질이 커피의 산미 균형과 감각적 품질에 더 큰 영향을 끼친다.

물의 경도(hardness of water)는 물속에 포함된 칼슘(Ca^{2+})과 마그네슘(Mg^{2+}) 같은 2가 양이온의 양에 의해 결정된다. 경도가 높다는 것은 이러한 이온이 많이 함유되어 있다는 의미다. 경도는 크게 탄산경도와 비탄산경도로 나눌 수 있다. 탄산경도는 칼슘이나 마그네슘 이온이 중탄산염[124]과 결합해 물속에 용해된 형태를 말하며, 끓이면 제거되기 때문에 '일시경도'라고 부른다. 반대로 비탄산경도는 칼슘이나 마그네슘 이온이 황산이온이나 염산이온과 결합한 것으로, 열을 가해도 잘 없어지지 않아 '영구경도'라고 한다.

물은 경도 수치에 따라 연수(soft water), 중간 경도의 물(moderately hard water), 경수(hard water)로 나눌 수 있다. 연수는 대체로 경수보다 pH가 낮은 경향을 보일 수 있지만, 경도와 pH가 반드시 비례하는 것은 아니다. 연수는 미네랄 함량이 낮아 커피의 산미나 향이 비교적 선명하게 드러나는 경향이 있다. 그러나 미네랄 구성에 따라 추출 수율이 낮아질 수 있어, 많은 양의 추출수를 사용할 경우 풍미가 약하게 느껴질 수 있다. 반대로 경도와 미네랄 함량이 높은 추출수는 칼슘・마그네슘 이온이 추출 과정에 영향을 주어 산미의 표현을 제한하거나 일부 성분의 용해 특성을 변화시킬 수 있다. 또한, 경도가 높은 추출수는 고온 환경에서 탄산염 침전을 일으켜 커피 머신 내부에 석회질을 형성할 가능성이 크다.

SCA에서 권장하는 커피 추출에 적합한 물의 경도 범위는 50~175mg/L이다. 특히 칼슘 경도는 17~85mg/L 범위가 추출 균형과 장비 관리 측면에서 적절한 수준으로 제시된다. 이러한 범위는 커피의 산미, 단맛, 바디감, 후미 등이 과도하게 왜곡되지 않도록 하면서 추출 효율을 안정적으로 유지하기 위한 실무적 기준이다.

결국, 커피 한 잔 속에서 느껴지는 산미와 바디감, 그리고 향의 섬세한 층위는 단순히 원두에서만 비롯되는 것이 아니다. 그것은 우려내는 물, 즉 추출수의 성질에 따라 커피는 전혀 다른 얼굴을 보여준다. 연수(soft water)는 부드럽고 온화하다. 칼슘과 마그네슘 같은 미네랄이 적어 경도가 낮고, 산성에 가까운 성질을 띤다. 이러한 물로 커피를 추출하면, 커피 속 유기산이 더욱 도드라져 산미가 밝고 선명하게 살아난다. 동시에 원두가 지닌 향의 세밀한 층위가 눈에 띄게 드러나며, 가벼운 질감과 섬세한 향미를 경험할 수 있다. 하지만 추출 시간을 지나치게 길게 잡거나 추출수를 과하게 사용하면, 그 맑은 향미가 흐려지고 커피의 성질이 희미해질 수 있다. 반대로 경수(hard water)는 힘이 있고 묵직하다. 미네랄이 풍부하여 경도가 높고, 알칼리성 성향을 띤다. 이 물로 추출한 커피는 바디감이 풍부하고 입안 가득한 감촉이 살아난다. 그러나 과도한 미네랄은 커피의 과일향과 섬세한 산미를 억누르고, 쓴맛과 떫은맛을 강조해 향미의 균형을 흐릴 수 있다.

한편, 커피 추출수의 온도 역시 우리가 경험하는 커피의 맛과 향, 그리고 질감에 직접적인 영향을 준다. 추출수 온도가 지나치게 높으면 고형물이 과도하게 용출되어 쓴맛과 떫은맛이 강해지고 균형이 무너지며, 반대로 지나치게 낮은 온도에서는 원하는 향미 성분이 충분히 추출되지 않아 맛이 얇고 흐릿해진다. 추출 방식과 원두의 로스팅 정도에 따라 약간의 차이는 있지만, 에스프레소의 경우 90~96°C 범위의 물을 사용할 때 가장 균형 잡히고 풍부한 향미를 얻을 수 있다. 에스프레소, 핸드드립, 프렌치프레스 등과 같은 추출 방식에서, 추출수의 온도는 수백 가지 화합물을 컵 안으로 끌어내는 핵심 요소이다. 추출수 온도의 설정에 따라 커피는 단순한 쓴맛이나 각성 효과를 넘어 서로 다른 화합물의 조합으로 풍부한 향미 스펙트럼을 보여준다. 반면, 찬물을 사용해 오랜 시간 동안 천천히 우려내는 콜드 브루(cold brew)는 전혀 다른 양상을 띤다. 낮은 온도에서는 용출 속도가 현저히 느려지므로, 동일한 농도를 얻기 위해 더 많은 원두가루를 사용하거나 추출 시간을 크게 늘려야 한다. 그 결과 산미가 현저히 부드러워지고 떫은맛과 쓴맛이 억제되며, 커피 고유의 단맛과 깊은 바디감이 두드러지는 독특한 풍미 프로필(flavor profile)이 형성된다.

커피 추출을 과학적으로 조절하기 위해, SCA가 교육 및 표준 제정으로 사용하는 커피 브루잉 컨트롤 차트(Classic Coffee Brewing Control Chart)[125]를 활용하였다. 이 차트는 추출 수율과 TDS(농도)를 두 축으로 배치하여, 커피가 과소 추출되거나 과다 추출되는 지점을 시각적으로 파악하도록 설계되어 있다. 중앙의 직사각형 영역은 SCA가 제시하는 이상적 추출 범위로, 이 구간의 커피는 일반적으로 균형 잡힌 향미와 안정된 농도를 지닌다.

한편, 2019년에 개정된 최신 버전은 기존 클래식 차트에서 사용되던 '쓴맛(bitter),' '신맛(acidic),' '밋밋함(flat)' 같은 감각적 용어들을 제거하였다. 이는 감각 묘사가 주관적이고 문화적 편차가 크다는 점을 고려하여, 차트가 감각 평가 도구가 아니라 추출 변수의 관계를 정량화한 기술적 차트라는 목적을 더욱 분명히 하기 위해서이다. 따라서 최신 차트는 감각적 영역 대신, '과소 추출(underextracted),' '과다 추출(overextracted),' '약한 농도(weak),' '강한 농도(strong)'과 같은 기술적·객관적 표기만을 사용한다. 또한 차트 위의 대각선들은 커피와 물의 비율을 나타내며, 이 비율의 변화에 따라 TDS와 추출 수율이 일정한 관계로 움직인다는 점을 보여준다. 즉, 차트 전체는 브루잉 비율·농도·추출 수율이 서로 수학적으로 연결되어 있다는 사실을 시각적으로 표현한 구조이다. 결국, 최신 브루잉 컨트롤 차트는 과거의 감각 중심 분류를 배제하고, 정량적 데이터와 기술적 지표만으로 구성된 과학적 추출 모델로 정비되었다. 이 차트에서 말하는 '추출 정도'는 추출 수율(extraction yield)을 의미하며, TDS(농도)와 함께 커피의 향미 균형을 평가하는 핵심 지표로 사용된다.

한 잔의 커피는 원두가루와 추출수, 온도와 시간, 그리고 섬세한 과학적 조절이 만나 만들어낸 작은 예술이다. 커피 추출수 한 방울이 원두 속 성분을 어떻게 끌어내느냐에 따라, 컵 안에서 경험하는 커피의 맛과 향, 질감은 매번 달라진다.

Classic Coffee Brewing Control Chart

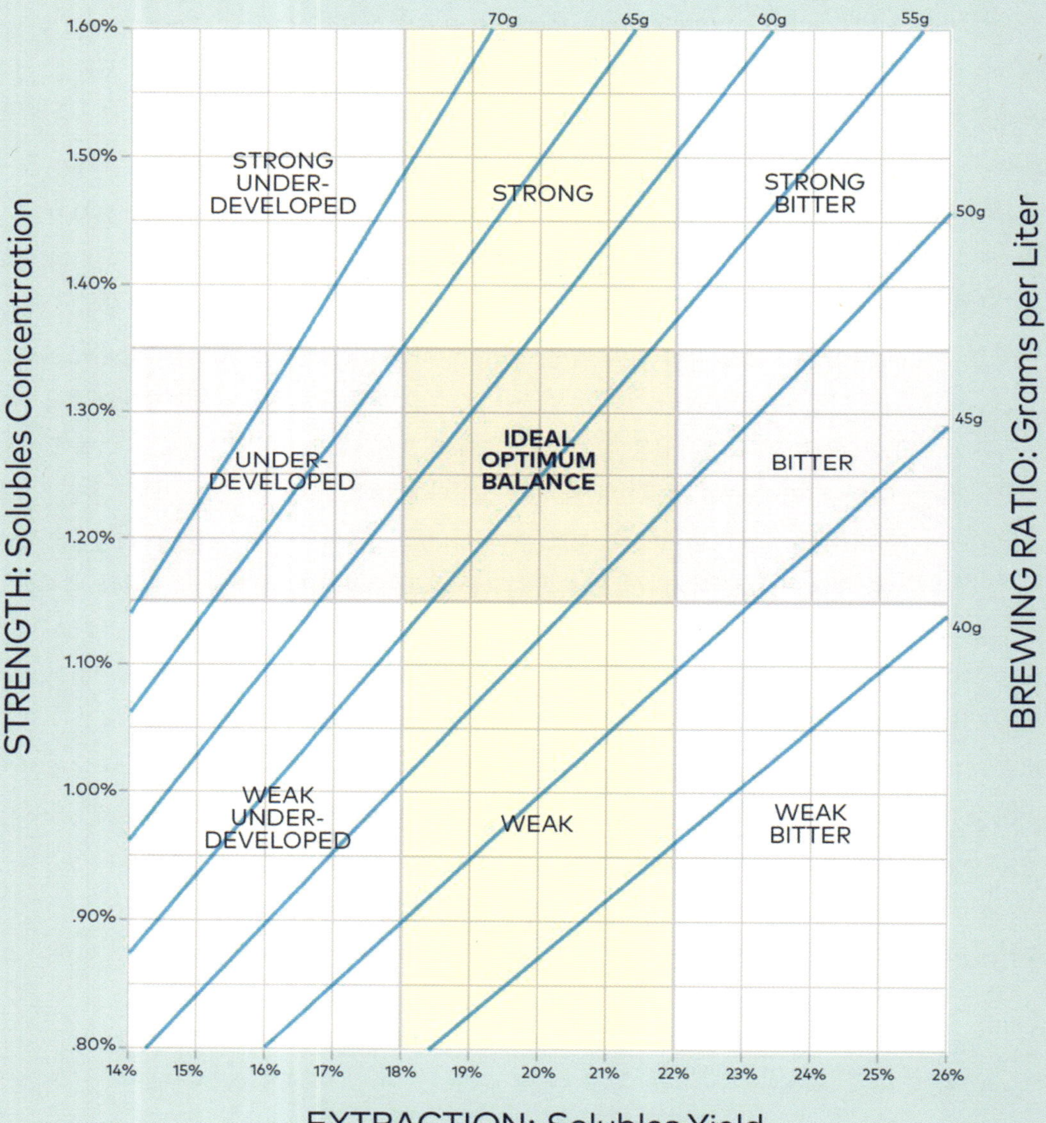

by SCA

Coffee Brewing Control Chart

Coffee to Water Ratio, by Weight.
(oz:oz or g:g; 1 L = 963g at 93°C)

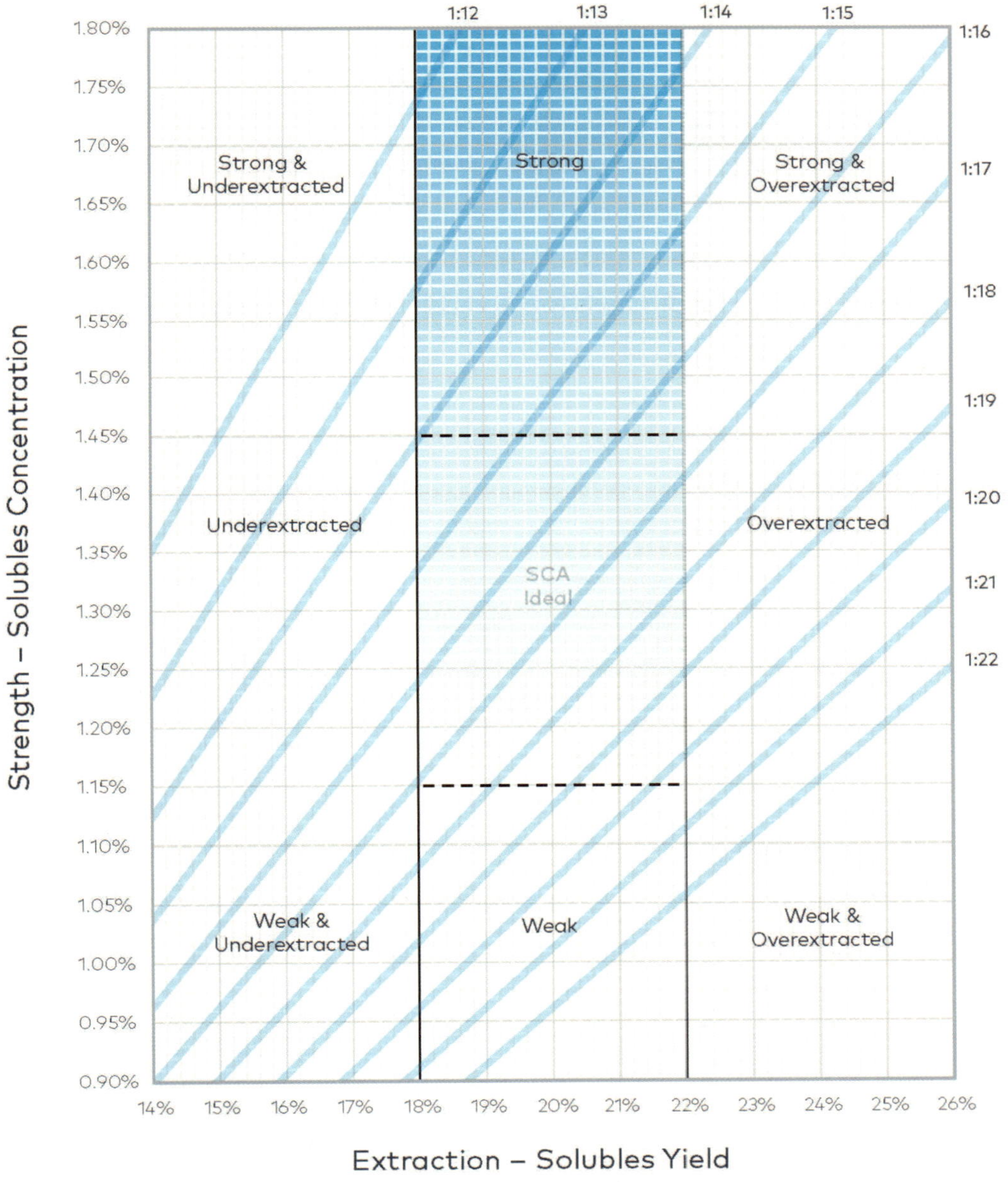

1:12
1:13
1:14
1:15
1:16
1:17
1:18
1:19
1:20
1:21
1:22

Strong & Underextracted

Strong

Strong & Overextracted

Underextracted

SCA Ideal

Overextracted

Weak & Underextracted

Weak

Weak & Overextracted

Strength – Solubles Concentration

1.80%
1.75%
1.70%
1.65%
1.60%
1.55%
1.50%
1.45%
1.40%
1.35%
1.30%
1.25%
1.20%
1.15%
1.10%
1.05%
1.00%
0.95%
0.90%

14% 15% 16% 17% 18% 19% 20% 21% 22% 23% 24% 25% 26%

Extraction – Solubles Yield

by SCA

셋, 여과와 침투의 미학을 만나다

지금까지 커피 추출 방식은 오랜 시간에 걸쳐 많은 발전을 거듭해왔다. 초기에는 커피 열매를 그대로 끓여 약처럼 마시는 원시적인 방식이었다. 이후 볶은 원두를 빻아 물에 넣고 끓이는 달임식(decoction brewing)이 등장하였고, 이어서 원두가루를 물에 담가 일정 시간 우려내는 침지식(immersion brewing)[126]으로 발전하였다. 이후 종이 필터에 원두가루를 넣고 추출수를 통과시키는 여과식(filter brewing)[127]과 압력을 이용해 커피 성분을 뽑아내는 가압 추출(pressurized brewing) 방식이 개발되어 오늘날 널리 사용되고 있다.

'달임식'은 분쇄한 원두를 물과 함께 끓여 커피의 향미 성분을 추출하는 가장 원초적인 방식이다. 현대적인 커피 추출법이 등장하기 전까지, 이 단순하지만 강력한 방식은 사람들에게 커피를 즐기는 주요한 길을 열어주었다. 물과 불, 그리고 원두가루가 담긴 주전자만 있으면 누구나 커피를 만들어낼 수 있었기에, 달임식은 그 접근성과 즉각적인 만족감 때문에 널리 사용되었다. 달임식 커피의 가장 대표적인 사례는 터키쉬 커피(Turkish coffee)[128]로, 오스만 제국(현 튀르키예)에서 시작되어 프랑스를 거쳐 서유럽 전역으로 전파되었다. 이 과정에서 커피는 사람들의 일상과 사교, 문화 속으로 깊숙이 스며들었다. 끓이는 과정에서 생기는 커피의 진한 맛과 향은 당시 사람들에게 새로운 감각적 경험을 제공했으며, 커피를 둘러싼 문화적 교류와 사회적 관계 형성에도 큰 역할을 했다.

그리고, 흔히 '침출식'이라고도 불리는 '침지식' 방식은 분쇄된 원두를 일정 시간 동안 뜨거운 혹은 차가운 추출수에 담가 커피 성분을 천천히 우려내는 방법이다. 이 과정에서 투입된 물은 커피 입자 속으로 스며들어 수용성 성분을 녹여내며, 추출이 끝날 때까지 원두가루와 계속 접촉한다. 침지식에서는 원두가루가 추출수 속에서 잠긴 채로 온화하게 성분을 내어주므로, 커피의 개성과 품질이 직접적으로 드러난다. 저압에서 느리게 이루어지는 이 추출 방식은 커피가 지닌 섬세한 향미를 세밀하게 표현

THE EVOLUTION O OF
COFFEE MACHINE
COFFEE MACHINES
FRENCH
FRENCH
ITALIAN

할 수 있다는 장점을 지닌다. 그러나 별도의 여과 장치를 사용하지 않으면, 커피 입자와 오일이 그대로 남아 커피의 텍스처(texture, 질감)와 향미가 일부 흐려질 수 있다. 침지식 추출은 단순히 커피 맛과 향을 뽑는 행위를 넘어 원두의 개성을 경험하게 해주는 과정으로 평가된다. 대표적으로는 프렌치 프레스(French press)[129]가 있으며, 현대 스페셜티 커피 문화에서는 이 방식을 통해 원두의 미묘한 특성을 섬세하게 느낄 수 있도록 강조하고 있다.

'드립식(drip brewing)'이라고도 불리는 '여과식' 추출 방식은 분쇄된 원두를 종이, 천, 또는 금속 필터에 담고 추출수를 부어 중력의 힘으로 커피 성분을 우려내는 방법이다. 여과식은 새로운 추출수가 지속적으로 원두가루층을 통과하면서 성분이 단계적으로 녹아 나오므로 추출 수율이 높아지고, 불필요한 오일과 미세 입자가 효과적으로 걸러져 결과물이 깔끔하고 투명한 맛을 낸다. 이 방식은 맛과 향의 윤곽이 또렷하고 정제된 느낌을 주며, 커피가 가진 미묘한 향미의 층을 섬세하게 드러낸다. 대표적으로 핸드 드립(hand drip)[130]과 푸어오버(pour-over) 방식으로, 현재 스페셜티 커피 업계에서는 이 방법을 통해 산미 · 단맛 · 바디감의 균형을 자유롭게 조절할 수 있어 가장 널리 사랑받고 있다.

한편, 가압식 추출은 분쇄한 원두에 고온의 물을 높은 압력으로 통과시켜 짧은 시간 안에 진하고 풍부한 커피를 얻는 방식이다. 대표적인 커피가 에스프레소(espresso)[131]이다. 에스프레소 머신은 원두가루에 뜨거운 물과 압력을 가해 단 몇십 초 만에 소량의 진한 커피를 추출한다. 또 다른 방식으로는 모카 포트(Moka pot)[132]가 있으며, 이는 포트 하단에 물을 넣고 상단에는 원두가루를 담아 불 위에 올려, 끓는 물에서 발생하는 수증기의 압력으로 커피를 추출하는 소형 가압식 기구이다. 이처럼 가압식은 커피의 향미와 바디감을 짧은 시간에 집중적으로 끌어내는 특징을 가지고 있다.

이렇듯 각기 다른 추출 방식은 저마다의 개성과 장점을 지니며, 이를 구현하는 도구들도 그만큼 다채롭다. 오늘날 우리는 카페의 상업용 대형 장비부터 가정에서 손쉽게 쓸 수 있는 소형 기기에 이르기까지 무수히 많은 선택지를 마주한다. 이 도구들은 단순히 물과 원두가루를 섞는 기계가 아니라, 원두가 가진 향미를 섬세하게 조율하고 드러내는 정교한 도구들이다. 흔히 커피 머신(coffee machine), 커피 메이커(coffee maker), 커피 브루어(coffee brewer)라 불리지만, 기능과 추구하는 맛의 방향에 따라 미

Cezve

묘하게 구분된다. 결국, 커피 추출 도구는 기술을 넘어 취향과 철학이 담기는 매개체이다. 어떤 도구를 선택하느냐에 따라 커피는 전혀 다른 얼굴을 보여 준다.

달임식 커피를 만드는 제즈베(cezve)[133]와 이브릭(ibrik)은 모두 튀르키예와 중동 지역에서 오랜 전통을 지닌 커피 도구이다. 제즈베는 처음부터 커피를 끓이는 용도로 개발된 도구로, 긴 손잡이와 비교적 넓은 바닥, 위쪽으로 좁아지는 모양이 특징이다. 이러한 구조는 물과 원두가루를 함께 끓일 때 효율적으로 사용할 수 있게 설계되었다. 한편 이브릭은 원래 물을 붓기 위한 주전자를 의미했지만, 유럽인들이 '제즈베'라는 단어를 발음하기 어렵다고 느끼면서 이브릭을 포괄적인 명칭으로 사용하기 시작해 두 용어가 혼용되었다.

이처럼 그 형태와 사용 목적에는 다소 차이가 있었으나, 현대에는 두 이름이 같은 범주 안에서 사용되기도 한다. 제즈베와 이브릭 모두 주로 금속으로 제작되며, 특히 구리나 황동에 주석 코팅을 더한 재질이 많이 사용된다. 이러한 금속 재질은 빠른 가열과 일정한 열 유지 속성을 제공하여 커피의 풍미 형성에 중요한 역할을 한다. 달임식 방식의 커피 추출은 이러한 전통적 도구와 열 전달 특성의 조합에 의해 수세기 동안 지속되어 왔으며, 오늘날에도 다양한 문화적 맥락에서 활용되고 있다.

오늘날, 이러한 전통 방식은 전기 터키쉬 커피 메이커(Turkish coffee maker)로 재현하면서, 세계 어디서든 터키식 커피의 문화와 역사를 경험할 수 있다. 달임식 커피 한잔은 그저 마시는 것이 아니라, 천천히 끓어오르는 거품 위에 수백 년의 대화와 여유, 그리고 삶의 온기를 담아 건네는 하나의 의식과 같다.

침지식 추출 방식의 대표적인 도구는 프렌치 프레스(French press)[134]이다. 프렌치 프레스는 프랑스에서 개발해 덴마크의 보덤(Bodum)사가 상업화하며 '프렌치 프레스'라는 이름으로 널리 알려지게 되었으며 사용법은 간단하다. 주전자처럼 생긴 몸체에 뜨거운 추출수와 원두가루를 담고, 잠시 기다린 후 플런저(plunger)를 눌러 원두가루를 바닥으로 내린다. 이렇게 추출된 커피는 원두의 향미가 직접적으로 살아 있고, 로스팅 특성이 잘 드러난다. 프렌치 프레스는 가격이 비교적 저렴하고 추출이 간편하며, 청소와 관리가 쉬워 가정용으로도 인기가 높다. 필터는 금속 망으로 되어 있어 아주 미세한 원두 입자가 일부 포함되지만, 이것이 커피에 풍부한 질감과 묵직함을 더해주기도 한다. 일반적으로 프렌치 프레스는 추출수와 원두가루를 담는 몸체(비커, beaker), 그리고 뚜껑과 필터가 결합된 플런저로 구성된다. 이 단순한 구조 속에서 사용자는 원두 본연의 맛과 향, 그리고 커피의 질감을 감각적으로 체험할 수 있다.

Cezve

French Press, by KoeppiK

French Press, by KoeppiK

French Press

드립식 원리로 차가운 추출수를 사용하는 방식이 바로 콜드 브루(cold brew)이다. 원두가루와 추출수를 담을 수 있는 용기와 거름망 같은 간단한 도구만으로 추출이 가능하다. 긴 시간을 들여 부드럽게 커피의 향미를 끌어내는 것이 특징이다. 그 결과 산미와 떫은맛은 낮고, 단맛과 감미로운 향미가 강조된다. 복잡한 기구 없이 가정에서도 손쉽게 만들 수 있다는 것이 큰 장점이다. 보다 정밀한 커피 추출을 원한다면 콜드 드립(cold drip)방식이 있다. 이 도구는 콜드 드립 타워(cold drip tower), 서버(server),[135] 아이스 드립퍼(ice dripper), 워터 드리퍼(water dripper) 등으로 구성되어 있다. 한 방울씩 떨어뜨리는 드립 타워를 사용하면 추출 속도와 온도를 미세하게 제어할 수 있어, 투명하고 향이 풍부하며 섬세한 층(layer)이 살아 있는 고급 콜드 브루를 얻을 수 있다.

침지와 여과의 성격을 모두 지닌 추출 방식으로는 사이폰(syphon)[136]이 있다. 사이폰은 본질적으로 일정 시간 동안 원두가루와 추출수를 접촉시키는 침지식이지만, 추출 후 필터를 통해 커피 찌꺼기를 걸러내므로 여과식으로 분류된다. 사이폰 기구는 하부 플라스크(flask), 상부 호퍼(hopper), 진공관, 열원 등으로 구성되며, 알코올 버너(alcohol burner)나 전기 히터가 열원으로 사용된다. 가열된 추출수는 진공 작용으로 상부 플라스크로 이동해 원두가루와 만나고, 추출이 끝나면 다시 하부로 내려오면서 필터를 통과해 맑은 커피가 완성된다. 이 과정 덕분에 사이폰 커피는 맑고 섬세한 맛을 제공하며, 시각적으로도 추출 과정 자체가 하나의 의식처럼 즐거움을 준다.

여과식 커피 추출 방식은 필터가 반드시 필요하다. 핸드 드립 도구로는 드리퍼(dripper),[137] 드립 서버(drip server), 필터(filter), 드립 포트(drip pot) 등이 있다. 특히 드리퍼는 커피 추출에서 핵심적인 역할을 하므로, 재질과 형태에 따라 추출되는 커피 맛이 미묘하게 달라진다. 드리퍼의 대표적인 유형으로는 멜리타(Melitta),[138] 칼리타(Kalita),[139] 고노(Kono),[140] 하리오(Hario)[141] 등이 있으며, 드리퍼와 드립 서버가 하나로 연결된 일체형 도구인 케맥스(Chemex) 또한 널리 사용된다. 필터는 주로 페이퍼(paper) 필터를 사용하지만, 세탁해 재사용할 수 있는 천(flannel) 필터도 있다. 이러한 도구들은 구조가 단순하고 가격이 저렴하며, 직관적으로 사용할 수 있어 가정에서도 쉽게 활용된다. 자동 드립 커피 머신은 원두가루와 추출수만 넣고 버튼만 누르면 매번 일정한 맛을 내 주어 가장 편리한 장비로 사용된다.

한편, 침지식과 가압식의 특성을 결합한 복합형 도구로는 에어로프레스(Aeropress)[142]가 있다. 일정 시간 원두가루를 물에 담근 뒤, 플런저(plunger)를 눌러 압력을 가해 필터를 통과시키는 방식이다. 이 도구는 체임버(chamber), 플런저(plunger), 필터(filter), 필터 바스켓(filter basket) 등 간단한 구조를 지녔으며, 추출 변수(시간, 압력, 물과 원두가루 비율)를 조절해 다양한 향미를 표현할 수 있다. 덕분에 가정이나 소규모 카페에서 유연하게 활용된다.

Melitta Dripper

Melitta Dripper

Kalita Dripper

Kono Dripper

Hario Dripper

Chemex Dripper

오늘날 전 세계에서 상업용으로 가장 널리 쓰이는 추출 방식은 단연 가압식, 그중에서도 에스프레소 머신이 절대적 중심에 있다. 초기 증기식 머신을 거쳐 1940~1950년대 스프링 피스톤 레버 머신이 등장했다. 그리고 1961년 이후부터는 전동 펌프가 최적의 안정적인 압력(9 bar)을 제공하게 되었다. 이로 인해 불과 25~30초 만에 진하고 농밀한 바디감에 황금빛 크레마가 풍성하게 올라오는 한 잔을 언제나 일정하게 뽑아낼 수 있게 되었다. 기술의 발전은 압력·온도·유량을 초 단위로 정밀 제어할 수 있게 만들었고, 그 결과 에스프레소는 현대 커피 문화의 기준이자 중심축이 되었다.

에스프레소 머신은 일반적으로 완전 자동식(super-automatic espresso machine), 자동식(automatic espresso machine), 반자동식(semi-automatic espresso machine), 수동식(manual espresso machine)으로 나뉜다. 완전 자동식은 원두를 분쇄하고 추출수의 온도와 압력까지 적절히 조절하여 커피를 추출하는 전 과정을 버튼 하나로 수행할 수 있다. 스타벅스와 같은 대형 커피 체인에서는 듀얼 보일러 시스템을 갖춘 완전 자동 머신을 사용한다. 이로써 바리스타의 숙련도와 관계없이 균일한 품질의 음료를 신속하게 제공함으로써 매장 운영 효율과 고객 만족도를 높인다. 자동식 머신은 추출 과정 대부분이 자동으로 이루어지지만, 원두 분쇄나 탬핑과 같은 일부 과정은 수동으로 조작해야 한다. 반자동식은 원두를 분쇄하여 포터필터(portafilter)[143]에 담고, 도징(dosing)[144]을 한 이후 담긴 원두가루를 평평하게 레벨링(leveling)하는 작업과 탬퍼(tamper)를 이용해 탬핑(tamping)[145]을 하여 커피 머신에 장착하는 과정을 수작업으로 한다. 반자동식은 세밀한 맛 조절이 가능하여 상업용으로 널리 사용되며, 일반적으로 에스프레소 머신이라 하면 반자동식을 의미하는 경우가 많다. 수동식 머신은 추출 과정의 모든 단계를 사용자가 직접 조절해야 한다. 추출수를 통과시키는 압력까지도 제어해야 하고 추출 시간이 길지만, 숙련된 바리스타에게는 커피 맛을 극대화할 수 있는 도구가 될 수 있다.

✣ 완전 자동식

- 특징: 원두 분쇄, 추출수 온도·압력 조절, 추출, 배출까지 버튼 하나로 완성
- 장점: 추출 일관성 뛰어남, 빠른 추출, 바리스타 숙련도 불필요
- 단점: 가격이 비쌈, 세밀한 맛 조절 어려움
- 활용: 스타벅스 등 대형 체인

✣ 자동식

- 특징: 추출 과정 대부분 자동, 일부 과정 수동
- 장점: 일관성 유지 가능, 부분적 조절 가능
- 단점: 탬핑 · 도징 등 일부 수동 필요
- 활용: 소규모 카페, 거의 사용되지 않음

✣ 반자동식

- 특징: 원두 분쇄, 도징, 레벨링, 탬핑, 머신 제어, 추출 시작 / 멈춤 등을 수작업
- 장점: 세밀한 맛 조절 가능, 상업용으로 널리 사용
- 단점: 바리스타 숙련 필요, 추출 과정 일부 수동
- 활용: 일반 카페, 상업용 표준 머신

✣ 수동식

- 특징: 모든 추출 과정과 압력 조절까지도 수작업
- 장점: 커피 맛 극대화 가능, 바리스타 창의성 발휘
- 단점: 사용법 복잡, 추출 시간 길음
- 활용: 커피 애호가, 실험적 바리스타

에스프레소 머신의 핵심 기능은 스티밍(steaming)과 적정 온도의 추출수를 이용하여 커피를 빠르게 추출하는 것이다. 이러한 머신은 외부 구조와 내부 구조로 나뉘며, 모델마다 주요 부품의 명칭과 기능이 조금씩 다를 수 있다. 특히 보일러의 종류에 따라 추출 방식과 스팀 생성 방식이 달라진다. 열교환식(Heat Exchanger, HX)[146] 보일러를 사용하는 머신은 하나의 스팀 보일러 내부에 열교환 튜브를 장착하여 통과하는 추출수가 가열되고 그룹 헤드로 공급된다. 이를 통해 커피 추출과 스팀 사용을 동시에 가능하게 하며, 스팀 보일러 용량이 큰 만큼 우유 기반 에스프레소 음료를 빠르게 만들 수 있다. 다만, 장시간 추출하지 않을 시, 내부 추출수 온도가 의도한 온도보다 높아질 수 있다. 따라서 추출 전에 '쿨링 플러쉬(cooling flush)' 과정을 통해 그룹 헤드와 튜브 내부의 추출수 온도를 안정화시켜야 균형 잡힌 커피 추출이 가능하다.

에스프레소 머신의 외부 구조는 사용자가 직접 접하고 조작하는 부분으로 이루어져 있다. 포터필터를 장착하는 그룹 헤드(group head), 추출 시작과 조절 버튼, 스티밍용 완드(steam wand), 추출구(dispenser) 등 시각적 · 촉각적으로 확인할 수 있는 모든

부분이 포함된다. 이러한 외부 구조는 단순한 기계의 외관이 아니라 바리스타가 커피를 다루는 경험과 직결되는 인터페이스(interface) 역할을 한다. 포터필터를 통해 원두가루를 담고 탬핑하여 추출 과정을 조절함으로써 커피의 농도, 향미, 질감을 세밀하게 제어할 수 있다. 그 주요 명칭과 기능을 하나씩 들여다보면 다음과 같다.

- **포터필터**(portafilter): 분쇄한 원두를 담는 필터 홀더(holder)로써 바스켓(basket)과 손잡이(handle) 등으로 구성되어 있다. 바스켓 내부에 담긴 원두가루를 머신에 장착해 추출할 수 있도록 해주며, 이때 바스켓은 필터 역할을 한다.

Portafilter

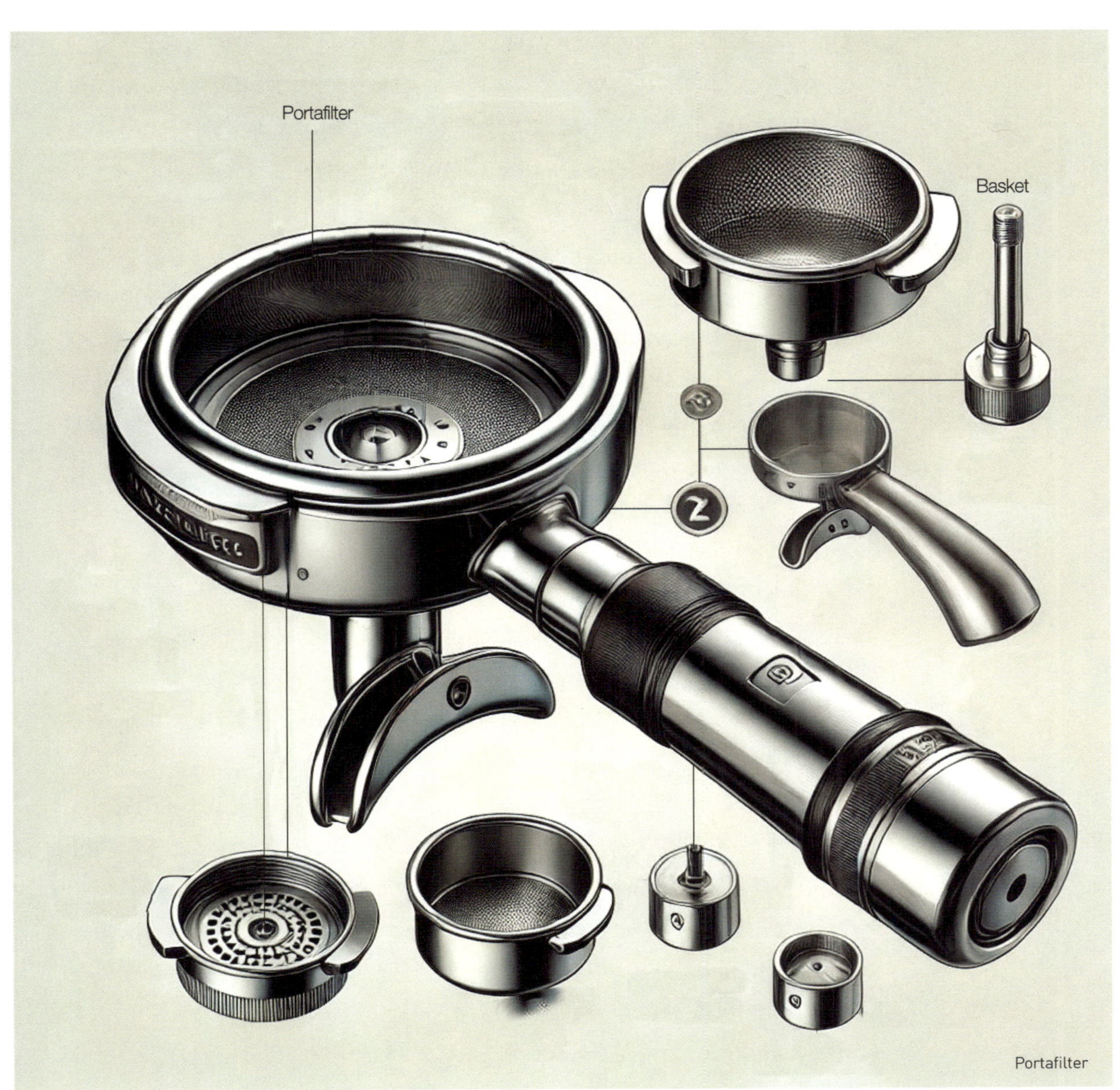
Portafilter
Basket
Portafilter

- ✤ **그룹 헤드**(group head): 에스프레소 머신에서 포터필터를 장착하는 핵심 부분이며, 보일러에서 가열된 뜨거운 추출수가 포터필터 안의 원두가루를 통과하고 커피를 추출하게 하는 역할을 한다. 내부에는 추출 압력이 새는 것을 막아주는 개스킷(gasket)과 추출수가 균일하게 분포되도록 돕는 샤워 스크린(shower screen)이 장착되어 있다. 압력과 유량이 일정하게 유지되도록 하며 원두 입자 전체에 고르게 접촉하게 하여 채널링(channeling)을 방지하고 균일하고 풍부한 맛의 에스프레소 추출을 가능하게 한다.
- ✤ **압력 게이지**(pressure gauge): 일반적으로 에스프레소 머신에는 두 개의 압력 게이지가 있다. 하나는 보일러 내부의 압력을, 다른 하나는 추출 시 포터필터에 가해지는 펌프 압력을 표시한다. 만약 추출 압력이 지나치게 높게 나타나면 원두 분쇄도가 너무 곱거나 탬핑이 지나치게 센 경우일 수 있다. 그리고 반대로 낮으면 원두 분쇄도가 너무 굵거나 도징량 등이 부족할 수 있음을 알 수 있다.
- ✤ **스팀 완드**(steam wand): 커피 종류 가운데 라떼, 카푸치노 등 우유 기반 음료를 만들기 위해 증기를 분사하는 파이프 형태의 장치이다. 끝부분에 스팀이 나오는 노즐(nozzle)이 부착되어 있어 우유를 가열하고 거품을 만든다.
- ✤ **온수 노즐**(hot water dispenser): 스팀 보일러 내부에서 가열된 뜨거운 물을 직접 사용할 수 있는 노즐로, 차(tea)나 아메리카노(americano) 등 다양한 음료를 만들 때 활용된다.
- ✤ **드립 트레이**(drip tray): 그룹 헤드 아래에 위치하고 있으며, 추출 시 커피와 물이 넘치거나 흘러내리는 것을 받아주는 배수용 트레이(tray)이다.
- ✤ **컵 워머**(cup warmer): 에스프레소 머신 상단부에 위치하며, 보일러에서 전달되는 열을 활용해 컵을 따뜻하게 유지한다. 이를 통해 추출된 커피가 식는 것을 막아주고, 최적의 온도로 맛과 향을 즐길 수 있도록 돕는다.
- ✤ **추출 버튼 채널**(volumetic buttons): 싱글 샷(single shot), 더블 샷(double shot) 등 다양한 추출량을 미리 설정할 수 있는 버튼으로, 사용자가 선택한 설정에 따라 자동으로 커피를 추출할 수 있다.
- ✤ **전원 스위치**(main power switch): 에스프레소 머신에 전원을 공급하거나 차단하는 핵심 장치로, 커피 머신의 작동 시작과 종료를 제어한다.

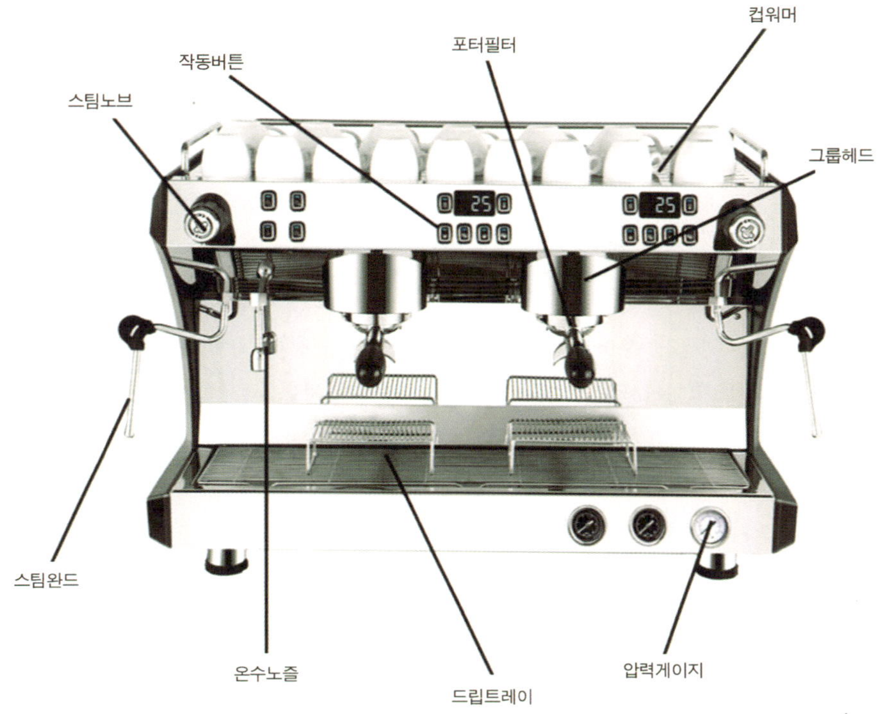

Espresso Machine External Parts

Espresso Machine

한편, 에스프레소 머신의 내부 구조로는 모터 펌프(motor pump), 분배기(distributor), 역류 방지 밸브(non-return valve) 등과 같은 커피 추출과 스티밍에 필요한 핵심 장치들이 포함되어 있다.

- ✣ **모터 펌프**(motor pump): 에스프레소 머신의 핵심 장치로 모터와 펌프로 이루어져 있으며, 추출수의 압력을 높여주는 역할을 한다. 커피 머신에 추출수가 유입되면 먼저 모터 펌프로 연결되고, 머신에 따라 다르나 전원을 누르면 "윙"하는 소리가 날 수 있다. 펌프는 추출수가 들어오는 인입구와 나가는 토출구로 되어 있다. 펌프는 추출수가 유입되면 회전 등을 통해 압력을 만들어 토출구로 보낸다.
- ✣ **분배기**(distributor): 필요한 물을 커피 추출을 위한 공간과 스팀을 위한 공간으로 분배하는 장치이다. 추출수와 스팀의 혼합을 방지해 주며, 추출과 스팀 작업이 동시에 가능하도록 돕는다.
- ✣ **역류 방지 밸브**(non-return valve): 머신 시스템 내에서 물이 거꾸로 흐르는 것을 막아 안정적인 작동을 돕는 장치이다. 이를 통해 추출수와 스팀의 흐름이 의도한 방향으로만 유지되어, 머신의 내부 시스템과 커피 추출 과정 모두가 안정적으로 이루어질 수 있다.
- ✣ **과수압 방지 밸브**(expansion valve): 일반적으로 보일러 내부의 수압이 초과할 때 초과 압력을 배출하여, 항상 적정한 압력을 유지하도록 돕는 장치이다. 이로써 보일러와 에스프레소 머신 전체가 안전하게 작동하며, 안정적인 커피 추출 환경을 만든다.
- ✣ **플로우미터**(flowmeter): 커피 추출 시 추출수의 양을 감지하고 기록하는 장치로, 유량계를 통해 정확한 추출수 공급을 관리할 수 있다.
- ✣ **열 교환기**(heat exchanger): 추출수가 보일러 내부를 통과하고 그룹 헤드와 열을 교환 하는 역할을 하며, 안정된 커피 추출을 하는데 도움을 준다. 두 개의 배관으로 그룹 헤드와 연결되어 있어 보일러의 열이 전달된다. 추출수는 열교환기 내부의 관을 통과하면서 보일러의 열에 의해 가열된다. 결국, 커피 추출을 위한 추출수는 열 교환기로 가열된 물을 사용하게 되는 셈이다.
- ✣ **솔레노이드 밸브**(solenoid valve): 일반적으로 3-way 솔레노이드 밸브는 그룹 헤드 하단부에 장착된다. 이 밸브는 추출 과정에서 추출수의 흐름을 제어한다. 물길

이 세 갈래로 나누어져 있어 커피 추출과 머신 내부 압력 조절을 동시에 가능하게 한다. 또한, 2-way 솔레노이드 밸브는 추출수가 그룹 헤드로 들어가는 흐름을 통제하거나 차단하는 역할을 한다.

- **디퓨저**(diffuser): 그룹 헤드에서 포터필터가 장착되는 내부에 위치하며, 한 줄기의 추출수를 여러 개의 작은 줄기로 분산시키는 역할을 한다. 포터필터 안의 원두가루 전체에 압력이 고르게 전달되어 채널링(channeling)을 방지하고, 균일한 커피 추출이 가능하게 한다. 디퓨저와 함께 장착된 샤워 스크린(shower screen) 역시 추출수의 흐름을 안정시킨다. 이 장치는 원두가루와 기름 찌꺼기가 쌓이면 성능이 떨어질 수 있어 정기적으로 청소하고 관리해야 항상 최적의 추출 품질을 유지할 수 있다.
- **보일러**(boiler): 전기를 이용해 추출수를 가열하고 필요할 때 뜨거운 물과 스팀을 공급하는 머신의 핵심 장치 중 하나이다. 보일러 내부의 구조와 가열 방식, 온도 유지 방식에 따라 성능에 차이가 있을 수 있다. 보일러 유형에는 추출수와 스팀을 하나의 보일러에서 처리하는 단일형 보일러(single boiler)가 있다. 그리고 단일형 보일러의 온도 편차 문제를 최소화하기 위해 추출용 보일러와 스팀용 보일러를 각각 분리한 분리형 보일러(dual boiler)도 있다. 그밖에도 추출수 온도의 안정성을 보완하기 위해 개발된 열교환기 방식이 존재한다. 이처럼 보일러의 종류와 설계는 각 장단점을 보완하면서 발전해 왔으나, 모든 사용자와 환경에 일치하는 보일러는 존재하지 않는다.
- **진공 방지 밸브**(vacuum breaker valve): 보일러 내부 압력이 외부 대기압보다 낮아져 진공 상태가 되는 것을 방지하는 안전장치이다. 보일러가 식을 때 수증기가 응축되면서 내부 압력이 떨어지면, 이 밸브가 자동으로 열려 외부 공기를 유입시킴으로써 내부 압력을 대기압과 같게 맞춘다.

가압식 추출 도구로는 에스프레소 머신 외에도 모카 포트(Moka pot)가 있다. 이탈리아에서 시작된 모카 포트는 열원(heat source) 위에 올려진 워터 탱크(water tank) 속 추출수가 끓으면서 생성되는 압력으로 커피를 추출하는 방식이다. 추출수는 내부 압력에 의해 원두가루를 통과하며 커피 성분을 우려낸다. 에스프레소 머신과 달리 모카 포트에는 별도의 압력 생성 장치가 없고, 압력은 추출수 온도에 따라 결정된다. 따라서 추출 압력은 상대적으로 낮아, 모카 포트에서는 에스프레소 머신보다 약간 굵은 분쇄도가 좋다. 이 작은 기계 안에는 커피를 우려내는 여러 장치로 구성되어 있다.

- **워터 탱크**(water tank): 모카포트의 최하단 챔버로, 추출에 필요한 물을 담아 가열한다. 이때 발생하는 증기압은 커피를 상단 챔버로 밀어 올리는 핵심 동력원 역할을 한다.
- **바스켓**(basket): 중간 챔버에 해당하는 부품으로, 분쇄한 원두를 담는 공간이다. 추출수가 원두가루를 균일하게 통과하도록 설계되어, 추출 흐름과 압력을 고르게 분산시키는 역할을 한다.
- **필터**(filter): 바스켓과 상단 챔버 사이에 위치하여, 원두가루가 상단으로 유입되는 것을 막아 순수하게 추출된 커피만 컨테이너에 담기도록 걸러 준다.
- **컨테이너**(upper chamber): 추출이 완료된 커피를 수집하는 상단 챔버이다. 손잡이가 달린 주전자 형태로, 일부 모델은 열에 강한 유리 소재를 적용하여 추출 과정을 시각적으로 즐길 수 있다.
- **안전 밸브**(safety valve): 워터 탱크 측면에 부착된 안전장치이다. 내부 압력이 설정된 범위를 초과할 경우 과도한 증기를 자동으로 배출하여, 사용자의 안전과 기기 보호를 동시에 보장한다.

한편, 가정이나 사무실 등에서 주로 많이 사용되는 캡슐 커피 머신(capsule coffee machine)이 있다. 이 방식은 한 잔 분량의 분쇄된 원두가 담긴 진공 캡슐을 전용 머신에 넣으면 자동으로 커피가 추출되는 구조이다. 일부 캡슐은 바스켓(basket), 하단 필터(bottom filter), 원두가루, 상단 필터(top filter), 뚜껑(lid) 등으로 구성되어 있으며, 추출수는 바스켓 하단으로 주입되어 상단으로 커피가 추출되는 원리로 작동한다. 이용 편의성과 관리 용이성이 장점이지만, 캡슐 폐기물로 인한 환경 문제와 제조사 또는 모델별 규격 차이로 호환성이 제한된다는 단점이 있다.

- **워터 탱크**(water tank): 머신 후면 또는 측면에 장착된 저장 용기로, 추출에 필요한 깨끗한 물을 일정량 보관하며 펌프를 통해 캡슐 내부로 공급한다.
- **컨테이너**(container): 추출 후 빈 캡슐을 한곳에 모아 쉽게 폐기할 수 있도록 설계된 저장 장치로, 청결과 유지 관리를 용이하게 한다.
- **캡슐 투입구**(capsule slot): 머신 최상단에 위치하며, 사용자가 캡슐을 올려놓으

Capsule Coffee Machine

면 자동으로 밀폐 및 준비 과정을 수행하는 장치이다.

- **커피 추출구**(coffee outlet): 캡슐 내부에서 추출된 커피가 컵으로 흘러나오는 부분으로, 투입구와 작동 버튼 아래에 위치하여 안정적인 추출 경로를 제공한다.
- **드립 트레이**(drip tray): 컵을 올려 추출된 커피를 받는 받침대로, 일부 모델에서는 높낮이 조절이 가능하며 물방울이 흘러 머신 내부로 떨어지는 것을 방지한다.
- **작동 버튼**(button): 원하는 커피 종류와 용량을 선택하고 머신을 작동시키는 인터페이스(interface)로, 주로 전면에 배치되어 직관적인 사용을 돕는다.

커피 추출 도구의 진보는 편리함을 넘어, 한잔의 커피 안에 담긴 향미를 섬세하게 구현하려는 인간의 노력이 응축된 결과이다. 그중 파드 커피 머신(pod coffee machine)은 작은 종이 포장 속에 담긴 한 잔 분량의 분쇄 원두를 매개로, 손길 없이도 커피가 깨어나는 순간을 선사한다. 파드는 압축된 하드 파드와 부드러운 소프트 파드로 나뉘어, 각각 다른 방식으로 원두의 숨결을 풀어낸다. 캡슐 커피보다 부담이 적고 국제 규격에 맞춰 사용이 간편하며, 다양한 원두와 향미를 선택할 수 있다. 다만, 필터지 속으로 흡수되는 미세한 성분은 맛의 일부를 퇴색하게 만들 수 있다.

또한, 홀빈 커피 머신(whole bean coffee machine)은 '빈투컵(bean-to-cup)'이라고도 하며, 커피의 기술적 진보를 한층 심화시킨다. 일부 머신은 분쇄도, 추출수의 양, 추출 시간 등을 사용자가 직접 설정할 수 있는 기능(프로그래밍)을 제공하여 개인의 취향에 맞는 맞춤형 커피를 만들 수 있도록 설계되었다. 원두를 내장 그라인더로 분쇄하여, 사용자의 추출 레시피를 기억하고 기계는 자동으로 추출을 진행한다. 추출수 온도와 압력이 정밀하게 조절되는 과정은 단순 커피 추출을 넘어, 원두가 지닌 성격과 잠재력을 최대한 끌어낸다.

이처럼 커피 추출 도구는 인간과 커피 사이의 감각적, 문화적 통로로 자리 잡았다. 원두의 품질, 분쇄도, 물의 성질, 추출 방식 등 무수한 변수들이 기계의 손길에 의해 섬세하게 조율되며, 우리는 일상 속 작은 순간에도 자신만의 커피 세계를 탐험할 수 있다. 커피 추출 도구의 역사는 단순 편리함을 향한 여정이 아니라, 인간이 커피를 통해 느끼는 향기와 맛, 그리고 그 속에 깃든 문화적 의미를 정교하게 구현하려는 끝없는 노력의 결실이다.

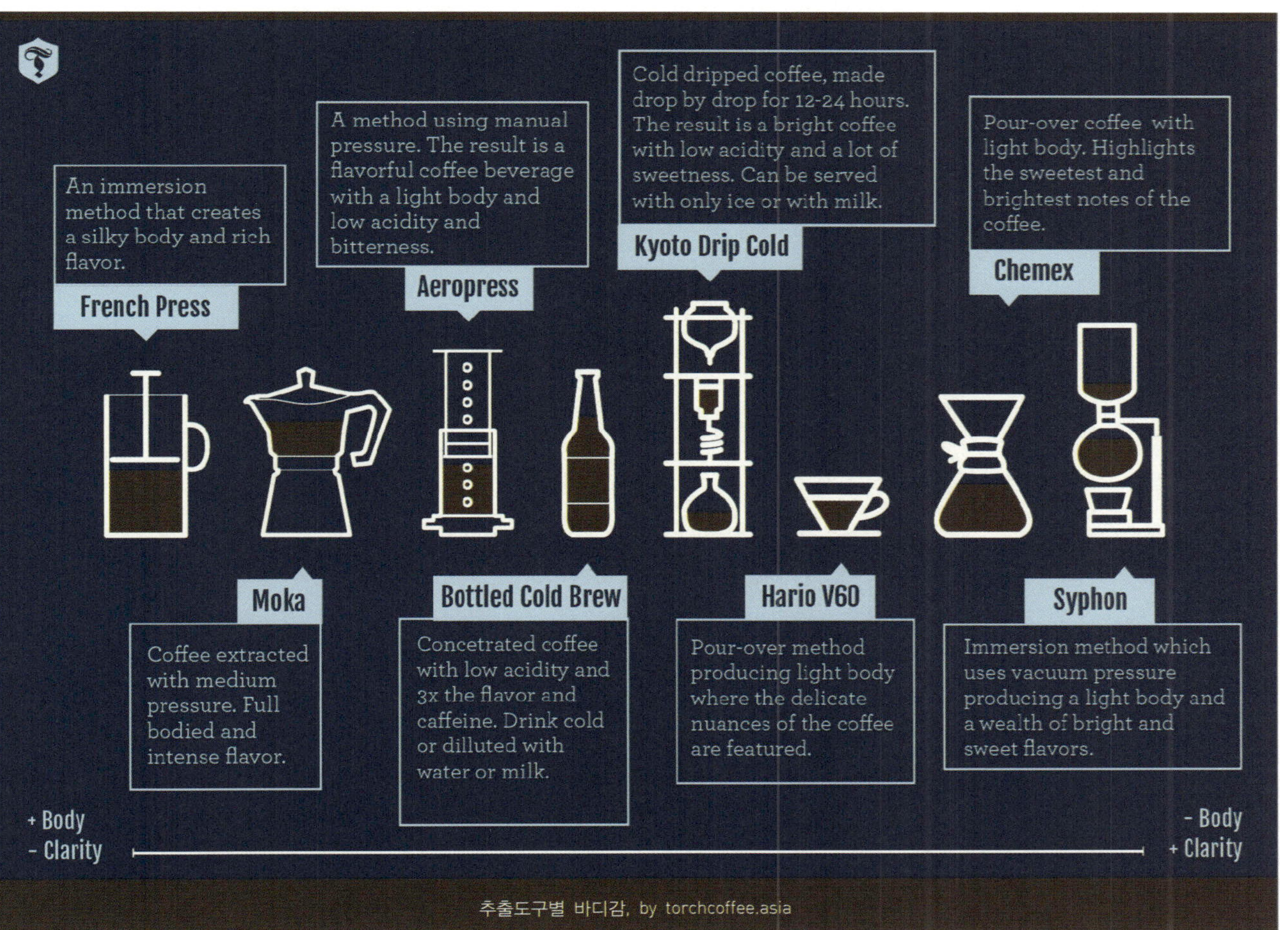

추출도구별 바디감, by torchcoffee.asia

CH. 1 커피 향미를 여는 방식

하나, 커피, 여러 가지 균형으로 완성되다

둘, 추출 방식, 기준 위에 서다

CH. 2 에스프레소 한 잔의 변주

하나, 아메리카노(Americano)

둘, 카페 라떼(Caffè latte)

셋, 카푸치노(Cappuccino)

넷, 카페 모카(Caffè Mocha)

다섯, 에스프레소 마키아토(Espresso macchiato)

여섯, 에스프레소 콘 판나(Espresso con panna)

일곱, 카페 아인슈페너(Caffè einspänner)

Part 2

VARIATION
변주

COFFEE HUMANITIES

CHAPTER 1.

커피 향미를 여는 방식

하나 커피, 여러 가지 균형으로 완성되다

둘 추출 방식, 기준 위에 서다

집에서 커피를 즐기는 것은 각자의 취향에 따라 작은 의식과도 같다. 누군가는 원두를 직접 갈아 드리퍼(dripper) 위에 올려놓고 물을 천천히 부으면서 아침의 고요를 열고, 또 다른 사람은 바쁜 일상 속에서 드립 백(drip bag)이나 캡슐 커피(capsule coffee)를 꺼내 손쉽게 한잔의 위안을 얻는다. 그러나 상업적인 공간, 수많은 사람들이 찾는 카페에서는 이야기가 달라진다. 그곳에서 커피는 단순한 기호품이 아니라, 손님과 공간을 이어주는 신뢰의 매개체이기 때문이다. 이 신뢰를 지키려면 늘 같은 맛과 향을 유지하는 '일관성'이 무엇보다 중요하다. 이를 위해 바리스타들은 수많은 시행착오 속에서 자신만의 기준을 세운다. '어떤 도구를 사용할 것인가, 원두는 얼마나 곱게 갈 것인가, 추출수의 온도는 몇 도가 좋은가, 추출 시간은 얼마나 유지해야 하는가.' 이처럼 수많은 변수가 정교하게 맞물릴 때 비로소 한잔의 커피가 '좋다'는 평가를 얻을 수 있다. 물론, 커피의 맛은 근본적으로 개인의 취향에 달려 있다. 그러나 바로 그 다양성을 존중하기 위해서라도 일정한 기준 위에서 커피를 추출하는 것이 필요하다. 이는 혼돈 속에서 질서를 찾는 일과도 같으며, 무수한 가능성 속에서 하나의 조화를 빚어내는 행위이기도 하다.

결국, 좋은 커피 한 잔은 단순히 물과 원두가 만나는 화학적 결과가 아니다. 그것은 선택과 조율, 반복된 경험이 만들어낸 하나의 질서이며, 의도된 아름다움의 결실이다. 추출 도구의 형태, 원두의 분쇄도, 추출수의 온도, 그리고 추출 시간은 그래서 중요하다. 언뜻 사소한 변수처럼 보이지만, 이 모든 요소가 맞아떨어질 때 비로소 커피가 지닌 고유한 맛과 향이 완성된다.

하나, 커피, 여러 가지 균형으로 완성되다

커피 추출은 각 변수들이 서로의 목소리를 주고받으며 하나의 조화로운 세계를 만들어내는 정교한 예술이다. 그렇기에 우리는 이제까지 탐구해온 추출의 기본 원리들을 단순한 지식으로 머릿속에 담는 것이 아니라, '몸으로 새겨야 할 질서'로 받아들이며, 그 핵심을 다시금 음미해 본다.

그 첫걸음은 커피 분쇄도이다. 분쇄도는 추출의 문을 여는 열쇠와 같다. 굵게 간 조분쇄(coarse), 중간 분쇄(medium), 곱게 간 미분쇄(fine)라는 기본 구분에서 시작하여, 강 조분쇄(extra coarse)부터 강 미분쇄(extra fine)에 이르기까지 세분화된다. 입자의 크기는 커피의 운명을 바꾸는 작은 결정이 된다. 동일한 조건에서 추출할 때, 미분쇄 원두는 추출수와 접촉하는 면적을 넓혀 성분을 보다 균형 있게 이끌어 내며, 높은 추출률을 보인다. 그러나 지나치게 곱게 간 입자는 오히려 추출수의 침투를 막아 '닫힌 문'처럼 작용하며, 풍요로움 대신 정체를 불러오기도 한다. 따라서 배전도의 성향과 분쇄도의 선택은 서로를 비추는 거울과 같다. 약배전의 원두는 용해가 더디고 산미가 선명하여, 미분쇄와 고온의 추출수가 그 잠재된 빛을 이끌어내기에 적합하다. 반대로 강배전 원두는 이미 구조가 열리고 쓴맛이 강해진 만큼, 굵은 분쇄와 보다 낮은 온도의 추출수가 과도한 맛을 완화하고 균형을 되찾는다. 그리고 중배전은 그 사이 어딘가, 양 극단의 조율점에서 스스로의 길을 찾는다.

결국, 커피의 분쇄도와 추출은 단순 제조 과정이 아니다. 그것은 자연과 인간이 오랜 세월 쌓아온 지혜가 만나는 자리이며, 원두의 색과 향은 그 땅과 기후의 기억을 간직한다. 우리는 그 기억을 분쇄와 추출이라는 행위를 통해 현재의 감각 속으로 불러내고, 한잔의 커피는 시간과 공간, 기술과 미학이 교차하는 지점에서 태어난다.

분쇄된 원두는 얼마나 담아 추출해야 그 맛과 향이 온전히 깨어날까?

이 질문은 단지 계량의 문제가 아니다. 한 잔의 커피가 완성되기까지 거치는 과정 전체의 맥박을 결정하는 출발점이기도 하다. 원두가루의 양은 추출 방식, 추출수의 온도, 추출 시간과 얽히며, 커피의 향미와 균형을 섬세하게 조율한다. 전통의 이탈리아 카페에서 피어난 에스프레소는, 한 잔의 조화로운 시를 위해 7~9g[147]의 분쇄 원두를 권장하며, 그 무게가 우주의 균형처럼 모든 것을 아우르는 법칙이었다. 그러나 시대의 바람이 불어오며 이 고전적인 분량은 변모의 물결을 타고 나아가고, 현대의 바리스타들은 더 풍부한 서사와 깊이를 추구하며 새로운 무게를 더한다. 이 작은 차이가 추출 시간, 농도, 맛의 미세한 결까지 달라지게 만든다. 일반적으로 원두가루가 적으면 물은 빠르게 통과해 커피는 가벼워지고, 반대로 많으면 추출은 오래 걸리며 향미가 진해진다. 분쇄도가 굵으면 추출 시간은 짧아지고, 곱게 분쇄하면 더 오래 추출되며 미묘한 쓴맛과 산미가 달라진다. 따라서 원두가루의 양은 단순한 수치가 아니라, 한 잔에 담길 향과 질감, 균형을 설계하는 중요한 요소이다. 여과식 추출에서는 시간의 의미가 또 다르다. 드립 커피는 한 번에 물을 부으면 원두가루와 추출수의 접촉이 짧고 단조로워 맛이 밋밋하고 떫은 기운을 남긴다. 반대로 여러 차례 나누어 붓는다면, 원두가루와 추출수는 대화를 나누듯 긴밀히 접촉하며 신맛과 단맛이 어우러진 균형 잡힌 맛을 빚어낸다.

커피 추출에서 시간 또한 단지 수치가 아니라, 맛과 향을 만들어내는 리듬이자 질서이다. 에스프레소 한 잔이라도 몇 초의 차이로 전혀 다른 표정을 띨 수 있으며, 추출 시간 동안 어떤 성분이 얼마나 녹아 나오느냐, 추출수와 원두가루가 얼마나 긴밀히 교류하느냐가 한 잔의 성격을 결정한다. 결국, 커피 추출은 추출수와 원두가루가 서로의 세계를 열어가는 과정이며, 시간은 그 과정을 조율하는 보이지 않는 지휘자일 뿐이다. 따라서 커피 추출에서 시간은 곧 관계의 철학이다. 원두의 특성, 로스팅 정도, 분쇄의 세기, 추출수의 온도와 양, 드리퍼의 형태와 물줄기의 리듬 등 이 모든 요소가 하나의 무대 위에서 교향곡처럼 어우러져야 비로소 좋은 커피가 완성된다. 시간은 그 교향곡의 박자이자 템포일 뿐, 결코 단독으로 주인공이 될 수 없다. 따라서 중요한 것은 '추출 시간이 몇 초인가'가 아니라, 그 시간 동안 '어떤 만남과 교감'이 이루어졌는가이다.

또한, 커피 추출에서 추출수의 온도 역시 커피의 맛과 향을 조율하는 핵심 요소이다. SCA 기준으로, 커핑 조건에서 원두가루에 부어지는 추출수의 온도는 92.2℃에서 94.4℃(198~202℉) 사이로 알려져 있다. 물론 이는 권장값일 뿐, 원두의 특성과 추출 방식에 따라 얼마든지 조정될 수 있다. 하지만 추출수의 온도가 조금만 달라져도 커피의 맛과 향이 미묘하게 달라지므로, 그 온도는 단순 수치 이상의 의미를 지닌다. 추출수 온도가 낮으면 추출 수율은 감소하는 경향이 있다. 반대로 추출수 온도가 높으면 추출 수율은 명확히 증가하는 양상을 보인다. 따라서 낮은 추출수 온도에서는 산미가 보다 강조되며, 단맛, 쓴맛, 바디감 등 전반적인 향미는 약하게 발현될 수 있다. 반대로 추출수 온도가 높으면 산미는 부드럽게 완화되고, 단맛, 쓴맛, 바디감 등은 한층 강하게 나타날 수 있다. 이러한 특성은 추출수 온도를 조절함으로써 커피가 가진 잠재된 향미를 섬세하게 끌어낼 수 있음을 보여준다.

같은 커피 추출 조건에서도 사람의 숙련도와 손끝의 감각에 따라 커피 맛과 향은 달라진다. 일정한 품질을 유지하려면 추출 요인에 대한 깊은 이해와 반복적 경험, 그리고 감각적 관찰이 필수적이다. 결국, 좋은 커피를 추출한다는 것은 단순히 음료를 만드는 일이 아니라, 원두와 물, 시간, 온도 등의 조화 속에서 매 순간 새로운 향미의 균형을 탐색하는 섬세한 예술 행위와 같다.

둘, 추출 방식, 기준 위에 서다

어떤 커피가 '맛있는 커피'인지 정의하기란 쉽지 않다. 커피의 맛과 향에 대한 선호는 단순 미각의 문제가 아니라, 개인의 취향과 경험, 그리고 그가 살아온 문화와 기억에 깊이 뿌리내려 있기 때문이다. 그래서 "커피에는 정답이 없고, 다만 기준이 있을 뿐이다."라는 말은 오래도록 유효하다. 같은 이름의 커피라도 그것이 놓인 장소와 시간, 그리고 그 순간을 함께하는 사람과 분위기에 따라 전혀 다른 표정을 짓는다.

커피의 향미는 결코 고정된 실체가 아니다. 추출수 온도, 비율 등과 같은 과학적 변수에, 손끝의 습관과 의식 같은 인간적 요소가 더해지며, 그 순간마다 다른 결을 품은 맛과 향으로 태어난다. 그 차이를 세상에 드러내는 매개가 바로 추출 도구이다. 이것은 단지 장치가 아니라, 커피가 스스로의 개성을 드러내는 창구라 할 수 있다. 그래서 우리는 프렌치 프레스(French press), 콜드 브루(cold brew), 핸드 드립(hand drip), 에어로프레스(Aeropress), 에스프레소 머신(espresso machine) 등과 같은 다양한 추출 방식 속에서 서로 다른 표정과 이야기를 지닌 커피를 마주한다.

이처럼 커피의 맛과 향은 객관적인 수치만으로 환원되지 않는다. 과학과 예술, 일상과 문화가 교차하는 자리에서 태어난다. 이제 그 이야기를 추출 도구라는 매개를 따라 하나씩 더듬어가며 살펴보고자 한다. 가장 단순하면서도 깊이 있는 방식에서부터, 현대적이고 실험적인 방식에 이르기까지, 커피가 우리 앞에 펼쳐내는 다채로운 풍경 속으로 걸음을 옮겨본다. 다만 커피의 추출은 하나의 법칙이 아니라, 각자의 경험 속에서 저마다의 고유한 차이를 드러낼 수 있다.

프렌치 프레스(French press)

프렌치 프레스는 커피를 '우리듯' 추출하는 방식이다. 이 과정에서는 미세한 원두가루가 함께 스며들어, 때로는 쓴맛을 더해주기도 한다. 그래서 다른 추출 방식에서 얻는 맑고 깨끗한 맛보다는, 다소 거칠고 투박한 인상을 남기곤 한다. 하지만 분쇄도를 굵게 조정하거나 로스팅을 가볍게 하여 미분을 줄이면, 보다 부드럽고 깔끔한 맛을 얻을 수 있다. 오히려 프렌치 프레스의 매력은 그 '투박함'에 있다. 미세한 가루와 커피 기름이 걸러지지 않고 함께 녹아드는 덕분에, 다른 도구로는 얻기 힘든 묵직한 맛과 진한 향이 살아난다. 마치 다듬어지지 않은 문장이 오히려 더 솔직하게 다가오듯, 프렌치 프레스의 한잔은 조금은 거칠지만 그 안에서 더 깊고 풍부한 맛의 이야기를 들려준다.

RECIPE

- 배전도: Full City
- 분쇄도: 조분쇄
- 도징량[148]: 약 18g
- 추출수: 약 250ml
- 추출수 온도: 90～94°C
- 추출 시간: 약 4분

① 추출수를 끓인다.
② 원두가루를 계량하여 프렌치 프레스에 넣는다.
③ 타이머를 누르고 동시에 원두가루를 적시며 속도감 있게 추출수를 붓는다.
④ 원두가루 층이 분산되도록 스푼으로 저어준다.
⑤ 필터링 프레스(플런저: plunger)를 장착한다.
⑥ 약 4분이 경과되면 프레스를 최대한 천천히 눌러 커피를 추출한다.
⑦ 미분이 가라앉도록 약 20초 동안 기다린 후, 추출된 커피를 컵에 따른다. 이때 미분이 잔에 남지 않도록 주의하며 따른다.

✣ 약배전일수록 보다 높은 추출수 온도를 사용하면 좋다.
✣ 미분을 줄이는 방법으로 종이 필터를 오려서 프렌치 프레스 필터 사이에 장착하면 좋다.

콜드 브루(Cold brew)

콜드 브루 커피는 차가운 물과 원두가루가 밀폐된 용기 속에서 오랜 시간 천천히 스며들며 맛과 향을 풀어내는 방식으로 만들어진다. 특별한 장비 없이도 누구나 손쉽게 많은 양을 추출할 수 있지만, 충분한 시간이 필요하다는 점에서 인내의 기술이라 할 수 있다. 차가운 물은 향미 성분을 빠르게 용해시키지 못하므로, 산미는 상대적으로 부드럽고 강도가 낮게 느껴진다. 때문에 약배전(light roast) 원두가루를 사용할 경우, 원두 본연의 밝고 생기 있는 산미가 완전히 표현되지 않을 수 있다. 또한, 추출하려는 양에 따라 원두가루의 비중이 달라지고, 물과 원두가루의 비율은 맛의 균형을 결정하는 핵심 요소가 된다. 결국, 콜드 브루는 누구나 쉽게 만들 수 있으면서도, 물과 원두가루, 그리고 시간이 만나 조용히 완성되는 하나의 과정이자 경험이라 할 수 있다.

RECIPE

- 배전도: Full City
- 분쇄도: 조분쇄
- 도징량: 약 40g
- 추출수: 약 400ml
- 추출수 온도: 차가운 물(추출수)
- 추출 시간: 12~18시간

① 분쇄된 원두가루를 필터 백에 넣고 봉한다.
② 원두가루가 담긴 필터 백을 준비한 용기에 넣는다.
③ 준비한 차가운 물을 용기에 부어준다. 이때 필터 백이 물에 충분히 젖도록 해준다.
④ 용기 뚜껑을 닫고 실온 혹은 냉장고에 넣는다.
⑤ 12~18시간이 되면 추출이 완성된다.

✤ 동일한 레시피로 추출 과정만 달리하여 커피를 추출할 수 있다.
① 분쇄된 원두가루를 준비한 용기에 넣고 차가운 물을 부어준다.
② 원두가루와 물이 희석되도록 잘 저어준다.
③ 용기 뚜껑을 닫고 실온 혹은 냉장고에 보관한다.
④ 12~18시간이 되면 추출이 완성된다.
⑤ 드리퍼에 종이 필터를 놓고 추출된 커피를 부어준다.

✤ 이러한 방법은 아이스 아메리카노와 같이 차가운 커피를 추출하기에 좋다.

✤ 원두가루의 양과 물(추출수)의 비율은 약 1 : 8, 1 : 10을 기준으로 하면 좋으나 개인적인 취향에 따라 달리할 수 있다. 추출한 커피를 마셔본 이후 농도를 좀 더 연하게 조절하기 위해 차가운 물이나 얼음을 더하면 된다.

✤ 원하는 커피 양에 따라 원두가루의 양을 조절하고, 이에 비례하여 추출수도 함께 조절하여 커피를 추출한다.

✤ 냉장고에 보관하여 추출할 경우 더 많은 시간이 필요하다. 추출 시간이 길수록 향미가 강해지나 너무 오래 두면 쓴맛이 생길 수 있다.

핸드 드립(Hand drip)

핸드 드립 커피를 즐기기 위해서는 몇 가지 기본적인 도구가 필요하다. 먼저 커피를 담고 추출할 드리퍼(dripper)가 필요한데, 이것은 커피 맛을 결정짓는 핵심 장치이다. 드리퍼의 재질과 구조, 구멍의 수와 형태, 경사도에 따라 추출수가 원두가루를 통과하는 속도와 방식이 달라지고, 그 결과 커피의 향미와 질감에도 미묘한 차이가 생긴다. 또한, 추출된 커피를 담는 드립 서버(drip server), 드리퍼 안에 원두가루를 담고 여과하는 필터(filter), 그리고 일정하게 뜨거운 물을 붓기 위한 드립 포트(drip pot)가 필요하다. 드리퍼의 종류만 보더라도 각기 다른 특징을 지니고 있다. 멜리타(Melitta)는 비교적 단순한 구조로 균일한 추출을 돕고, 칼리타(Kalita)는 물의 흐름을 일정하게 유지하도록 설계되어 안정적인 맛을 내며, 고노(Kono)는 얇고 섬세한 구조로 풍부한 향미를 강조한다. 그리고 하리오(Hario)는 경사진 구조와 구멍을 통해 물줄기를 조절하기 쉽도록 만들어, 바리스타의 손길에 따라 향미의 변화를 섬세하게 표현할 수 있다.

핸드 드립 커피는 단순히 물을 붓는 행위가 아니라, 추출수의 흐름과 원두가루의 반응을 세밀하게 조율해 맛과 향을 빚어내는 작업이다. 추출수를 한 번에 붓느냐, 여러 번 나누어 붓느냐, 그리고 두 요소가 만나 머무는 시간을 어떻게 설계하느냐에 따라 최종 향미는 전혀 다른 얼굴을 드러낸다. 이는 마치 연주자가 악기의 호흡과 울림을 섬세하게 다듬어 곡의 분위기를 만들어내는 일과도 같다. 다양한 핸드 드립 기법 가운데, 특히 실천적 가치가 높은 두 가지 대표적 추출 방식을 중심으로 그 차이와 의미를 살펴본다.

[핸드 드립 1]

RECIPE

- 배전도: Medium
- 분쇄도: 중간 분쇄
- 도징량: 약 20g
- 추출수: 약 300ml
- 추출수 온도: 90~94°C
- 추출 시간: 약 3분 30초

① 추출 과정에서 온도가 떨어지는 것을 방지하기 위해 추출 도구들을 따뜻하게 해준다.
② 준비한 드립 서버 위에 드리퍼를 장착하고 종이 필터를 올려놓는다.
③ 뜨거운 물을 부어 종이 필터를 적셔 준다(린싱, rinsing).[149] 이때 추출수의 흐름이 달라지는 것을 방지하기 위해 필터가 드리퍼에 밀착될 수 있도록 한다.

④ 종이 필터가 충분히 젖으면 서버의 물을 버린다.
⑤ 원두가루를 종이 필터에 넣고 드리퍼를 가볍게 흔들어 평평하게 만든다.
⑥ 1차로 추출수 40ml을 원두 중앙에서 바깥쪽으로 원형으로 부어 원두 전체를 고르게 적신다. 약 40초간 블루밍(blooming)[150]하여 이산화탄소 가스를 방출한다.
⑦ 2차 80ml, 3차 90ml, 4차 90ml를 원형으로 부으며, 매회 30~35초 간격을 둔다(총 300ml).
⑧ 총 추출 시간은 약 3분 30초가 되도록 물 붓기 속도를 조절한다.

- 추출 시간은 드리퍼의 구조에 따라 달라질 수 있다
- 이 추출 방식은 4 : 6 기법으로, 40%(추출수 120ml)는 단맛과 산미의 균형을, 60%(추출수 180ml)는 커피 농도를 결정한다. 즉, 추출수 120ml로 향미의 조화를 이루고, 180ml로 원하는 농도를 완성한다.
- 1차 추출수(40ml)를 적게, 2차 추출수(80ml)를 더 많이 부으면 단맛이 강조되고, 반대로 1차 추출수(80ml)를 많게, 2차 추출수(40ml)를 적게 부으면 깔끔한 산미가 돋보인다. 이 40%는 1차와 2차 추출수의 비율에 따라 향미를 결정한다. 그리고 나머지 60%는 3차 추출수(180ml)를 한 번에 부으면 부드러운 농도가, 3차(90ml)와 4차(90ml)로 나누어 부으면 균형 잡힌 농도로, 3차(60ml), 4차(60ml), 5차(60ml)로 세 번 부으면 진한 농도가 완성된다.
- 결국, 핸드 드립에서 추출수를 한 번에 부으면 부드러운 농도가, 두 번으로 나누어 부으면 균형 잡힌 농도가, 세 번으로 나누어 부으면 깊은 농도가 완성된다.
- 추출수의 온도는 배전도에 따라 조정하는 것이 바람직하며, 약배전 원두의 경우 93~96℃가 산미를 부드럽게 강조하고, 강배전 원두의 경우 88~92℃가 쓴맛을 억제하며 균형을 이루는 데 적합하다.
- 아이스 드립 커피는 드립 서버나 서빙 컵에 얼음을 미리 넣고 동일한 방식으로 추출한다. 단, 아이스 드립은 '농축 추출'이 핵심이므로 추출수는 절반(약 150ml)으로 줄여 같은 횟수로 나누어 붓는다. 적은 물량으로 인해 균일한 추출이 어려운 경우, 드리퍼를 가볍게 흔들어(교반) 원두가루를 고르게 적신다. 추출수 온도는 93~94℃로 유지하며, 얼음 희석 후 최종 커피는 약 200~250ml로 완성된다.
- 원두와 추출수의 비율은 1 : 15를 표준으로 하지만, 개인 취향에 따라 조정할 수 있다. 분쇄도, 원두가루 양, 추출수 온도, 추출 시간 등의 변수를 섬세하게 조율

하여 원하는 향미를 완성할 수 있다.

✣ ①과 ③을 동시에 해도 무방하다.

[핸드 드립 2]

RECIPE

- 배전도: Medium
- 분쇄도: 중간 분쇄
- 도징량: 약 11g
- 추출수: 약 160ml
- 추출수 온도: 90~94°C
- 추출 시간: 약 2분 40초

① 추출 과정에서 온도가 떨어지는 것을 방지하기 위해 추출 도구들을 따뜻하게 해준다.
② 준비한 드립 서버 위에 드리퍼를 장착하고 종이 필터를 올려놓는다.
③ 뜨거운 물을 부어 종이 필터를 적셔 준다. 이때 추출수의 흐름이 달라지는 것을 방지하기 위해 필터가 드리퍼에 밀착될 수 있도록 한다.
④ 종이 필터가 충분히 젖으면 서버의 물을 버린다.
⑤ 원두가루를 종이 필터에 넣고 드리퍼를 가볍게 흔들어 평평하게 만든다.
⑥ 1차로 추출수 40ml를 원두 중앙에서 바깥쪽으로 원형으로 부어 원두 전체를 고르게 적신다. 약 40초간 블루밍하여 이산화탄소 가스를 방출한다.
⑦ 2차로 추출수 80ml를 동일한 방식으로 부으며, 30~35초 간격을 둔다.
⑧ 약 1분 경과 후 3차로 추출수 40ml를 부으며, 동일한 간격을 유지한다.
⑨ 총 추출 시간이 약 2분 40초에 이를 때 드리퍼를 제거한다.
⑩ 추출된 커피(약 160ml)에 뜨거운 물 약 60ml를 추가[151]하여 총 약 220ml로 완성한다.

✣ 이 레시피는 진한 커피를 추출한 후 개인 취향에 따라 추가 물로 농도를 조절하는 것이 핵심이다.

✣ 추출 시간은 드리퍼의 구조에 따라 달라질 수 있다

✣ 칼리타 웨이브 드리퍼 사용 시 추출 시간은 3분~3분 30초로 연장될 수 있다.

✣ 아이스 드립 커피는 동일한 방식으로 추출하되, 마지막에 추출된 커피(약 160ml)를 얼음이 담긴 컵에 붓고, 차가운 물 약 50ml를 추가한다.

✣ 분쇄도, 원두가루 양, 추출수 온도, 추출수 양, 추출 시간 등의 변수에 의해 레시피는 달라질 수 있다.

✣ ①과 ③을 동시에 해도 무방하다.

에어로프레스(Aeropress)

에어로프레스는 침지식 추출과 압력을 이용한 여과 방식을 결합한 현대적인 커피 추출 도구이다. 마치 작은 실험 장비를 연상시키는 주사기 모양의 장치에 원두가루와 뜨거운 추출수를 넣고, 플런저를 눌러 압력을 가함으로써 커피를 추출한다. 이러한 구조는 사용자가 추출수와 원두가루의 접촉 시간을 세밀하게 조절하고, 추출 과정에서 커피의 맛과 향을 보다 섬세하게 끌어낼 수 있도록 설계되어 있다. 에어로프레스는 원통형의 체임버(chamber)에 원두가루와 추출수를 담고, 플런저(plunger)를 통해 압력을 가하여 커피를 추출한다. 그리고 필터(filter)와 필터 캡(filter cap)은 추출된 커피가 깔끔하게 컵으로 떨어지도록 하여, 미분이나 찌꺼기가 섞이는 것을 방지한다. 이 과정에서 커피의 산미, 단맛, 바디감 등은 사용자가 조절하는 압력, 추출 시간, 추출수 온도, 원두의 분쇄도에 따라 다르게 나타난다. 특히 에어로프레스는 구조가 단순하면서도 유연성이 높아 빠르고, 혹은 느리게 커피를 추출할 수 있다. 단시간 진한 에스프레소와 비슷한 질감 커피를 만들 수 있고, 낮은 압력과 긴 추출 시간을 활용하여 부드럽고 깔끔한 커피를 얻을 수 있다. 이러한 특성으로 집이나 사무실에서도 쉽게 커피 맛을 구현할 수 있어, 실험적이고 창의적인 추출 방식을 즐기는 커피 애호가들에게 사랑받는 도구로 자리 잡았다.

RECIPE

- 배전도: Medium
- 분쇄도: 중간 분쇄
- 도징량: 약 15g
- 추출수: 약 200ml
- 추출수 온도: 90~94°C
- 추출 시간: 약 1분 30초

① 체임버에 플런저를 끼워준다.
② 원두가루를 체임버 안에 넣는다.
③ 준비된 추출수를 체임버 안에 약 30ml 정도 붓는다.
④ 약 30초 정도 블루밍하여 원두가루가 물을 흡수하고 가스를 방출한 후, 추출수와 원두가루가 균일하게 혼합되도록 젓개로 부드럽게 저어준다.
⑤ 추출수 약 170ml를 체임버에 추가한다.
⑥ 필터를 넣은 필터 캡을 체임버에 장착하고 1~1분 30초 동안 침지한다.
⑦ 준비한 커피 용기(컵)를 필터 캡 위에 올려놓고 체임버를 뒤집는다.
⑧ 플런저를 일정한 힘으로 천천히 조심스럽게 눌러 커피를 추출한다.

- 에어로프레스는 프렌치 프레스와 공통된 장점을 지니고 있으며, 분쇄도, 원두가루 양, 추출수 온도와 양, 추출 시간 등의 변수에 대한 유연성이 높아 창의적인 추출을 가능하게 한다.
- 추출수는 일반적으로 짧은 추출 시간에는 미분쇄와 높은 온도를, 긴 추출 시간에는 중간 분쇄와 낮은 온도를 추천한다. 또한, 배전도가 높을수록 온도를 낮추고, 배전도가 낮을수록 온도를 높이면 균형 잡힌 추출이 가능하다.
- 개인 취향에 따라 배전도, 분쇄도, 원두가루 양, 추출수 온도, 추출 시간 등의 변수를 섬세하게 조율하여 원하는 향미를 구현할 수 있다.
- 농축 추출 후 뜨거운 물을 추가하여 희석함으로써 취향에 맞는 농도를 조절할 수 있다.

에스프레소 머신(Espresso machine)

에스프레소 머신은 단순한 추출 기계가 아니라, 커피라는 감각적 경험을 빚어내는 장치이다. 사용 방식과 구조에 따라 만들어내는 향과 질감, 그리고 한 잔에 담기는 표현은 서로 다른 결을 띠게 된다. 일반적으로 완전 자동식, 자동식, 반자동식, 수동식(hand lever)으로 분류하는데, 완전 자동식은 버튼 하나만 누르면 원두 분쇄, 추출수의 가열, 압력 조절까지 모든 과정을 수행한다. 대형 커피숍에서 흔히 볼 수 있는 이 머신은 바쁜 일상 속에서도 일정하고 안정적인 커피 경험을 제공하며, 시간과 노력 대신 편리함과 효율성을 우리에게 선사한다. 반면, 반자동식 머신은 조금 더 인간적인 숨결을 담는다. 원두가루를 포터필터(portafilter)에 담고, 도징(dosing)으로 양을 맞춘 뒤, 레벨링(leveling)과 탬핑(tamping)을 통해 압력을 조절하는 과정은 마치 장인이 재료를 다루는 손길과 같다. 그룹 헤드에 장착하고 스팀과 압력을 활용해 커피를 추출하는 순간, 바리스타의 선택과 감각이 한 잔의 에스프레소에 그대로 스며든다. 동일한 조건이라도 손길의 미세한 차이가 커피의 맛과 향을 다르게 만든다. 이처럼 반자동식 머신은 커피를 만드는 도구를 넘어, 바리스타와 원두, 물, 시간의 조화를 담아내는 장치이다. 각 매장은 저마다의 레시피와 추출 방식을 통해 고유한 커피의 향미를 그린다. 에스프레소는 그렇게 수많은 선택과 경험이 만들어 우리 앞에 놓인다.

[에스프레소(Espresso)]

RECIPE

- 배전도: Full City
- 도징량: 14~18g
- 추출 시간: 25~30초
- 추출량: 28~36g
- 분쇄도: 미분쇄
- 추출수 온도: 90~96°C
- 펌프 압력: 9bar

① 에스프레소 머신 그룹헤드에서 포터필터를 분리한다.
② 포터필터의 내·외부 물기가 없도록 털고 린넨으로 잘 닦아준다.[152]
③ 그라인더를 사용하여 포터필터에 기준량의 원두를 분쇄한다.
④ 포터필터에 담긴 원두가루를 고르게 펴서 레벨링(leveling)[153]한다.
⑤ 탬퍼를 이용하여 탬핑한다. 이때 팔을 수직으로 세워 템퍼에 고르게 힘이 분배되도록 적당한 힘으로 탬핑을 한다. 레벨링 툴(leveling tool)[154]을 사용해도 좋다.
⑥ 필터 바스켓 가장자리에 흘린 원두가루를 제거한다.[155]
⑦ 포터필터를 장착 전, 그룹헤드에서 추출수를 약 5초간 플러시(flush)[156]한다.
⑧ 포터필터를 그룹 헤드 샤워 스크린에 장착한다.
⑨ 추출되는 에스프레소를 담을 샷 글라스(혹은 데미타스[157])를 포터필터 아래에 놓는다.
⑩ 추출 버튼을 누르고 28~36g을 추출한다.

✣ 전통적인 에스프레소 싱글 샷은 7~9g의 원두로 25~35ml 정도 추출하는 방식이 널리 활용되었다. 그러나 현대 스페셜티 커피 환경에서는 더 높은 투입량(14~18g)을 사용하고, 약 1 : 2 비율의 추출량(28~36g)을 얻는 방식이 일반적으로 자리 잡고 있다.

✣ 에스프레소 머신은 유형과 구조에 따라 작동 특성과 성능이 다르므로, 추출 조건은 머신마다 일부 차이가 있을 수 있다. 예를 들어, 스타벅스와 같은 대형 프랜차이즈는 일관성과 작업 효율을 위해 슈퍼 오토매틱 머신을 사용한다.

✣ 그라인더의 성능과 사용 환경에 따라 연속 분쇄 시 발열이 증가할 수 있는데, 이는 미분 발생과 입도 분포에 영향을 주어 추출의 균형을 흐릴 수 있다. 이러한 문제를 최소화하기 위해 원두를 2~3회에 나누어 분쇄해 온도를 낮추는 방식이 효과적이다.

✣ 필터 바스켓의 사이즈에 따라 원두가루의 양은 조절해야 하며, 과도한 업도징(updosing)[158]이나 다운도징(downdosing)[159]은 추출 흐름을 방해하여 불균형한 맛을 초래할 수 있다.

✣ 정확한 추출량을 확인하기 위해 샷 글라스 아래에 전자저울을 놓아 측정하는 것이 유용하다.

✣ 에스프레소는 고압과 짧은 추출 시간으로 농축된 향미와 크레마를 특징으로 하며, 개인 취향에 따라 배전도와 분쇄도를 달리할 수 있으나, 일반적으로 중배전 이상과 미분쇄를 권장한다.

✣ 포터필터에 담는 원두가루, 즉 도징량을 결정할 때에는 단순히 무게를 재는 수준 그 이상으로 커피의 맛과 추출 균형을 좌우하는 미묘한 요소까지 고려하는 세심한 이해가 필요하다.

특징	High Roast	Full City Roast
향미	산미가 있고, 과일향과 꽃 향, 홍차 뉘앙스	초콜릿, 견과류, 고소한 단맛과 쓴맛의 조화
바디감	가벼움	중간에서 묵직함
크레마 형성	크레마가 얇고 빨리 사라짐	풍부하고 부드러운 크레마 형성
추출 난이도	높음 (정확한 온도와 시간 조절 필요)	비교적 쉬움 (안정적인 추출 가능)
추출수 온도	94~96℃ (높은 온도 필요)	90~94°C (조금 낮은 온도에서도 적합)
추천 원두	싱글 오리진(지역 특유의 향미 강조)	블렌드 및 싱글 오리진 모두 적합
맛	적당한 산미, 부드러운 맛	단맛, 쓴맛, 묵직한 느낌의 조화
활용도	에스프레소 자체로 적합	아메리카노, 라떼, 카푸치노 등 모든 레시피에 적합
대중적 선호도	비교적 낮음 (산미를 선호하는 이들에게 적합)	높음 (균형 잡힌 맛으로 다양한 소비층에 적합)

첫 번째, 사용하는 바스켓의 특성을 이해하는 것이 중요하다.

바스켓의 높이와 내부 용량은 담을 수 있는 원두가루의 양을 결정하며, 그로 인해 추출 과정에서 생기는 헤드 스페이스(head space)도 달라진다. 헤드 스페이스는 포터필터를 그룹 헤드에 장착하고 추출수를 통과시키기 전, 원두가루와 샤워 스크린(shower screen) 사이에 남는 공간을 의미한다. 뜨거운 추출수가 원두가루와 접촉하면 커피 입자들은 팽창하며 압력을 형성한다. 바스켓에 원두가루가 너무 적으면 헤드 스페이스가 지나치게 커져 팽창이 과도하게 일어나며, 추출수는 원두가루 사이로 빠르게 침투한다. 이로 인해 추출 속도가 지나치게 빨라지고, 커피의 성분은 충분히 추출되지 않아 커피의 맛이 약하거나 단조롭게 된다. 반대로 바스켓에 원두가루를 과도하게 담으면 헤드 스페이스가 거의 없어 팽창이 제한되고, 추출수는 원두가루 층 전체에 골고루 침투하지 못해 부분적으로 과다 추출이 발생, 쓴맛이나 떫은 맛이 강조될 수 있다.

안정적이고 일관된 에스프레소 추출을 위해서는 자신이 사용하는 바스켓에 맞는 최적의 원두가루 양을 찾는 것이 핵심이며, 이를 위해 반복적인 추출 실험이 필요하다. 예를 들어, 바스켓에 약 18g의 원두가루를 담고 추출을 반복하며 커피의 맛, 추출 속도, 추출 시간을 관찰한다. 이러한 과정을 통해 자신만의 최적 도징 범위를 확인할 수 있다. 또 다른 방법으로는 포터필터를 그룹 헤드에 장착한 뒤 분리해 원두가루 표면에 남은 샤워 스크린 볼트 자국을 확인하는 것이다. 자국이 선명하게 남으면 원두가루가 과다하게 담긴 것이고, 흐릿하거나 약하게 남으면 적정량에 가까운 도징으로 볼 수 있다.

두 번째, 추출할 원두의 성질을 이해하는 것이 필수적이다.

원두의 성질에 따라 커피의 추출 조건은 달라진다. 원두의 성질은 배전도, 분쇄도, 수분 함량, 밀도, 성분 등 다양하다. 강배전 원두는 수분 함량이 적고 입자가 쉽게 팽창하여 추출 농도가 높아질 수 있다. 반면 약배전 원두는 수분이 많고 입자가 단단하여 추출 농도가 낮아질 수 있다. 따라서 원두의 성질을 이해하고 이에 맞는 추출 조건(도징량, 추출수 온도, 추출 시간 등)을 설정하는 것이 중요하다.

이러한 원두의 성질을 무시하고 추출 조건을 단순하게 변경해서는 안 된다. 예를 들어, 약배전 원두는 강배전 원두보다 밀도가 높아 추출이 다소 어렵고 성분 용출에 더 많은 에너지를 필요로 한다. 따라서 단순히 도징량을 늘린다고 맛의 균형이 좋아지기보다는, 다른 변수들과의 복합적인 조절을 통해 추출을 최적화해야 한다. 도징량을 줄이면 오히려 물과 커피의 접촉 비율이 달라져 농도가 낮아지고 과소추출(under-extraction)이 심화되어 신맛이 과도하게 강조될 가능성이 높다. 그러므로 약배전 원두를 사용할 때는 분쇄도를 더 가늘게 하거나, 추출 시간을 충분히 늘려 커피 성분이 제대로 추출되도록 하는 것이 중요하다. 농도를 높이고 싶다면 추출수 온도를 약간 올리거나, 가변압 머신을 활용해 압력을 조절하여 추출 효율을 높이는 방법이 효과적이다. 가변압은 약배전 원두의 다양한 풍미를 끌어내고, 채널링을 방지하여 추출의 질을 크게 향상시킬 수 있는 고급 기술이다. 상업적인 환경에서 약배전 원두의 농도가 너무 낮을 경우, 추출 변수를 복잡하게 조절하기보다는 원두의 특성에 맞는 컵 사이즈를 조절하거나, 아예 원두 자체를 변경하는 편이 일관성을 유지하는 데 더 안정적이다.

반대로 강배전 원두는 조직이 다공성이라 성분 추출이 쉬우므로 농도가 다소 짙게 나오기 쉽다. 이때 농도를 낮추고자 도징량을 무작정 줄이면, 추출수와 원두가루의 접촉 시간이 짧아져 커피 성분 전체가 불균형하게 추출되면서 쓴맛이나 불쾌한 여운이 더 도드라질 수 있다. 따라서 강배전 원두는 도징량을 조절하기보다 추출량을 조절하는 편이 더 합리적이다. 즉, 동일한 도징량으로 추출하되 추출량을 줄여 쓴맛을 덜어내는 방식이 효과적이다.

다만, 커피 맛에 영향을 미치는 요소는 배전도, 분쇄도, 도징량, 추출 시간, 추출량, 추출수 온도, 압력 등 매우 다양하다. 이 변수들은 모두 상호작용하므로, 한 번의 조정으로 끝내기보다는 여러 번의 시도와 관찰을 통해 최적의 기준을 찾아가는 과정이 필요하다.

✣ 추출이 잘 이루어진 커피는 신맛, 단맛, 쓴맛이 조화롭게 어우러지며, 입안에 감

도는 적절한 바디감을 선사한다. 이는 곧 커피가 가진 성분들이 균형 있게 녹아 나왔음을 의미하며, 커피를 음미하는 사람에게 가장 풍부하고 안정적인 맛의 경험을 제공한다. 그러나 추출 과정에서 작은 변수 하나라도 달라지면 맛의 균형은 쉽게 깨질 수 있다.

[과소추출]

- 충분한 성분이 추출되지 않아 신맛이 지나치게 도드라지고 전체적인 향미가 밋밋해진다.
- 도징량이 부족하거나 탬핑 강도가 약할 때 발생한다.
- 원두의 분쇄도가 지나치게 굵고 추출수가 충분히 가열되지 않은 경우에 나타난다.
- 추출 압력이 낮거나 추출 시간이 충분하지 않을 때 발생할 수 있다.
- 원두가루가 불균일하게 팽창하여 물의 접촉이 비효율적으로 이루어질 때 나타날 수 있다.

[과다추출]

- 쓴맛이 과도하게 나타나고 입안에 남는 여운이 거칠게 느껴진다.
- 도징량이 많거나 탬핑 강도가 지나치게 강할 때 발생한다.
- 원두 분쇄도가 너무 가늘고 추출수가 과열된 상태에서 나타난다.
- 추출 압력이 높거나 추출 시간이 과도하게 길 때 발생할 수 있다.
- 필터 바스켓이 막혀 원두 전체에 물이 균일하게 스며들지 못할 때 부분 과다추출이 나타난다.

❖ 추출 속도가 너무 빠르면 원두의 분쇄도를 더 가늘게 조절하는 것을 추천한다. 이때 그라인더에 남아 있는 잔여 원두가루를 제거(purge)하는 것이 좋다.

❖ 추출 과정에서 포터필터 바스켓 한쪽에서만 커피가 흐르는 현상(channeling)은 탬핑이 불균일하거나 도징 과정에서 원두가루가 고르게 분포되지 않았을 때 나타난다. 이 경우 커피의 맛과 향이 불균형하게 형성되며, 일부는 과다추출되고 다른 일부는 과소추출되어 향미의 조화를 깨뜨릴 수 있다. 따라서 도징 이후 원두가루가 고르게 분포되어 있는지를 확인하고, 탬핑 시 일정한 압력과 평탄함을 유지해야 한다.

❖ 에스프레소 머신은 고압 추출 방식을 사용하기 때문에 압력이라는 변수가 커피 추출에 중요한 역할을 한다. 머신의 게이지에 표시되는 압력은 펌프에서 생성된

수치이지만, 실제 그룹 헤드에 도달하는 압력은 그보다 낮아진다. 일반적으로 약 9bar 정도의 압력 범위에서는 커피 추출에 큰 차이를 보이지 않으나, 압력에 따른 추출 시간은 포터필터 바스켓 내부의 저항 정도에 따라 달라질 수 있다. 이러한 영향은 원두의 상태, 로스팅 정도, 그리고 사용하는 머신의 종류에 따라 달라질 수 있으므로, 단일 수치만으로 추출을 규정하기보다는 전체 변수와 조화를 고려해 볼 필요가 있다.

- 커피를 추출하는 과정은 단지 추출수와 원두가루의 만남이 아니라, 다양한 변수를 미세하게 조절하면서, 커피라는 액체 안에 담긴 향미의 세계를 탐험하는 것과 같다. 그러나 이러한 변수들을 한 번에 바꾸려고 하면 어느 것이 어떤 변화를 가져왔는지 알기 어렵다. 다른 조건을 일정하게 유지한 채 분쇄도를 조금 더 곱게 혹은 굵게 조정하거나, 또는 원두가루의 양을 1g 정도 늘리거나 줄이는 식으로 변화를 주어 최적의 맛을 탐색하는 것이다. 이같은 작은 변화들을 통해 미묘한 맛의 차이를 체감하면서, 나만의 균형 잡힌 추출 레시피를 찾아가는 실험적 접근이 필요하다.
- 이러한 세심한 조정에도 불구하고, 한번 정한 추출 레시피가 매일 같은 결과를 보장해주지는 않는다. 특히 겨울철 추출 공간이 차가워지면, 같은 레시피로 추출해도 속도와 과정이 달라질 수 있다. 이처럼 주변 조건과 장비의 미세한 변화만으로도 커피의 추출 결과는 달라지며, 매번 새로운 얼굴을 드러낸다. 따라서 커피를 다루는 일은 자연과 과학적 원리를 이해하고, 재료와의 상호작용을 섬세하게 관찰하는 감각적 경험이기도 하다.
- 자신이 추구하는 최적의 커피 맛을 찾아가는 과정은 레시피를 설정하는 것에서 끝나지 않는다. 분쇄도, 도징량, 추출수 온도와 추출 시간 등 여러 변수를 하나씩 세심하게 조절하며, 반복 추출을 통해 커피의 맛과 균형을 관찰해야 한다. 이러한 과정을 '교정 추출(dialing in)'이라고 하는데, 이는 마치 악보를 조금씩 다듬어 악기의 울림을 최적화하듯, 한잔의 커피에서 향미와 균형을 정밀하게 조율하는 작업과 같다.

[에스프레소 종류]

에스프레소는 정형화된 음료가 아니다. 그 향미는 추출 방식, 원두가루의 양, 추출 시간, 그리고 최종 추출량의 상호작용에 따라 섬세하게 달라진다. 과거에는 주로 추출 시간을 기준으로 에스프레소의 종류를 구분했지만, 현대에는 동일한 원두가루 양 대비 얼마나 많은 커피가 어떤 농도로 추출되는지, 즉 추출량과 비율에 더 큰 비중을 둔다. 이러한 접근 덕분에 바리스타는 같은 원두라도 의도한 질감과 향미를 더욱 정확하게 구현할 수 있다.

에스프레소 싱글(single),[160] 도피오(doppio), 리스트레토(ristretto), 룽고(lungo)[161]와 같은 분류는 단지 명칭을 넘어, 시간과 압력, 추출수와 원두가루의 균형 속에서 탄생하는 미묘한 차이를 표현하는 하나의 맛의 언어이다. 각 에스프레소 종류에 사용되는 원두가루 양, 추출 시간, 최종 추출량은 전통 이탈리아식 레시피를 기준으로 한 일반적인 가이드라인(guideline)일 뿐, 불변의 원칙은 아니다. 사용자는 이를 기반으로 목적과 상황에 맞게 조정하며 자신이 원하는 에스프레소의 형식을 만들어갈 수 있다.

- **에스프레소 싱글**(Espresso single): 에스프레소 싱글은 7~9g의 원두가루를 사용하여 25~30초 동안 20~25ml의 커피를 추출하는, 짧지만 강렬한 한잔의 경험이다. 한 모금 속에 신맛, 단맛, 쓴맛이 조화롭게 어우러지며, 에스프레소가 지닌 본질적 향미를 온전히 전달한다. 이 작은 컵 안에는 원두가 품은 향과 성분이 응축되어 있어, 커피 애호가와 바리스타 모두에게 커피의 기준이자 기본이 되는 음료로 자리한다.
- **에스프레소 도피오**(Espresso doppio): 에스프레소 도피오는 이름 그대로 에스프레소 싱글의 두 배를 지향하는 커피이다. 이탈리아어 '도피오(doppio)'는 '두 배(double)'라는 뜻을 지니며, 원두가루와 추출량 모두 싱글 에스프레소 대비 두 배로 구성된다. 일반적으로 14~18g의 원두가루를 포터필터에 담아, 25~30초 동안 40~50ml의 커피를 추출한다. 추출 과정에서 두 배의 원두가루와 더 많은 추출수는 커피의 향미와 농도를 자연스럽게 확장시킨다. 싱글 에스프레소보다 상대적으로 원두가 지닌 풍부한 향과 쓴맛, 단맛, 바디감이 더욱 균형 있게 드러난다. 또한, 도피오는 한 잔으로 충분한 카페인을 제공하기 때문에 강렬한 맛과 함께 깨어 있는 에너지를 담아낸다. 이는 바리스타가 의도한 맛의 완성도를 유지하면서도, 커피의 다양한 특성을 동시에 즐길 수 있도록 설계된 형태라 할 수 있다.
- **에스프레소 리스트레토**(Espresso ristretto): 리스트레토(ristretto)는 이탈리아어로 '압축된, 응축된'이라는 뜻을 지닌다. 에스프레소 리스트레토는 일반적으로 싱

글 에스프레소와 동일하게 7~9g의 원두가루를 사용하지만, 추출량은 15~20ml 정도로 제한된다. 이에 따라 추출 시간도 자연스럽게 싱글 에스프레소보다 짧아진다. 짧은 시간 동안 적은 양의 커피를 추출하는 방식 덕분에 쓴맛은 상대적으로 억제되고, 원두가 지닌 신맛과 향미가 더욱 선명하게 드러난다. 원두가루와 추출수가 만나는 압축된 순간 속에서, 리스트레토 한 잔에는 커피의 본질적 개성이 응축되어 나타난다. 마시는 순간 입안에 퍼지는 강렬하면서도 선명한 맛과 향, 산미와 은은한 단맛의 균형은 리스트레토만의 독특한 경험을 선사한다.

- **에스프레소 룽고**(Espresso lungo): 에스프레소 룽고는 이탈리아어로 '긴'이라는 뜻을 지닌다. 에스프레소 싱글과 같은 7~9g의 원두가루를 사용하면서도, 더 많은 추출수가 통과하며 40~50ml 정도의 커피를 담아낸다. 원두가 지닌 맛과 향의 성분이 추출수와 접촉하는 시간이 길어지면서, 에스프레소 싱글에서는 미처 드러나지 않았던 쓴맛이 조금 더 뚜렷하게 나타난다. 신맛은 상대적으로 억제되어 전체적인 향미는 부드럽게 확장된다. 긴 추출 시간 덕분에 카페인 함량도 조금 더 많아질 수 있어, 룽고 한 잔에는 깨어 있는 힘이 담기게 된다. 룽고의 매력은 단순히 맛의 변화에만 있지 않다. 리스트레토가 짧고 강렬한 순간의 울림이라면, 룽고는 시간을 부드럽게 늘려 커피의 결을 느긋하게 음미하도록 초대한다. 컵 속에서 펼쳐지는 다층적 맛의 흐름 속에서, 우리는 커피가 지닌 또 다른 세계를 경험하게 된다.

Espresso Ristretto	Espresso Single	Espresso Lungo
15~20ml	20~25ml	40~50ml
신맛 강조	신맛, 단맛, 쓴맛 조화	쓴맛 강조

CHAPTER 2.

에스프레소 한 잔의 변주

하나 아메리카노(Americano)

둘 카페 라떼(Caffè latte)

셋 카푸치노(Cappuccino)

넷 카페 모카(Caffè Mocha)

다섯 에스프레소 마키아토(Espresso macchiato)

여섯 에스프레소 콘 판나(Espresso con panna)

일곱 카페 아인슈페너(Caffè einspänner)

에스프레소는 단지 눈에 보이는 액체가 아니라, 원두와 시간이 엮어낸 농축된 감각의 세계이다. 이 작은 농축액은 다양한 첨가물과 아이디어와 만나, 새로운 맛과 향의 풍경을 만들어 낸다. 각국의 커피 문화는 이러한 창조적 변주를 바탕으로 발전해 왔다. 이탈리아의 카페에서는 클래식한 카페 라떼(caffè latte)와 카푸치노(cappuccino)가 그 위에 얹혀져 전통적 미학을 보여 주고, 프랑스에서는 크리미(creamy)한 질감이 더해진 카페 오레(caffè au lait) 커피가 감각적 즐거움을 선사한다. 한편 한국과 일본에서는 독창적 시그니처(signature) 메뉴가 탄생하며, 에스프레소라는 원천에서 무한히 확장되는 맛의 세계를 펼친다. 결국, 에스프레소는 단순 음료를 넘어, 모든 커피 변주의 출발점이자 향미 실험의 장이며, 바리스타와 문화적 상상력을 이어주는 열쇠가 된다. 이후에 등장하는 에스프레소 베리에이션(variation)[162] 커피들은, 이 농축된 에스프레소 위에서 각기 다른 향미와 질감을 보여준다.

하나, 아메리카노(Americano)

우리나라에서 아메리카노[163]는 에스프레소를 기반으로 한 커피 중 가장 대중적이고 선호도 높은 음료로 자리 잡았다. 아메리카노는 본질적으로 에스프레소와 물의 결합으로 이루어지지만, 단순한 희석 이상의 의미를 가진다. 우리나라 커피 전문점에서는 일반적으로 에스프레소 싱글 샷을 사용하지 않고, 보다 풍부한 맛과 균형을 위해 더블 샷을 사용한다. 이렇게 추출한 진한 에스프레소에 뜨거운 물을 더하면 커피는 농도가 조절되며, 그 과정에서 원두가 품고 있던 복합적인 향미와 어우러져 새로운 감각을 만들어낸다. 아메리카노의 맛과 향은 에스프레소의 강도와 물의 비율에 따라 달라지며, 이는 곧 커피를 제공하는 공간과 바리스타의 손길에 따라 독특하게 변주된다. 같은 원두를 사용하더라도, 물의 온도와 양, 추출된 에스프레소의 양과 질감에 따라 커피 한 잔이 전달하는 감각은 달라진다. 따라서 아메리카노는 균형과 희석, 진함과 부드러움 사이의 미묘한 조율을 통해 경험하는 하나의 문화적 산물이다.

[HOT AMERICANO]

RECIPE

- 에스프레소: 28~36g
- 뜨거운 물(75~85°C): 90~150ml

① 에스프레소를 추출한다.
② 온수로 컵을 예열한다(컵 유형, 보관에 따라 생략).
③ 추출한 에스프레소를 컵에 천천히 부어 담는다.
④ 90~150ml 뜨거운 물을 추가하여 완성한다.

✣ 에스프레소 28~36g은 추출량이며, 추출 과정은 앞서 설명한 표준 절차에 따라 진행하면 된다.

✣ 28~36g의 에스프레소 추출량은 아메리카노가 지닌 본래의 맛과 향을 더욱 풍부하게 드러내는 데 유효하다. 더블 샷 에스프레소가 베이스로 들어가기 때문에 적절한 양의 물을 더하더라도 특유의 강렬함과 밀도 있는 향미가 유지된다.

Americano

이처럼 에스프레소 샷의 수와 물의 비율을 유연하게 조절하면, 개인의 취향은 물론 매장이 추구하는 스타일에 맞춘 다양한 아메리카노를 만들 수 있다.

✣ 아메리카노의 가장 큰 특징은 추출된 에스프레소와 더하는 물의 비율에 정답이 없다는 점이다. 매장마다 컵 용량이 다르고 선호하는 맛의 방향성도 달라, 1 : 3, 1 : 4, 1 : 5, 1 : 6 등 비율은 매우 다양하다. 결국, 뜨거운 물의 양은 마시는 이의 기호와 매장이 가진 철학에 따라 달리 조절된다.

✣ 다만 어떤 커피라도 그 출발점은 원두, 머신, 추출수의 특성을 정확히 이해하는 데 있다. 원두의 배전도는 향미의 성격과 강도를 좌우한다. 약배전 원두는 산미가 섬세하고 향이 밝아 물을 과하게 더하면 미묘한 향미가 약해지고 산미만 도드라질 수 있다. 반면 강배전 원두는 묵직한 풍미와 질감을 갖고 있어, 조금 더 많은 물을 사용해도 그 맛의 기본은 무너지지 않는다. 이 때문에 아메리카노의 비율은 고정된 공식이 아니라, 원두의 성질, 추출 환경, 그리고 마시는 이의 취향을 반영해 조절되어야 한다. 분쇄도, 산지, 블렌딩(blending) 여부 등까지 고려하면 같은 아메리카노라도 잔마다 조금씩 다른 조화와 균형을 느낄 수 있다. 이러한 과정 자체가 아메리카노를 단순 음료가 아닌, 원두의 개성을 섬세하게 감각하는 경험으로 확장시킨다.

✣ 커피의 향미를 최적으로 유지하기 위해서는 에스프레소 추출 이후에 더하는 물의 온도 역시 중요한 요소이다. 일반적으로 아메리카노용 뜨거운 물은 75~85℃ 사이가 적당한데, 이 온도는 에스프레소의 섬세한 향을 해치지 않으면서도 음용 시 가장 조화로운 온도를 만들어 준다. 지나치게 뜨거운 물을 사용하면 산미와 쓴맛이 날카롭게 부각될 수 있고, 반대로 온도가 너무 낮으면 향미가 빠르게 약화될 수 있다. 따라서 추가되는 물의 온도는 에스프레소의 구조를 무너뜨리지 않으면서 최적의 음용 경험을 완성하는 중요한 변수로 작용한다.

✣ 한편, ③과 ④의 순서를 바꾸면 롱블랙(long black) 커피가 만들어진다. 커피잔 물에 에스프레소를 천천히 부으면 크레마(crema)가 최대한 온전하게 유지된다. 안정적으로 형성된 크레마는 커피의 향미를 더욱 풍부하게 전달하며, 입안에서 느껴지는 질감도 한층 부드럽고 깊어진다. 크레마는 단순 시각적 요소가 아니라, 커피 속 미묘한 향과 풍미를 보호하고 집중시키는 중요한 층이다.

[ICE AMERICANO]

RECIPE

- 에스프레소: 28~36g
- 차가운 물: 100~120ml
- 얼음: 유리컵 약 70%

① 에스프레소를 추출한다.
② 얼음을 유리컵에 약 70%까지 채운다.
③ 차가운 물 100~120ml를 유리컵에 붓는다.
④ 에스프레소를 물 위에 천천히 부어 완성한다.

✣ 아메리카노는 에스프레소 리스트레토나 룽고를 기반으로도 제조할 수 있다. 다만, 각 커피의 추출량과 농도가 다르므로 물의 비율을 섬세하게 조절해야 최적의 맛과 균형을 유지할 수 있다. 리스트레토는 진하고 농축된 추출액이므로 적은 양의 물로도 충분한 향미를 내며, 룽고는 상대적으로 연한 추출액이기 때문에 물의 양을 신중히 조절해 향미가 지나치게 희석되지 않도록 해야 한다.

✣ 아이스 아메리카노[164]의 맛은 에스프레소와 물의 비율, 얼음의 양에 따라 달라지므로 개인의 취향에 맞게 조절할 수 있다.

✣ 아이스 커피 음료를 만들 때는 음료의 신선함과 차가운 온도를 유지하기 위해 컵을 미리 냉장고나 얼음물에 차갑게 해두면 더욱 좋다.

둘, 카페 라떼(Caffè latte)

카페 라떼는 에스프레소와 우유가 빚어내는 부드러운 조화의 예술이다. 이탈리아어 'Caffè'는 커피, 'Latte'는 우유를 의미하며, 카페 라떼는 말 그대로 '우유와 함께하는 커피'를 뜻한다. 스팀 우유의 온도, 그리고 첨가되는 우유의 양은 커피의 맛과 텍스처(texture)를 섬세하게 조율한다. 진한 에스프레소의 향미는 우유와 만나 쓴맛과 산미가 부드럽게 완화되며, 입안에서 은은한 단맛과 크리미(creamy)한 질감이 조화를 이룬다. 우유는 단순히 맛을 중화하는 데 그치지 않는다. 카페인의 흡수 속도를 완만히 조절해 커피의 각성 효과를 부드럽고 지속적으로 전달하며, 향미를 더욱 풍부하게 만든다. 따라서 카페 라떼 한 잔은 원두의 깊은 향미와 우유의 부드러움이 어우러진 감각적 경험으로, 일상의 여유와 활력을 함께 음미하게 한다.

[HOT CAFFÈ LATTE]

RECIPE

- 에스프레소: 28~36g
- 스팀 우유[165]: 약 180ml
- 우유 거품[166]: 10~20ml

① 에스프레소를 추출한다.
② 온수로 컵을 예열한다(컵 유형, 보관에 따라 생략).
③ 약 200ml 우유를 스팀 피처(steam pitcher)[167]에 넣어 밀크 스티밍(milk steaming)[168]을 준비한다.
④ 스팀 완드(steam wand)[169]를 사용하기 전에 작동시켜 잔여 물기를 제거한다.
⑤ 스팀 우유를 55~65°C로 스티밍하여 부드러운 미세 거품을 만든다.
⑥ 스티밍 후 행주로 스팀 완드를 닦고 다시 잠깐 작동시켜 깨끗이 한다.
⑦ 스팀 피처를 탁자에 가볍게 쳐 큰 거품을 제거하고, 원을 그리며 흔들어 우유를 균일하게 만든다.
⑧ 스팀 우유(약 180ml)와 얇은 거품층을 에스프레소가 담긴 컵에 천천히 부어 섞으며 완성한다.

Caffè Latte, by Freepik

- 카페 라떼의 에스프레소와 스팀 우유 비율은 약 1 : 3~1 : 6으로 권장되며, 1 : 3~1 : 5는 에스프레소의 진한 향미와 우유의 부드러움이 조화롭게 어우러지는 균형 잡힌 기준이다. 이 비율은 절대적인 구칙이 아니라, 개인 취향에 따라 조정 가능하며, 에스프레소의 양이나 스팀 우유의 양을 세밀하게 조정해 자신만의 향미를 탐색할 수 있다.
- 에스프레소 추출 과정은 앞서 제시한 표준 절차를 따른다. 다만, 카페 라테 제조에서는 에스프레소 추출과 동시에 우유 스티밍을 시작하는 것이 핵심 차이점이다. 에스프레소를 먼저 추출한 뒤 스티밍을 진행하면 크레마와 향이 산화되거나 손실될 수 있다. 따라서 향미를 최적으로 유지하고 작업 효율을 높이기 위해, 두 과정을 병행하는 것이 바람직하다.
- 스팀 완드는 사용 전후 전용 행주로 깨끗이 닦아야 하며, 특히 사용 후에는 완드 안에 남아 있는 우유 잔여물을 제거하기 위해 스팀을 조금 배출하는 것이 좋다. 이로써 위생을 유지할 뿐만 아니라, 다음 사용 시 우유 냄새나 잔여물로 인한 커피 맛의 변화를 방지할 수 있다.
- 스팀 완드 끝에는 홀(hole, 구멍)이 있는 스림 팁(steam tip)이 장착되어 있다. 이것의 본질적인 역할은 스팀 보일러에서 발생한 증기를 우유에 고르게 전달하여 온도를 높이고 미세 거품을 형성해 커피 음료의 질감을 풍부하게 만드는 것이다. 홀의 개수와 크기는 스팀 분출 방식, 속도, 우유 거품의 질감을 결정한다. 홀 개수는 1~2홀(가정용 머신), 3~4홀(상업용 머신)로 다양하다. 홀 크기가 작으면 정교한 스티밍이 가능하나 양이 제한적이고, 크면 빠른 가열이 가능하나 거품이 거칠어질 수 있다. 따라서 사용 목적에 맞춰 홀 개수와 크기를 선택해야 하며, 장기 사용 시 홀을 확인하고 필요시 교체하는 것이 좋다.

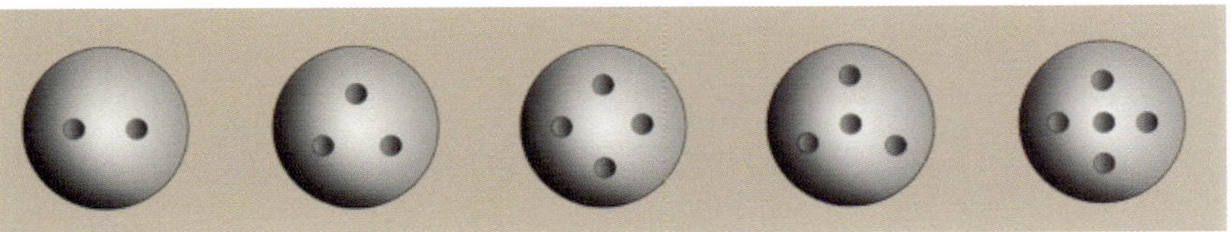

✣ 우유를 곁들인 커피, 특히 카페 라떼와 카푸치노는 에스프레소와 우유가 섬세하게 조화를 이루는 대표적인 커피 음료이다. 밀크 스티밍은 단순 가열이 아니라, 우유와 공기가 만나 부드럽고 크리미한 질감을 창조하는 정교한 과정이다. 스팀 완드에서 뿜어지는 증기는 우유에 공기를 세밀하게 주입하여 미세 거품(micro-foam)과 따뜻한 질감을 동시에 형성한다. 적절한 공기 주입은 우유에 생기를 불어넣고, 에스프레소와 만나 쓴맛과 산미를 부드럽게 완화하며 입안에서 달콤함과 깊은 향미가 조화롭게 어우러지도록 한다. 반대로 공기가 부족하면 우유는 무겁고 밋밋해지고, 과도하면 거품이 거칠어지고, 우유가 과열되어 커피 본연의 섬세한 향미가 왜곡될 수 있다.

스팀을 통해 우유는 부드럽고 고운 거품으로 다시 태어난다. 이 과정은 단지 가열이 아니라, 온도, 시간, 감각이 만들어내는 정교한 균형의 예술이라 할 수 있다. 한 잔의 라테가 가진 풍부한 질감은 바로 이 순간에 결정되며, 그 과정을 단계별로 살펴보면 우유 질감의 섬세함과 스팀 기술의 중요성을 보다 명확하게 이해할 수 있다.

스팀 압력 확인

에스프레소 머신마다 스팀 압력은 다르지만, 밀크 스티밍에 이상적인 압력은 약 1~1.5bar 정도이다. 압력이 너무 낮으면 스티밍 속도가 느려지고, 너무 높으면 정밀한 조절이 어려워 미세 거품 형성에 방해될 수 있다.

스팀 완드 물 제거

전용 행주로 스팀 완드를 깨끗이 닦는다. 장시간 사용하지 않은 스팀 완드는 내부에 응결된 물이 고일 수 있으므로, 스팀 레버를 잠시 작동시켜 잔여 물기를 제거한다.[170] 행주를 2겹 이상 접어 스팀 완드와 팁을 감싸 아래로 향하게 하여 뜨거운 물이 튀는 것을 방지한다.

스팀 피처 우유 담기

냉장고에서 갓 꺼낸 차가운 우유를 사용해 거품 형성을 최적화한다. 600ml 스팀 피처 기준, 스파웃 아래까지 채우면 약 200~250ml 적정량이다. 우유가 너무 많거나 적으면 스트레칭과 롤링이 어려워질 수 있다.

스티밍 위치 잡기

스팀 완드를 편안한 각도로 세우고, 스팀 피처 중앙에 위치시킨 후 피처를 약 30도 기울인다. 스팀 팁은 중앙에서 약간 왼쪽 또는 오른쪽으로 어긋나게 조정하면 소용돌이(vortex) 형성에 유리하다.

스팀 팁 담그기

스팀 팁을 우유 표면 바로 아래(약 0.5~1cm) 잠기게 한 후 스팀 레버를 작동시킨다. 완드가 우유에 잠기지 않은 상태에서 작동하면 우유가 튀거나 거친 거품이 생길 수 있다.

공기 주입

스트레칭 단계에서는 공기를 주입(stretching)해 미세 거품을 형성한다. 스팀 팁을 우유 표면 바로 아래에 유지하며 레버를 열어 "치이익" 소리가 나도록 한다. 한 손으로 피처를 잡고, 다른 손으로 레버를 조작하며 소리가 시작되면 피처를 천천히 내려 거품을 조절한다. 카페 라떼에서는 적은 거품(0.5~1cm)을 위해 약 30~35°C에서 스트레칭을 진행한다. 온도계가 없을 경우, 피처를 손으로 감싸 체온 수준[171]으로 감각적으로 확인할 수 있다. 과도한 공기 주입은 거친 거품을, 부족한 주입은 밋밋한 질감을 초래한다.

혼합 과정

롤링 단계에서는 스트레칭으로 형성된 거품과 우유를 균일하게 혼합(rolling)하여 부드러운 마이크로폼을 완성한다. 스팀 팁을 우유에 1~2cm 정도 담그고 피처를 기울여 소용돌이가 형성되도록 한다. "치이익" 소리가 멈추고 우유가 부드럽게 회전하고, 피처가 약 60~65°C(손으로 만져 뜨겁지만 참을 만한 정도)에 도달했을 때 스팀 레버를 닫는다. 너무 깊이 담그거나 과도한 공기 주입은 거품 분리와 과열(약 65°C 초과)을 유발할 수 있다.

스팀 완드 청소

스티밍 후에는 전용 행주로 스팀 완드를 닦고 원래 위치로 되돌린다.

스팀 완드 잔여물 제거

스팀 레버(steam lever)를 잠깐 작동시켜 완드 내부의 우유 잔여물을 배출한다. 행주로 감싸 물이 튀는 것을 방지한다.

잔거품 제거

롤링 후 남은 큰 거품은 피처를 탁자에 가볍게 치며 제거하고, 원을 그리며 흔들어(swirling) 스팀 우유를 균일하게 만든다.

순서	과정	내용
1	스팀 압력 확인	스팀 완드의 압력(약 1~1.5bar)을 확인한다. 너무 낮거나 높으면 미세 거품 형성이 어렵다.
2	스팀 완드 물 제거 (퍼징)	장시간 사용하지 않은 스팀 완드는 응결수가 고일 수 있으므로, 전용 행주로 닦고 스팀 레버를 잠깐 작동시켜 물기를 제거한다.
3	스팀 피처 우유 담기	600ml 스팀 피처에 차가운 우유(4~8°C)를 스파웃 바로 아래(200~250ml)까지 채운다.
4	스티밍 위치 잡기	스팀 완드를 피처 중앙에 위치시킨 후, 피처를 약 30도 기울여 스팀 팁이 중앙에서 약간 왼쪽(또는 오른쪽)으로 어긋나게 조정한다.
5	스팀 팁 담그기	스팀 팁을 우유 표면 바로 아래(0.5~1cm)에 담근 후 스팀 레버를 작동시킨다.
6	공기 주입 (스트레칭)	스팀 팁을 우유 표면 근처에 유지하며 "치이익" 소리가 나도록 공기를 주입한다. 라떼는 30~35°C까지 진행한다.
7	혼합 과정 (롤링)	스팀 팁을 우유에 1~2cm 깊이로 담그고 피처를 기울여 소용돌이가 형성되도록 한다. "치이익" 소리가 멈추고, 피처가 60~65°C에 도달하면 스팀 레버를 닫는다.
8	스팀 완드 재위치	스팀 완드를 전용 행주로 닦아 원래 위치로 돌려놓는다.
9	스팀 완드 속 우유 제거	스팀 레버를 잠깐 작동시켜 완드 내부의 우유 잔여물을 제거한다.

✣ 스티밍 과정에서 우유 온도는 매우 중요하다. 온도가 65°C를 초과하면 우유 단백질이 변성(denaturation)되어 향미가 저하되고 불쾌한 맛이 날 수 있으므로, 60~

65℃로 정밀히 조절해야 한다. 이를 돕기 위해, 최근에는 온도에 따라 외부 색상이 세 단계로 변하는 스팀 피처가 사용된다. 이러한 피처는 직관적인 온도 확인을 가능케 하여, 최적의 미세 거품과 부드러운 질감을 안정적으로 완성하며, 에스프레소와 조화로운 향미를 만든다.

- 스팀 피처를 냉장고에 보관해 차갑게 유지하면, 우유가 낮은 온도에서 스티밍될 때 공기 주입이 더 효과적이다. 이는 미세하고 균일한 마이크로폼을 형성하며, 부드럽고 매끄러운 질감을 얻는 데 유리하다.
- 스팀 우유를 에스프레소가 담긴 컵에 부을 때는 컵을 약 45도 기울이고, 스팀 피처를 부드럽게 흔들며 붓는다. 우유와 에스프레소가 자연스럽게 섞이며, 크리미한 질감과 라떼 아트에 적합한 표면을 형성한다.
- 스팀 피처에서 우유 거품은 시간이 지나면 위로 분리되어 뜨게 된다. 따라서 두 잔의 라떼를 만들 경우, 스티밍이 끝난 우유를 작은 피처에 나눠 담아 거품과 우유의 비율을 균등하게 조절하는 '밀크 스플릿(milk splitting)' 기술을 활용한다. 이 방법을 통해 두 잔 모두 일관된 질감과 맛을 유지할 수 있다. 이때 에스프레소의 신선한 크레마가 사라지기 전에 신속하게 진행하는 것이 매우 중요하며, 이를 위해 두 잔의 에스프레소가 미리 준비되어 있어야 한다. 이 모든 과정이 빠르게 이루어져야 우유와 커피가 최적의 조화를 이룰 수 있다.
- 카페 라떼의 핵심은 에스프레소와 부드럽게 조화를 이루는 미세하고 균일한 마이크로폼(10~20ml)에 있다. 스티밍 과정에서 우유를 회전시켜(swirling) 질감을 균질화하면, 광택이 흐르는 크리미한 스팀 밀크를 완성할 수 있다.

한편, 라떼 아트(latte art)는 에스프레소 위에 스팀 우유로 패턴을 구현하는 시각적 예술이다. 그 기법은 크게 세 가지로 나뉜다. 첫째, 프리 푸어링(free pouring)은 별도의 도구 없이 오직 피처의 정교한 핸들링만으로 모양을 만들어내는 방식이다. 민무늬 하트, 결 하트, 2단 튤립, 로제타와 같은 섬세하고 다양한 패턴을 구현할 수 있다. 둘째, 에칭(etching)은 뾰족한 펜이나 스틱을 이용해 우유 거품 표면에 섬세한 선을 그려 넣는 기법이다. 셋째, 스텐실 아트(stencil art)는 원하는 모양의 틀(스텐실)을 활용해 크레마나 스팀 밀크 거품 위에 코코아 파우더, 시나몬 가루를 뿌려 디자인을 완성하는 방식이다.

라떼 아트를 성공적으로 완성하려면 양보다는 질에 집중한 조밀한 마이크로폼을 만드는 것이 중요하다. 스티밍이 끝난 피처는 원을 그리듯 부드럽게 흔들어 우유를 균일하게 섞어주고, 바닥에 가볍게 쳐서(tapping) 큰 거품을 제거한다. 이 과정을 반복하여 매끄럽고 벨벳(velvet) 같은 질감을 얻는 것이다. 준비된 스팀 밀크를 컵에 부을 때는 컵을 45도 기울이고 피처를 섬세하게 흔들어주며, 에스프레소와 자연스럽게 융화시킨다. 아름다운 라떼 아트 패턴은 스팀 밀크의 양, 유속, 바리스타의 핸들링 기술(handling technique), 푸어링 위치(pouring position), 피처 스파웃(pitcher spout) 디자인(design), 그리고 컵 크기(cup size) 등 여러 요소가 완벽하게 조화를 이룰 때 비로소 탄생한다. 이처럼 완성된 라떼 커피는 일반 음료와는 달리 바리스타의 손끝에서 빚어낸 한 편의 작품과도 같다.

[라테 아트 핵심 기술]

라떼 아트는 하트(heart), 튤립(tulip), 로제타(rosetta), 스완(swan) 등 다양한 디자인으로 표현되지만, 이러한 창작의 바탕에는 네 가지 공통 원리가 적용된다. 즉, 흐름(flow), 위치(position), 높이(height), 그리고 제어(control)가 그것이다. 이 원리들은 바리스타의 손끝에서 아름다운 무늬를 완성하는 출발점이 된다.

STEP 1: 준비 자세

- 스팀 피처 손잡이를 엄지와 검지가 하트 모양으로 교차하도록 편안히 잡는다.
- 나머지 손가락으로는 손잡이를 가볍게 감싸듯 잡는다.
- 반대 손으로 에스프레소가 담긴 컵을 잡는다. 이때 손잡이가 몸쪽(왼손잡이는 반대)을 향하게 하고 손가락으로 컵을 안정적으로 받친다.
- 컵을 스팀 피처 방향으로 약 45도 기울인다.

STEP 2: 위치 조정

- 컵을 든 손목을 살짝 꺾어 스팀 피처 스파웃을 컵 중앙 위 1~2cm에 위치시킨다.
- 컵은 스팀 피처보다 약간 낮게 위치한다.
- 손목과 팔꿈치의 부드러운 움직임으로 우유가 흐르는 속도(유속)를 조절한다.

STEP 3: 우유 붓기와 패턴 완성

- 컵을 45도 기울인 상태에서 스팀 피처를 컵 위 약 10cm 높이에서 시작하여 가는 줄기로 스팀 우유를 붓는다.
- 크레마가 안정화(stabilization)[172]된 이후, 피처와 컵 사이의 거리를 약 1~2cm로 낮추고 패턴에 따라 손목으로 조절한다.
- 스팀 우유의 줄기를 가늘게 유지하며, 손목 스냅을 활용해 바깥쪽으로 이동하며 원하는 패턴을 그린다.
- 패턴 완성 직전에는 낙차를 서서히 높이(약 10cm)면서 피처 끝을 살짝 들어 올려 붓기를 멈춘다.
- 컵이 적정량 채워지도록 부으면서 마무리한다.

[라테 아트 종류별 기술]

민무늬 하트(Plain heart)

- 첫 번째 붓기(중앙 원형 형성): 컵을 약 45도 기울이고, 스팀 피처를 컵 위 약 10cm 높이에 위치시킨 후, 일정한 유량과 유속으로 스팀 우유를 컵 중앙에 부어 크레마를 균일화하며 하트의 기초를 형성한다. 컵의 50~60%가 차면 붓기를 멈춘다.
- 두 번째 붓기(하트 형성): 스팀 피처를 1~2cm 높이로 낮추고, 컵 중앙에 우유를 붓기 시작한다. 처음에는 적은 유량으로 시작해 점차 유량을 늘리고 유속을 조절하며, 컵 중앙에 균형 잡힌 원형 무늬를 완성한다. 동시에 컵을 서서히 세워 하트의 상단 곡선을 완성한다.
- 세 번째 붓기(마무리): 스팀 피처를 서서히 들어 올려 낙차를 약 10cm로 높이고 유량을 줄인다. 하트 상단에서 아래로 일직선으로 컷 스루(cut-through)하여 하트의 하단을 완성한다. 피처를 살짝 들어 올리며 붓기를 멈춘다.

단계	핵심	내용
1	컵 각도 초기 낙차 유량과 유속 채우기	• 컵을 약 45도 기울여 준비한다. • 스팀 피처를 컵 위 약 10cm 높이에 위치시키고, 컵 중앙에 스팀 우유를 붓는다. • 일정한 유량과 유속으로 원을 그리며 부어 크레마를 균일화한다. • 컵의 50~60가 차면 붓기를 멈춘다.
2	낙차 낮추기 위치 원형 만들기 컵 세우기	• 스팀 피처를 컵 위 1~2cm 높C|로 낮춘다. • 컵 중앙에서 계속 붓는다. • 유량을 점차 늘리고 유속을 부드럽게 유지하며 하트의 원형 기초를 형성한다. • 컵을 서서히 세워 하트의 상단 곡선을 완성한다.
3	낙차 높이기 마무리	• 스팀 피처를 약 10cm 높이로 서서히 들어 올리며 유량을 줄인다. • 하트 상단에서 아래로 일직선으로 컷 스루하여 하트의 하단을 완성한다.

로제타 기반 하트(Rosetta heart)

✣ 첫 번째 붓기(중앙 원형 형성): 컵을 약 45도 기울이고, 스팀 피처를 컵 위 약 10cm 높이에 위치시킨 후, 일정한 유량과 유속으로 스팀 우유를 에스프레소 중앙에 부어 컵의 50~60%를 채운다. 이는 크레마를 안정화하며 하트의 기초를 형성한다.

✣ 두 번째 붓기(로제타 결 형성): 스팀 피처를 1~2cm 높이로 낮추고, 컵 중앙에서 부으며 유량을 늘린다. 처음에는 적은 유량으로 부드럽게 붓고, 중앙에서 손목을 작고 빠르게 좌우로 핸들링(handling)[173]하면서 결 모양을 형성한다. 동시에 컵을 서서히 세워 하트의 상단 곡선을 완성한다.

단계	핵심	내용
1	컵 각도 초기 낙차 유량과 유속 채우기	• 컵을 약 45도 기울여 준비한다. • 스팀 피처를 컵 위 약 10cm 높이에 위치시키고, 컵 중앙에 스팀 우유를 붓는다. • 일정한 유량과 유속으로 원을 그리며 부어 크레마를 균일화한다. • 컵의 50~60%가 차면 붓기를 덤춘다.
2	낙차 낮추기 위치 핸들링 컵 세우기	• 스팀 피처를 컵 위 1~2cm 높C|로 낮춘다. • 컵 중앙에서 처음에는 적은 유량으로 부드럽게 붓는다. • 스팀 피처를 작고 빠르게 좌우로 흔들며(핸들링) 로제타의 결 모양을 형성한다. • 컵을 서서히 세워 결 패턴을 완성한다.
3	낙차 높이기 마무리	• 스팀 피처를 약 10cm 높이로 서서히 들어 올리며 유량을 줄인다. • 하트 상단에서 아래로 일직선으로 컷 스루하여 하트의 하단을 완성한다.

Rosetta Heart

✣ 세 번째 붓기(마무리): 스팀 피처를 서서히 들어 올려 낙차를 약 10cm로 높이고 유량을 줄인다. 하트 상단에서 아래로 일직선으로 컷 스루하여 하트의 하단을 완성한다. 피처를 살짝 들어 올리며 붓기를 멈춘다.

하트 인 하트(Heart-in-Heart)

✣ 첫 번째 붓기(중앙 원형 형성): 컵을 약 45도 기울이고, 스팀 피처를 컵 위 약 10cm 높이에 위치시킨 후, 일정한 유량과 유속으로 스팀 우유를 에스프레소 중앙에 부어 컵의 50~60%를 채운다. 크레마를 안정화하며 큰 하트의 기초를 형성한다.

✣ 두 번째 붓기(중간 크기 원형 형성): 스팀 피처를 1~2cm 높이로 낮추고, 컵 중앙에서 부으며 유량을 점차 늘려 중간 하트의 원형 기초를 형성한다. 유량은 처음 적게 시작해 점차 늘리고, 피처를 살짝 들어 올리며 붓기를 멈춘다. 동시에 컵을 살짝 세워 중간 하트의 곡선을 완성한다.

✣ 세 번째 붓기(작은 원형 형성): 첫 번째 원형의 중앙에 우유를 부드럽게 밀어 넣

단계	핵심	내용
1	컵 각도 초기 낙차 유량과 유속 채우기	• 컵을 약 45도 기울여 준비한다. • 스팀 피처를 컵 위 약 10cm 높이에 위치시키고, 에스프레소 중앙에 스팀 우유를 붓는다. • 일정한 유량과 유속으로 원을 그리며 부어 크레마를 균일화한다. • 컵의 50~60%가 차면 붓기를 멈춘다.
2	낙차 낮추기 위치 원형 만들기 멈추기 컵 세우기	• 스팀 피처를 컵 위 1~2cm 높이로 낮춘다. • 컵 중앙에서 붓는다. • 유량을 점차 늘려 중간 크기의 원형(첫 번째 하트)을 만든다. • 원형이 형성되면 피처를 살짝 들어 올려 붓기를 멈춘다. • 컵을 살짝 세워 중간 하트의 곡선을 완성한다.
3	위치 재조정 원형 만들기 컵 세우기	• 컵 가장자리 근처에서 다시 시작한다. • 첫 번째 원형의 중앙에 스팀 우유를 부드럽게 부어 작은 원형(두 번째 하트)을 만든다. • 컵을 조금 더 세워 작은 하트의 곡선을 완성한다.
4	낙차 높이기 마무리	• 스팀 피처를 약 10cm 높이로 서서히 들어 올리며 유량을 줄인다. • 하트 상단에서 아래로 일직선으로 컷 스루하여 전체 하트의 하단을 완성한다.

Heart-in-Heart

으며 더 작은 원형을 만든다. 유량을 조절해 작은 하트의 곡선을 형성하고 컵을 조금 더 세운다.

- 네 번째 붓기(마무리): 컵 가장자리 근처에서 시작해 두 번째 원형 안으로 우유를 밀어 넣으며 가장 작은 원형을 만든다. 컵을 완전히 세우고 스팀 피처를 약 10cm 높이로 서서히 들어 올리며 유량을 줄인다. 하트 상단에서 아래로 일직선으로 컷 스루하여 전체 하트의 하단을 완성한다. 피처를 살짝 들어 올리며 붓기를 멈춘다.

2단 튤립(Two-stack tulip)

- 첫 번째 붓기(중앙 원형 형성): 컵을 약 45도 기울여 준비한다. 스팀 피처를 컵 위 약 10cm 높이에 위치시키고, 에스프레소 중앙에 스팀 우유를 부어 크레마를 균일화한다. 일정한 유량과 유속으로 부드럽게 부어 컵의 50~60%를 채우고 붓기를 멈춘다.
- 두 번째 붓기(중간 크기 원형 형성): 스팀 피처를 컵 위 1~2cm 높이로 낮추고, 컵 중앙에서 스팀 우유를 부드럽게 부어 중간 크기의 원형(첫 번째 튤립)을 형성한다. 유량을 점차 늘리고, 원형이 완성되면 피처를 살짝 들어 올려 붓기를 멈춘다. 동시에 컵을 살짝 세워 첫 번째 튤립의 곡선을 완성한다.
- 세 번째 붓기(작은 원형 형성): 첫 번째 원형 중앙에 스팀 우유를 부드럽게 부어 작은 원형(두 번째 튤립)을 형성하며, 첫 번째 원형과 약간의 간격을 유지한다. 유량을 조절해 두 번째 튤립의 곡선을 완성하고, 컵을 조금 더 세운다.
- 마무리: 스팀 피처를 약 10cm 높이로 서서히 들어 올리며 유량을 줄여 두 번째 원형 상단에서 아래로 일직선으로 컷 스루하여 튤립 끝선을 완성한다. 피처를 살짝 들어 올리며 붓기를 멈춘다.

두 번째와 세 번째 붓기에서 스팀 피처를 미세하고 빠르게 좌우로 흔들며 로제타 스타일의 결이 있는 튤립을 표현할 수 있다. 마지막 마무리 단계에서는 흔들지 않고 부드럽게 부어 하트 모양으로 완성한다.

단계	핵심	내용
1	컵 각도 초기 낙차 유량과 유속 채우기	• 컵을 약 45도 기울여 준비한다. • 스팀 피처를 컵 위 약 10cm 높이에 위치시키고, 에스프레소 중앙에 스팀 우유를 붓는다. • 일정한 유량과 유속으로 원을 그리며 부어 크레마를 균일화한다. • 컵의 50~60%가 차면 붓기를 멈춘다.
2	낙차 낮추기 위치 원형 만들기 멈추기 컵 세우기	• 스팀 피처를 컵 위 1~2cm 높이로 낮춘다. • 컵 중앙에서 붓는다. • 유량을 점차 늘려 중간 크기의 원형(첫 번째 튤립)을 만든다. • 원형이 형성되면 피처를 살짝 들어 올려 붓기를 멈춘다. • 컵을 살짝 세워 첫 번째 튤립의 곡선을 완성한다.
3	위치 재조정 원형 만들기 간격 유지 컵 세우기	• 컵 가장자리 근처에서 다시 시작한다. • 첫 번째 원형 중앙에 스팀 우유를 부드럽게 부어 작은 원형(두 번째 튤립)을 만든다. • 첫 번째 원형과 약간의 간격을 유지한다. • 컵을 조금 더 세워 두 번째 튤립을 완성한다.
4	낙차 높이기 마무리	• 스팀 피처를 약 10cm 높이로 서서히 들어 올리며 유량을 줄인다. • 두 번째 원형 상단에서 아래로 일직선으로 컷 스루하여 튤립 끝선을 완성한다.

3단 튤립(Three-stack tulip)

- 첫 번째 붓기(중앙 원형 형성): 컵을 약 45도 기울여 준비한다. 스팀 피처를 컵 위 약 10cm 높이에 위치시키고, 에스프레소 중앙에 스팀 우유를 일정한 유량과 유속으로 부어 크레마를 균일화한다. 원형 무늬를 형성하며 컵의 50~60%를 채우고 붓기를 멈춘다.
- 두 번째 붓기(중간 크기 원형 형성): 스팀 피처를 컵 위 1~2cm 높이로 낮추고, 컵 중앙에서 스팀 우유를 부드럽게 부어 중간 크기의 원형(첫 번째 튤립)을 형성한다. 유량을 점차 늘리고, 원형이 완성되면 피처를 살짝 들어 올려 붓기를 멈춘다. 동시에 컵을 살짝 세워 첫 번째 튤립의 곡선을 완성한다.
- 세 번째 붓기(작은 원형 형성): 첫 번째 원형 중앙에 스팀 우유를 부드럽게 부어 작은 원형(두 번째 튤립)을 형성하며, 첫 번째 원형과 약간의 간격을 유지한다. 유량을 조절해 두 번째 튤립의 곡선을 완성하고, 컵을 조금 더 세운다.
- 네 번째 붓기(더 작은 원형 형성): 두 번째 원형 중앙에 스팀 우유를 부드럽게 부

어 더 작은 원형(세 번째 튤립)을 형성하며, 두 번째 원형과 약간의 간격을 유지한다. 유량을 조절해 세 번째 튤립의 곡선을 완성하고, 컵을 조금 더 세운다.

- 마무리: 스팀 피처를 약 10cm 높이로 서서히 들어 올리며 유량을 줄이고, 세 번째 원형 상단에서 아래로 일직선으로 컷 스루하여 튤립 끝선을 완성한다. 피처를 살짝 들어 올리며 붓기를 멈춘다.

두 번째, 세 번째, 네 번째 붓기에서 스팀 피처를 미세하고 빠르게 좌우로 흔들며 로제타 스타일의 결이 있는 튤립을 형성할 수 있다. 마지막 마무리 단계에서는 흔들지 않고 부드럽게 부어 하트 모양으로 완성한다.

단계	핵심	내용
1	컵 각도 초기 낙차 유량과 유속 채우기	• 컵을 약 45도 기울여 준비한다. • 스팀 피처를 컵 위 약 10cm 높이데 위치시키고, 에스프레소 중앙에 스팀 우유를 붓는다. • 일정한 유량과 유속으로 원을 그리며 부어 크레마를 균일화한다. • 컵의 50~60%가 차면 붓기를 멈춘다.
2	낙차 낮추기 위치 원형 만들기 컵 세우기 멈추기	• 스팀 피처를 컵 위 1~2cm 높이로 낮춘다. • 컵 중앙에서 붓는다. • 유량을 점차 늘려 중간 크기의 원형(첫 번째 튤립)을 만든다. • 원형이 형성되면 피처를 살짝 들어 올려 붓기를 멈춘다. • 컵을 살짝 세워 첫 번째 튤립의 곡선을 완성한다.
3	위치 재조정 원형 만들기 간격 유지 컵 세우기	• 컵 중앙에서 다시 시작한다. • 첫 번째 원형 중앙에 스팀 우유를 부드럽게 부어 작은 원형(두 번째 튤립)을 만든다. • 첫 번째 원형과 약간의 간격을 유지한다. • 컵을 조금 더 세워 두 번째 튤립을 완성한다.
4	위치 재조정 원형 만들기 간격 유지 컵 세우기	• 컵 중앙에서 다시 시작한다. • 두 번째 원형 중앙에 스팀 우유를 부드럽게 부어 더 작은 원형(세 번째 튤립)을 만든다. • 두 번째 원형과 약간의 간격을 유지한다. • 컵을 조금 더 세워 세 번째 튤립을 완성한다.
5	낙차 높이기 마무리	• 스팀 피처를 약 10cm 높이로 서서히 들어 올리며 유량을 줄인다. • 세 번째 원형 상단에서 아래로 일직선으로 컷 스루하여 튤립 끝선을 완성한다.

[라테 아트 오류 · 수정]

✣ 스팀 우유를 부으며 원형을 만들 때 낙차를 낮췄다가 너무 빠르게 높여 하트 모양을 형성했다.

☑ 낙차를 너무 빠르게 높이면 하트 모양이 작아지고 원형이 부드럽게 이어지지 않는다. 낙차를 1~2cm로 유지하며 유량과 유속을 일정하게 조절해 하트의 원형 기초를 형성한 후 컵을 점진적으로 세워 상단 곡선을 완성한다.

✣ 에스프레소가 담긴 컵에 스팀 우유를 너무 많이 채워 안정화시켰다.

☑ 처음에 스팀 우유를 과도하게 채우면 컵 공간이 부족해 하트 모양이 작거나 왜곡된다. 컵의 50~60%만 채워 크레마를 안정화하고, 이후 하트 형성을 위한 공간을 확보한다.

✣ 안정화 과정에서 유량이 너무 적고 유속이 느렸다.

☑ 유량과 유속이 너무 낮으면 크레마가 제대로 안정되지 않아 하트 모양이 흐릿하거나 불완전해진다. 일정한 유량과 유속으로 고정적으로 부어 크레마를 균일화한다.

✣ 컵의 중앙에서 일정하게 원형을 만들지 못했다.

☑ 스팀 피처의 위치나 각도가 일정하지 않으면 원형이 비대칭이 되어 하트 모양이 왜곡된다. 컵 중앙에서 일정한 위치로 부어 균일한 원형 기초를 형성한다.

✣ 스팀 피처 스파웃의 방향이 기울어진 상태로 원형을 만들었다.

☑ 스파웃이 기울어지면 스팀 우유가 컵 정중앙에 정확히 부어지지 않아 하트 모양이 비뚤어진다. 스파웃을 직선으로 유지하며 정중앙을 목표로 부어야 한다.

✣ 원형을 만드는 과정에서 스팀 우유를 갑자기 많이 부었다.

☑ 유량이 갑자기 많아지면 하트 모양이 흐려지거나 찌그러진다. 유량을 점차 늘리며 일정하게 유지해 하트의 원형 기초를 형성한 후 점진적으로 유량을 늘려 상단 곡선을 완성한다.

✣ 원형을 만드는 과정에서 스팀 우유를 적게 붓다가 갑자기 많이 부었다.

☑ 유량이 갑작스럽게 변하면 하트 모양이 불균형해진다. 유량을 섬세하고 일정하게 조절해 하트의 원형 기초를 균일하게 형성한다.

✣ 원형을 만드는 과정에서 컵을 너무 빠르게 세웠다.

☑ 컵을 너무 빠르게 세우면 원형이 왜곡되어 하트 모양이 제대로 형성되지 않는다. 컵을 천천히 세우며 하트의 상단 곡선을 부드럽게 완성한다.

✣ 스팀 우유를 붓고 멈출 때, 스팀 피처 끝을 높게 올렸다.

☑ 붓기를 멈출 때 피처를 너무 높게 들어 올리면 하트 모양이 끊기거나 불완전해진다. 피처를 약 10cm 높이로 살짝 들어 올리며 가느다란 선으로 마무리한다.

[라테 아트 용어]

- **안정화**(stabilization): 안정화 단계는 라떼 아트를 위한 견고한 기반을 다지는 필수적인 사전 작업이다. 이는 추출된 에스프레소에 스팀 우유를 조심스럽게 부어 표면의 크레마를 균일하고 매끄럽게 만드는 과정이다. 안정화의 핵심은 패턴을 위한 최적의 '캔버스'를 조성하는 데 있다. 이를 위해 컵의 50~60%를 스팀 우유로 채운다. 이로써 이후 펼쳐질 라떼 아트가 선명하고 정교하게 표현될 수 있는 안정적인 토대가 마련된다.
- **낙차**(drop height): 에스프레소 컵 표면과 스팀 피처 사이의 거리를 의미한다. 라떼 아트의 섬세함과 질감에 직접적인 영향을 미친다. 안정화 단계에서는 크레마를 균일화하여 매끄러운 표면을 만들기 위해 약 10cm 높이를 유지해 우유가 부드럽게 흘러들도록 한다. 이로 인해 거품과 액체가 균형 있게 섞이며 크레마가 안정적으로 유지된다. 반면, 라떼 아트를 그릴 때는 정교한 모양을 만들기 위해 낙차를 1~2cm 정도로 낮추어 유속을 조절한다. 낮은 높이에서 천천히 붓는 우유는 에스프레소 위에서 부드럽게 퍼지며 섬세한 패턴을 형성한다. 만약 낙차가 너무 높으면 거품과 액체가 과도하게 섞여 라떼 아트 경계가 흐려지고 형태가 뚜렷하지 않게 된다. 이처럼 낙차는 단순한 거리 이상의 의미를 지닌다.
- **유량**(flow rate): 스팀 피처에서 스팀 우유를 붓는 양과 속도를 의미한다. 라떼 아트의 정밀함과 형태에 큰 영향을 미친다. 적절한 유량은 우유가 에스프레소 위에 고르게 퍼져 패턴을 정확히 그릴 수 있게 한다. 유량이 너무 많으면 우유의 균일한 흐름이 방해받아 아트 경계가 흐려지고, 반대로 유량이 적으면 충분한 우유가 표면에 형성되지 않아 원하는 모양이 드러나지 않는다. 유량 조절은 단순 우유를 붓는 행위가 아니라, 손끝으로 스팀 우유와 액체의 흐름을 다루는 섬세한 감각이다.
- **유속**(flow speed): 스팀 피처에서 컵으로 떨어지는 스팀 우유의 속도를 의미한다. 라떼 아트의 표현과 완성도를 좌우하는 핵심 기술이다. 유속이 너무 빠르면 우유가 급하게 퍼지면서 패턴이 번지고 경계가 흐려져 세밀한 패턴 구현이 어렵다. 반대로 너무 느리면 우유가 충분히 퍼지지 않아 원하는 패턴을 그리기 어렵다.

따라서 유속 조절은 단순 속도 조정이 아니라, 우유와 크레마가 만나 형성되는 패턴의 흐름을 손끝으로 다루는 기술이다.

- **핸들링**(handling): 스팀 피처를 섬세하게 좌우로 흔들어 우유의 흐름을 제어하는 기술이다. 이를 통해 라떼 아트에 풍부한 입체감과 미세한 질감을 더하는 결(ripples)을 구현한다. 빠르고 섬세한 핸들링은 촘촘하고 세밀한 결을 만들어내고, 느리고 다소 큰 움직임은 부드럽고 넓은 결을 형성한다. 숙련된 손끝 감각으로 정교한 결을 만들어내는 것이 핵심이다.
- **드롭**(drop): 스팀 우유 거품을 조금씩 떨어뜨려 점처럼 찍어 모양을 만드는 기술이다. 라떼 아트에서 세밀하고 정교한 디테일 구현 시 사용된다. 주로 에칭(etching) 펜과 같은 도구로 작은 점을 찍어 세밀한 패턴이나 장식을 완성한다. 드롭은 우유 거품의 양과 위치, 떨어뜨리는 속도를 정밀하게 조절해야 하므로 작업자의 손끝 감각과 고도의 집중력이 요구된다.
- **무빙**(moving): 스팀 우유 거품을 자유롭게 이동시키며 원하는 선과 형태를 만들어내는 기술이다. 단순히 붓는 것이 아니라, 컵 위에서 거품의 방향과 흐름을 조절하여 선(line)을 그리거나 패턴을 이동시키는 역할을 한다. 무빙은 하트, 로제타, 튤립 등 대표 패턴 형성의 핵심 기술로, 작업자의 피처 흔들기, 각도, 손목 움직임에 따라 선 굵기와 곡선 흐름이 달라진다. 이는 화가가 붓으로 캔버스를 그리듯 커피 표면 위에 '움직임의 미학'을 새겨 넣는 과정이다.
- **에칭**(etching): 전용 펜이나 바늘과 같은 도구를 이용해 커피 표면에 그림을 새기듯 무늬를 만드는 기술이다. 프리 푸어링(free pouring)과 달리, 정밀하고 복잡한 디자인을 표현할 수 있으며, 동물, 인물, 문자, 풍경 등 회화적인 요소까지 구현할 수 있다. 작업자는 라떼의 표면 거품을 하나의 캔버스로 삼아, 펜 끝으로 선을 긋고 점을 찍어 원하는 형상을 완성한다. 이 과정은 마치 금속에 무늬를 새기는 조각 행위와 유사하여 '에칭'이라는 이름이 붙었다.

[라테 아트 연습]

❖ 일정한 유량과 유속 유지

☑ 방법: 스팀 피처에 물 2/3 정도 채우고, 다른 빈 피처나 컵을 약 45도 기울여 준비한다. 스팀 피처를 약 10cm 높이에서 시작해 물을 일정한 유량과 유속으로 중앙에 부어 물줄기가 끊김 없이 고르게 흐르도록 한다. 처음부터 끝까지 물줄기의 굵기와 속도를 일정하게 유지하며, 부드럽고 균일한 흐름을 연습한다. 이 동작은 하트 인 하트의 안정화 단계에서 크레마를 균일화하여 매끄러운 표면을 만들고 패턴 형성 기반을 준비하는 데 필수적이다.

❖ 핸들링 동작

☑ 방법: 스팀 피처에 물 2/3 정도 채우고, 빈 피처나 컵에 물을 부으며 피처를 좌우로 부드럽고 세밀하게 흔든다. 물줄기의 폭을 약 1~2cm로 유지하며, 유량과 유속을 일정하게 조절해 결이 있는 흐름을 만든다. 손목을 자연스럽게 움직여 물줄기가 고른 파동을 형성하도록 연습한다. 이 동작은 주로 로제타 패턴의 결 형성에 사용된다.

❖ 연속 푸어링(pouring) 동작

☑ 방법: 스팀 피처에 물을 채우고, 빈 피처나 컵에 물을 부으며 피처를 1~2cm 높이로 유지한다. 물줄기를 부드럽게 연속적으로 부어 다중 하트의 원형 기초를 형성한다. 낮은 낙차와 정교한 유량 조절을 통해 각 하트의 원형을 만들고, 손목의 섬세한 움직임으로 끊김 없이 부드럽게 연결하는 것이 중요하다. 이 기술은 하트 인 하트 패턴에서 각 원형의 경계를 명확히 구분하는 데 사용된다.

❖ 하트 패턴 마무리 동작

☑ 방법: 스팀 피처에 물을 채우고, 빈 피처나 컵에 물을 부으며 유량을 점차 줄여 가느다란 물줄기를 만든다. 피처를 1~2cm 높이에서 시작해, 손목 스냅을 사용하여 물줄기를 마지막 하트의 중앙에서 바깥 방향으로 부드럽게 끌어올리면서 피처의 높이를 서서히 10cm까지 높인다. 이 동작을 통해 마지막 하트의 중앙에서 얇은 선을 그리며 전체 패턴을 깔끔하게 완성한다. 물줄기가 끊김 없이 매끄럽게 이어지도록 손목을 섬세하게 제어하는 연습이 필요하다.

[ICE CAFFÈ LATTE]

RECIPE

- 에스프레소: 28～36g
- 우유: 약 180ml
- 우유 거품: 5～10ml
- 얼음: 유리컵 약 70%

① 에스프레소를 추출한다.
② 얼음을 유리컵에 약 70%까지 담는다.
③ 에스프레소를 얼음이 담긴 유리컵에 붓고 저어준다.
④ 우유를 쉐이커(shaker)나 전동 거품기 등을 이용하여 우유 거품을 만든다.
⑤ 큰 우유 거품은 살짝 쳐서 잘게 쪼개준다.
⑥ 우유와 우유 거품을 얼음과 에스프레소가 담긴 유리컵에 붓는다.

✣ 아이스 카페 라떼의 우유 거품은 상업용 매장에서 주로 전동 거품기(핸드 블렌더 또는 전동 거품기)를 활용해 부드러운 우유 거품을 만든다. 가정에서는 쉐이커를 사용해 차가운 우유(약 180ml)를 20～30초간 강하게 흔들거나, 프렌치프레스를 10～15회 빠르게 펌핑(pumping)하여 소량의 우유 거품을 생성할 수 있다. 아이스 카페 라떼는 과도한 거품을 피해야 하므로, 부드럽고 크리미한 거품(핫 카페 라테와 차이)만 소량 준비하는 것이 좋다.

✣ 아이스 카페 라테에서는 매우 얇은 마이크로폼만 사용하므로, 큰 거품은 제거하고 부드러운 질감만 선택하여 사용한다.

✣ 에스프레소를 얼음이 담긴 유리컵에 부어 빠르게 저으면 음료를 차갑게 유지하며 쓴맛을 줄일 수 있다. 이 과정으로 에스프레소의 크레마를 균일하게 섞고, 얼음이 녹는 속도를 조절해 맛의 균형을 맞춘다.

✣ 개인의 취향에 따라 에스프레소 샷을 추가하거나, 바닐라, 헤이즐넛, 캐러멜 시럽(10～15ml)을 첨가하여 향미를 강화할 수 있다. 시럽은 우유와 함께 섞거나 마지막에 부어 층을 만들어 시각적 효과를 더할 수 있다.

셋, 카푸치노(Cappuccino)

카푸치노는 단순히 에스프레소 위에 우유 거품을 올린 음료가 아니라, 공기가 머금어진 거품의 가벼움과 커피의 깊은 향미가 조화롭게 만나 이루어지는 독특한 커피 음료이다. 스티밍 방식은 카페 라떼와 비슷하지만, 카푸치노는 한층 더 풍성하고 공기 함유량이 높은 거품층을 필요로 한다. 이 차이는 단순 양의 문제가 아니라, 커피가 표현되는 방식 자체의 차이에 가깝다. 카페 라떼가 부드럽고 균일한 조화를 중시한다면, 카푸치노는 가벼운 거품과 짙은 에스프레소가 대비를 이루며 만들어내는 구조적 균형이 특징이다. 위에는 벨벳처럼 부드럽고 공기가 촘촘히 스며든 마이크로폼이 얹히고, 아래에는 농도 깊은 에스프레소가 자리해 한 잔 안에서 서로 다른 질감과 향미가 겹겹이 펼쳐진다. 카푸치노는 취향에 따라 코코아 파우더나 시나몬을 얹기도 하는데, 이는 장식을 넘어 은은한 향과 미묘한 단맛을 더해 전체적인 맛의 조화를 더욱 풍부하게 만든다. 결국 카푸치노는 에스프레소의 농도, 우유의 부드러운 질감, 공기처럼 가벼운 거품이 바리스타의 손끝에서 정교하게 맞물려 완성되는 균형의 한 잔이라 할 수 있다.

Cappuccino, by Freepik

[HOT CAPPUCCINO]

RECIPE

- 에스프레소: 28~36g
- 스팀 우유: 60~80ml
- 우유 거품: 40~60ml
- 시나몬 파우더: 약간(선택)

① 에스프레소를 추출한다.
② 온수로 컵을 예열한다(컵 유형, 보관에 따라 생략).
③ 약 120ml 우유를 스팀 피처에 넣어 우유 스티밍을 준비한다.
④ 스팀 완드를 사용하기 전에 증기를 한 번 빼준다.
⑤ 밀크 스티밍 순서에 따라 스티밍을 한다(카페 라떼보다 우유 거품을 더 많이 만든다).
⑥ 스티밍 이후 행주로 스팀 완드를 닦고 증기를 한 번 빼준다.
⑦ 스티밍 이후 우유의 큰 거품은 스팀 피처를 탁자에 살짝 쳐서 정제하고 원을 그리며 흔들어 준다.
⑧ 스팀 우유와 우유 거품을 에스프레소가 담긴 컵에 붓는다. 이때 스팀 우유를 먼저 천천히 부어 에스프레소와 자연스럽게 어우러지게 하고, 마지막에 형성된 거품을 상단에 올린다.
⑨ 취향에 따라 시나몬 또는 코코아 파우더를 소량 뿌려 향미와 시각적 효과를 더한다(선택).

✣ 카푸치노를 구성하는 비율에는 엄격한 규칙이 없지만, 많은 바리스타들이 에스프레소, 스팀 우유, 거품을 약 1 : 1 : 1 비율로 맞추는 것을 전통적 기준으로 사용한다. 이 구성은 보통 150~180ml 컵에서 층위의 조화를 시각적・미각적으로 구현하는 데 적합하다. 컵 바닥에는 진한 에스프레소가 단단한 바탕을 이루고, 그 위에 부드러운 스팀 우유가 폭신한 중간층을 형성하며, 최상단에는 공기감 있는 벨벳 같은 마이크로폼이 섬세하게 자리 잡는다. 특히 전통적인 이탈리아식 카푸치노에서는 거품층의 비중을 높게 유지해 공기감과 질감을 강조함으로써, 깊이와 가벼움이 공존하는 독특한 균형을 완성한다.

✣ 시나몬 파우더는 카푸치노의 시각적 즐거움과 향미를 동시에 아우르는 인기 있는 토핑이다. 에스프레소 위에 살짝 흩뿌린 파우더는 뒤따라 붓는 스팀 우유와 거품 속으로 일부 스며들고, 일부는 컵 가장자리에 남아 있어 장식적인 테두리

무늬를 만든다. 이로써 시각적, 후각적 감각의 풍부한 경험을 선사한다. 특히 거품의 섬세한 질감을 중요시하는 카푸치노에서는 시나몬이 표면과 가장자리에 남아 만드는 대비가 더 돋보이는 효과를 낸다. 향미 면에서도 시나몬의 따뜻한 향은 진한 에스프레소와 부드러운 우유의 사이에서 자연스러운 연결 고리를 제공한다.

- 드라이 카푸치노(dry cappuccino)는 기본 구성은 일반적인 카푸치노와 같지만, 그 중심을 '공기와 거품'에 두는 음료이다. 두 카푸치노를 가르는 핵심은 스팀 우유와 거품의 비율 조절이다. 드라이 카푸치노는 액체 우유를 최소화하여 약 10~30ml 정도만 사용하고, 그 위에 약 1.5cm 이상의 풍성한 거품층을 형성하는 방

식으로 완성된다. 일반적인 카푸치노가 에스프레소·스팀 우유·우유 거품의 삼중 구조를 균형 있게 이루는 반면, 드라이 카푸치노는 에스프레소 위로 아주 얇은 우유층만을 남기고, 그 위를 공기를 머금은 두꺼운 거품이 덮는 형태를 취한다. 제조 과정도 섬세하다. 에스프레소가 담긴 잔에 소량의 스팀 우유를 먼저 붓고, 그 위로 가볍고 풍성한 우유 거품을 조심스럽게 얹어 거품이 붕괴하지 않도록 쌓아 올린다.

완성된 드라이 카푸치노는 층위가 선명하게 나타난다. 바닥에는 농도 짙은 에스프레소가, 그 위에는 얇게 드리워진 우유층이, 최상단에는 공기를 품은 거품층이 자리하며, 이러한 구조는 시각적으로도 아름답지만 맛의 층위 또한 분명히 나누는 역할을 한다. 카페 라떼가 우유의 부드러움을 강조한다면, 드라이 카푸치노는 거품의 가벼운 질감이 주는 독특한 경험을 중심에 둔다. 말 그대로 '드라이'라는 이름은 우유의 최소화와 거품 중심의 미학을 함축한다.

[ICE CAPPUCCINO]

RECIPE

- 에스프레소: 28~36g
- 차가운 우유: 60~90ml
- 우유 거품: 5~15ml
- 시나몬 파우더: 약간(선택)
- 얼음: 유리컵 약 70%

① 에스프레소를 추출한다.
② 얼음을 유리컵에 약 70%까지 채운다.
③ 에스프레소를 얼음이 담긴 유리컵에 붓고 잘 저어준다.
④ 우유를 쉐이커나 전동 거품기 등을 이용하여 우유 거품을 만든다.
⑤ 큰 거품은 제거하고, 부드러운 질감만 남긴다.
⑥ 차가운 우유와 우유 거품을 얼음과 에스프레소가 담긴 유리컵에 붓는다.
⑦ 취향에 따라 시나몬 파우더를 우유 거품 위에 가볍게 뿌려준다.

✣ 아이스 카푸치노의 우유 거품은 핫 카푸치느보다 적으며, 아이스 카페 라떼와 유사하다. 이는 얼음과 차가운 우유로 인해 두꺼운 거품층 형성이 어렵기 때문이다.
✣ 취향에 따라 바닐라, 캐러멜, 헤이즐넛 시럽(1~2 펌프)을 추가해 에스프레소의 쓴맛과 우유의 부드러움을 조화시키며 향미를 더할 수 있다.

넷, 카페 모카(Caffè Mocha)

카페 모카는 흔히 '모카 라떼(Mocha latte)'로 불리며, 그 이름은 예멘 홍해 연안의 고대 항구 도시 모카(Mocha, al-Mukhā))에서 유래한다. 한때 전 세계로 커피를 실어 나르던 이곳은 '모카 커피'라 불리던 아라비카 종의 진한 향과 초콜릿을 닮은 풍미로 명성을 떨쳤다. 이러한 역사적 배경은 초콜릿과 커피를 결합한 카페 모카의 정체성을 자연스럽게 설명한다. 카페 모카의 핵심 특징은 에스프레소에 초콜릿 시럽이나 카카오 파우더가 더해진다는 점이다. 달콤하면서도 쌉싸래한 초콜릿 향이 커피의 쓴맛과 어우러지며, 여기에 부드러운 스팀 우유와 소량의 마이크로폼 혹은 휘핑크림이 얹혀 따뜻하고 풍부한 맛을 완성한다. 카페 모카는 커피와 초콜릿의 혼합을 넘어, 예멘 모카 항구의 무역 역사와 쓴맛과 단맛의 섬세한 조화를 담아낸다. 한 잔 안에서 깊은 스토리(story)와 감각적 경험이 동시에 펼쳐지는 음료라 할 수 있다.

[HOT CAFFÈ MOCHA]

RECIPE

- 에스프레소: 28~36g
- 스팀 우유: 120~150ml
- 우유 거품: 10~15ml(선택)
- 초콜릿 시럽: 1~2 테이블 스푼
- 초콜릿 가루: 약 1 티스푼(선택)
- 휘핑 크림: 1~2 테이블 스푼(선택)

① 에스프레소를 추출한다.
② 온수로 컵을 예열한다(컵 유형, 보관에 따라 생략).
③ 밀크 스티밍 순서는 카페 라떼와 동일하다.
④ 스팀 완드 사용 방법은 카페 라떼와 동일하다.
⑤ 컵에 초콜릿 시럽을 약 1~2 테이블 스푼을 넣는다.
⑥ 에스프레소 커피를 넣고 잘 섞는다.
⑦ 스팀 우유를 붓는다.
⑧ 선택적으로 우유 거품 혹은 휘핑 크림을 얹고, 취향에 따라 초콜릿 가루(혹은 소스)를 추가한다(초콜릿 소스로 드리즐(drizzle)[174]하여 무늬를 내준다).

Mocha Latte

✤ 초콜릿 시럽은 1~2 테이블 스푼(15~30ml)을 권장하지만, 원하는 단맛의 정도에 따라 자유롭게 조절할 수 있다. 1 테이블 스푼은 가벼운 맛, 2 테이블 스푼으로 진한 초콜릿 향미를 즐길 수 있다.

✤ 카페 모카는 카페 라떼와 동일한 기본 구조를 가지나, 초콜릿 시럽 또는 카카오 파우더를 추가하며, 휘핑크림은 선택적으로 얹는다.

✤ 초콜릿 시럽 대신 바닐라 시럽(1~2 펌프)을 추가하면 바닐라 라떼가 되며, 이는 초콜릿 향미 대신 바닐라 향을 강조한 카페 라떼이다.

✤ 우유 거품, 초콜릿 가루 또는 소스, 휘핑크림은 취향에 따라 선택적으로 추가한다. 휘핑크림 사용 시 우유 거품은 생략될 수 있다.

[ICE CAFFÈ MOCHA]

RECIPE

- 에스프레소: 28~36g
- 우유 거품: 5~10ml(선택)
- 초콜릿 가루: 약 1 티스푼(선택)
- 얼음: 유리컵 약 70%
- 차가운 우유: 120~150ml
- 초콜릿 시럽: 1~2 테이블 스푼
- 휘핑 크림: 1~2 테이블 스푼(선택)

① 에스프레소를 추출한다.
② 얼음을 유리컵에 약 70%를 채운다.
③ 초콜릿 시럽과 에스프레소를 넣고 부드럽게 섞는다.
④ 차가운 우유를 얼음 위에 붓는다.
⑤ 유리컵 안의 내용물이 잘 섞이도록 저어준다.
⑥ 선택적으로 우유 거품 또는 휘핑크림 둘 중 하나를 얹어 준다.
⑦ 선택적으로 초콜릿 가루(또는 소스)를 추가한다(초콜릿 소스로 드리즐하여 무늬를 내준다).

✤ 아이스 카페 모카는 아이스 카페 라떼를 기반으로 초콜릿 시럽 또는 카카오 파우더를 추가한 음료이다. 아이스 카푸치노보다 우유량이 많아 부드러운 맛이 강조된다. 우유 거품 또는 휘핑크림은 선택적이며, 둘 중 하나만 사용하는 것이 일반적이다.

✤ 우유 거품, 초콜릿 가루 또는 소스, 휘핑크림은 취향에 따라 선택적으로 추가한다. 단, 휘핑크림 사용 시 우유 거품은 대체로 생략된다.

다섯, 에스프레소 마키아토(Espresso macchiato)

마키아토(macchiato)는 이탈리아어로 '얼룩진(stained)' 또는 '표시한(marked)'을 의미하며, 그 이름은 음료의 시각적 특징에서 유래한다. 진한 에스프레소 표면 위에 소량의 우유 거품이 부드럽게 떨어져 흰 점이나 자국처럼 새겨지는 모습이 바로 그것이다. 전통적인 에스프레소 마키아토는 에스프레소의 강렬함을 그대로 보존하면서, 얇은 우유 거품 층을 얹어 쓴맛을 부드럽게 완화한다. 라떼나 카푸치노처럼 풍성한 우유와 거품으로 크리미한 질감을 강조하지 않고, 에스프레소의 본질을 유지한 채 미묘한 대비와 균형으로 깊은 맛을 드러낸다. 결국 마키아토는 에스프레소의 농도와 우유의 섬세한 터치가 최소한의 대화로 어우러진, 절제된 커피 경험이다.

오늘날에는 캐러멜 시럽이나 바닐라, 헤이즐넛 소스를 더한 '캐러멜 마키아토' 같은 변주가 인기를 유지한다. 전통적인 마키아토는 에스프레소와 우유 거품의 조합으로 본질에 충실하다. 이는 커피의 깊이와 우유의 가벼움이 한 잔 안에 담긴 절묘한 조화를 상징한다.

[HOT ESPRESSO MACCHIATO]

RECIPE

- 에스프레소: 28~36g
- 우유 거품: 10~15ml

① 에스프레소를 추출한다.
② 온수로 컵을 예열한다(컵 유형, 보관에 따라 생략).
③ 우유를 스티밍하여 우유 거품을 만든다.
④ 에스프레소가 담긴 컵 중앙 부분에 우유 거품을 얹어 준다.

✤ 에스프레소 마키아토는 에스프레소가 담긴 컵 중앙에 우유 거품을 스푼으로 얹어 '얼룩진' 효과를 만들며, 컵 가장자리에는 에스프레소의 크레마가 드러난다.

Espresso Macchiato

- 마키아토는 주로 에스프레소 마키아토(또는 카페 마키아토), 라떼 마키아토, 캐러멜 마키아토로 구분한다. 에스프레소 마키아토는 에스프레소에 소량의 우유거품을 얹은 형태이며, 라떼 마키아토는 스팀 우유에 에스프레소를 추가한 음료이다. 캐러멜 마키아토는 바닐라 시럽과 캐러멜 소스를 더한 라떼 마키아토의 변주이다. '숏(short)'[175] 또는 '롱(long)'[176] 마키아토는 호주, 뉴질랜드에서 싱글 또는 더블 샷을 기반으로 한 비표준 용어로, 글로벌 표준에서는 드물게 사용된다.
- 에스프레소 마키아토는 스팀 우유를 사용하지 않고, 에스프레소와 소량의 우유거품만으로 구성되어 강렬한 커피 향미를 유지하는 것이 특징이다.

[ICE ESPRESSO MACCHIATO]

RECIPE

- 에스프레소: 28~36g
- 얼음: 유리컵의 약 70%
- 우유 거품: 5~15ml

① 에스프레소를 추출한다.
② 얼음을 유리컵의 약 70%까지 채운다.
③ 차가운 우유를 쉐이커나 전동 거품기 등을 이용하여 우유 거품을 만든다.
④ 에스프레소를 얼음 위에 부어 준다.
⑤ 에스프레소가 담긴 컵 중앙 부분에 우유 거품만 살짝 얹어 준다.

- 아이스 에스프레소 마키아토는 전통 에스프레소 마키아토의 아이스 변형으로, 얼음과 차가운 우유 거품을 추가해 제공된다.
- 얼음의 양은 컵 크기와 원하는 커피 맛의 강도에 따라 조절이 가능하다.
- 우유 거품은 냉장 보관된 우유를 사용해야 부드럽고 안정적인 거품이 형성된다.

[HOT LATTE MACCHIATO]

RECIPE

- 에스프레소: 28~36g
- 스팀 우유: 120~150ml
- 우유 거품: 10~15ml(선택)
- 시럽: 약 20ml(선택)

① 에스프레소를 추출한다.
② 온수로 컵을 예열한다(컵 유형, 보관에 따라 생략).
③ 우유를 스티밍하여 우유 거품을 만든다.
④ 컵에 스팀 우유와 선택적으로 우유 거품, 시럽(선택)을 함께 부어 층을 형성한다.
⑤ 에스프레소를 스팀 우유 표면 가까이에서 천천히 부어준다.

- 라떼 마키아토는 기본적으로 에스프레소와 스팀 우유로 구성되어 시럽 등 당류는 필요에 따라 생략할 수 있다.
- 밀크 스티밍은 카푸치노와 달리 공기 주입을 최소화하여 부드러운 질감을 강조한다.
- 라떼 마키아토는 스팀 우유와 미세 거품, 일부 혼합된 에스프레소로 이루어지며, 부드러운 그라데이션(gradation)이나 얼룩 효과가 시각적으로 나타난다. 완벽한 층 분리보다는 에스프레소와 우유가 자연스럽게 어우러지는 것이 특징이다.
- 카페 라떼는 에스프레소에 스팀 우유를 부어 균일한 혼합물을 만들며, 우유 거품은 얇거나 생략될 수 있다. 진한 에스프레소가 부드러운 우유에 스며들며 균형 잡힌 맛과 향, 고요한 온기를 전한다. 반면 라떼 마키아토는 스팀 우유 위에 에스프레소를 부어 층을 형성하고, 그 위에 우유 거품을 얹는다. 잔잔한 우유 위의 에스프레소 흔적은 한 모금마다 다른 결을 남기며, 대비와 층위의 아름다움을 드러낸다. 같은 재료라도 순서와 비율의 차이는 전혀 다른 정서를 만들어낸다.
- 라떼 마키아토에 헤이즐넛 시럽을 추가하면 '헤이즐넛 라떼 마키아토'로 불리며, 부드러운 견과류 향을 더한다. 바닐라 시럽을 넣으면 '바닐라 라떼 마키아토'가 되며, 달콤하고 포근한 향미를 선사한다. 이처럼 시럽은 음료의 향과 분위기, 마시는 순간의 감각적 결을 바꾼다.
- 에스프레소를 스팀 우유 표면 가까이에서 천천히 부으면 부드러운 얼룩 효과가 만들어진다. 에스프레소는 우유와 부분적으로 섞이며, 선명한 층보다는 자연스러운 색 전환을 형성한다. 이 과정은 커피와 우유가 어우러지는 순간의 시각적 즐거움을 제공하며, 단순 혼합이 아닌 한 잔 속에서 빚어지는 미묘한 조화와 아름다움을 담아낸다.

Latte Macchiato

[ICE LATTE MACCHIATO]

RECIPE

- 에스프레소: 28~36g
- 얼음: 유리컵의 약 70%
- 차가운 우유: 120~150ml
- 우유 거품: 5~15ml(선택)
- 시럽: 약 20ml(선택)

① 에스프레소를 추출한다.
② 우유를 쉐이커나 전동 거품기로 부드러운 우유 거품을 만든다.
③ 얼음을 유리컵의 약 70%까지 채운다.
④ 차가운 우유와 우유 거품(선택)을 얼음 위에 붓고, 시럽(선택)을 추가할 경우 함께 부어 층을 형성한다.
⑤ 에스프레소를 차가운 우유 표면 가까이에서 천천히 부어, 자연스러운 얼룩 효과와 층 분리를 만든다.

✤ 아이스 라떼 마키아토는 차가운 우유, 에스프레소, 차가운 우유 거품으로 구성되며, 시럽(바닐라, 헤이즐넛, 캐러멜 등)은 선택 사항이다. 시럽을 생략해도 '얼룩진' 또는 부드러운 그라데이션 효과와 풍미는 그대로 유지된다.

✤ 에스프레소는 차가운 우유 표면 가까이에서 천천히 부어 자연스러운 얼룩진 효과를 형성한다. 이어서 우유 거품을 얹으면 시각적 아름다움과 미묘한 맛의 조화를 완성한다.

여섯, 에스프레소 콘 판나(Espresso con panna)

에스프레소 콘 판나(espresso con panna)는 이탈리아어로 '크림과 함께한 에스프레소'를 뜻한다. 'Con'은 '~와 함께,' 'Panna'는 '생크림'을 의미하며, 이 음료는 진한 에스프레소 위에 부드러운 휘핑크림(whipping cream)을 얹어 즐기는 커피이다. 작은 컵 속에서 강렬한 에스프레소가 깊은 향미를 전달하고, 그 위의 크림이 천천히 스며들며 부드러운 조화를 만든다. 에스프레소 콘 판나는 강렬함과 부드러움이 어우러진 순간을 선사하며, 맛과 질감으로 여운을 남긴다. 우유가 아닌 휘핑크림만으로 완성되는 점에서 에스프레소 마키아토(우유 거품 사용)와 구분되며, 스팀 우유를 기반으로 한 라떼 마키아토와도 명확히 차별화된다.

[ESPRESSO CON PANNA]

RECIPE

- 에스프레소: 28~36g
- 휘핑 크림: 1~2 테이블 스푼

① 싱글 샷 또는 투 샷 에스프레소를 추출한다.
② 온수로 컵을 예열한다(컵 유형, 보관에 따라 생략).
③ 싱글 샷 또는 투 샷 에스프레소를 컵에 담는다.
④ 휘핑크림을 에스프레소 담긴 컵에 얹어 준다.

✣ 에스프레소 콘 판나의 전통 레시피는 싱글 샷 에스프레소와 휘핑크림만 사용하며, 시럽이나 드리즐 없이 제공된다. 현대 카페에서는 강렬한 커피 향미를 위해 더블 샷을 선호할 수 있다.

✣ 휘핑크림과 캐러멜 드리즐을 추가하면 에스프레소의 강렬한 향미가 부드럽고 달콤하게 변한다. 싱글 샷은 전통적으로 충분한 향미를 제공하지만, 드리즐 추가 시 더블 샷을 사용하면 단맛 속에서도 커피 고유의 향미가 더 두드러진다.

Espresso con panna

- 휘핑크림은 생크림(heavy cream)을 손으로 휘핑하거나 디스펜서(dispenser)로 준비해 부드럽고 두꺼운 층(15~30ml)으로 만든다. 에스프레소 위에 얹어 강렬한 커피 맛을 감싸며, 한 모금마다 크림과 커피가 어우러지는 조화로운 향미를 선사한다.
- 캐러멜 드리즐(5~10ml)은 선택사항으로, 전통 레시피에서는 생략된다. 취향에 따라 바닐라, 캐러멜 등 드리즐을 추가할 수 있다.
- 드리즐을 추가할 경우, 주로 휘핑크림 위에 뿌려 시각적 장식과 상단의 향미를 강조한다(에스프레소에 섞는 경우는 드물다). 이 선택은 커피의 맛과 마시는 경험을 달리하며, 층위와 향미의 조화를 조절하는 중요한 요소이다.
- 휘핑크림을 과하게 넣으면 에스프레소의 향미가 가려질 수 있으므로, 적절한 양을 사용해 진한 커피와 부드러운 크림이 조화를 이루도록 한다. 이로써 한 모금마다 균형 잡힌 맛을 즐길 수 있다.
- 일반적으로 에스프레소 콘 판나는 데미타스(demitasse, 60~90ml) 컵에 제공된다. 이 작은 잔은 에스프레소의 농도와 향을 온전히 느낄 수 있도록 설계되어, 한 모금마다 커피의 맛과 향이 집중되도록 돕는다.

일곱, 카페 아인슈페너(Caffè einspänner)

카페 아인슈페너는 흔히 비엔나 커피(Vienna coffee)로 불리지만, 정확한 이름은 아인슈페너(einspänner)이다. 독일어에서 'Ein'은 '하나,' 'Spänner'는 '고삐,' '마차'를 뜻하며, 오스트리아에서는 '한 마리 말이 끄는 마차'를 의미한다. 19세기 오스트리아 빈(Vienna)에서 마부들이 마차를 몰며 한 손으로 고삐를 잡고 다른 한 손으로 커피를 마셨다는 전설에서 유래했다. 풍성한 휘핑크림이 에스프레소 위에 얹혀 커피가 식거나 쏟아지지 않도록 보호하며, 이 형태가 아인슈페너의 특징이 되었다. 오스트리아 빈에서 유래했기에 영어권과 한국에서는 '비엔나 커피'로 불리지만, 현지 카페에서는 여전히 'Einspänner'로 제공된다. 한국에서는 캐러멜 드리즐이나 설탕을 더한 달콤한 변주가 인기 있으며, 전통 레시피(에스프레소+휘핑크림)와 달리 소량의 우유나 시럽이 추가될 수 있다. 에스프레소 콘 판나와 달리 휘핑크림 층이 더 두껍고, 라떼 마키아토와는 우유 사용 여부로 구분된다.

이 한 잔의 커피는 마차를 몰던 사람들의 삶과 오스트리아 빈의 역사적 풍경을 담은 작은 기록처럼 느껴진다.

[HOT CAFFE' EINSPANNER]

RECIPE

- 에스프레소: 28~36g
- 휘핑 크림: 2~3 테이블 스푼
- 스팀 우유: 30~60ml(선택)
- 시럽: 10~15ml(선택)
- 시나몬 파우더: 약간(선택)

① 온수로 컵을 예열한다(컵 유형, 보관에 따라 생략).
② 에스프레소를 추출하여 컵에 담는다.
③ 시럽을 에스프레소가 담긴 컵에 넣어 섞는다(선택).
④ 스팀 우유를 준비하여 컵에 천천히 부어 층을 형성하거나 섞는다(선택).
⑤ 휘핑크림을 준비하여 에스프레소 또는 에스프레소와 스팀 우유 위에 얹는다.
⑥ 시나몬 파우더를 휘핑크림 위에 살짝 뿌려준다(선택).

Caffè Einspänner

Caffè Einspänner

- 전통 아인슈페너는 생크림(heavy cream)만을 휘핑하여 크림을 만들며, 우유는 사용하지 않는다.
- 휘핑크림은 에스프레소와 섞이지 않도록 스푼을 사용해 조심스럽게 얹어 층을 형성한다. 크림이 컵 위에 부드럽게 자리 잡으면, 커피의 깊은 향과 크림의 풍성한 질감이 한 모금마다 조화를 이루며 매혹적인 맛의 경험을 선사한다.
- 아인슈페너의 매력은 진한 에스프레소와 풍성한 휘핑크림의 절묘한 조화에 있다. 싱글 샷은 전통적으로 충분한 향미를 제공하지만, 시럽이나 우유를 추가할 경우에는 더블 샷을 사용하여 크림의 부드러운 질감과 균형을 이루게 하고, 커피의 강렬한 맛을 더욱 돋보이게 할 수 있다.
- 카페 아인슈페너와 에스프레소 콘 판나는 모두 에스프레소 위에 휘핑크림을 얹는 음료이지만, 아인슈페너는 시각적으로 더욱 풍성한 크림층을 연출하는 것이 특징이다. 전통적으로는 데미타스 잔에 제공되지만, 우리나라에서는 유리잔이나 머그컵으로 서비스하는 경우가 많아 보다 편안하면서도 우아한 음용 경험을 제공한다.

[ICE CAFFÈ EINSPÄNNER]

RECIPE

- 에스프레소: 28～36g
- 휘핑 크림: 1～2 테이블 스푼
- 차가운 우유: 50～100ml(선택)
- 얼음: 유리컵의 약 70%
- 시럽: 10～15ml(선택)
- 시나몬 파우더: 약간(선택)

① 얼음을 유리컵에 약 70% 채운다.
② 에스프레소를 추출하여 얼음이 담긴 유리컵에 부어준다.
③ 시럽을 에스프레소가 담긴 유리컵에 넣어 부드럽게 섞는다(선택).
④ 차가운 우유를 유리컵에 천천히 부어 층을 형성하거나 섞는다(선택).
⑤ 휘핑크림을 에스프레소(또는 에스프레소+우유층) 위에 조심스럽게 얹는다.
⑥ 시나몬 파우더를 휘핑크림 위에 살짝 뿌려준다(선택).

Caffè Einspänner, Espresso Con Panna

- ✥ 전통적인 아인슈페너는 우유나 기타 액체를 첨가하지 않고, 생크림에 설탕을 약간 넣어 휘핑하여 풍성한 크림 층을 완성한다. 취향에 따라 크림 위에 시나몬 파우더나 코코아 파우더를 살짝 뿌려 장식할 수 있다.
- ✥ 핫 아인슈페너와 아이스 아인슈페너는 휘핑크림의 질감에서 뚜렷한 차이를 보인다. 핫 아인슈페너는 뜨거운 에스프레소 위에서 크림이 녹아내리지 않도록, 중간 정도의 단단한 피크(medium peak)로 휘핑한 크림을 사용해 안정적인 층을 유지한다. 반면, 아이스 아인슈페너는 차가운 음료 위에 올려지는 특성으로, 지나치게 단단한 크림은 커피와 잘 어우러지지 않고 질감이 분리될 수 있다. 따라서 아이스 아인슈페너에는 부드러운 피크(soft peak)로 휘핑한 크림을 사용하여, 커피와 크림이 입안에서 자연스럽게 조화를 이루도록 완성하는 것이 이상적이다.

작은 잔에 담긴 에스프레소는 그 자체로 하나의 완결된 세계이다. 깊고 짙은 향, 강렬한 쓴맛과 은은한 단맛이 뒤섞인 이 작은 음료는 한 모금에 농축된 시간과 장소의 정수를 품는다. 그러나 이 단순한 시작점은 무수한 변주를 통해 새로운 이야기를 펼친다. 우유와 크림, 시럽, 그리고 얼음이 더해지는 순간, 에스프레소는 단일한 정체성을 넘어 다채로운 서사로 확장된다. 마치 오래된 나무의 뿌리에서 뻗어 나온 가지들이 각기 다른 잎과 꽃을 피우듯, 에스프레소는 그 변신의 과정에서 저마다의 색깔과 질감을 드러낸다.

에스프레소에 우유가 더해지면, 날카로운 향미는 부드러운 포용의 품으로 안긴다. 라떼의 크리미한 질감은 강렬한 커피의 본성을 조화롭게 감싸며, 마치 격정적인 대화가 따뜻한 위로로 이어지듯 균형을 이룬다. 반면, 에스프레소에 휘핑크림이 얹히면, 아인슈페너와 같은 풍성한 달콤함으로 커피의 깊이를 한층 더 풍부하게 만든다. 이 크림은 단순 장식이 아니라, 커피의 쓴맛과 단맛이 입안에서 춤추는 조화로운 무대를 제공한다. 시럽 한 스푼은 또 다른 변화를 가져온다. 바닐라의 따뜻한 향이나 캐러멜의 깊은 달콤함은 에스프레소의 씁쓸한 여운에 온기를 불어넣으며, 마치 삶의 고단함에 찾아온 작은 위안처럼 음료에 새로운 이야기를 더한다. 아이스 아인슈페너와 같은 변형은 변주의 극치를 보여준다. 차가운 얼음 위에 뜨거운 에스프레소가 부어지고, 부드러운 휘핑크림이 그 위를 수놓는다. 여기에 코코아나 시나몬 파우더가 살짝 뿌려지면, 시각적 아름다움과 함께 맛의 층위가 한층 더 풍성해진다. 이 음료는 뜨겁고 차가

Ice Caffè Einspänner, by Freepik

운 것, 강렬함과 부드러움이 공존하는 역설적인 경험을 선사한다. 한국의 카페 문화에서 꽃피운 이 변형은 전통적인 오스트리아 빈 아인슈페너의 뿌리를 유지하면서도, 현대적 감각과 지역적 취향이 어우러진 독창적인 커피 미학으로 재탄생하였다.

에스프레소의 다채로운 변주는 인간의 창의성과 삶의 복합성을 비추는 거울과 같다. 이 한 잔의 커피는 시간과 공간을 초월한 이야기이기도 하다. 생두가 자란 땅의 햇살과 비, 바리스타의 손길, 마시는 사람의 기분과 기억이 얽혀 하나의 순간으로 완성된다. 에스프레소 단 한 잔은 아침을 깨우는 활력이 될 수도, 친구와의 대화 속 작은 쉼표가 될 수도, 홀로 고독을 달래는 위로가 될 수도 있다. 라떼, 카푸치노, 아인슈페너, 콘 판나, 혹은 이름 없는 독창적 변주는 마시는 사람의 삶을 반영하며, 그 순간의 감정을 담아낸다. 이렇게 에스프레소는 무한한 가능성의 캔버스이다. 기본 재료는 단순하지만, 우유의 양, 크림의 질감, 시럽의 종류, 얼음의 크기 등 작은 변화에 따라 전혀 다른 그림이 그려진다. 이는 마치 인생의 여정과도 닮았다. 우리는 모두 같은 시작점에서 출발하지만, 각자의 선택과 경험을 통해 서로 다른 서사를 써 내려간다. 커피 한 잔에 담긴 이 작은 세계는 결국 우리 삶의 결을 비추는 섬세한 메타포(metaphor)가 된다.

결국, 에스프레소를 기반으로 한 커피 음료는 일상의 음료를 넘어, 깊은 의미와 감각을 담아낸다. 그것은 창작의 과정이자, 전통과 혁신이 교차하는 장이며, 개인의 취향과 문화가 얽히는 섬세한 대화와도 같다. 작은 잔에서 시작된 여정은 끝없는 가능성 속에서 각자의 독창적인 얼굴을 드러내며, 우리로 하여 삶의 풍요로움을 다시금 느끼게 한다.

'한 잔의 검은 유혹은, 결국 우리의 손끝에서 피어나는 작은 예술이다.'

에스프레소의 변화(Types of Espresso Drink), by torchcoffee, asia

인간과 커피

Part 3

INTERPRETATION
해석

CHAPTER 1.

스페셜티 커피, 커퍼 의미의 해석

하나, 스페셜티 커피는 일상과 다른 세계를 연다

커피의 품질(quality)은 단지 한 단어를 넘어 그 본질을 정의하는 근간이다. 이 개념은 커피를 사랑하는 이들, 생산자, 로스터, 바리스타가 공유하는 열정의 중심에 있으며, 한 잔의 커피가 문화적, 감각적 경험으로 승화되는 지점이다. 스페셜티 커피 협회(SCA)는 스페셜티 커피를 독특한 맛과 향, 그리고 그 뒤에 숨은 정교한 공정을 통해 차별화된 가치를 지닌 커피로 정의한다. SCA는 스페셜티 커피가 단순히 맛의 우수성뿐 아니라, 재배부터 컵(cup)까지 이어지는 전 과정에서 드러나는 특별함으로 완성된다고 강조한다. SCA의 품질 기준은 구체적이다. 원두는 결함이 최소화되어야 하며, 전문가의 평가, 즉 커핑(cupping)에서 100점 만점에 80점 이상을 받아야 스페셜티 등급으로 인정받는다. 이 점수는 단순한 숫자가 아니라, 원두가 지닌 잠재력을 최대한 끌어낸 결과물이며, 농부의 손길, 로스터의 기술, 바리스타의 정성이 어우러진 결실이다. 이처럼 커피 한 잔은 인간의 노력과 자연의 선물이 만나는 지점에서 피어나는 결정체이다.

품질의 개념은 하나의 정의로 온전히 담아낼 수 없다. 사전적으로는 우수함의 척도를 의미하지만, 감각에 깊이 의존하는 커피의 세계에서는 지극히 주관적인 영역에 속한다. 예를 들어, 에티오피아산 원두의 밝은 자몽 향은 어떤 이에게는 아침을 깨우는 상쾌한 활력으로 다가오지만, 다른 이에게는 지나치게 신맛으로 느껴질 수 있다. 이러한 상대성은 와인, 초콜릿, 치즈 같은 미식의 세계에서도 공통적으로 나타나며, 품질을 절대적 기준으로만 판단하려는 접근의 한계를 드러낸다. 따라서 스페셜티 커피를 이해하려면 품질을 단순 '최고'로 보는 대신, 다양한 속성들의 복합체로 바라보는 시각이 필요하다. 커피 한 잔은 산미(acidity), 단맛(sweetness), 바디감(body), 아로마(aroma), 후미(aftertaste) 같은 요소들이 얽히며 만들어내는 조화로운 합주이다. 이 속성들이 균형을 이루는 순간, 커피는 음료를 넘어 감정을 자극하는 예술로 변모한다.

ETİYOPYA
ESPRESSO
KAHVE
KENYA
AA
FİLTRE KAHVE

이는 커피가 혀끝에서만 머무는 것이 아니라, 인간의 기억과 감정을 불러일으키는 매개체임을 보여준다.

스페셜티 커피의 품질을 논할 때, 영어 단어 'Quality'와 'Qualities'의 구분은 깊은 통찰을 제공한다. 'Quality'는 전체적인 우수성을 강조하며, 커피가 시장에서 경쟁력을 갖추는 데 필요한 객관적 기준을 나타낸다. 반면 'Qualities'는 산미의 강도, 향의 복잡성, 질감의 부드러움 같은 개별 특성을 포괄하며, 커피가 지닌 다층적 매력을 설명한다. 이 두 개념은 스페셜티 커피 담론에서 객관성과 주관성, 통일성과 다양성 사이의 긴장을 상징한다. 한잔의 커피가 특별해지는 순간은 이 긴장이 조화를 이루며, 고객에게 감각적 즐거움과 감정적 연결을 동시에 선사할 때이다. 커피는 그저 입맛을 만족시키는 음료를 넘어, 우리의 경험과 감정을 담는 특별한 그릇이다. 그 한 모금 속에서 우리는 자연의 섭리와 문화의 흔적, 그리고 개인과 공동체의 이야기가 어우러지는 순간을 발견한다. 어린 시절의 추억, 오랜 친구와의 정겨운 수다, 사랑하는 연인과의 설레는 만남처럼, 커피는 삶의 소중한 순간들을 담아내는 서사로 기능한다.

커피의 속성(attribute)을 더 깊이 파고들면, 내적 속성과 외적 속성으로 나누어 설명할 수 있다. 내적 속성은 커피 원두 자체에 내재된 물리적·화학적 특성을 가리킨다. 원두의 크기, 색상, 로스팅 정도(roast level), 결함 여부, 그리고 맛과 향의 프로필(flavor profile)이 이에 해당한다. 예를 들어, 콜롬비아 수프레모(Colombia Supremo) 원두의 초콜릿 같은 깊은 향미나, 케냐 AA의 블랙커런트(blackcurrant) 같은 선명한 산미는 고유한 토양, 고도, 기후에서 비롯된다. 이러한 속성들은 고객이 커피를 마시는 순간 직접 체험되며, 커피의 정체성을 가장 직관적으로 전달한다. 가벼운 로스팅을 거친 에티오피아 예가체프(Yirgacheffe)는 꽃향기(floral notes)와 자스민(jasmine) 같은 아로마로 유명하며, 이는 고산지대의 독특한 환경과 세심한 수확 과정이 반영된 결과이다. 이처럼 내적 속성은 커피가 지닌 본질적 아름다움을 드러내며, 한 모금 속에 자연의 숨결과 인간의 노고가 담긴다. 이는 커피가 단순한 농산물이 아니라, 자연과 인간의 공생을 상징하는 예술적 표현임을 보여준다. 반면 외적 속성은 커피가 컵에 담기기 전 고객의 인식과 기대를 형성하는 요소들이다. 원산지(예: 코스타리카 타라주, Costa Rica Tarrazu, 파나마 게이샤, Panama Geisha), 재배 방식(유기농, organic, 쉐이드 그

로운, shade-grown), 생산자의 배경, 인증 라벨(지속가능성 인증, Rainforest Alliance, 공정 무역 인증, Fair Trade), 브랜드의 이미지, 심지어 포장 디자인까지도 포함된다. 이러한 속성들은 커피의 맛 자체를 바꾸지는 않지만, 고객이 커피를 선택하고 경험하는 방식에 깊은 영향을 미친다. 소규모 가족 농장에서 재배된 커피는 지속 가능성과 지역 사회 지원이라는 이야기를 더해 고객의 감정적 공감을 얻는다. 연구에 의하면, 외적 속성은 특히 젊은 고객층(밀레니얼, Z세대)에게 구매 결정에 큰 영향을 미치며, 윤리적 가치를 강조하게 되면 가격의 프리미엄이 형성된다는 결과를 도출했다. 예를 들어, 공정 무역 인증(Fair Trade)을 받은 커피는 맛 이상으로 생산자의 삶을 지지한다는 뜻을 담으며, 고객에게 더 깊은 의미를 전달한다. 내적 속성이 커피의 본질을 형성한다면, 외적 속성은 그 본질에 맥락과 의미를 부여하는 것이라 할 수 있다.

이 속성들의 경계는 모호하다. 로스팅 정도(roast level)는 내적 속성이지만, 로스터의 철학이나 지속 가능성에 대한 헌신과 연결되면 외적 속성으로 확장된다. 커피가 자라난 토양의 특성은 내적 속성에 영향을 주지만, 그 토양을 보존하려는 농부의 노력은 외적 맥락으로 이어진다. 이러한 상호작용은 스페셜티 커피의 특별함을 더욱 돋보이게 한다. 커피는 단순히 맛과 향의 집합이 아니라, 농부의 손길, 로스터의 기술, 바리스타의 정성이 얽힌 여정의 결과물이다. 고객이 커피를 마시는 순간, 그들은 단지 맛과 향을 느끼는 것이 아니라, 먼 열대의 농장, 그곳의 햇살과 비, 그리고 사람들의 이야기를 간접적으로 경험한다.

한 잔의 커피 속에는 농부의 땀, 로스터의 예술적 직관, 바리스타의 섬세한 손길이 담겨 있다. 파나마 게이샤(Panama Geisha) 원두는 그 독특한 자스민(jasmine)과 복숭아(peach) 향으로 커피 애호가들을 매료시켰지만, 이 이면에는 고지대 농부들의 세대를 이어온 헌신과 삶의 이야기가 있다. 커피는 이렇게 감각적 즐거움과 더불어, 우리가 살아가는 세상의 복잡성과 연결성을 되새기게 한다.

스페셜티 커피의 품질을 객관적으로 평가하기 위해 커피 산업에서는 과학적 도구를 활용한다. 가장 대표적인 것은 SCA가 개발한 커피 테이스터 플레이버 휠(Coffee Taster's Flavor Wheel)이다. 1990년대 중반 처음 소개된 이 도구는 2016년에 세계 커피 연구소(World Coffee Research, WCR)와 협력하여 개정되었으며, 현재 업계 표준으로 자리 잡고 있다. 커피 테이스터 플레이버 휠은 과일(fruit), 꽃(floral), 견과류(nutty), 스파이스(spicy), 초콜릿(chocolate) 등 다양한 향미 카테고리를 체계적으로 정리하여, 전문가와 고객이 공통 언어로 커피를 논의할 수 있게 한다. 블루베리(blueberry) 같은 과일 향이나 장미(rose) 같은 꽃향기를 구체적으로 묘사하며, 이는 커피의 복잡성을 이해하는 데 필수적이다. 센서리 분석(sensory analysis)은 이 과정의 핵심으로, 시각, 후각, 미각, 촉각을 동원해 커피의 외관, 냄새, 맛, 질감을 평가한다. 전문 패널은 이러한 분석을 통해 산미의 강도, 바디의 무게감, 여운의 지속성을 수치화하며, 이는 로스터와 바이어(buyer)의 의사결정에 직접 활용된다. 이 과정은 과학적이지만, 동시에 인간의 감각과 직관이 얽히는 지점에서 예술적 통찰을 요구한다. 커피의 향미를 수치로 환원하는 것은

가능하지만, 그 향미가 불러일으키는 감정과 기억은 여전히 인간의 내면적 경험에 뿌리를 둔다. 이는 커피가 과학과 인문학의 경계에서 춤추는 존재임을 보여준다.

SCA의 커핑 프로토콜(cupping protocol)[177]은 또 다른 중요한 도구이다. 이 프로토콜은 원두를 갈아 뜨거운 추출수에 우려낸 후, 향, 맛, 균형, 결함 여부를 100점 만점으로 평가하며, 총점 80점 이상이 스페셜티 커피 등급의 기준이다. 이 과정은 주관성을 최소화하기 위해 엄격한 절차를 따르며, Q 그레이더(Q Grader)[178] 같은 인증된 전문가들이 수행한다. Q 그레이더 프로그램은 SCA의 교육 체계의 핵심으로, 약 6일간의 집중 훈련을 통해 커피 평가 능력을 검증한다. 이들은 20개 이상의 시험(커핑, 센서리 분석, 생두 등급 평가 등)을 통과해야 하며, 전 세계적으로 많은 Q 그레이더가 활동 중이다. 이 프로그램은 커피 무역의 공정성을 높이고, 생산자와 구매자 간 신뢰를 구축하는 데 기여한다. Q 그레이더는 단순히 커피를 평가하는 기술자가 아니라, 커피의 이야기를 전달하는 해석자 역할을 한다. 그들은 한잔의 커피 속에 담긴 농부의 노동, 자연의 조건, 그리고 문화적 맥락을 읽어내며, 이를 고객과 공유한다.

커피에 대한 과학적 접근은 여기서 멈추지 않는다. 최근에는 유전학과 추출 기술을 결합한 연구가 활발하다. 특정 품종(예: 게이샤, 부르봉)의 유전적 특성이 로스팅 온도나 추출 방식에 따라 어떻게 다른 향미를 내는지 분석하며, 이는 스페셜티 커피가 단순한 미식 제품을 넘어 과학적 탐구의 대상임을 보여준다. 고객 취향을 시각화하는 기법도 발전하고 있다. 투영 지도(projective mapping)나 취향 매핑(preference mapping)은 고객 그룹의 선호를 데이터로 변환하며, 커피 시장을 세분화한다. 한 연구에서는 커피를 가벼운 과일형(light and fruity), 균형 잡힌 중간형(balanced), 묵직한 다크형(dark and robust)으로 나누었고, 이는 제품 개발과 마케팅 전략에 직접 반영되었다. 이러한 계량화는 주관적 경험을 객관적 데이터로 바꾸며, 커피를 과학적·문화적 해석틀로 재구성한다. 그러나 이 과정은 단순 숫자로 환원되지 않는다. 커피의 향미는 여전히 인간의 감각과 기억, 그리고 문화적 맥락 속에서 의미를 얻는다.

스페셜티 커피의 시장 가치는 속성 분석을 통해 경제적 측면에서도 드러난다. COE(Cup of Excellence, 스페셜티 커피 품질 평가·경매 프로그램) 경매는 1999년 시작된 이래, 최고 품질의 커피를 경매를 통해 거래하며 생산자에게 정당한 보상을 제공한

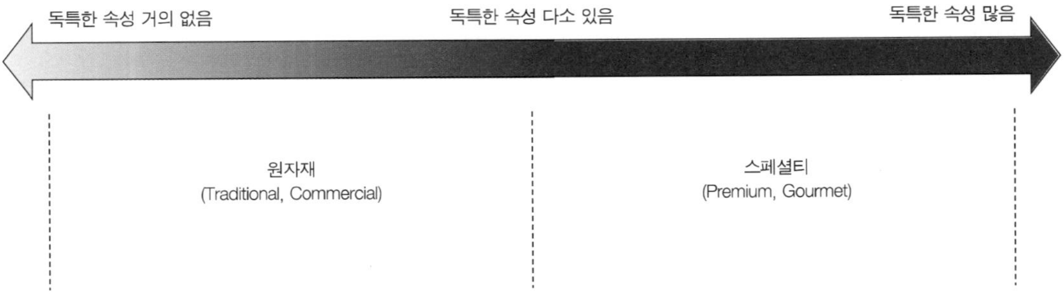

독특한 속성 거의 없음 / 독특한 속성 다소 있음 / 독특한 속성 많음

원자재
(Traditional, Commercial)

스페셜티
(Premium, Gourmet)

원자재 / 스페셜티 관계를 연속성으로 본다면 보다 차별화된 속성을 보이는 커피가 더 '스페셜'한 커피가 된다.

원자재 / 스페셜티 관계

다. 과일 향이나 꽃향기 같은 내적 속성이 유기농 인증(organic certification) 같은 외적 속성보다 경매 가격에 더 큰 영향을 미친다. 파나마 게이샤(Panama Geisha) 원두는 독특한 자스민(jasmine)과 복숭아(peach) 향으로 2023년 경매에서 파운드당 1,000달러 이상에 낙찰되었다. 이는 고객들이 감각적 매력을 우선시한다는 증거이다. 대량 생산 커피는 균일성을 위해 개별성을 희석하지만, 스페셜티는 미묘한 차이를 극대화해 경쟁력을 확보한다. 블록체인(blockchain) 기술을 활용한 원산지 추적 시스템은 고객에게 농장의 투명한 정보를 제공하며, 외적 속성을 강화해 신뢰를 높인다. 이러한 경제적 가치는 거래를 넘어, 커피가 사회적 연결과 윤리적 책임을 담는 매개체임을 보여준다. 커피의 가격은 단순히 원두의 가치를 반영하는 것이 아니라, 그 뒤에 숨은 노동과 이야기를 존중하는 행위이다.

문화적 맥락은 속성 인식에 깊은 영향을 미친다. 같은 원두라도 지역마다 선호하는 맛과 스타일은 다르다. 북유럽, 특히 스웨덴에서는 밝고 상큼한 산미를 지닌 약배전(light roast) 커피가 인기를 얻고 있다. 반면 스위스와 독일에서는 묵직하고 균형 잡힌 중배전(medium roast) 커피가 선호된다. 남유럽에서는 에스프레소 중심의 강렬한 맛이 자리 잡았으며, 작은 잔으로 빠르게 마시는 습관이 오래전 산업화 시기의 짧은 휴식 시간과 맞물려 정착되었다. 미국에서는 라떼, 콜드 브루, 플랫 화이트 등 다양한 플레이버(flavor)가 공존하며, 지역 카페가 커뮤니티 허브로 기능한다. 아시아에서는 한국과 일본이 스페셜티 커피 시장의 성장을 주도하고 있다. 특히 한국은 커피나 와인과 같은 음료를 특정 디저트와 조합해 맛을 극대화하는 디저트 페어링(dessert pairing)과 세련된 카페 문화로 주목받는다. 베트남의 에그 커피(egg coffee)는 계란 노른자와 연유를 혼합한 독특한 레시피로 지역적 미각을 보여준다. 이러한 차이는 각 사회의 역사적・문화적 배경과 연결된다.

스페셜티 커피의 미래는 지속 가능성과 떼놓을 수 없다. SCA는 기후 변화와 불평등한 가치 분배를 주요 과제로 삼아, 커피 가치 사슬 보고서(Coffee Value Chain Report)를 발행하고 생산자 지원 프로그램을 운영한다. 2018년 커피 가격 위기 이후, SCA는 불공정한 가격 구조를 개선하기 위한 연구를 진행했다. 이 보고서는 생산자들이 받는 낮은 수익이 산업의 지속 가능성을 위협한다고 지적하며, 공정 무역과 직거래 모델을 장려한다. 고객 측면에서는 밀레니얼과 Z세대가 윤리적 소비를 중시하며, 70% 이상이 지속 가능성을 고려해 커피를 선택한다. 유기농 인증이나 탄소 중립 로스팅(carbon-neutral roasting) 같은 외적 속성은 시장에서 점점 더 중요해지고 있다. 커피가 개인적 즐거움을 넘어, 사회적 책임과 환경적 가치를 담는 매개체로 자리 잡았음을 보여준다. 지속 가능성은 단순한 트렌드(trend)가 아니라, 커피 산업이 미래 세대와 자연에 대한 책임을 다하는 길이다. 이는 커피가 인간과 자연의 공존을 고민하는 인문학적 질문으로 이어진다.

Coffee Environment, by Freepik

스페셜티 커피의 가치는 내적·외적 속성의 통합적 평가에서 완성된다. 단순히 맛의 우수성으로 정의되지 않고, 재배, 가공, 유통, 소비의 전 과정이 어우러진 결과물이다. 과거 일부 전문가들은 컵 안의 내용물만으로 품질을 판단했으나, 이는 커피의 전체 서사를 놓치는 오류였다. 오늘날 스페셜티 커피는 농부의 철학, 로스터의 기술, 고객의 가치관이 얽힌 복합적 결정체이다. 속성을 과도하게 세분화하지 않고 포괄적으로 보는 시각은 산업의 공정성과 다양성을 높인다. SCA의 커피 가치 평가(Coffee Value Assessment) 시스템은 내적 속성과 외적 속성을 동시에 고려하며, 커피가 단순한 상품이 아닌 문화적·사회적 가치를 지닌 존재임을 강조한다. 이 시스템은 커피의 품질을 단순히 수치로 평가하는 데 그치지 않고, 그 뒤에 숨은 인간의 노력과 자연의 가치를 존중한다.

스페셜티 커피는 제3의 물결 운동(Third Wave Coffee Movement)과 함께 본격화되었다. 2000년대 초 미국에서 시작된 이 운동은 커피를 대량 소비재에서 미식문화로 재정의했다. 싱글 오리진 원두(single-origin beans), 수제 추출(manual brewing), 투명한 공급망(supply chain transparency)이 핵심 요소이며, SCA는 이를 글로벌 네트워크로 확장했다. 연례 행사인 월드 오브 커피(World of Coffee)는 최신 트렌드를 공유하고, 생산자와 소비자를 직접 연결하는 장을 제공한다. 예를 들어 파나마에서 개최되는 월드 오브 커피에서는 게이샤(Geisha) 원두 생산자가 소비자와 만나 그들의 이야기를 나

Coffee Culture, by Freepik

누며, 커피가 단순한 상품을 넘어 사람과 사람, 문화와 문화가 만나는 매개체임을 보여준다. 이러한 행사는 커피를 통해 공동체와 경험을 형성하는 장이 된다.

결국, 스페셜티 커피는 각 속성이 만들어내는 미묘한 조화 속에서 빛난다. 이러한 통합적 관점은 시장의 공정성을 지탱하고, 문화적 확장을 촉진하며, 고객에게는 감각적 즐거움과 정서적 연결을 동시에 제공한다. SCA의 리더십 아래, 스페셜티 커피는 인간의 감각과 문화, 사회가 교차하는 살아 있는 이야기로 자리매김했다. 커피 속성을 중심으로 한 이해는 산업의 지속 가능한 미래를 여는 열쇠이자, 커피 애호가들을 하나로 묶는 힘이 된다. 따라서, 커피 한 잔은 우리가 살아가는 세상의 아름다움과 복잡성을 비추는 정교한 거울이 된다.

둘, 커퍼, 커피의 향미를 읽어내다

커퍼(cupper)는 단순히 커피를 맛보는 사람을 의미하지 않는다. 그들은 커피의 내·외적 속성을 체계적으로 분석하고 평가하며, 이를 통해 커피가 지닌 문화적, 경제적 의미와 시장에서의 가치를 해석하고 전달하는 전문가이다. 커퍼에게 커핑(cupping)은 가장 핵심적인 평가 수단이며, 이 체계화된 감각 분석 과정을 통해 커피의 산미, 단맛, 질감, 바디감, 후미 등 내적 속성을 객관적으로 측정하고 기록한다. 동시에, 원산지, 재배 방식, 생산자의 철학과 같은 외적 속성을 고려해 커피의 전체적 가치를 판단하는 과정이기도 하다. 커퍼는 한 잔의 커피에서 단순한 미각적 평가를 초월한다. 그들은 커피가 태동한 대지의 숨결, 농부의 숭고한 선택, 수확과 가공의 여정, 로스팅의 예술적 변환, 그리고 최종적으로 고객에게 선사되는 경험까지, 그 모든 서사를 통찰하는 존재이다. 이를 위하여 커퍼는 냉철한 과학적 분석 역량, 섬세한 감각적 통찰력, 그리고 광범위한 문화적 소양을 필연적으로 겸비한다. 그리고 이 모든 요소들을 유기적으로 통합하여 시장과 고객에게 신뢰를 기반으로 한 가치 있는 정보를 제공하는 역할이다.

산지별 커핑: 지역의 서사가 담긴 한잔

각 산지는 커피의 내재된 속성과 외부적 맥락이 태동하고 발현하는 고유한 풍경이다. 커퍼는 그 땅의 기후가 드리운 그림자, 토양의 숭고한 숨결, 그리고 오랜 세월 직조된 전통을 깊이 이해한다. 이 모든 것을 커핑이라는 감각적 데이터를 통해 치밀하게 분석하고 해석함으로써, 한잔의 커피가 품은 본질적인 정체성을 온전히 규명하고 완성한다. 그리하여 우리는 각 산지가 선사하는 독자적인 향미의 지도를 통해, 세계 커피의 다채로운 면모를 조망하게 된다. 아프리카와 남미를 대표하는 주요 산지들이 우리에게 건네는 고유한 커피의 특성들을 깊이 들여다본다.

[브라질(Brazil)**]**

광활한 대규모 플랜테이션(plantation)에서 재배되는 브라질 커피는 대량 생산 속에서도 품질의 균일성을 생명으로 여긴다. 커퍼는 그 속에서 피어나는 초콜릿과 견과류의 친숙한 향미, 그리고 입안을 채우는 묵직한 바디감을 면밀히 평가하며, 기계 수확 방식과 내추럴(natural) 가공이 품질에 미치는 영향을 심층적으로 분석한다. 결점두의 비율, 로스팅에 대한 적합성, 그리고 향미의 흔들림 없는 일관성을 데이터로 기록하고 성찰함으로써, 대규모 생산 체계 속에서도 변함없이 품질의 본질을 추구하는 브라질 커피의 가치를 명료히 제시하는 것이다.

[멕시코(Mexico)**]**

멕시코 커피는 주로 고지대(Altura)에서 재배되어 부드럽고 균형감 있는 맛을 선사한다. 치아파스(Chiapas) 커피에서는 핵과류와 코코아의 단정한 풍미가, 오악사카(Oaxaca) 커피에서는 초콜릿과 아몬드의 섬세한 향이 느껴진다. 대부분 습식 가공으로 처리되어 깔끔한 끝맛과 부드러운 바디감이 특징이며, 중성적인 성향 덕분에 블렌딩의 기본 베이스로 자주 활용된다. 그러나 특히 치아파스 등 일부 지역의 고품질 커피는 단독으로도 스페셜티로서 충분한 매력을 지닌다.

[콜롬비아(Colombia)**]**

안데스 산맥의 웅장하고 다채로운 고도와 비옥한 토양은 콜롬비아 커피의 다층적인 향미를 섬세하게 조각한다. 커퍼는 안티오키아(Antioquia) 지역의 균형 잡힌 단맛이나 수프리모(Supremo)가 선사하는 캐러멜(caramel)의 뉘앙스를 탁월하게 구분하며, 산미와 묵직한 바디감의 미묘한 파동을 포착한다. 고도별로 달라지는 수확 시기, 변화무쌍한 습도, 그리고 건조 방식이 커피의 향미 프로파일에 미치는 영향을 예리하게 관찰하고, 생산 현장의 데이터를 입체적으로 대조함으로써 품질의 일관성과 그 근원을 규명한다. 가령, 해발 높은 고지에서 자란 수프리모는 생기 넘치는 산미와 깊은 단맛으로 빛나지만, 상대적으로 낮은 고도의 커피는 또 다른 결의 부드러운 바디감으로 자신만의 차별성을 드러내는 것이다.

[코스타리카(Costa Rica)]

코스타리카 커피는 미네랄이 풍부한 화산 토양과 높은 고도가 만들어낸 뛰어난 품질로 유명하다. 특히 아라비카 종만 재배하도록 법으로 규정할 정도로 품질 관리가 엄격하다. 대부분 습식 가공 방식을 사용해 깔끔하고 생동감 있는 산미가 두드러진다. 대표 산지인 타라주(Tarrazú)는 해발 1,200~1,700m의 고지에서 재배되며 시트러스 향, 복합적인 과일 향, 부드러운 단맛이 조화롭게 어우러진 균형 잡힌 풍미가 특징이다. 트레스 리오스(Tres Rios) 지역은 짙은 꽃향과 은은한 초콜릿 뉘앙스가, 브룬카(Brunca) 지역은 견과류와 곡물의 담백한 풍미가 잘 드러난다. 또한 SHB・HB 등 고도 기반 등급 체계를 통해 커피 체리의 밀도와 향미를 정교하게 구분한다.

[과테말라(Guatemala)]

과테말라 커피는 다채로운 기후대와 비옥한 화산 토양이 어우러져 풍부한 바디감과 깊이 있는 향미가 매력적이다. 특히 안티구아(Antigua) 커피는 화산 활동의 영향을 받아 스모키한 향과 다크 초콜릿・캐러멜의 달콤 쌉싸름한 풍미가 어우러져 묵직하고 긴 여운을 남긴다. 그늘 재배와 습식 가공이 널리 사용되어 부드러운 질감과 깨끗한 맛을 얻는다. 고지대에서 생산되는 SHB(Strictly Hard Bean) 등급 커피에서는 더욱 복합적이고 선명한 풍미를 감지할 수 있다. 베라파스(Vera Paz), 우에우에테낭고(Huehuetenango) 등 지역의 미세 기후와 가공 방식의 차이는 과테말라 커피 특유의 풍미 스펙트럼(spectrum)을 더욱 풍부하게 만든다.

[에티오피아(Ethiopia)]

커피의 기원지(origin)이자 아라비카 종의 성지인 에티오피아는 깊은 자연의 축복을 품은 땅이다. 예가체프 지역의 커피는 야생 꽃의 순수한 향취와 감귤류(citrus)의 생동하는 기운으로 영롱하게 빛난다. 커퍼는 이러한 향미와 산미의 섬세한 층위를 분석하며, 커피 열매가 지닌 본연의 아름다움을 거스르지 않는 전통적인 자연 발효와 햇살 아래 자라는 건조 방식이 빚어낸 외적 맥락, 즉 생산자의 철학적 선택과 자연과의 조화를 깊이 있게 읽어낸다. 소규모 농부들이 손으로 정성껏 수확한 원두는 발효 과정의 미세한 조율을 통해 어디에서도 찾아볼 수 없는 독특한 플로럴 노트(floral notes)를 아로새기는 것이다. 커퍼는 이 모든 요소를 총체적으로 헤아려, 단순한 미각적 경험을 넘어선 지역의 문화와 생태계의 품격을 담은 커피의 가치를 선보인다.

[케냐(Kenya)**]**

케냐 커피는 미각을 강렬하게 깨우는 산미와 블랙커런트(blackcurrant), 시트러스(citrus)가 연상되는 선명한 과일 향으로 명성이 높다. 커퍼는 이 풍부한 향미의 밀도와 강도, 산미의 지속적인 울림, 그리고 긴 여운을 정밀하게 기록하며, AA 등급과 같은 외적 품질 체계와의 연관성을 통찰한다. 워시드 방식으로 가공된 케냐 커피는 물 관리와 발효 과정의 섬세한 시간 조절이 만들어내는 청량하고 맑은 청결함(cleanliness)을 자랑한다. 커퍼는 이러한 가공 과정의 외적 변수들을 평가에 적극적으로 반영하여, 씨앗에서 한 잔의 음료가 되기까지 커피가 걸어온 모든 여정을 조명한다.

[우간다(Uganda)**]**

우간다는 아라비카와 로부스타를 모두 생산하는 몇 안 되는 국가로, 특히 고지대 아라비카는 높은 잠재력을 보여준다. 엘곤산(Mount Elgon, Bugisu) 지역의 아라비카는 와인·과일향과 벨벳 같은 질감, 깔끔한 뒷맛을 특징으로 하여 케냐 커피와 닮은 면모도 지닌다. 우간다 로부스타는 전통적으로 내추럴 가공 방식이 활용되며, 일반적인 로부스타보다 더 복합적이고 때로는 은근한 단맛과 산미가 표현되기도 한다. 재배 고도·품종·가공 방식에 따라 달라지는 향미를 감별하는 것이 우간다 커피 평가의 핵심이다.

[르완다(Rwanda)**]**

'천 개의 언덕'으로 불리는 풍요로운 자연환경 속에서 재배되는 르완다 커피는 향긋하고 깨끗한 맛으로 사랑받는다. 주로 버번 품종을 사용하며, 케냐와 에티오피아 커피의 장점을 고루 지닌 균형감 있는 특징을 보여준다. 오렌지·레몬 같은 산뜻한 시트러스 향과 캐러멜의 부드러운 단맛, 크리미하고 묵직한 바디감이 조화롭게 드러나는 경우가 많다. 지역별 워싱 스테이션(washing station)의 미세한 공정 차이는 섬세한 산미와 단맛의 균형에 큰 영향을 미친다. 최근에는 내추럴 가공도 늘어나며 베리류의 풍부한 향미가 더해진 새로운 스타일의 르완다 커피가 주목받고 있다.

생두 평가: 품질의 출발점

생두 평가는 커피 품질의 기초를 다지는 핵심 작업이다. 커퍼는 결점두(발효, 곰팡이, 블랙 등), 크기와 등급, 색상, 수분 함량을 분석하며, 커피의 잠재력을 예측한다. 예를 들어, 발효두가 많은 생두는 과도한 산미나 불쾌한 향을 낼 수 있다. 샘플을 무작위로 추출해 커퍼가 독립적으로 결점을 기록하고, 통계 분석으로 품질의 안정성을 평가한다. 이 과정은 과학적 정밀성과 감각적 직관이 만나는 지점이다. 특히 결점두의 존재는 커피의 향미와 바디감에 결정적인 영향을 미친다. 발효두, 곰팡이두, 블랙두, 브라운두 등 각 결점두는 컵에서 나타날 수 있는 과도한 산미나 불쾌한 발효 향처럼 커피 본연의 미학을 훼손할 가능성을 내포한다. 크기와 등급 역시 중요한 판단 기준이다. 생두는 크기별로 분류되며, 크면서 균일하게 성장한 생두는 일반적으로 높은 가치를 부여받는데, 콜롬비아의 수프리모(Supremo)나 케냐의 AA 등급이 그 대표적인 예이다. 또한, 색상과 결점 패턴을 관찰함으로써 생두의 균일성과 숙성도를 판별하며, 수분 함량은 커피의 품질 안정성과 장기 보관 가능성을 좌우하는 핵심 지표로서, 습도계와 정밀한 무게 측정을 통해 그 적정성을 평가한다.

샘플링과 통계 분석: 데이터로 읽는 커피

커퍼는 감각적 평가를 넘어, 정교한 표본 추출(sampling)과 엄밀한 통계 분석을 통해 커피 품질을 객관적 토대 위에 정립하는 지적인 탐구자이다. 이들은 무작위 표본 추출(random sampling)이나 층화 표본 추출(stratified sampling)과 같은 방법론을 활용하여 산지, 품종, 가공 방식별로 의미 있는 정량적 자료를 확보한다. 예를 들어, 층화 표본 추출은 각 계층의 표본 크기를 조절하여 표집 오차를 줄이며, 단순 무작위 표본 추출에 존재하는 변동 요인을 제거하는 이점이 있다. 실험 설계의 도입을 통해 커퍼는 로스팅 프로파일(roasting profile)별 향미 변화나 특정 가공 방식이 커피에 미치는 영향을 다각적으로 비교하고 분석한다. 확보된 데이터를 바탕으로 평균, 표준편차, 그리고 분산분석(ANOVA)과 같은 통계적 방법론을 활용하여 품질의 일관성과 유의미한 차이를 엄정하게 평가하는 것이다. 일원 분산분석은 세 개 이상의 평균을 비교하는 데 사용하는 통계 기법이므로, 이를 통해 여러 조건 간의 품질 차이를 명확히 밝혀낼 수 있다.

이러한 지적 작업은 생산자에게 정교한 과학적 근거를 제공하며, 자신들의 재배 방식과 가공 과정을 심화하고 최적화할 수 있는 귀한 기술적 토대를 마련한다. 결국, 커퍼는 미각과 통계적 사유를 결합하여 커피의 품질을 한층 더 높은 차원으로 끌어 올린다.

커퍼 훈련: 과학과 예술의 융합

커퍼로 거듭나는 과정은 커피의 생애 주기를 총체적으로 이해하고, 이 깊은 지식을 시장과 고객에게 전달하는 고도의 전문성을 함양한다. SCA 커퍼 트레이닝과 CQI Q Grader 프로그램은 엄격한 이론 학습과 실제적 실습을 통합하여 이 시대의 진정한 커피 전문가를 양성하는 데 주력한다.

- **커핑 이론의 정립:** 커퍼는 커핑의 유구한 역사적 맥락과 본질적인 목적, 그리고 감각 평가를 지배하는 과학적 원리를 심층적으로 탐구한다. 19세기부터 끊임없이 발전해 온 커핑은 단순한 맛보기를 넘어 품질 관리와 시장 가치 형성의 핵심적인 과학적 도구로 확고히 자리매김하였다. 이 과정에서 커퍼는 후각과 미각의 유기적 상호작용, 감각적 편향을 최소화하는 방법론, 그리고 건조 향, 분쇄 향, 추출된 커피의 향미, 그리고 마지막 여운(aftertaste)에 이르는 단계별 평가 기술을 체계적으로 숙련한다.

- **품종별 특성의 이해:** 아라비카와 로부스타 종이 지닌 근본적인 차이점을 명확히 인지하고, 에티오피아 에어룸(Heirloom), 케냐 SL28, 콜롬비아 카투라(Caturra) 등 지역별 주요 품종이 가진 유전적 특성과 그로 인해 발현되는 고유한 향미 프로파일을 심도 있게 분석한다. 실습은 품종별 커핑을 통해 각 원두의 독자적인 향미 특성을 섬세하게 추출하고 기록하는 능력 함양에 초점을 맞춘다.

- **가공 방식이 미치는 영향:** 워시드 가공 방식이 선사하는 청량한 산미, 내추럴 방식이 강조하는 풍부한 과일향, 그리고 허니 방식이 조율하는 산미와 단맛의 균형 등, 다양한 가공 방식이 커피의 향미에 미치는 결정적인 영향을 학습한다. 실습

을 통해 각 가공 방식별 커피를 커핑하며 예상되는 결점과 특유의 미학적 속성들을 비교·분석하는 안목을 기른다.

- **센서리 평가의 심화:** SCA 플레이버 휠(Flavor Wheel)과 같은 전문 도구를 활용하여 커피의 복합적인 향미를 체계적으로 프로파일링하고, 숨겨진 결점두를 정밀하게 탐지하며, 커피가 남기는 후미의 지속성과 깊이를 평가하는 훈련을 반복한다. 실습은 지속적인 커핑 반복을 통해 개인 점수의 일관성과 정확성을 엄정하게 검증하는 과정으로 이루어진다.

- **실제적 실습과 체험:** 생두 평가의 이론적 지식을 실제에 적용하여, 수많은 생두 샘플 속에서 품질을 예측하고 관련 데이터를 면밀히 기록하는 훈련을 거친다. 예를 들어, 브라질 버번 원두의 로스팅 전후 변화를 분석하며 해당 원두가 발현할 수 있는 최적의 향미 프로파일을 찾아가는 체험을 통해, 이론과 실천이 유기적으로 결합된 전문성을 완성한다.

커퍼의 다층적 역할

커퍼는 커피 가치 사슬의 다양한 지점에서 각기 다른 역할과 전문성을 수행하며 시장의 신뢰를 구축하는 전문가들이다. 이들의 역할은 단순히 개별적인 기능에 머무는 것이 아니라, 커피의 여정 전반에 걸쳐 유기적으로 연결된 하나의 연속체 위에서 펼쳐진다. 이러한 연속체는 크게 수출업체 커퍼, 수입업체 커퍼, 독립 프리랜서 커퍼, 그리고 산지 커퍼로 구분될 수 있다.

수출업체 커퍼는 국제 시장의 폭넓은 선호도와 요구를 깊이 이해하며, 생두의 품질을 면밀히 보장하여 최적의 커피를 해외 구매자에게 연결하는 중추적인 역할을 담당한다. 이는 단순한 거래를 넘어 문화와 취향을 잇는 가교의 역할이다. 그들의 시선은 글로벌 시장의 다채로운 수요를 아우른다. 수입업체 커퍼는 해외에서 도착한 커피가 주문한 품질 규격에 부합하는지 엄정하게 검증하고, 나아가 로스터와 최종 고객의 고유한 니즈(needs)에 맞춰 최적의 커피를 선별하는 임무를 수행한다. 이들은 품질과 고객 만족을 동시에 실현하는 선구자이며, 다양한 로스터의 요구를 충족시켜야 하기에 다각적인 관점이 필수적이다. 독립 프리랜서 커퍼는 생산자와 협동조합에게 커피의 품질, 감각적 특성, 그리고 잠재 시장에 대한 심도 깊은 컨설팅을 제공하며, 글로벌 경매와 같은 무대에서 품질 혁신을 주도하는 지적인 동반자이다. 이들은 시장의 흐름과 고객 선호를 정확히 읽어내어 생산자의 커피가 그 진정한 가치를 인정받도록 돕는다. 그리고 산지 커퍼는 커피의 원산지에서 생산자들과 밀접하게 소통하며, 재배 방식과 가공 과정의 최적화를 지원하고 결점두를 선별하는 등, 근원적인 품질 향상을 위한 실질적인 노력을 기울인다. 이들은 커피의 생명력을 가꾸는 땅의 전문가로서, 지속 가능한 품질의 기반을 다진다.

커퍼의 경제적 · 문화적 파급력

커퍼의 평가는 시장 가격을 형성하고 커피 문화를 새롭게 그려내는 핵심 요소이다. 스페셜티 커피의 높은 가치는 농부의 지속 가능한 수익을 보장하는 길이다. 컵 노트(Cup Note)는 고객과 생산자를 긴밀하게 연결하며 커피에 대한 깊이 있는 문화적 담론을 확산시키는 촉매이다. 낮은 평가 점수는 생산자에게 품질 개선의 귀한 동기를 부여하며, 결과적으로 더욱 견고한 지속 가능한 생산의 토대를 마련하는 중요한 방법이다.

이처럼 커퍼는 단순히 커피의 맛을 감별하는 기술자에 그치지 않는 존재이다. 그들은 커피 한 잔에 담긴 생두의 기원에서부터 고객의 손끝에 이르는 거대한 가치 사슬을 정교하게 연결하는 지적인 장인이다. 커퍼의 존재는 농부의 정성 어린 손길로 빚어진 생두의 품질을 객관적으로 규정하는 기준이다. 수출업체와 수입업체 간에 변치 않는 신뢰의 다리를 놓고, 로스터를 거쳐 고객에게 전달되는 품질의 정수를 보증하는 역할을 한다. 그들의 작업은 단지 경제적 가치를 창출하는 데 머무르지 않는다. 커피가 품고 있는 문화적, 사회적 서사를 심오하게 펼쳐 보이는 행위이다.

결국, 커퍼의 훈련과 활동은 감각, 과학, 경제, 문화가 교차하는 심오한 지점에서 완성된다. 그들은 인간의 미각과 후각의 한계를 넘어 정밀한 기록으로 커피의 본질을 포착하고, 실험 설계와 통계 분석으로 객관성을 담보한다. 경제적으로는 농부와 고객을 연결하는 투명한 시장을 조성하며, 문화적으로는 커피를 지역과 인간 경험이 얽힌 예술로 재구성한다. 따라서 커퍼는 결코 하나의 직업이 아니다. 그들은 커피 산업의 과학자이자 예술가, 그리고 문화의 심오한 해석자이다. 그들의 전문성은 체계적 훈련, 국제적 규범, 그리고 감각적・문화적 통찰이 융합된 복합적 지평 위에서 빛을 발하는 것이다. 커퍼는 커피를 통해 세계를 잇고, 커피라는 보편적 언어를 지속가능하고 풍요로운 문화로 가꾸는 핵심 주체이다.

Cupper, by Reliable barista Team

CHAPTER 2.

아라비카와 로부스타 종의 세계

하나 아라비카는 향미의 서사시이다

둘 로부스타는 생존의 서사학이다

하나, 아라비카는 향미의 서사시이다

버번(Bourbon): 커피 역사의 고전, 품질과 전통의 유산

버번은 커피 세계에서 문화적, 유전적으로 가장 중요한 아라비카(C. arabica)의 품종 중 하나이다. 특히 가장 높은 고도에서 탁월한 컵 품질을 자랑하며, 이는 커피 세계의 고전이자 시대를 초월한 기준이 되어 온 깊은 유산이라 할 수 있다. 그 이름에서부터 역사의 숨결이 느껴지는 버번은, 인간이 오랜 세월 커피와 동반하며 쌓아온 재배의 지혜와 숭고한 연결고리를 지니는 품종이다. 버번의 유전적 분류는 버번-티피카(Bourbon-Typica) 그룹에 속하며, 버번 자체의 견고한 유전적 배경을 그대로 지니고 있다. 이 품종은 특별히 어떤 육종가(plant breeder)에 의해 인위적으로 개량된 것이 아니라, 오랜 시간 동안 자연적인 진화와 인간의 세심한 선별 과정을 거치며 형성된 것으로 전해진다. 이러한 점은 버번이 지닌 자연스러운 아름다움과 순수성을 더욱 돋보이게 하며, 수백 년에 걸쳐 이어진 커피 재배의 역사 속에서 자연스럽게 자리 잡은 귀한 존재임을 시사한다. 마치 태고의 지혜를 간직한 고목처럼, 버번은 커피 역사의 굳건한 뿌리 역할을 하는 품종이다.

버번은 그 외형과 특성에서도 고전적인 매력을 선사한다. 이 품종은 키가 큰 성장 습관을 지니는 식물이다. 높이 뻗어가는 나무의 모습은 햇빛을 충분히 받아들이고 깊은 뿌리를 내리는 자연스러운 생명력을 상징한다. 새로 돋아나는 잎의 끝부분은 생명력 넘치는 녹색을 띠는데, 이는 버번이 지닌 품종 고유의 색이자, 재배 환경과의 조화를 이루며 생장하는 식물의 건강한 활력을 보여주는 지표이기도 하다. 버번의 커피 생두는 평균 크기로 분류된다. 이는 화려함보다는 균형과 조화를 중시하는 버번의 특징을 대변하며, 평균적인 크기 속에서도 드러나는 뛰어난 향미는 고전적인 아름다움이 지닌 깊이 있는 가치를 일깨운다. 버번은 특정한 고도에서 그 품질과 농업적 잠재력을 가장 잘 발현한다. 이 품종의 최적 고도는 높다. 즉, 서늘한 고지대에서 천천히 자라

며 영양분을 축적할 때 버번 특유의 복합적이고 섬세한 향미가 극대화된다는 것을 의미한다. 높은 고도의 기후는 커피 체리의 숙성을 지연시켜 생두에 더욱 풍부한 산미와 향미를 응축시키는 데 기여한다. 이러한 환경적 특성은 인간이 수백 년에 걸쳐 커피 재배지를 탐색하고, 각 품종에 최적화된 자연환경을 찾아낸 경험적 지혜가 농축된 결과이다.

버번 품종은 보통 식재 후 약 4년 차에 첫 수확이 가능해지며, 이 시점부터 고유의 품질 잠재력을 드러내기 시작한다. 이는 다른 품종들에 비해 상대적으로 늦은 생산 시작을 의미하며, 농부가 인내심을 가지고 기다려야 하는 품종임을 시사한다. 하지만 이 기다림은 곧 뛰어난 품질이라는 값진 보상으로 돌아오곤 한다. 버번은 고품질을 생산하기 위해 적절한 영양분과 관리가 필요하며, 특히 병충해에 취약하기 때문에 건강한 나무를 유지하는 것이 매우 중요하다. 과도한 비료 없이 재배가 가능하며, 지속가능한 농업 관행에 적합한 특성을 지닌다. 열매의 숙성 속도는 환경적 요인에 따라 다르나 빠른 편이다. 이는 재배 농가 입장에서는 수확 작업 계획에 중요한 고려사항이 된다. 수확된 커피 열매로부터 가공을 거쳐 얻어지는 생두의 비율은 평균 수준을 보인다. 버번은 수량보다는 품질로 승부하는 품종으로서 그 가치를 인정받고 있다. 주목할 점은 버번이 커피 잎 녹병과 선충, 그리고 커피 베리병(Coffee Berry Disease, CBD)[179] 등 주요 질병에 대해 취약하다는 것이다. 이는 버번 재배에 있어 지속적인 관찰과 선제적인 방역 노력이 필수적임을 의미하며, 높은 품질을 얻기 위한 농부의 헌신적인 노력이 요구됨을 보여주는 중요한 부분이다.

이렇듯 버번은 커피 재배자에게 인내와 헌신을 요구하지만, 그 노력에 대한 보상으로 시대를 초월한 뛰어난 품질과 향미를 선사하는 귀한 품종이다. 버번을 통해 우리는 커피 한 잔에 담긴 자연의 위대함과 인간의 지혜로운 보존 노력이 어떻게 조화를 이루는지를 깨달을 수 있다. 이는 단지 식물 품종을 넘어, 커피 문화의 근간을 이루는 살아있는 유산이라 할 만하다.

버번 마야구에스 71(Bourbon Mayaguez 71): 유산의 숨결, 본질에서 피어난 조화

버번 마야구에스 71은 르완다 농업 위원회(Rwanda Agricultural Board, RAB)에 의해 육종된 아라비카의 품종이다. 이 품종은 주요 질병에 취약한 특성을 지녔지만, 중・고지대에서 좋은 컵 품질을 보여 줄 잠재력을 지닌 존재이다. 르완다(Rwanda)와 부룬디(Burundi)에서 흔히 발견된다. 유전적 분류는 버번-티피카 그룹에 속하며, 버번 품종이 가진 풍부한 향미와 품질 특성의 유전적 바탕을 공유하고 있다. 이는 버번 계열의 품종들이 세계 커피 산업에 미친 지대한 영향을 고려할 때, 버번 마야구에스 71 역시 이러한 유서 깊은 혈통의 일부로서 그 가치를 인정받는 중요한 이유이다.

버번 마야구에스 71은 그 외형과 특성에서도 고유한 매력을 선사한다. 이 품종은 키가 큰 성장 습관을 지닌 식물이다. 새로 돋아나는 잎의 끝부분은 청동색을 띠는데, 이는 품종 고유의 생장 활력을 보여주는 지표이기도 하다. 무엇보다 주목할 만한 것은 이 품종의 커피 생두 크기가 큰 편이라는 점이다. 이는 고객의 시각적 만족도를 높일 뿐만 아니라, 로스팅 과정에서도 특정 조건에서 균일한 열전달과 향미 발현에 유리하게 작용할 수 있는 긍정적인 요소이다. 버번 마야구에스 71은 특정한 고도에서 그 품질과 농업적 잠재력을 효과적으로 발휘하는 품종이다. 이 품종의 최적 환경은 중고도 및 고지대이다. 이는 중간 고도의 환경에서도 좋은 컵 품질을 보여줄 수 있는 유연한 적응력을 지니며, 높은 고도의 기후는 커피 열매의 숙성을 지연시켜 생두에 더욱 풍부한 산미와 향미를 응축시키는 데 기여한다. 이 품종이 지닌 컵 품질 잠재력은 좋음으로 평가된다. 이러한 환경적 특성은 인간이 수백 년에 걸쳐 커피 재배지를 탐색하고, 각 품종에 최적화된 자연환경을 찾아낸 경험적 지혜가 농축된 결과이다.

버번 마야구에스 71은 나무를 심은 지 약 3년 차에 첫 열매를 맺기 시작한다. 이 품종의 수확량은 보통 수준으로 알려져 있다. 영양 요구 사항은 보통 수준으로 평가되어, 과도한 비료 없이 재배가 가능하다. 열매에서 생두로 전환되는 비율은 평균 수준을 보인다. 파종 밀도는 단일 줄기 전정 방식을 사용할 경우 헥타르당 1,000에서 2,000그루의 식물을 심는 것이 권장된다. 주목할 점은 버번 마야구에스 71이 커피 잎 녹병

과 커피 베리병에 취약하다는 것이다. 버번 마야구에스 71 재배에 있어 지속적인 관찰과 선제적인 방역 노력이 필수적이며, 높은 품질을 얻기 위한 농부의 헌신적인 노력이 요구된다.

버번 마야구에스 71은 수확량과 병충해라는 숙명적인 약점을 감내해야 하는 품종이지만, 그 인내의 시간은 중·고지대에서 피어나는 탁월한 풍미로 보상받는다. 이처럼 한잔의 커피는 자연의 순리와 인간의 집념이 만나 탄생하는 위대한 결과물이다.

버번 마야구에스 139(Bourbon Mayaguez 139): 활력과 품질의 아프리카 유산

버번 마야구에스 139는 활발하고 생산성이 매우 높은 키가 큰 품종이며, 탁월한 컵 품질을 지닌다. 이는 르완다와 부룬디 등 동아프리카 커피 생산국에서 주요 품종으로 재배되며, 해당 지역의 커피 산업 발전에 기여하는 중요한 품종이다. 이 품종은 지역의 지형과 기후 속에서 오랫동안 적응하며 인간의 선택과 재배의 지혜를 통해 진화해 온 생명의 결과물이다.

유전적 분류는 버번-티피카 그룹에 속하며, 버번 품종과 동일한 유전적 배경을 공유하는 품종이다. 이는 버번이 가진 고전적인 품질의 유산을 물려받았음을 의미하는 것이다. 이 품종은 르완다 농업 위원회(RAB)에 의해 선발되고 개발된 것으로, 과학적인 연구와 현지 적용을 통해 특정 지역 환경에 최적화된 품종을 만들어내려는 인간의 노력이 집약된 결과물이다. 이 품종은 키가 큰 성장 습관을 지녀, 위로 뻗어 나가는 강인한 생명력을 자랑한다. 이는 적절한 공간에서 충분한 햇빛을 받으며 자랄 때 그 잠재력을 최대한 발휘할 수 있음을 의미한다. 새로 돋아나는 잎의 끝부분은 선명한 청동색을 띠는 특징이 있다. 이 특유의 색깔은 품종의 독특한 개성을 시각적으로 드러내며, 재배자에게 품종 식별의 중요한 단서가 되기도 한다. 버번 마야구에스 139의 커피 생두는 큰 크기로 분류된다. 이는 로스팅 과정에서 균일한 열전달에 유리하며, 최종 컵에서 더욱 풍부하고 복합적인 향미를 발현하는 데 기여할 수 있는 요소이다.

이 품종은 특정 환경에서 그 품질과 농업적 잠재력을 가장 잘 발휘하는 품종이다.

버번 마야구에스 139의 최적 고도는 높은 편이다. 이는 높은 고도의 서늘한 기후 조건이 커피 체리가 천천히 숙성되도록 유도하여, 생두에 섬세하고 복합적인 산미와 향미 특성을 응축시키는데 이상적임을 의미하는 것이다. 이러한 환경적 선택은 커피 한잔에 담긴 풍부한 맛이 단순히 식물 자체의 특성을 넘어, 자연과의 조화 속에서 발현되는 복합적인 결과임을 보여준다.

버번 마야구에스 139는 심은 지 약 3년 차에 첫 열매를 맺기 시작하며, 이는 아라비카의 품종 중에서도 비교적 빠른 수확이 가능하여 농가의 경제적 회전율에 긍정적인 영향을 미치는 이점이다. 이 품종은 보통 수준의 영양분을 요구한다. 이는 과도한 비료나 특별한 토양 관리가 없이도 건강하게 성장할 수 있음을 의미하며, 재배 비용 측면에서 효율성을 제공한다. 열매의 숙성 속도는 평균 수준을 보이며, 이는 농가의 수확 일정 관리에도 비교적 용이함을 시사하는 것이다. 수확된 커피 열매로부터 가공을 거쳐 얻어지는 생두의 비율은 평균 수준이다. 이 품종은 커피 잎 녹병과 커피 베리병에 취약하다. 이는 재배 과정에서 질병 관리가 필수적임을 시사하며, 품종이 지닌 우수한 특성을 유지하기 위한 농부의 지속적인 관심과 노력이 중요함을 일깨운다.

버번 마야구에스 139는 뛰어난 품질과 생산성을 겸비하며, 아프리카 지역의 중요한 품종으로 자리매김한 품종이다. 이는 기후와 토양이라는 자연의 조건에 인간의 연구와 관리가 더해져, 커피라는 농작물이 지닌 잠재력을 극대화한 결과이며, 커피를 통해 인간이 자연과 공존하며 만들어가는 지혜로운 여정을 보여준다.

게이샤(Geisha): 미지의 숲에서 피어난 향미의 여왕

게이샤는 게샤(Gesha)로도 표기되며, 이 품종은 그 이름이 지닌 이국적인 어감만큼이나 독특하고 매혹적인 향미로 전 세계 커피 애호가들을 사로잡았다. 특히 파나마의 특정 고지대에서 재배된 게이샤는 경이로운 컵 품질을 발현하며 스페셜티 커피의 새로운 지평을 열었다. 이는 하나의 식물 품종을 넘어, 발견과 탐험, 그리고 완벽을 추구하는 인간의 노력이 빚어낸 예술 작품이라 할 수 있다.

게이샤의 유전적 배경은 그 품종이 지닌 에티오피아 토착종(Ethiopian Landrace)이라는 기원을 통해 드러난다. 이 품종은 1930년대 에티오피아의 게샤(Gesha) 지역 숲에서 처음 발견되었다. 이후 1930년대와 1950년대를 거쳐 탄자니아, 코스타리카 등을 거쳐 전 세계로 퍼져 나갔는데, 2000년대 초반 파나마 에스메랄다(Esmeralda) 농장에서 그 진정한 잠재력이 폭발적으로 드러나며 세계적인 명성을 얻게 되었다. 이처럼 게이샤는 특정 육종가가 인위적으로 개발한 품종이 아니라, 자연에서 발현된 특성이 인간의 선택과 최적의 재배 환경을 만나 빛을 발한 전설적인 존재이다.

게이샤는 그 외형적 특징에서도 고유한 면모를 보인다. 이 품종은 키가 큰 성장 습관을 지닌다. 늘씬하게 위로 뻗어 나가는 나무의 모습은 햇빛을 충분히 받고 공기의 흐름을 원활하게 하여 열매가 고르게 성장할 수 있는 조건을 제공한다. 새로 돋아나는 잎의 끝부분은 녹색 또는 청동색을 띤다. 이는 게이샤를 식별하는 특징적인 외형적 단서 중 하나이다. 커피 생두의 크기는 평균 수준으로 분류된다. 이러한 크기는 로스팅 과정에서 열이 고르게 전달되는 데 유리하며, 궁극적으로 게이샤 특유의 섬세하면서도 풍부한 향미 발현에 기여한다. 이 품종은 특정한 재배 환경, 특히 높은 고도에서 그 품질과 잠재력을 예외적 수준으로 극대화한다. 고도와 기온, 습도, 일조량 등의 미묘한 차이가 복합적인 향미를 만들어내는 커피 재배에서, 게이샤는 서늘한 고지대 기후 속에서 천천히 숙성되며 자신만의 독보적인 향미 프로파일을 완성한다. 이는 꽃향기, 감귤류, 꿀과 같은 복합적이고 섬세한 아로마와 함께 부드러운 바디감, 그리고 투명한 산미가 특징으로 나타난다. 단순히 고도를 넘어, 테루아(terroir)라 불리는 토양, 기후, 지형의 총체적인 조화가 게이샤의 독특한 맛을 빚어내는 필수적인 조건이라 할 수 있다.

이 품종은 중간 수확 잠재력을 가진다. 첫 열매를 맺기 시작하는 시기는 식재 후 약 4년 차로 비교적 늦은 편에 속한다. 필요한 영양 요구 사항은 보통 수준으로 평가되며, 이는 토양의 비옥도를 유지하고 꾸준한 관리가 필요함을 시사한다. 과일의 숙성 속도는 보통 수준을 보인다. 체리에서 생두로 전환되는 아웃턴은 평균 수준이다. 이러한 특성들은 게이샤가 대량 생산을 목표로 하는 품종이 아님을 분명히 보여준다. 게이샤는 커피 잎 녹병에 내성을 가진다. 하지만 선충과 커피 베리병에는 취약한 품종이다.

이렇듯 게이샤는 중간 수준의 생산성과 특정 질병에 대한 취약성에도 불구하고, 예외적인 컵 품질이라는 독보적인 장점 하나로 세계 커피 시장에서 향미의 여왕이라는 찬사를 받는다. 이는 커피가 희소성과 예술적인 가치를 지닌 존재로 승화될 수 있음을 증명하는 품종이라 할 만하다.

바티안(Batian): 시련을 이겨낸 강인함과 조화

바티안은 케냐 커피연구재단(현, 케냐 농업축산연구기구, KALRO)에 의해 육종된 품종이다. 이 품종은 높은 수확량과 질병 저항성, 그리고 우수한 컵 품질을 동시에 지닌다는 점에서 커피 재배자들에게 큰 기대를 모으는 품종이다. 바티안의 유전적 분류는 기타 도입종에 해당한다. 그 혈통은 마치 여러 시대의 지혜가 한데 모인 고문서와 같이 SL28, SL34, 루메 수단(Rume Sudan), N39, K7, SL4, 그리고 티모르 하이브리드(Timor Hybrid) 등, 각기 다른 기원과 특성을 지닌 여러 품종들의 유전자가 복합적으로 결합되어 탄생하였다. 이러한 풍부한 혈통은 바티안에게 뛰어난 질병 저항성과 환경 적응력을 부여하는 근간이 된다. 특히 동아프리카 커피 품종의 오랜 연구 역사를 집약하고 있다는 점에서, 바티안은 단순한 품종을 넘어 케냐 커피 연구의 한 이정표라 할 만하다.

바티안은 그 외형과 결과물에서도 주목할 만한 특징들을 지닌다. 이 품종은 키가 큰 성장 습관을 지닌다. 이는 식물이 자연스럽게 높이 자라며, 때로는 넓은 공간에서 품종 고유의 특성을 발현하는 데 유리하게 작용한다. 넉넉한 공간을 허용함으로써 자연의 생명력이 온전히 펼쳐지는 모습이다. 새로 돋아나는 잎의 끝부분은 청동색 또는 녹색을 띠는데, 이 색깔의 미묘한 변화는 품종의 활력과 생명력을 시각적으로 보여주는 하나의 신호이다. 바티안의 커피 생두는 매우 큰 크기로 분류된다. 이는 로스팅 과정에서의 균일한 열전달과 더불어, 최종 컵에서 발현되는 향미 복합성에도 긍정적인 영향을 미칠 수 있다. 큰 생두는 종종 뛰어난 외관과 함께 특별한 미식 경험을 제공하는 요인이 된다.

이 품종은 낮은 고도에서 최적의 잠재력을 발현한다. 이는 이 품종이 저지대의 기

후 조건에도 잘 적응할 수 있는 유연성을 지녔음을 의미한다. 하지만 최적의 컵 품질은 높은 고도에서 발현되는 경향이 있어, 높은 고도의 서늘한 기후 조건은 커피 체리의 천천히 숙성되도록 유도하여, 생두에 섬세하고 복합적인 산미와 향미 특성을 응축시키는 데 이상적임을 의미한다. 이러한 환경적 특성은 인간이 수백 년에 걸쳐 커피 재배지를 탐색하고, 각 품종에 최적화된 자연환경을 찾아낸 경험적 지혜가 농축된 결과임을 보여준다.

바티안은 심은 지 약 2년 차에 첫 열매를 맺기 시작하는데, 이는 재배 시작 후 비교적 빠른 수확이 가능하여, 농가에 조기 수입원을 제공함으로써 경제적 안정성에 기여하는 중요한 요소이다. 이 품종은 보통 수준의 영양분을 요구한다. 이는 토양 관리에 있어 극심한 노력을 들이지 않아도 비교적 건강하게 성장할 수 있음을 시사하며, 자원의 효율적인 활용이라는 측면에서 재배자들에게 이점을 제공한다. 농가의 수확 일정 관리에 대한 계획적인 접근이 유동적일 수 있다. 수확된 커피 열매로부터 가공을 거쳐 얻어지는 생두의 비율이 높다. 이는 단위 면적당 수확량 증대뿐만 아니라, 가공 효율성 측면에서도 긍정적인 영향을 미쳐 농업 경제성을 향상시키는데 기여한다. 이 품종은 질병 저항성과 회복력을 가진 키 큰 품종이라는 희귀한 조합을 지닌다. 이로 인해 낮은 관리와 불리한 환경 조건에도 대처할 수 있어 소규모 농가에 특히 적합한 품종으로 평가받는다. 이는 최첨단 기술과 자원이 부족할 수 있는 소규모 농업 현장에서, 품종 자체가 농부의 노력과 부담을 덜어주는 역할을 수행한다는 점에서 중요한 의미를 지닌다. 자연의 역경 속에서도 인간이 커피와 공존하며 지속 가능한 삶을 영위할 수 있도록 돕는 품종이라 할 수 있다.

바티안은 단순히 고품질의 커피를 생산하는 것을 넘어, 현대 농업이 직면한 기후 변화와 경제적 도전에 맞서는 회복탄력성과 포용성을 담보하는 품종으로 평가받고 있다. 이는 자연의 견고함과 인간의 지혜로운 개입이 만나 빚어낸 생명의 걸작이라 할 만하다.

아나카페 14: 유전적 유산과 재배의 지혜

아나카페 14(Anacafe 14)는 과테말라 국립 커피 협회(ANACAFÉ)에 의해 육종된 품종이며, 커피 재배자들에게 여러모로 중요한 의미를 지닌다. 유전적 분류는 내성 도입종이며, 특히 카티모르 계열과 관련성을 가진다. 그 혈통을 깊이 들여다보면, 마치 복잡한 가계도를 연상시키는데, 이는 동티모르 하이브리드 832/1(Timor Hybrid 832/1)과 카투라(Caturra)의 교배를 통해 얻어진 후, 파카마라(Pacamara) 품종이 가진 컵 품질과 유사한 특성을 갖도록 선별된 결과이다. 이러한 복합적인 혈통은 다양한 유전적 이점을 품종에 부여하며, 특히 질병 저항성이라는 중요한 특성을 지니게 하는 배경이 된다.

이 품종은 왜성(dwarf)[180] 성장 습관을 지닌다. 이는 나무의 키가 작아 밀식 재배에 유리하며, 수확 작업의 효율성을 높이는데 기여한다. 좁은 공간에서도 많은 나무를 심을 수 있다는 점은 제한된 경작지에서 생산성을 극대화하려는 인간의 노력이 반영된 결과라 할 수 있다. 새로 돋아나는 잎의 끝부분은 녹색을 띤다. 이는 품종을 식별하는 미묘한 특징 중 하나로, 자연의 섬세한 아름다움을 보여주는 부분이다. 아나카페 14의 커피 생두는 매우 큰 크기로 분류된다. 이는 고객에게 시각적인 만족감을 제공할 뿐만 아니라, 로스팅 과정에서도 특유의 특성을 발현하는 데 영향을 미친다. 큰 생두는 때때로 독특한 향미 프로파일을 형성하는데 기여하며, 이는 커피를 탐구하는 이들에게 새로운 경험을 제공한다.

이 품종의 최적 고도는 중간에서 높음으로, 특히 1,300m 이상의 고도에서 녹병 저항성과 우수한 품질을 나타낸다. 고도는 커피의 성장에 필수적인 요인이며, 특히 컵 품질과 질병 저항성에 큰 영향을 미친다. 높은 고도의 서늘한 기후는 커피 열매가 천천히 숙성되도록 하여, 복합적인 산미와 향미를 발현하는 데 유리한 환경을 제공한다. 이는 단순히 고도의 수치를 넘어, 자연이 커피에게 선사하는 최적의 환경을 찾아내려는 인간의 탐구 정신이 담겨 있는 부분이다.

아나카페 14는 심은 지 약 2년 차에 첫 열매를 맺기 시작하며, 이는 다른 많은 커피 품종에 비해 상대적으로 빠른 생산 시작을 의미하여, 농가에 조기 수입원을 제공함으로써 경제적 안정에 기여할 수 있는 이점이다. 이 품종은 생장을 위해 높은 수준의 영양분을 요구한다. 이는 토양의 비옥도를 유지하고 적절한 비료를 공급하는 것이 아나카페 14의 성공적인 재배에 필수적임을 시사하며, 지속 가능한 농법을 통해 토양의 생명력을 관리하는 것이 중요함이 강조되는 부분이다. 열매의 숙성 속도는 늦다. 이는 수확기가 비교적 늦게 도래함을 의미하며, 수확 시기와 노동력 계획을 수립함에 있어 신중한 접근이 필요하다. 늦은 숙성은 때때로 열매가 충분한 시간을 두고 영양분을 축적하여 더 풍부한 향미를 형성할 수 있는 기회를 제공하기도 한다. 수확된 커피 열매로부터 가공을 거쳐 얻어지는 생두의 비율이 높다. 이는 같은 양의 열매를 수확했을 때 더 많은 양의 상품성 있는 생두를 얻을 수 있음을 의미하여, 재배의 경제적 효율성을 높이는 중요한 지표가 된다. 이 품종은 가뭄에 강하다는 중요한 특징을 지닌다. 이는 기후 변화로 인해 건조한 환경이 늘어나는 오늘날, 가뭄에 취약한 다른 품종에 비해 안정적인 생산을 가능하게 하는 이점을 제공한다. 그러나 중요한 점은 이 품종의 유전적 특성이 균일하지 않다는 것이다. 즉, 한 세대에서 다음 세대로 넘어갈 때 품종의 특성이 안정적으로 유전되지 않아, 개체 간의 편차가 발생할 수 있다는 한계를 지닌다. 또한, 아나카페 14는 커피 베리병(CBD)에는 취약하다는 점을 유의해야 한다. 이는 자연의 다양성과 생명체의 예측 불가능한 변이 속에서, 인간이 완벽한 통제를 추구하더라도 여전히 남아있는 자연의 고유한 흐름을 깨닫게 하는 부분이다.

아나카페 14는 하나의 커피 품종이 아니라, 자연의 섭리 속에서 인간의 지혜와 노력이 결합되어 탄생한 복합적인 존재이며, 그 특성 하나하나에 커피 재배와 문화의 깊은 이야기가 담겨 있는 것이다.

카시오페아(Casiopea): 혁신의 빛이 피워낸 하늘의 별

카시오페아는 현대 커피 육종의 중요한 성과를 대표하는 F1 하이브리드 품종이다. 이 품종은 과학적 지식과 인간의 노력, 그리고 지속 가능한 커피 생산이라는 목표가 결합하여 탄생한 결과물이다. 카시오페아의 유전적 배경은 그 품종의 가치를 명확히 드러낸다. 이 품종은 카투라(Caturra)와 에티오피아 야생종(Ethiopian wild species: 구

체적으로는 ET41로 알려진)의 교잡을 통해 탄생한 F1 하이브리드이다. 이 조합은 특히 에티오피아 커피가 지닌 독특하고 풍부한 향미 특성과 카투라가 가진 안정적인 생산성을 결합하려는 시도에서 비롯되었다.

카시오페아는 센트로아메리카노(Centroamericano) 품종과 비슷한 시기에 개발되었는데, 이는 21세기 커피 산업이 직면한 기후 변화와 질병 문제에 대응하기 위한 혁신적인 육종 노력의 중요한 일환이다. 이러한 복합적인 유전적 배경은 카시오페아가 커피 잎 녹병에 취약하다는 한계를 지니지만, 다른 유전적 강점을 가지게 하는 근간이 된다. 카시오페아는 그 외형적 특징이나 특정 재배 데이터보다는, 궁극적인 컵 품질과 생산성 측면에서 그 가치가 더욱 부각되는 품종이다. 이 품종은 잎끝의 색상이 청동색이며, 생두의 크기는 큰 편이다. 이 품종은 뛰어난 품질을 자랑하는 것으로 널리 알려져 있다. 높은 고도에서 재배될 때 발현되는 우수한 향미는 커피 애호가들에게 새로운 미식 경험을 제공한다. 이 품종은 특정한 재배 환경에서 그 잠재력을 극대화한다. 특히 해발 1,300m 이상의 고도에서 뛰어난 품질을 발현하는 것으로 알려져 있다. 고도는 커피의 성장에 있어 중요한 변수로, 높은 고도의 서늘한 기후는 커피 체리의 천천히 숙성되도록 유도하여 생두에 더욱 복합적인 산미와 향미를 응축시키는 데 유리한 환경을 제공한다. 이는 단순히 고도의 수치를 넘어, 카시오페아가 지닌 고유의 맛과 향을 온전히 끌어내기 위한 최적의 자연조건을 의미한다. 이 품종은 높은 수확량을 지닌 품종으로 평가된다. 이러한 높은 생산성은 커피 재배 농가의 경제적 안정에 기여하며, 제한된 면적에서 효율적인 생산을 가능하게 한다. F1 하이브리드의 특성상 커피 잎 녹병에 취약하게 육종되었다는 점은 품종 재배 시 주의 깊은 관리가 필요하다는 것을 의미하지만, 높은 품질과 생산성을 고려하여 재배되고 있다.

카시오페아는 과학적 연구와 육종 기술이 만나 탄생한 현대 커피 품종의 대표적인 사례이다. 이 품종은 단순히 새로운 커피 맛을 제공하는 것을 넘어, 미래 커피 산업이 지속 가능한 발전을 이루어나갈 수 있는 중요한 해결책 중 하나로서 그 가치를 인정받고 있다.

카투라(Caturra): 작은 키에 숨겨진 빛나는 풍요

카투라는 커피 세계에서 중요한 변혁을 가져온 품종이다. 그 이름은 남미 토착어로 '작다'는 의미를 담고 있으며, 실제로 키가 작은 성장 습관을 특징으로 한다. 이 품종은 새로운 맛을 넘어, 재배 방식의 혁신과 생산성의 증대를 가능하게 한 실용적인 가치를 지닌다. 카투라의 유전적 배경은 그 품종이 지닌 자연 발생적인 특성을 강조한다. 이는 버번 품종의 자연적인 돌연변이종으로 발견되었다. 첫 발견 이후, 브라질의 캄피나스 농업 연구소(Instituto Agronômico de Campinas, IAC)는 카투라의 육종에 기여하였다. 카투라는 버번의 유전적 특성을 많이 지니므로, 유전적으로는 버번-티피카 그룹에 속한다.

카투라는 그 외형적 특징과 결실에서도 재배자에게 실질적인 이점을 제공한다. 이 품종의 가장 큰 특징은 왜성 성장 습관을 지녔다는 점이다. 나무의 키가 작아 더 밀집시켜 재배할 수 있으며, 이는 단위 면적당 심을 수 있는 커피나무의 수를 늘려 생산량을 증가시키는 효과를 가져왔다. 새로 돋아나는 잎끝은 녹색을 띠는 것이 일반적이다. 또한, 카투라 품종은 숙성 시 빨간색 또는 노란색을 띠는 열매를 맺는 것으로 분류되기도 한다. 커피 생두의 크기는 평균 수준으로 분류된다. 카투라는 특정한 고도에서 그 품질과 농업적 잠재력을 가장 잘 발휘한다. 이 품종은 높은 고도에서 좋은 품질 잠재력을 지닌다. 이는 높은 고도의 서늘한 기후가 커피 열매의 숙성을 느리게 유도하여 생두에 더욱 복합적인 산미와 향미를 응축시키는 데 유리하게 작용함을 의미한다. 이러한 품질 특성은 고지대 재배에 적합함을 시사한다.

이 품종은 좋은 수확량 잠재력을 가진다. 열매의 숙성 속도는 보통 수준이며, 체리에서 생두로 전환되는 아웃턴(Cherry to Green Bean Outturn)[181] 또한 평균 수준이다. 왜성 품종의 특성상 밀집 재배를 통해 단위 면적당 높은 생산성을 추구할 수 있는 장점이 있다. 첫 수확은 식재 후 약 3년 차에 시작된다. 질병 저항성 측면에서는 커피 잎 녹병에 매우 높은 취약성을 보이며, 선충, 그리고 커피 베리병에도 취약한 것으로 알려져 있다. 이는 재배 시 질병 관리에 각별한 주의가 요구됨을 의미한다. 카투라는 중앙아메리카 지역에서 중요한 재배 품종으로 자리매김하였다.

카투라는 1940년대 과테말라에 소개된 이후 코스타리카, 온두라스, 파나마 등 중남미 전역으로 전파되며 중요한 재배 품종으로 자리매김하였다. 이는 키 작은 성장 습관을 통해 재배 효율성을 혁신하고, 동시에 좋은 컵 품질을 제공함으로써 전 세계 커피 생산에 지대한 영향을 미친 품종이라 할 수 있다.

카투아이: 생산성의 별, 브라질의 선물

카투아이는 브라질의 캄피나스(Campinas)에 위치한 이아크(Instituto Agronômico de Campinas, IAC)에서 개발된 품종이다. 그 이름은 남미 토착어인 과라니어(Guaraní)에서 '매우 좋다'는 뜻을 지니고 있으며, 이는 이 품종이 가진 뛰어난 잠재력을 암시한다. 카투아이는 특히 높은 생산성으로 인정받으며 전 세계 여러 커피 생산국에서 널리 재배되고 있다.

카투아이의 유전적 배경은 면밀하게 계획된 육종의 산물이다. 이 품종은 티피카 계통에서 파생된 문도 노보(Mundo Novo) 품종과 버번 계통의 돌연변이인 카투라 아마렐로(Caturra Amarelo) 또는 카투라 베르멜류(Caturra Vermelho)의 교배를 통해 탄생하였다. 문도 노보는 키가 크고 생산성이 뛰어난 특성을 지녔으며, 카투라는 키가 작아 밀식 재배에 유리한 특성을 가졌다. 이 두 품종의 장점을 결합함으로써, 카투아이는 생산성이 뛰어나면서도 키가 작아 관리가 용이한 이상적인 품종으로 개발되었다. 이처럼 과학적인 접근을 통해 특정 목표를 가지고 육종된 품종은 자연이 제공하는 다양성 위에 인간의 지혜를 더한 결과라 할 수 있다. 카투아이는 밀집 재배에 매우 적합하여, 제한된 경작지에서 생산성을 극대화하는 데 크게 기여하는 품종이다. 이 품종은 그 외형적 특징과 결실에서도 재배자에게 실질적인 이점을 제공한다. 이 품종은 왜성 성장 습관을 지닌다. 이는 좁은 공간에서도 많은 나무를 심을 수 있게 하여 단위 면적당 수확량을 극대화하는 중요한 요소이다. 새잎 끝은 녹색을 띠는 것이 특징이다. 카투아이 생두의 크기는 평균 수준으로 분류된다. 이는 로스팅 과정에서 균일한 열전달에 유리하며, 최종 컵에서 더욱 풍부하고 복합적인 향미를 발현하는 데 기여할 수 있는 요소이다.

카투아이는 특정한 고도에서 그 품질과 농업적 잠재력을 효과적으로 발휘한다. 이 품종의 최적 고도는 높음으로 평가된다. 높은 고도에서 재배될 때 품질 잠재력은 좋은 편이다. 이는 품종의 유전적 잠재력과 지리적 환경의 상호작용이 어떻게 커피의 최종 향미를 결정하는지를 보여주는 부분이다. 카투아이의 컵 품질은 좋은 편이며, 종종 깨끗하고, 밝으며, 달콤하다는 평가를 받는다. 높은 고도에서 재배될 경우 산미가 매우 두드러지는 특징을 보이기도 한다. 카투아이는 좋은 수확량 잠재력을 가진다. 이러한 양호한 생산성은 커피 재배 농가의 경제적 수익성에 기여하며, 제한된 면적에서 효율적인 생산을 가능하게 한다. 식재 후 첫 수확은 약 3년차에 시작된다. 열매의 숙성 속도는 중간 수준이며, 체리에서 생두로 전환되는 아웃턴 또한 평균 수준이다. 이 품종은 커피 잎 녹병에 취약하다는 단점이 있다. 그러나 키가 작아 방제 관리가 용이하다는 부수적인 이점도 지닌다. 이 품종은 커피 베리병과 선충에도 취약한 편이므로, 재배 시 질병 관리에 각별한 주의가 요구되는 품종이다.

카투아이는 인간의 육종 기술이 가져온 성공적인 결과물로서, 고밀도 재배와 좋은 생산성으로 전 세계 커피 재배자들의 중요한 선택지 중 하나로 자리 잡았다. 이 품종은 많은 커피를 생산하는 것을 넘어, 커피 산업이 직면한 경제적, 환경적 도전 과제에 대응하려는 인간의 지혜와 실용주의가 결합된 생명의 상징이라 할 수 있다.

카티모르 129(Catimor 129): 역경을 이겨낸 강인함과 풍요

카티모르 129는 현대 커피 육종의 중요한 결과물로서, 특히 질병 저항성과 높은 생산성이라는 두 가지 핵심 요소를 겸비하고 있다.카티모르 129의 유전적 배경은 도입종으로 분류되며, 카티모르 계열에 속한다. 이 품종은 콜롬비아의 카티모르 육종 계열에서 선발된 품종으로, 카투라(Caturra)와 티모르 하이브리드 1343(Timor Hybrid 1343)의 교잡을 통해 탄생하였다.

카티모르 하이브리드는 로부스타와 아라비카의 자연 교배종으로, 특히 강력한 질병 저항성 유전자를 지니고 있으며, 카투라는 생산성과 컵 품질에서 강점을 보인다. 콜롬비아의 센트로 데 인베스티가시오네스 델 카페(Centro de Investigaciones del Café,

CENICAFÉ)에 의해 육종된 카티모르 129는 이처럼 양쪽 부모 품종의 유리한 특성들을 성공적으로 결합한 결과물이다. 이 품종은 그 외형과 생산성 측면에서 특정한 특징들을 가진다. 이 품종은 왜성 성장 습관을 지닌다. 이는 나무의 키가 작아 밀식 재배에 유리하며, 좁은 공간에서도 많은 나무를 심어 단위 면적당 수확량을 극대화할 수 있다. 또한, 키가 작아 수확 및 관리가 용이하다는 실용적인 이점도 제공한다. 새잎 끝은 녹색을 띠는 것이 일반적이며, 큰 생두 크기를 가진다. 이 품종은 질병 저항성 측면에서 주목할 만한 강점을 보인다. 카티모르 129는 커피 농가에 심각한 위협이 되는 커피 잎 녹병에 대해 내성을 지닌다. 이는 품종의 가장 큰 장점 중 하나로, 농가에 안정적인 생산을 가능하게 하는 중요한 요소이다. 또한, 커피 베리병에 대해서도 내성을 보이는 것으로 알려져 있다. 그러나 선충에는 취약한 것으로 평가된다. 컵 품질 측면에서는 높은 고도에서 재배될 때 좋은 잠재력을 지닌다.

카티모르 129는 매우 높은 수확 잠재력을 가지고 있으며, 심은 지 약 2년 차에 첫 열매를 맺기 시작한다. 이는 상대적으로 빠른 생산 시작을 의미하며, 농가에 조기에 수입을 제공함으로써 경제적 안정에 기여할 수 있다. 이 품종은 높은 수준의 영양분을 요구하고, 열매의 숙성 속도는 평균 수준이다. 카티모르 129는 질병 저항성과 생산성을 강점으로 하는 현대 육종 품종으로서, 특히 제한된 공간에서의 고밀도 재배와 질병 관리라는 측면에서 커피 산업에 중요한 기여를 하고 있다.

코스타리카 95(Costa Rica 95): 풍요를 품은 빛나는 수확

코스타리카 95는 높은 생산성을 특징으로 하는 도입종(introgressed) 카티모르 계열의 품종이다. 이 품종은 특정 환경 조건에 대한 적응력이 강조되며, 주로 가장 따뜻한 지역과 산성 토양에 적합하다. 이는 생산성 증대라는 농업적 목표와 품종 개발자의 지혜가 결합된 결과이다.

코스타리카 95의 유전적 배경은 카티모르 계열에 속한다. 카티모르는 질병 저항성과 생산성 향상을 위해 개발된 복합 교배 품종으로, 로부스타 계열의 티모르 하이브리드와 아라비카 계열의 카투라의 유전자를 지닌다. 코스타리카 95 또한 이러한 카티모르의 유전적 특성을 계승하며, 농업적 이점과 함께 주요 질병에 대한 취약성도 함께 지닌다. 이 품종은 그 외형적 특징과 생산 잠재력 측면에서 주목할 만하다. 이 품종의 새로 돋아나는 잎끝 부분은 청동색을 띤다. 이는 품종을 식별하는 고유한 특징 중 하나이다. 커피 생두의 크기는 평균 수준으로 분류된다. 그러나 이 품종의 가장 큰 강점은 높은 수확 잠재력에 있다. 이는 재배 면적 대비 더 많은 양의 커피를 생산할 수 있음을 의미하며, 농가의 경제적 수익성을 높이는 중요한 요소가 된다.

코스타리카 95는 특정 환경 조건에 대한 적응력이 높은 것으로 평가된다. 이 품종의 최적 고도는 낮은 고도에서 중간 고도이다. 따뜻한 지역과 산성이며 알루미늄이 풍부한 토양에 적합하다고 권장된다. 이 품종의 높은 고도에서의 품질 잠재력은 낮게 평가된다. 이러한 특성은 품종이 주로 생산성에 초점을 맞추었음을 보여준다. 이 품종은 높은 수확 잠재력을 가진다. 첫 수확은 식재 후 약 3년 차에 시작되며, 영양 요구 사항은 높은 편이다. 열매의 숙성 속도는 평균 수준이며, 체리에서 생두로 전환되는 아웃턴 또한 평균 수준이다. 코스타리카 95는 커피 잎 녹병에 취약하다. 또한, 선충과 커피 베리병에도 취약하다. 최근 연구에 따르면 코스타리카뿐만 아니라 중앙아메리카 다른 지역에서도 커피 잎 녹병에 취약한 것으로 확인되었다. 따라서 재배 시 질병 관리에 대한 각별한 주의가 요구된다.

코스타리카 95는 주로 높은 생산성과 특정 환경 적응력에 초점을 맞춘 품종으로서, 현대 커피 산업의 대량 생산 시스템에서 중요한 역할을 수행하고 있다. 그러나 주요 질병에 대한 취약성을 인지하고 재배 시 철저한 관리가 필요하다는 점을 명심해야 하는 품종이다.

에발루나(Evaluna, 또는 EC18): 새로운 길을 밝히는 미래의 약속

에발루나는 커피 육종의 최신 기술이 집약된 F1 하이브리드 품종이다. 이 품종은 높은 고도에서 매우 높은 수확량을 자랑하는 품종이다. 이는 단순히 한 세대의 커피나무를 넘어, 미래 커피 산업의 방향성을 제시하는 유전적 혁신을 상징한다. 에발루나는 유전적으로 강력한 특성들을 결합함으로써, 전통적인 품종들이 지닌 한계를 극복

하고 재배의 새로운 지평을 열고자 하는 탐구 정신이 담긴 결과물이다.

에발루나의 유전적 배경은 그 품종이 지닌 전략적인 가치를 명확히 드러낸다. 이 품종은 나리엘리스(Naryelis, 카티모르 계열)와 에티오피아 재래종 ET06(CATIE[182] 컬렉션)의 교잡을 통해 탄생한 1세대(F1) 하이브리드이다. ET06은 원래 ORSTOM/IRD[183]가 수집 임무 중에 에티오피아에서 확보한 품종이며, 에발루나의 육종은 CIRAD[184]-ECOM[185]에 의해 이루어졌다. 이러한 복합적인 유전적 조합은 에발루나가 높은 잠재적 품질을 동시에 지니게 하는 근간이 된다. 이 품종은 그 외형적 특성과 재배 효율성 측면에서도 주목할 만한 특징들을 가지고 있으며, 왜성 성장 습관을 지닌다. 이는 밀집 재배에 유리하여 단위 면적당 높은 생산성을 추구할 수 있고, 수확 및 관리 작업의 용이성을 높여 재배 농가에 실질적인 이점을 제공한다. 새로 돋아나는 잎의 끝부분은 연한 청동색을 띤다. 이는 품종의 독특한 외형적 특징 중 하나이다. 커피 생두의 크기는 큰 편으로 분류된다. 큰 생두는 로스팅 과정에서 열이 고르게 전달되는 데 유리하며, 때로는 최종 컵에서 더욱 풍부하고 복합적인 향미를 발현하는 데 기여한다.

이 품종은 심은 지 약 2년 차에 첫 수확이 가능하다. 이는 상대적으로 빠른 생산으로 농가에 조기에 수입원을 제공함으로써 경제적 안정성에 기여하는 중요한 요소이다. 이 품종은 높은 수준의 영양분을 요구하며, 커피 잎 녹병과 선충에 취약하다. 그러나 커피 베리병에 대해서는 중간 정도의 저항성을 보인다. 열매의 숙성 속도는 보통 수준이며, 수확된 커피 열매로부터 가공을 거쳐 얻어지는 생두의 비율은 매우 높다. 한편, 뿌리 성장과 지상부의 불균형으로 인해 뿌리 활착에 어려움을 겪을 수 있다. 뿌리 활착을 제대로 하려면 세심한 영양 관리가 필요하며, 질소의 과도한 사용은 피해야 한다.

에발루나는 질병 취약성에도 불구하고 빠른 수확, 매우 높은 생산성, 그리고 우수한 유전적 특성들을 결합한 F1 하이브리드로서, 현대 커피 농업이 직면한 도전 과제에 대응하고 지속 가능한 생산을 이끌어 나가는 중요한 품종 중 하나이다.

H3: 혁신의 숨결이 깃든 풍요

H3는 높은 수확량과 1,300m 이상 고도에서 매우 좋은 품질을 지닌 F1 하이브리드 품종이다. 이 품종은 글로벌 연구 기관들인 CIRAD, CATIE, ICAFE, IHCAFE, PROCAFE,[186] ANACAFE의 협력을 통해 탄생했으며, 커피 농업의 생산성과 품질 한계를 돌파하는 과학적 성취를 상징한다. 이는 기후 변화와 스페셜티 커피 시장의 까다로운 요구를 충족하며 지속 가능한 재배의 새로운 길을 제시하는 혁신의 결정체이다.

H3의 유전적 기반은 이 품종의 전략적 가치를 선명히 드러낸다. 카투라와 CATIE 컬렉션의 에티오피아 랜드레이스 E531을 교배하여 개발된 1세대 하이브리드로서, 카투라는 안정된 수확량과 검증된 재배 적응력을, E531은 에티오피아 고유의 풍부한 향미 잠재력을 제공한다. 이 전략적 유전자 조합은 하이브리드 비거(vigor)[187]를 통해 높은 생산성과 스페셜티 커피 시장에서 요구되는 탁월한 컵 품질을 동시에 구현하며, H3를 현대 커피 육종의 선구자로 자리매김하게 한다. H3는 외형과 재배 효율성에서 탁월한 특성을 자랑한다. 이 품종은 왜성 또는 조밀한 성장 습관을 지니지만, 중간 정도의 키를 가진다. 이는 밀집 재배에 최적화되어 단위 면적당 생산성을 극대화하고, 수확 및 관리 작업의 효율성을 높여 농가에 실질적인 경제적 이점을 제공한다. 새로 돋아나는 잎끝은 선명한 녹색을 띠며, 생두는 큰 편으로 분류된다.

H3는 해발 1,300m 이상의 고지대에서 그 잠재력을 극대화하며, 특히 스페셜티 커피 시장에서 두각을 나타낸다. 서늘한 고지대 기후는 커피 열매의 숙성을 천천히 유도하여 산미, 단맛, 향의 균형이 뛰어난 생두를 형성한다. 이러한 조건은 H3의 유전적 잠재력을 활성화하여 복합적인 플로럴 노트(floral notes), 과일, 초콜릿 노트(chocolate notes) 등 다층적인 향미 프로파일을 구현하며, 커피 감정가들이 선호하는 고품질 커피의 기준을 충족한다. H3는 높은 고도에서 재배 시 매우 좋은 품질을 달성하며, 이는 스페셜티 커피 시장에서 경쟁력 있는 가격과 수요를 보장하는 핵심 요인이다. 이 품종은 높은 수확 잠재력을 자랑하여 생산성을 중시하는 농가에 이상적이다. 심은 지 약 3년 차부터 첫 열매를 맺기 시작하여 비교적 빠른 수익 창출을 가능케 하며, 이는 농가

의 경제적 안정성에 크게 기여한다. 높은 영양 요구로 인해 적절한 비료와 토양 관리가 필수적이지만, 열매 숙성 속도는 평균 수준으로 안정적이다. 체리에서 생두로의 전환 비율은 매우 높아 가공 효율성을 극대화하며, 이는 농가와 가공업체 모두에게 경제적 이점을 제공한다.

H3는 높은 생산성과 우수한 품질 잠재력을 갖춘 현대 커피 육종의 대표적 사례이다. 다만, 커피 잎 녹병과 커피 베리병, 선충에 취약하므로 철저한 병해 관리가 필요하다. 그럼에도 이 품종은 커피 산업의 지속 가능성과 고품질 커피에 대한 글로벌 수요를 충족하려는 노력을 상징하며, 유전적 혁신을 통해 커피 농업의 미래를 열어가는 품종으로 평가된다.

자바(Java): 시간의 숨결이 깃든, 향기로운 유산

자바는 커피의 역사를 빛내는 품종으로, 인도네시아 자바섬과 종종 혼동되지만 에티오피아에서 기원한 독립적인 아라비카의 품종이다. 고지대에서 재배 시 게이샤에 버금가는 탁월한 품질로 스페셜티 커피 시장에서 찬사를 받는다. 자바는 대륙 간 여정을 통해 품질과 전통의 가치를 입증한 살아있는 유산이다.

자바의 유전적 뿌리는 에티오피아의 토착종인 아비시니아 집단에서 비롯되며, 이는 티피카와 밀접한 연관성을 가진다. 19세기 초 네덜란드인에 의해 자바섬으로 전파된 이 품종은 당초 티피카로 여겨졌으나, 유전자 분석을 통해 독특한 에티오피아 혈통임이 확인되었다. 20세기 중반, 프랑스의 농업연구가들은 자바섬에서 이 품종의 씨앗을 수집하여 카메룬으로 들여왔다. 카메룬의 육종가들은 이 품종이 커피 베리병에 부분적인 내성을 지니며, 소규모 농가의 저 투입 재배에 적합하다는 점을 인지하였고, 20여 년간의 선별 작업을 거쳐 1980년대와 90년대에 걸쳐 재배용으로 보급되었다. 1991년에는 국제농업연구센터(CIRAD) 연구자에 의해 코스타리카로 유입되어 저 투입 농법과 질병 내성을 위한 품종으로 육성되었다. 이후 중미 지역으로 씨앗이 전파되었으나 공식적인 보급은 뒤늦게 이루어졌다. 2016년 파나마는 중앙아메리카 최초로 자바를 공식 품종으로 인정하며, 게이샤의 대안으로서 중요한 주목을 받았다. 이처럼 자바

는 뛰어난 품질과 상대적으로 우수한 질병 내성으로 소규모 농가에 매력적인 선택지가 된다. 이 여정은 자바의 강인한 생명력과 인간의 탐구정신이 얽힌 서사를 담는다.

이 품종은 외형에서 우아함을 뽐낸다. 키가 큰 성장 습관으로 늘씬하게 뻗어가는 나무는 충분한 공간과 햇빛을 요구하며 자연의 활력을 상징한다. 새로 돋아나는 잎끝은 청동색을 띠며 품종의 고유한 매력을 드러낸다. 생두는 큰 편으로, 로스팅 시 균일한 열전달로 풍부한 향미를 발현한다. 이러한 특징은 자바의 품질 잠재력을 뒷받침한다. 이 품종의 최적 고도는 높음으로 평가되며, 서늘한 기후는 열매의 느린 숙성을 유도하여 복합적인 산미와 과일, 꽃, 초콜릿 노트를 농축시킨다. 특히 아프리카와 중앙아메리카 고지대에서 게이샤에 필적하는 뛰어난 컵 품질로 스페셜티 시장에서 높은 가치를 인정받는다. 워시드 가공으로 선명한 향미를 강조하거나 내추럴 가공으로 바디감을 더할 수 있다.

자바는 중간 수준의 수확 잠재력을 가진다. 심은 지 약 3년 차부터 안정적인 생산을 시작한다. 영양 요구는 낮은 편으로, 이는 소규모 농가의 저투입 재배에 적합하다는 점을 의미한다. 열매 숙성 속도와 체리에서 생두로의 전환 비율은 평균적이다. 이 품종은 커피 잎 녹병에 내성을 보인다. 또한 커피 베리병에도 내성을 지닌다. 그러나 선충에는 취약하므로 재배 시 세심한 관리가 필요하다.

자바는 품질과 역사의 조화를 이루며, 질병 내성과 뛰어난 컵 품질로 소규모 농가에 경제적 가치를 제공한다. 자바 커피는 에티오피아의 유산, 고지대의 환경, 농부의 헌신이 빚어낸 예술로, 커피의 글로벌 이야기를 담는다.

렘피라(Lempira): 회복력과 생산성의 상징

렘피라는 온두라스 커피 연구소(Instituto Hondureño del Café, IHCAFE)가 빚어낸 아라비카 품종으로, 16세기 스페인 식민 통치에 저항한 렝카족 수장 렘피라의 이름을 계승한다. 이 품종은 질병 저항성과 생산성의 조화로 현대 커피 농업의 난제를 풀어내며, 농가의 든든한 동반자로 자리 잡았다. 렘피라는 단순한 식물을 넘어, 온두라스의

역사와 농업적 열망을 잇는 생생한 상징이다.

렘피라의 유전적 뿌리는 그 강인함을 증명한다. 이 품종은 카티모르 계열과 관련된 도입종으로, 티모르 하이브리드 832/1(Timor Hybrid 832/1)과 카투라의 교배를 통해 탄생했다. 이 유전적 배경은 렘피라에 질병 저항성, 높은 생산성, 품질 잠재력을 부여한다. 코스타리카 95와 유사한 카티모르 계열 유전자를 공유하며, IHCAFE의 정밀한 선별로 온두라스 환경에 최적화되었다. 이 품종은 외형과 재배 효율성에서 빛난다. 왜성 또는 조밀한 성장 습관은 작은 키로 밀집 재배를 가능케 해 단위 면적당 수확량을 극대화한다. 수확과 관리가 간편해 농가의 노동 부담을 덜어준다. 새잎 끝은 청동색으로 반짝이며 품종의 고유한 개성을 드러낸다. 생두 크기는 평균 수준으로, 로스팅 시 일관된 향미를 보장한다. 이 품종은 낮음에서 중간 고도가 최적 재배 고도로 적합하다. 특히 가장 따뜻한 지역과 산성이 풍부한 토양에 적합하다고 알려져 있다. 렘피라는 높은 수확 잠재력을 자랑하며, 심은 지 약 3년 차부터 안정적인 생산을 시작한다. 이는 빠른 수익 창출로 농가의 경제적 안정에 기여한다. 영양 요구는 높은 편으로, 토양 비옥도와 비료 관리가 필수적이다. 열매 숙성 속도는 평균이며, 체리에서 생두로의 전환율(아웃턴)은 낮은 편이다.

렘피라는 선충과 커피 베리병에 취약하다. 이 품종은 높은 수확량과 따뜻한 지역 및 산성 토양 적합성 등 환경 변화에 유연하게 대응할 수 있는 강점을 지니지만, 주요 질병에 취약하다는 점을 인지하고 재배 시 철저한 관리가 필요하다. 렘피라 커피는 온두라스의 역사와 환경, 농부의 헌신이 녹아든 품종으로, 지속 가능한 커피 농업의 미래를 밝힌다.

마라고지페(Maragogipe): 전설의 거인, 고귀한 향미

마라고지페는 커피 품종 중에서도 그 독특한 외형과 향미로 인해 코끼리콩(elephant bean)이라는 별칭으로 불리는 전설적인 존재이다. 이 이름은 1870년 브라질의 바히아(Bahia) 지역, 특히 마라고지페(Maragogipe)에서 처음 발견된 지역의 이름을 그대로 따왔다. 이는 단지 한 품종을 넘어, 발견 당시의 장소와 특이성 자체가 이름에 새겨진

역사적인 커피라 할 수 있다.

마라고지페의 유전적 배경은 티피카 품종의 자연적인 돌연변이라는 점에서 그 가치를 더한다. 인위적인 교배나 육종을 거치지 않고, 자연의 섭리 속에서 스스로 진화하여 탄생한 이 품종은 생명체의 신비로운 변화를 그대로 보여주는 증거이다. 티피카의 우아한 특성을 계승하면서도, 예측 불가능한 돌연변이를 통해 새로운 형태로 발현된 마라고지페는 자연이 선사하는 귀한 선물이라 할 만하다. 이 품종은 그 외형적 특징과 결실에서도 타 품종과는 확연히 구분되는 면모를 보인다. 이 품종은 키가 큰 성장 습관을 지닌다. 나무의 키가 크고 가지와 가지 사이의 간격이 넓어 다른 품종들과 쉽게 구별된다. 새로 돋아나는 잎의 끝 부분은 청동색을 띠는 것이 일반적이다. 그러나 마라고지페의 가장 두드러진 특징은 바로 매우 큰 생두의 크기이다. 일반적으로 고급 생두의 기준이 스크린 넘버(Screen No.) 17 이상인 반면, 마라고지페는 스크린 넘버 20 이상인 경우가 흔하다. 이 거대한 크기는 고객에게 시각적인 만족감을 제공할 뿐만 아니라, 로스팅 과정에서도 특유의 특성을 발현하는 데 영향을 미치며, 때때로 다른 품종에서는 경험하기 어려운 독특한 향미 프로파일을 형성하는데 기여한다.

마라고지페는 특정한 재배 환경에서 그 잠재력을 극대화한다. 이 품종은 주로 고품질의 스페셜티 커피 재배 지역인 높은 고도에서 재배될 때 매우 좋은 품질 잠재력을 보인다. 서늘한 고지대의 기후는 커피 열매의 숙성을 천천히 유도하여 생두에 더욱 풍부한 향미 성분을 응축시키는 데 유리한 환경을 제공한다. 이 품종은 그 독특한 특성으로 인해 재배자들에게 특별한 의미를 지닌다. 이 품종은 수확 잠재력이 낮은 편이다. 이는 단위 면적당 생산량이 상대적으로 적어 재배 농가의 경제적 효율성 측면에서는 불리할 수 있음을 의미한다. 마라고지페는 생산성보다는 주로 그 희소성과 독특한 향미에서 가치를 찾는다. 이 품종은 심은 지 약 4년 차에 첫 열매를 맺기 시작한다. 필요한 영양 요구 사항은 낮은 편이다. 과일의 숙성 속도는 평균 수준이며, 체리에서 생두로 전환되는 비율은 매우 높은 편이다. 이 품종은 커피 잎 녹병, 선충, 커피 베리병 모두 취약한 농업적으로 까다로운 품종이다. 이로 인해 재배할 때 질병 관리와 예방에 세심한 주의가 필요하다.

마라고지페는 거대한 커피나무의 크기와 낮은 생산성이라는 특징에도 불구하고, 희소성과 그로부터 발현되는 특별한 향미로 인해 커피 세계에서 고유한 위치를 점하고 있다. 이는 커피가 희소성과 예술적인 가치를 지닌 존재로 승화될 수 있음을 증명하는 품종이라 할 수 있다.

밀레니오(Milenio): 천년의 시간, 미래의 씨앗

밀레니오, 일명 H10으로 불리는 이 커피 품종은 높은 수확량과 1,300m 이상 고도에서 매우 좋은 컵 품질을 특징으로 하는 F1 하이브리드 품종이다. 이는 새로운 생산성과 품질을 동시에 추구하는 현대 육종 기술의 결정체로 평가된다. 이 품종은 기후 변화와 스페셜티 커피 시장의 까다로운 요구를 충족하며 지속 가능한 재배의 새로운 길을 제시하는 혁신의 결정체이다.

밀레니오의 유전적 배경은 그 혁신성을 뒷받침한다. 이 품종은 F1 하이브리드 계열에 속하는 도입종으로, T5296 품종과 수단 루메(Rume Sudan) 품종의 교배를 통해 탄생한 1세대 하이브리드이다. 이러한 전략적인 유전자 조합은 하이브리드 비거(vigor)를 통해 높은 생산성과 탁월한 컵 품질을 동시에 구현하며, 현대 커피 육종의 선구자로 자리매김하게 한다. 이 품종은 외형과 재배 효율성에서 탁월한 특성을 자랑한다. 이 품종은 왜성 또는 조밀한 성장 습관을 지닌다. 이는 밀집 재배에 최적화되어 단위 면적당 생산성을 극대화하고, 수확 및 관리 작업의 효율성을 높여 농가에 실질적인 경제적 이점을 제공한다. 새로 돋아나는 잎끝은 녹색을 띠며, 생두는 큰 편으로 분류된다. 큰 생두는 로스팅 과정에서 열전달이 균일하여 복합적이고 풍부한 향미를 발현하는데 기여하며, 커피 애호가들의 기대를 충족하는 품질을 보장한다.

이 품종은 중간에서 높은 고도에서 재배 시 매우 좋은 품질 잠재력을 발휘한다. 특히 고지대에서 더욱 두각을 나타낸다. 서늘한 고지대의 기후는 커피 열매의 천천히 숙성을 유도하여 생두에 복합적인 산미와 풍부한 향미를 응축시키는 데 이상적이다. 이는 스페셜티 커피 시장에서 요구하는 섬세한 컵 품질을 실현할 잠재력을 열어준다. 밀레니오는 매우 높은 수확 잠재력을 지니며, 이는 재배 농가의 경제적 수익성을 높이는

데 기여한다. 이 품종은 커피 잎 녹병에 저항성을 보인다. 심은 지 약 2년 차에 첫 열매를 맺기 시작하여 비교적 빠른 수익 창출을 가능케 하며, 이는 농가의 경제적 안정성에 크게 기여한다. F1 하이브리드 특성상 뿌리 활착에 세심한 영양 관리가 필요하며, 질소의 과다 사용은 피해야 한다는 추가적인 농업 정보가 있다. 과일 숙성 속도는 평균 수준으로 안정적이다. 체리에서 생두로의 전환 비율은 매우 높아 가공 효율성을 극대화하며, 이는 농가와 가공업체 모두에게 경제적 이점을 제공한다.

밀레니오는 매우 높은 수확량과 높은 고도에서의 매우 좋은 품질 잠재력을 갖추고 있다. 이 품종은 커피 잎 녹병에 대한 저항성을 보이지만, 선충에 취약하며, 커피 베리병에 대해서는 내성을 보인다. 밀레니오는 복합적인 특성을 이해하고 재배할 때, 커피 산업의 지속 가능성과 고품질 커피에 대한 글로벌 수요를 충족시킨다. 또한, 유전적 혁신을 통해 커피 농업의 미래를 열어가는 품종으로 평가된다.

문도 마야(Mundo Maya): 현대 육종 기술의 걸작

문도 마야는 현대 커피 육종의 중요한 성과를 대표하는 F1 하이브리드 품종이다. 이 품종은 프랑스의 CIRAD와 니카라과의 ECOM이라는 두 기관의 협력을 통해 탄생하였다. 이는 기후 변화와 질병에 대응하려는 연구와 협력의 결실로, 미래 커피 산업의 지속 가능성을 약속한다. 이 품종은 씨앗으로 번식할 경우 후대에 유전적 분리가 발생하여 수확량, 질병 저항성, 품질 등 농업적 특성이 부모와 달라질 수 있다. 따라서 안정적인 특성을 유지하려면 한 모체(어미 나무)와 유전적으로 완전히 동일한 식물 개체인 클론(clone) 번식을 통해 신뢰할 수 있는 양묘장에서 구매하여 재배해야 한다.

문도 마야의 유전적 배경은 뛰어난 특성을 지니고 있다. 이 품종은 T5296 품종과 에티오피아 야생종 ET01(CATIE 컬렉션에서 유래)의 교배로 개발된 1세대 하이브리드이다. T5296의 카티모르 기반 저항성과 ET01의 풍부한 유전적 다양성이 결합되어, 강력한 질병 저항성과 우수한 품질을 발현한다. 이 유전자 조합은 F1 하이브리드의 하이브리드 비거를 극대화하여 효율적인 재배를 가능케 한다. 이 품종은 외형과 재배 효율성에서 두드러진다. 이 품종은 왜성 또는 조밀한 성장 습관을 지녀, 적절한 간격과 재배 기술로 높은 수확량을 기대할 수 있다. 새로 돋아나는 잎끝은 청동색을 띠며, 이는 품종의 초기 생장 단계를 상징한다. 커피 생두 크기는 큰 편으로 분류되어, 로스팅 시 균일한 품질과 시각적 매력을 더한다. 이 품종은 중간 고도에서 높은 고도 범위에서 최적의 재배 조건을 보이고 있으며, 1,300m 이상의 고도에서 매우 우수한 품질을 발휘한다. 서늘한 고지대의 기후는 커피 열매의 천천히 숙성을 유도하여 생두에 복합적인 산미와 풍부한 향미를 응축시킨다. 이 환경에서 재배 시 매우 좋은 품질 잠재력을 발휘하며, 스페셜티 커피 시장의 높은 컵 품질 요구를 충족할 가능성을 열어준다.

이 품종은 높은 수확 잠재력을 지니고 있으며, 단위 면적당 생산성을 극대화하려는 농가에 적합하다. 심은 지 약 2년 차에 첫 열매를 맺기 시작하며, 이는 조기에 수익을 창출하여 경제적 안정성을 제공한다. 높은 영양 요구를 충족하기 위해 토양 비옥도와 비료 공급에 주의를 기울여야 하며, 과일 숙성 속도는 평균이다. 체리에서 생두로의 아웃턴은 매우 높은 수준을 보인다. 문도 마야의 가장 큰 강점은 질병 저항성이다. 이 품종은 커피 잎 녹병에 저항성을 지녀, 질병으로 인한 손실을 크게 줄인다. 커피 베리병에도 내성을 보인다. 선충에 대해서는 저항성을 가지나, 프라틸렌쿠스속(Pratylenchus spp.) 선충에는 저항성이 없으며, 멜로이도기네속(Meloidogyne spp.) 선충 일부에만 저항성을 보인다.

문도 마야는 질병 저항성, 높은 생산성, 우수한 컵 품질 잠재력을 아우르는 현대 육종의 성공 사례이다. 이는 지속 가능한 커피 농업과 고품질 커피에 대한 기대를 현실로 만드는 인간의 노력을 반영하며, 에티오피아 토착종의 유전적 가치를 현대 재배에 접목한 결과로 커피 산업의 미래를 밝힌다.

문도 노보(Mundo Novo): 새로운 시대의 개척자, 생산성의 상징

문도 노보, 그 이름은 포르투갈어로 신세계(New World)[188]를 의미한다. 이 품종은 커피의 역사 속에서 새로운 지평을 열었으며, 특히 높은 생산성으로 브라질 커피 산업의 발전에 지대한 영향을 미쳤다. 이 품종은 생산성 증대와 재배 효율성을 추구하는 끊임없는 노력이 빚어낸 결실이다. 문도 노보는 브라질이 세계 최대 커피 생산국으로

성장하는 데 핵심 역할을 했으며, 그 유전적 유산은 후대 품종인 카투아이 등 여러 품종에 깊이 뿌리내려 있다.

문도 노보의 유전적 배경은 티피카와 버번의 자연적인 교배종이다. 이 품종은 브라질 캄피나스에 위치한 농업 연구소 이아크(Instituto Agronômico de Campinas, IAC)에서 육종되었다. 이는 브라질의 광활한 재배 환경에 적합한 품종을 개발하려는 과학적 노력의 산물로, 전통적인 품종의 장점을 현대 농업에 접목시켰다. 문도 노보는 외형적 특징과 결실에서 재배자에게 실질적인 이점을 제공한다. 이 품종은 키가 큰 성장 습관을 지니며, 늘씬하게 위로 뻗어 나가는 나무는 충분한 햇빛을 흡수하고 강건하게 자란다. 새로 돋아나는 잎의 끝부분은 녹색 또는 청동색을 띠는 것이 일반적이며, 이는 품종의 젊은 시기를 식별하는 시각적 특징이 된다. 커피 생두의 크기는 평균 수준으로 분류되어 균일한 품질을 유지한다.

문도 노보는 높은 고도가 최적 재배 환경으로 평가된다. 이 환경에서 재배 시 양호한 품질 잠재력을 보인다. 이는 높은 고도의 서늘한 기후가 커피 열매의 숙성을 느리게 유도하여 생두에 더욱 복합적인 산미와 향미를 응축시키는 데 유리하게 작용함을 의미한다. 문도 노보는 강건하고 생산성이 높은 품종이다. 이 품종은 높은 수확 잠재력을 지녀, 단위 면적당 생산성을 극대화하려는 농가에 적합하다. 심은 지 약 3년 차에 첫 열매를 맺기 시작하며, 이는 안정적인 생산 시작 시점을 제공한다. 과일의 숙성 속도는 평균이며, 체리에서 생두로의 아웃턴 역시 평균 수준을 보인다. 질병 저항성 측면에서 문도 노보는 약점을 드러낸다. 이 품종은 커피 잎 녹병, 선충, 그리고 커피 베리병에 모두 취약한 것으로 평가된다. 이러한 취약성은 높은 생산성과 적응력에도 불구하고, 재배 시 철저한 질병 관리와 지속적인 방제가 필수임을 나타낸다.

문도 노보는 커피 산업의 신세계를 개척하며 생산성 향상에 크게 기여한 품종이다. 비록 질병에 취약한 면모가 있지만, 그 견고한 생산력과 넓은 적응력은 오늘날까지도 많은 품종의 유전적 기반이 되고 있다. 이는 브라질 커피 농업의 역사와 발전을 상징하는 존재로 자리 잡았다.

파카마라(Pacamara): 거대한 아름다움 속에 피어난 향미의 결정체

파카마라는 현대 커피 육종의 중요한 성과 중 하나로 손꼽히는 품종이다. 이 이름은 그 기원이 된 두 가지 부모 품종, 즉 파카스(Pacas)와 마라고지페(Maragogipe)의 결합에서 유래한다. 엘살바도르 커피 연구소(Instituto Salvadoreño de Investigaciones del Café, ISIC)에서 육종된 이 품종은 자연의 변이와 인간의 과학적 탐구가 만나 새로운 가치를 창출한 결과이다.

파카마라의 유전적 배경은 부모 품종들의 장점을 결합하고 단점을 보완하려는 인간의 의지를 반영한다. 파카스는 버번 품종의 자연적인 돌연변이종으로, 키가 작고 억센 환경에서도 비교적 잘 견디는 강인함과 높은 생산성을 지닌다. 마라고지페는 우수한 맛을 지니지만 키가 커서 재배가 어렵고 생산량이 적다는 단점을 가진다. 파카마라는 버번-티피카 그룹에 속하며, 티피카와 버번의 유전적 특성이 모두 관련되어 있다. ISIC는 이러한 부모 품종들의 특성을 결합하여 생산성과 향미 품질을 모두 만족하는 품종을 개발하고자 하였다. 하지만 이 품종은 한 세대에서 다음 세대로 넘어갈 때 식물의 특성이 안정적이지 않은 비균일적인 특징을 지닌다. 이 품종은 그 외형적 특징에서도 부모 품종인 마라고지페의 영향을 받아 매우 큰 커피 생두의 크기를 가진다. 이는 로스팅 과정에서 열이 고르게 전달되는 데 유리하며, 시각적으로도 고급스러움을 더한다. 이 품종은 왜성 또는 조밀한 성장 습관을 지녀 밀집 재배에 적합하며, 수확 및 관리가 용이하다. 새로 돋아나는 잎끝의 색상은 녹색 또는 청동색이 나타난다.

파카마라는 특정한 재배 환경에서 그 잠재력을 극대화한다. 이 품종은 높은 고도에서 예외적인 컵 품질을 생산할 수 있는 잠재력을 지니고 있다. 섬세한 꽃향기, 복합적인 산미, 그리고 균형 잡힌 바디감은 파카마라를 스페셜티 커피 시장에서 높은 가치로 평가받게 하는 주된 요인이다. 이 품종의 최적 재배 고도는 높음으로 평가된다. 높은 고지대의 기후는 커피 열매의 숙성을 천천히 유도하여 생두에 더욱 풍부한 향미 성분을 응축시키는 데 유리한 환경을 제공한다.

이 품종은 좋은 수확 잠재력을 가진다. 심은 지 약 3년 차에 첫 열매를 맺기 시작하며, 필요한 영양 요구량은 보통 수준이다. 과일의 숙성 속도는 평균 수준이며, 체리에서 생두로 전환되는 비율 역시 평균 수준을 보인다. 파카마라의 가장 큰 농업적 취약점은 커피 잎 녹병에 매우 높은 취약성을 보인다는 점이다. 이 질병은 재배 농가에 치명적인 피해를 줄 수 있으므로, 파카마라를 재배할 때는 철저한 질병 관리와 예방 노력이 필수적이다. 또한, 이 품종은 선충과 커피 베리병에도 취약하다. 재배 관리와 품질 균일성 유지에 추가적인 어려움을 줄 수 있다.

파카마라는 균일하지 않은 품종 특성과 질병에 대한 취약성에도 불구하고, 거대한 생두의 외형과 예외적인 컵 품질이라는 독보적인 장점 하나만으로, 세계 커피 시장에서 중요한 위치를 차지하고 있는 품종이다. 이는 품질과 향미의 가치가 양적 효율성을 넘어설 수 있음을 보여주는 존재라고 할 수 있다.

파카스(Pacas): 강인한 생명력이 품어낸 고품질의 유산

파카스는 엘살바도르의 아파네카-일라마테펙(Apaneca-Ilamatepec) 지역에서 파카스 가문이 소유한 농장에서 처음 발견된 커피 품종이다. 이 품종은 버번 품종의 자연적인 돌연변이종으로, 발견된 이후 엘살바도르 커피 연구소(ISIC)에 의해 계통 선발 과정을 거치며 그 특성이 확립되었다. 파카스는 단순히 돌연변이로 그치지 않고, 엘살바도르 커피 생산량의 상당 부분을 차지하며 한 국가의 커피 산업을 이끌어온 중요한 유산이다.

파카스의 유전적 배경은 그 품종이 지닌 '버번-티피카 그룹'의 정체성을 명확히 한다. 이 품종은 버번 품종의 자연적인 돌연변이에서 기원하며, 이는 인류가 인위적으로 개입하지 않은 자연의 신비로운 변화를 보여준다. 중앙아메리카에서 파카스는 표준적인 품질을 나타낸다. 이 품종은 그 외형적 특징과 결실에서도 재배자에게 실용적인 이점을 제공한다. 이 품종은 키가 작거나 왜성 성장 습관을 지닌다. 나무의 키가 작아 밀집 재배에 유리하며, 좁은 공간에서도 많은 나무를 심어 단위 면적당 생산성을 극대화할 수 있다. 이는 수확 작업의 효율성을 높이는 데도 기여한다. 새로 돋아나는 잎의 끝부분은 녹색을 띠는 것이 일반적이며, 농가에서 품종을 식별하는 데 도움을 준

다. 커피 생두의 크기는 평균 수준으로 분류된다.

파카스는 높은 고도가 최적의 재배 환경으로 평가된다. 이러한 높은 고도에서는 서늘한 기후 조건이 커피 열매의 숙성을 천천히 유도하여 생두에 더욱 복합적인 산미와 향미를 응축시키는 데 유리하다. 특히 높은 고도에서 재배될 때 좋은 품질 잠재력을 발휘하는 것으로 알려져 있어, 생산성뿐만 아니라 컵 품질 면에서도 경쟁력을 지닌 품종이다. 이 품종은 파카마라(Pacamara) 품종의 중요한 부모 품종 중 하나로, 파카마라의 뛰어난 컵 품질에 기여한 것으로 평가받기도 한다.

이 품종은 좋은 수확 잠재력을 가지고 있어, 단위 면적당 생산성을 극대화하고자 하는 농가에 적합하다. 첫 열매는 심은 지 약 3년 차에 맺기 시작하며, 이는 농가에 조기에 수입원을 제공함으로써 경제적 안정성에 기여한다. 필요한 영양분은 보통 수준으로 평가되어, 과도한 비료 투입 없이도 효율적인 재배가 가능함을 시사한다. 과일의 숙성 속도는 평균적으로 나타나며, 체리에서 생두로 전환되는 비율은 평균 수준을 보인다. 파카스의 가장 큰 농업적 취약점은 질병 저항성 측면에 있다. 이 품종은 커피 잎 녹병에 매우 취약하며, 선충과 커피 베리병에도 취약하다. 이는 재배 시 질병 관리와 예방에 각별한 주의와 노력이 필수적이며, 높은 생산성과 품질에도 불구하고 안정적인 재배를 위해서는 지속적인 관심과 투자가 요구된다.

파체(Pache): 작지만 강렬한 티피카의 유산

파체는 티피카 품종의 자연적인 돌연변이로 발생한 커피 품종이다. 이 품종은 왜성 또는 조밀한 성장 습관을 가지며, 나무의 키가 작게 자라는 것이 특징이다. 이는 인간이 자연 속에서 발견하고 선별하여 농업적 가치를 부여한 지혜의 결실이다.

파체의 유전적 배경은 버번-티피카 그룹에 속하며, 티피카 품종과 직접적으로 관련되어 있다. 티피카는 아라비카 커피의 가장 오래되고 순수한 품종 중 하나로, 파체는 이러한 티피카의 유전적 강점을 물려받아 탁월한 품질 잠재력을 지닌다. 파체는 그 외형적 특징과 결실에서도 실용적인 이점을 제공한다. 밀집 재배에 유리하여 단위 면

적당 생산성을 높이는데 기여한다. 잎의 끝부분 색상은 청동색을 띤다. 커피 생두의 크기는 큰 편이다. 컵에서는 좋은 품질을 기대할 수 있으며, 둥글고 무게감 있는 향미가 매력적이고 맛은 부드럽고 균형이 잘 잡혀 있는 편이다.

파체는 특정한 재배 환경에서 그 잠재력을 극대화한다. 최적 고도는 높은 지역의 환경으로, 특히 1,200m 이상의 고도와 연간 강수량이 2,500mm 미만인 지역에 잘 적응하는 것으로 알려져 있다. 높은 고도는 커피 열매의 숙성을 늦춰 생두에 복합적인 향미를 응축시키는데 유리한 환경을 제공하며, 파체 특유의 향미는 이러한 환경과 조화를 이루어 더욱 돋보인다.

이 품종은 중간 수준의 수확 잠재력을 가지고 있으며, 키가 작아 밀집 재배가 가능하다는 점과 결합하여 단위 면적당 효율적인 수확을 기대할 수 있다. 첫 수확은 심은 지 약 4년 차에 이루어진다. 과일의 숙성 속도와 체리에서 생두로 전환되는 아웃턴은 평균 수준이다. 파체의 가장 큰 농업적 취약점은 질병 저항성 측면에 있다. 이 품종은 커피 잎 녹병, 선충, 그리고 커피 베리병에 모두 취약한 것으로 평가된다. 이는 재배 시 특히 커피 잎 녹병과 같은 질병 관리에 각별한 주의와 지속적인 방역 노력이 필수적이다. 따라서 수확 효율성에도 불구하고, 안정적인 재배를 위해서는 환경 조건과 병충해 관리에 대한 철저한 계획이 요구된다.

파체는 작은 키와 좋은 품질을 지녔지만, 주요 질병에 매우 취약하다는 한계를 지닌 품종이다. 이는 자연의 선물과 그에 따르는 도전을 동시에 마주하며, 인간이 커피 재배를 통해 지속적인 균형과 지혜를 모색해 나가는 여정의 한 단면이다.

파라이네마(Parainema): 강인한 생명력이 빚어낸 향미의 진수

파라이네마는 온두라스 커피 연구소(IHCAFE)에서 육종된 아라비카 커피 품종이다. 이 품종은 뛰어난 질병 저항성과 우수한 품질 잠재력을 지니며, 온두라스를 비롯한 중앙아메리카 지역의 커피 산업에서 핵심적인 역할을 수행하고 있다. 이는 특정 국가의 농업적 정체성을 대변하며 역경을 극복해 온 지혜가 담긴 존재이다.

파라이네마의 견고한 특성은 사르치모르(Sarchimor)와 관련된 유전적 배경에서 비롯된다. 이 품종은 잡종 교배를 통해 다른 종의 유전 물질이 유전자 풀로 도입되는 인트로그레스드(introgressed) 계열에 속한다. 특히 T5296 품종에서 선발된 계통이다. 사르치모르 계열은 티모르 하이브리드의 로부스타 유전자를 통해 강력한 질병 저항성을 부여받는 경우가 많으며, 이러한 유전적 배경 덕분에 파라이네마는 질병 저항성, 품질, 그리고 생산성을 동시에 갖추게 된 것이다. 이 품종은 주로 중앙아메리카 국가들에서 재배가 활발히 이루어지고 있다.

파라이네마는 외형적 특징과 결실 면에서도 재배자에게 실용적인 이점을 제공한다. 이 품종의 성장 습성은 왜성 또는 조밀하며, 새로 돋아나는 잎끝의 색상은 초록색이다. 생두 크기는 큰 편이다. 이는 로스팅 과정에서 열이 고르게 전달되는 데 유리하여 컵에서 좋은 단맛과 깊은 바디감을 형성하는 데 기여할 수 있다. 파라이네마는 특정한 재배 환경에서 그 잠재력을 최대한 발휘한다. 이 품종의 최적 고도는 낮음에서 중간 고도이다. 또한, 고지대에서 재배될 때 좋은 품질 잠재력을 보여주는 것으로 평가된다. 이는 품종이 다양한 고도에서 좋은 품질을 기대할 수 있음을 의미한다. 이 품종은 좋은 수확 잠재력을 가지고 있어, 농가에 안정적인 수확량을 제공하며 경제적 수익성을 높이는 데 중요한 역할을 한다. 첫 수확은 식재 후 약 3년 차에 이루어지며, 영양 요구 사항은 높은 편이다. 과일의 숙성 속도는 평균이며, 체리에서 생두로 전환되는 비율은 높은 편이다. 커피 베리병에는 내성을 지니고 있다.

파라이네마는 탁월한 질병 저항성, 안정적인 생산성, 그리고 고지대에서의 우수한 품질 잠재력을 겸비한 품종이다. 이러한 특성 덕분에 온두라스를 포함한 중앙아메리카의 커피 재배 농가에게 중요한 선택지가 되고 있으며, 지역 커피 산업의 지속 가능한 발전에 크게 기여하는 품종으로 평가된다.

테키식(Tekisic): 버번의 숨결, 고귀한 유산의 꽃

테키식은 엘살바도르의 커피 연구소(ISIC)에서 선발된 아라비카의 품종이다. 이 품종은 최고 고도에서 매우 좋은 컵 품질을 보여주는 것으로 잘 알려져 있다. 이는 버번

품종이 가진 고유한 향미 잠재력을 보존하고 발전시키려는 인간의 노력이 집약된 결과이며, 엘살바도르 커피 산업에서 중요한 역할을 하며 그 명성을 이어가고 있다.

테키식의 유전적 배경은 버번-티피카 그룹에 속하며, 버번 품종에서 선발된 계통이다. 이는 버번이 가진 풍부한 산미와 섬세한 향미 특성을 계승하였음을 의미한다. 테키식은 그 외형적 특징과 결실에서도 고유한 면모를 보인다. 이 품종은 키가 큰 성장 습관을 지닌다. 늘씬하게 위로 뻗어 나가는 나무는 충분한 햇빛을 받아들이고 뿌리를 깊게 내리며, 강건하게 자라나는 생명력을 보여준다. 새로 돋아나는 잎의 끝부분은 녹색을 띤다. 커피 생두의 크기는 평균 수준으로 분류된다. 테키식은 특정한 재배 환경에서 그 잠재력을 극대화한다. 이 품종의 최적 고도는 높음으로 평가된다. 이는 높은 고도의 서늘한 기후 조건이 커피 열매의 숙성을 천천히 유도하여 생두에 더욱 복합적인 산미와 향미를 응축시키는 데 유리함을 의미한다. 높은 고도에서 재배될 때 매우 좋은 품질 잠재력을 발휘하는 것으로 알려져 있고, 생산성뿐만 아니라 스페셜티 커피 시장에서 요구하는 컵 품질 면에서도 경쟁력을 지닌 품종이다.

이 품종은 중간 수준의 수확 잠재력을 가지고 있어, 안정적인 생산량을 기대할 수 있음을 시사한다. 첫 열매는 심은 지 약 4년 차에 맺기 시작하며, 비교적 늦은 생산 시작으로 농부가 인내심을 가지고 기다려야 하는 품종이다. 필요한 영양 요구 사항은 중간 수준으로 평가되어, 과도한 비료 투입 없이도 효율적인 재배가 가능하다. 과일의 숙성 속도는 이른 편으로 나타나는 특성을 가지며, 체리에서 생두로 전환되는 비율은 평균 수준을 보인다.

그러나 테키식은 농업적으로 취약한 면모를 지닌다. 이 품종은 커피 잎 녹병에 취약하며, 선충, 그리고 커피 베리병에도 모두 취약한 것으로 알려져 있다. 이는 재배 시 질병 관리와 예방에 각별한 주의와 노력이 필수적으로, 높은 품질을 얻기 위한 농부의 헌신적인 관리가 요구된다. 이러한 단점에도 불구하고, 버번의 뛰어난 품질 유산을 고스란히 담아내어 스페셜티 커피 시장에서 높은 평가를 받는 중요한 품종이다.

둘, 로부스타는 생존의 서사학이다

로부스타는 세계 커피 시장에서 아라비카와 함께 양대 산맥을 이루는 주요 커피 종이다. 그 이름이 의미하듯 '강건함'을 지닌 이 종은 험난한 환경 속에서도 흔들림 없는 생명력으로 인류의 커피 소비를 지탱해 왔다. 이는 단순 식물 종을 넘어, 자연의 혹독함 속에서도 끈질기게 생존하는 생명의 지혜를 상징한다.

로부스타의 유전적 근원은 코페아 카네포라(Coffea canephora)라는 학명으로 알려져 있으며, 주로 아프리카 대륙에서 기원했다. 유전적으로는 크게 두 가지 광범위한 그룹으로 분류된다. 중앙 아프리카에서 유래한 콩고 그룹(Congolese group)과 중서부 아프리카에서 발원한 기니 그룹(Guinean group)이 그것이다. 이 종들은 덥고 습한 저지대 환경에 자연적으로 적응하며 진화해 온 특성을 지닌다. 현재는 콩고 그룹이 전 세계적으로 가장 널리 분포되어 있는 것으로 알려져 있다. 이러한 아프리카의 콩고(Congo) 지역을 포함한 원산지적 배경은 로부스타가 오늘날 아프리카, 동남아시아, 그리고 브라질 일부 지역 등 고온 다습한 기후에서도 굳건히 성장할 수 있는 견고한 유전적 기반을 형성하게 된 바탕이 되었다.

로부스타는 외형적인 측면에서도 강인한 면모를 보인다. 이 종의 나무는 주로 따뜻하고 습기가 많은 저지대에서 잘 자란다. 로부스타 생두의 크기는 특정 품종에 따라 다양하게 나타난다. 일부 품종은 스크린 사이즈 17을 넘어서는 꽤 큰 생두를 가지기도 하고, 다른 품종은 스크린 사이즈 14 이하의 작은 생두를 보이기도 한다. 생두는 일반적으로 둥글거나 불규칙한 모양이며, 단단한 질감과 두꺼운 외층이 특징이다. 생두 중앙의 홈은 직선형으로 깊게 파여 있는 경우가 많다.

로부스타 커피는 강렬하고 인상적인 맛을 선사한다. 그 향미는 강하고 진한 것으로 잘 알려져 있으며, 때로는 흙내음이나 나무 향, 혹은 약간의 씁쓸함으로 표현된다. 맛의 강도가 높고 여운이 오래 지속되는 특징이 있다. 또한, 땅콩과 비슷한 후미가 느껴지기도 한다. 최근에는 '파인 로부스타(Fine Robusta)'라는 명칭으로 불리며, 80점 이상의 커핑 점수를 얻는 품종들이 개발되어, 초콜릿, 캐러멜, 과일 등의 섬세한 향미를 선사하기도 한다. 아라비카 종에 비해 산미가 낮은 편이므로, 부드러운 맛을 선호하는 사람들에게 적합하다. 카페인 함량은 아라비카보다 약 두 배 가량 높다. 이는 카페인에 민감하지 않은 고객들이 선호하는 요인이 된다.

로부스타는 재배자들에게 여러 실용적인 이점을 제공한다. 이 종은 질병과 해충에 대한 저항력이 강하여 재배 관리가 비교적 용이하다. 이러한 강력한 저항력은 로부스타가 높은 수확량을 보이며 생산성이 뛰어나다는 점과 맞물려, 농가에 안정적인 경제적 기반을 마련해 준다. 특히 로부스타는 인스턴트 커피 생산에 주로 활용되며, 에스프레소 블렌딩 시 풍부한 크레마를 형성하고 바디감을 증대시키는 역할로도 중요한 가치를 지닌다. 이처럼 실용적인 가치 덕분에 로부스타는 세계 커피 시장에서 단지 생산량을 넘어, 산업 전반의 안정성을 지탱하는 핵심적인 품종으로 자리매김하고 있다.

이렇듯 로부스타는 섬세하고 향긋한 아라비카에 비해 투박하고 굳건한 이미지이지만, 환경적 역경을 이겨내는 강인함과 높은 생산성으로 인류의 커피 소비를 충족시키며 세계 커피 시장의 한 축을 든든하게 지탱하는 중요한 종이다.

BP 534: 인도네시아 대지의 풍요로운 결실

BP 534는 인도네시아 농민들에게 흔히 재배되는 로부스타 커피의 클론(Clone)[189] 품종이다. 이 품종은 강건한 특성과 뛰어난 생산성 덕분에 인도네시아 커피 산업의 중요한 기반을 형성하고 있다. 이는 단순히 하나의 커피나무를 넘어, 특정 지역의 기후와 토양에 대한 적응 노력과 효율적인 생산을 위한 노력의 결과라고 볼 수 있다.

BP 534의 유전적 배경은 로부스타 계열에 속하고 콩고 그룹에 기반을 두며, 콩골렌시스(Congolensis) 계통에서 선별된 6번 개체를 통해 육성되었다. 클론 방식은 특정 우량 개체의 특성을 그대로 복제하여 안정적인 생산과 품질을 유지하려는 목표를 담고 있다. 이러한 방법은 유전적 변이를 최소화하고 원하는 농업적 특성을 효과적으로 전달하는 데 유리하다. 이 품종은 인도네시아 커피 및 코코아 연구소(Indonesian Coffee and Cocoa Research Institute, ICCRI)에서 개발되었다.

BP 534는 그 외형적 특징과 수확물에서도 재배자에게 실질적인 이점을 제공한다. 이 품종은 키가 큰 성장 습관을 지닌다. 이는 나무가 굳건히 자라며 충분한 양분을 흡수하여 많은 열매를 맺을 수 있는 잠재력을 가졌음을 시사한다. 새로 돋아나는 잎끝의 색상은 연한 청동색이다. 이 품종은 큰 생두를 생산하는 특성을 가지고 있다. 이러한 생두 크기는 수확 후 가공 과정에서 효율성을 높일 수 있으며, 때로는 특정 로스팅 방식에 적합하여 독특한 향미를 발현하는 데 기여하기도 한다. 이 품종은 특정한 재배 환경에 대한 뛰어난 적응력을 보인다. 이 품종은 해발 400~900m 사이의 습한 기후 지역에서 재배하기 적합하다. 식물은 짧은 절간(마디)을 가지며, 녹색 체리 열매에는 선명한 흰색 선이 관찰된다.

BP 534는 재배자들에게 실질적인 이점들을 제공한다. 이 품종은 높은 수확 잠재력을 지니며, 이는 단위 면적당 많은 커피를 생산할 수 있음을 의미하여 농가의 경제적 수익성을 크게 향상시키는 중요한 요소이다. 그리고 첫 생산은 식재 후 약 2년 차에 시작된다. 과일의 숙성 속도는 평균이며, 체리에서 생두로 전환되는 비율은 보통 수준이다. 이 품종의 가장 큰 강점 중 하나는 바로 질병 저항성이다. 이 품종은 커피 잎 녹병에 저항성을 보이며, 커피 베리병에는 내성을 가진다. 선충에도 저항성을 가진다. 그러나 커피 열매 구멍벌레에는 취약하다. 이렇듯 BP 534는 질병에 대한 높은 저항력과 뛰어난 생산성을 겸비하여 인도네시아 로부스타 커피 생산의 핵심적인 역할을 수행하는 품종이다.

BP 936: 인도네시아 대지의 굳건한 생명력

BP 936은 인도네시아에서 발견되는 로부스타 커피의 클론 품종이다. 이 품종은 다양한 환경에 대한 넓은 적응력을 가지며, 특히 습한 기후 지역에서 최적의 생산성을 보인다. 이는 특정 지역의 기후와 토양에 대한 적응, 그리고 효율적인 생산을 위한 노력이 집약된 결과이다.

BP 936의 유전적 배경은 로부스타 계열로 콩고 그룹에 속하며, SA 164-11과 BP 42를 교배하여 육성되었다. 클론 품종 방식은 특정 우량 개체의 특성을 그대로 복제하여 안정적인 생산과 품질을 유지하려는 목표를 담고 있다. 이러한 방법은 유전적 변이를 최소화하고 원하는 농업적 특성을 효과적으로 전달하는 데 유리하다. 이 품종은 인도네시아 커피 및 코코아 연구소(ICCRI)에서 개발되었다. BP 936은 그 외형적 특징과 수확물에서도 재배자에게 실질적인 이점을 제공한다. 이 품종은 키가 큰 성장 습관을 지닌다. 나무가 굳건히 자라며 충분한 양분을 흡수하여 많은 열매를 맺을 수 있는 잠재력을 가졌다. 새로 돋아나는 잎끝의 색상은 연한 청동색이고 큰 생두를 생산한다. 이러한 생두 크기는 수확 후 가공 과정에서 효율성을 높일 수 있으며, 때로는 특정 로스팅 방식에 적합하여 독특한 향미를 발현하는데 기여하기도 한다.

BP 936은 특정한 재배 환경에 대한 뛰어난 적응력을 보인다. 이 품종은 다양한 환경에 넓은 적응력을 가지며, 특히 해발 400~900m 사이의 습한 기후 지역에서 최적의 생산성을 발휘하는 것으로 알려져 있다. 또한, 혼농임업 시스템하에서의 재배에도 적합하다. 단위 면적당 많은 커피를 생산할 수 있어 농가의 경제적 수익성을 크게 향상시키는 중요한 요소이다. 커피나무 식재 후 약 2년 차에 첫 생산이 시작되어 빠른 수확을 기대할 수 있다. 과일의 숙성 속도는 보통이며, 체리에서 생두로 전환되는 비율은 보통 수준으로 평균적인 점액질을 지닌다.

BP 936의 가장 큰 강점 중 하나는 바로 질병 저항성이다. 이 품종은 커피 잎 녹병에 저항성을 보이며, 커피 베리병, 선충에 내성을 가진다. 그러나 커피 열매 구멍벌레에는 취약하다. 이렇듯 BP 936은 질병에 대한 높은 저항력과 뛰어난 생산성을 겸비하여 인도네시아 로부스타 커피 생산의 핵심적인 역할을 수행하는 품종이다.

BRS 1216: 견고함과 품질을 향한 브라질의 노력

BRS 1216은 브라질농업연구공사(Embrapa)가 육종한 로부스타의 커피 품종이다. 이 품종은 브라질 서부 아마존 환경에 대한 뛰어난 적응력과 높은 생산성을 특징으로 하며, 기계 수확에 적합한 식물 구조를 지녔다. BRS 1216의 유전적 배경은 로부스타 계열에 속한다. 이 품종은 Robusta 1675와 엔카파(Encapa) 03 간의 교배를 통해 육성된 계통으로, 유전적으로는 기니 그룹과 콩고 그룹에 기반을 둔다.

이러한 유전적 배경을 통해 유전적 강점을 다음 세대에 안정적으로 전달하고 지역 환경에 최적화된 특성을 발현하도록 개발되었다. BRS 1216은 그 외형적 특징과 수확물에서도 재배자에게 실질적인 이점을 제공한다. 이 품종은 왜성 또는 조밀한 성장 습관을 지닌다. 나무가 굳건히 자라며 충분한 양분을 흡수하고 많은 열매를 맺을 수 있는 잠재력을 지녔다. 새로 돋아나는 잎끝의 색상은 연한 청동색이다. 커피 생두의 크기는 평균 수준으로 분류된다.

BRS 1216은 특정한 재배 환경에 대한 뛰어난 적응력을 보인다. 이 품종은 그늘이 없는 완전한 햇빛 환경에서 재배될 때 헥타르당 높은 수확량을 기록하지만, 토양의 수분 공급이 부족한 환경에서는 잎이 전반적으로 노랗게 변하는 현상이 나타난다. BRS 1216은 매우 높은 수확 잠재력을 지녀 재배자들에게 실질적인 이점들을 제공한다. 단위 면적당 매우 많은 커피를 생산할 수 있어 농가의 경제적 수익성을 크게 향상시킨다. BRS 1216의 가장 큰 강점 중 하나는 바로 질병 저항성이다. 이 품종은 커피 잎 녹병에 저항성을 보이며, 선충에도 저항성을 가진다. 커피 열매 구멍벌레에는 취약하다. 식재 후 약 2년 차에 첫 생산이 시작되며, 영양 요구량은 높은 편이다. 과일의 숙성 속도는 보통이고 체리에서 생두로 전환되는 비율은 매우 높은 편이며, 높은 점액질을 지닌다.

BRS 1216은 질병에 대한 높은 저항력과 뛰어난 생산성, 그리고 지역 환경에 대한 적응력을 겸비하여 브라질 로부스타 커피 생산의 주요한 역할을 수행하는 품종이다.

BRS 2299: 브라질 아마존의 견고한 생산자

BRS 2299는 브라질농업연구공사가 육종한 로부스타의 커피 품종이다. 이 품종은 기계화된 수확에 적합한 식물 구조를 지니며, 뿌리혹선충에 대한 내성이 뛰어난 것이 특징이다. 이는 브라질 지역의 기후와 토양 조건에 대한 적응과 농업적 효율성을 추구하고자 하는 노력이 집약된 결과이다.

BRS 2299의 유전적 배경은 로부스타 계열에 속하는 폴리클론(Polyclonal) 품종이다. 이 품종은 알려지지 않은 부모를 가지고 있으며, 콘일론(Conilon)과 로부스타 식물 간의 자연적인 교배를 통해 탄생했다. 농부들의 경작지에서 선별된 개체들로 구성되었다. 이러한 유전적 배경은 품종이 지닌 환경 적응력과 생산성 강화에 기여하였다. 유전적 구성은 기니 그룹과 콩고 그룹에 기반을 둔다. 그 외형적 특징과 수확물에서도 재배자에게 실질적인 이점을 제공한다. 이 품종은 왜성 또는 조밀한 성장 습관을 지닌다. 이는 나무가 굳건히 자라며 충분한 양분을 흡수하여 많은 열매를 맺을 수 있는 잠재력을 가졌음을 시사한다. 잎끝의 색상은 연한 청동색이며, 커피 생두의 크기는 평균 수준으로 분류된다.

BRS 2299는 특정한 재배 환경에 대한 뛰어난 적응력을 보인다. 이 품종은 그늘이 없는 완전한 햇빛 환경에서 재배될 때 헥타르당 높은 수확량을 기록한다. 질병에 대한 높은 저항성으로 해당 지역의 커피 농가에 안정적인 생산 기반을 제공한다. 이 품종은 건기에 잦은 비가 내리는 해에는 불규칙한 개화로 인해 과일의 숙성 속도에 큰 편차가 나타날 수 있다. BRS 2299는 재배자들에게 실질적인 이점들을 제공한다. 이 품종은 높은 수확 잠재력을 지닌다. 이는 단위 면적당 많은 커피를 생산할 수 있음을 의미하여 농가의 경제적 수익성을 크게 향상시키는 중요한 요소이다. 가장 큰 강점 중 하나는 바로 질병 저항성이다. 이 품종은 커피 잎 녹병에 저항성을 보이며, 선충에도 저항성을 가진다. 커피 열매 구멍벌레에는 취약하다. 식재 후 약 2년 차에 첫 생산이 시작되며, 영양 요구량은 높은 편이다. 과일의 숙성 속도는 보통이며, 체리에서 생두로 전환되는 비율은 매우 높은 편으로 평균적인 점액질을 지닌다.

품질 평가 기준 70점의 전반적인 품질 점수를 받았으며, 중립적, 곡물, 허브향과 같은 향미 특성을 지닌다. 이렇듯 BRS 2299는 질병에 대한 높은 저항력과 뛰어난 생산성, 그리고 지역 환경에 대한 적응력을 겸비하여 브라질 로부스타 커피 생산의 주요한 역할을 수행하는 품종이다.

BRS 2314: 새로운 품질 탐색 연구의 씨앗

BRS 2314는 브라질농업연구공사가 육종한 로부스타의 커피 품종이다. 이 품종은 높은 커핑 점수로 인해 '파인 로부스타(Fine Robusta)'로 분류될 정도로 우수한 품질을 인정받았다. 이는 커피 산업의 지속적인 발전과 로부스타 종의 잠재력을 탐구하려는 노력이 반영된 결과이다.

BRS 2314의 유전적 배경은 폴리클론 계열 로부스타의 품종이다. 이 품종은 Robusta 640과 엔카파(Encapa) 03 간의 교배를 통해 육성된 계통으로, 유전적으로는 기니 그룹과 콩고 그룹에 기반을 둔다. 이러한 육종 과정을 통해 'BRS 2314'는 특정한 품질 특성과 환경 적응력을 지니게 되었다. 그 외형적 특징과 수확물에서도 재배자에게 실질적인 이점을 제공한다. 이 품종은 왜성 또는 조밀한 성장 습관을 지니고 있어 나무가 굳건히 자라며 충분한 양분을 흡수하고 많은 열매를 맺을 수 있는 잠재력을 가졌다. 잎 끝의 색상은 연한 청동색으로 커피 생두의 크기는 작은 편으로 분류된다. BRS 2314는 재배 환경에 대한 중요한 특성들을 보인다. 이 품종은 관개 환경에서 높은 수확량을 보인다. 식재 후 약 2년 차에 첫 생산이 시작되며, 영양 요구량은 높은 편이다. 과일의 숙성 속도는 늦다. 단위 면적당 많은 커피를 생산할 수 있어서 농가의 경제적 수익성을 크게 향상시킨다. BRS 2314의 가장 큰 강점 중 하나는 바로 질병 저항성이다. 이 품종은 커피 잎 녹병에 저항성을 보이며, 선충에도 저항성을 가진다. 커피 열매 구멍벌레에는 취약하다. 체리에서 생두로 전환되는 비율은 매우 높은 편이며, 평균적인 점액질을 지닌다.

모든 커핑 평가에서 80점 이상을 받았으며, 일부 샘플에서는 그 이상의 점수에 도달하기도 했다. 커피 품질 협회(Coffee Quality Institute)의 파인 로부스타 테이스팅 프

로토콜에 따라 '파인 로부스타'로 분류되었다. 이 품종은 초콜릿, 캐러멜, 과일과 같은 향미 특성을 지닌다. BRS 2314는 높은 품질 점수와 질병 저항성, 뛰어난 생산성을 겸비하여 로부스타 커피의 품질 향상과 브라질 커피 산업 발전에 커다란 기여를 하는 품종이다.

BRS 2357: 로부스타 품질 향상의 중심축

BRS 2357은 브라질농업연구공사가 육종한 로부스타의 커피 품종이다. 이 품종은 고밀도 재배가 가능하며, 짧은 줄기는 갱신 전 추가 수확을 한 번 더 가능하게 한다. BRS 2357의 유전적 배경은 폴리클론 계열 로부스타의 품종이다. 이 품종은 알려지지 않은 부모 사이에서 콘일론과 로부스타 식물의 자연적인 교배를 통해 선별된 개체들로 이루어져 있다.

유전적으로는 기니 그룹과 콩고 그룹에 기반을 둔다. 이러한 육종 과정을 통해 'BRS 2357'은 특정한 농업적 특성과 환경 적응력을 지니게 되었다. BRS 2357은 그 외형적 특징과 수확물에서도 재배자에게 실질적인 이점을 제공한다. 이 품종은 왜성 또는 조밀한 성장 습관을 지닌다. 잎끝의 색상은 짙은 청동색이다. 커피 생두의 크기는 평균 수준으로 분류된다. BRS 2357은 재배 환경에 대한 중요한 특성들을 보인다. 이 품종은 그늘이 없는 완전한 햇빛 환경에서 재배될 때 헥타르당 높은 수확량을 보인다. 작고 좁은 잎들은 수관 내부의 공기 순환을 원활하게 해준다.

이 품종은 높은 수확 잠재력을 지닌다. 이는 단위 면적당 많은 커피를 생산할 수 있음을 의미하여 농가의 경제적 수익성을 크게 향상시키는 중요한 요소이다. 식재 후 약 2년 차에 첫 생산이 시작되어 빠른 수확이 가능하며, 영양 요구량은 높은 편이다. 과일의 숙성 속도는 늦다. 체리에서 생두로 전환되는 비율은 매우 높은 편이며, 평균적인 점액질을 지닌다. BRS 2357은 커피 잎 녹병, 선충에도 취약하다. 그리고 커피 열매 구멍벌레에도 취약하다. 이렇듯 BRS 2357은 고밀도 재배에 적합한 구조와 높은 생산성을 겸비하고 있지만, 질병 저항성 면에서는 취약점을 지니는 로부스타의 품종이다.

BRS 3137: 가공을 통해 펼쳐질 커피의 새로운 지평

BRS 3137은 브라질농업연구공사가 육종한 로부스타의 커피 품종이다. 이 품종은 강건한 특성을 지니며, 건조한 환경과 비옥도가 낮은 토양에서도 좋은 생장 및 생산 특성을 보여준다는 점이 큰 특징이다. BRS 3137의 유전적 배경은 폴리클론(Polyclonal) 계열 로부스타의 품종이다. 이 품종은 알려지지 않은 부모 사이에서 콘일론과 로부스타 식물의 자연적인 교배를 통해 선별된 개체들로 이루어져 있다. 유전적으로는 기니 그룹과 콩고 그룹에 기반을 둔다.

이러한 육종 과정을 통해 'BRS 3137'은 특정한 농업적 특성과 환경 적응력을 지니게 되었다. BRS 3137은 그 외형적 특징과 수확물에서도 재배자에게 실질적인 이점을 제공한다. 이 품종은 왜성 또는 조밀한 성장 습관을 지녔으며, 잎끝의 색상은 연한 청동색이다. 커피 생두의 크기는 작은 편으로 분류된다. 이 품종은 건조한 환경과 낮은 비옥도의 토양에 대한 뛰어난 적응력이 가장 큰 장점이다. BRS 3137은 재배자들에게 실질적인 이점들을 제공한다. 단위 면적당 많은 커피를 생산할 수 있어 농가의 경제적 수익성을 크게 향상시키는 중요한 요소이다. 식재 후 약 2년 차에 첫 생산이 시작되며, 영양 요구량은 보통 수준이다. 과일의 숙성 속도는 이른 편이다. 체리에서 생두로 전환되는 비율은 매우 높은 편이며, 평균적인 점액질을 지닌다.

BRS 3137의 가장 큰 강점 중 하나는 바로 질병 저항성이다. 이 품종은 커피 잎 녹병에 내성을 보이며, 선충에도 내성을 가진다. 그러나 커피 열매 구멍벌레에는 취약하다. 이 품종은 건조하고 척박한 환경에 대한 강한 적응력과 높은 생산성, 그리고 주요 질병에 대한 내성을 겸비하여 브라질 로부스타 커피 생산에 중요한 역할을 한다.

BRS 3193: 커피 가공 기술과 농업 효율의 조화

BRS 3193은 브라질농업연구공사가 육종한 로부스타의 커피 품종이다. 이 품종은 다른 클론들의 낮은 수확량을 보완하여 작물의 격년 생산을 줄이고 초기 성장과, 긴 1차

가지를 가진다는 점이 특징이다. BRS 3193의 유전적 배경은 폴리클론 계열 로부스타의 품종이다. 이 품종은 알려지지 않은 부모를 가지고 있으며, 콘일론과 로부스타 식물의 자연적인 교배를 통해 농부들의 경작지에서 선별된 개체들로 이루어져 있다.

유전적으로는 기니 그룹과 콩고 그룹에 기반을 둔다. 이러한 육종 과정을 통해 특정한 농업적 특성과 환경 적응력을 지니게 되었다. BRS 3193은 그 외형적 특징과 수확물에서도 재배자에게 실질적인 이점을 제공한다. 이 품종은 왜성 또는 조밀한 성장 습관을 지닌다. 새로 돋아나는 잎끝의 색상은 연한 청동색이다. 이 품종은 연구된 유전자형 중 가장 긴 생산성 있는 가지 길이와 가지당 높은 꽃다발 수를 자랑한다. 커피 생두의 크기는 작은 편으로 분류된다. 초기 성장으로 인해 약 2~3번째 상업적 수확이 가능하여 생산 최고치를 나타낸다. BRS 3193은 재배 환경에 대한 중요한 특성들을 보인다. 식재 후 약 2년 차에 첫 생산이 시작되며, 영양 요구량은 높은 편이다. 과일의 숙성 속도는 이른 편이다. 체리에서 생두로 전환되는 비율은 매우 높은 편이며, 평균적인 점액질을 지닌다.

BRS 3193의 가장 큰 강점 중 하나는 바로 질병 저항성이다. 이 품종은 커피 잎 녹병에 내성을 보이며, 선충에도 내성을 가진다. 커피 열매 구멍벌레에는 취약하다. 이 품종은 초콜릿, 캐러멜, 아몬드와 같은 향미를 지닌다. BRS 3193은 긴 생산 가지와 높은 수확 잠재력, 그리고 주요 질병에 대한 내성을 겸비하여 브라질 로부스타 커피 생산에 중요한 역할을 담당하고 있다.

BRS 3210: 브라질 커피 산업의 든든한 버팀목

BRS 3210은 브라질농업연구공사가 육종한 로부스타의 커피 품종이다. 이 품종은 브라질 서부 아마존 환경에 대한 뛰어난 적응력과 안정성, 그리고 좋은 생산성과 생두 크기를 특징으로 한다. BRS 3210의 유전적 배경은 폴리클론 계열 로부스타의 품종이다. 이 품종은 알려지지 않은 부모를 가지며, 콘일른과 로부스타 식물의 자연적인 교배를 통해 농부들의 경작지에서 선별된 개체들로 이루어져 있다.

유전적으로는 기니 그룹과 콩고 그룹에 기반을 둔다. 이러한 육종 과정을 통해 특정한 농업적 특성과 환경 적응력을 지니게 되었다. 그 외형적 특징과 수확물에서도 재배자에게 실질적인 이점을 제공한다. 이 품종은 키가 큰 성장 습관을 지녀 충분한 양분을 흡수하고 많은 열매를 맺을 수 있는 잠재력을 가졌다. 잎끝의 색상은 녹색으로 커피 생두의 크기는 평균 수준으로 분류된다. BRS 3210은 특정한 재배 환경에 대한 뛰어난 적응력을 보인다. 이 품종은 물 스트레스에 대한 저항성을 가지고 있지만, 관개를 권장한다. 수분 공급이 충분한 환경에서도 잎에서는 물 스트레스를 받는 식물의 행동을 보인다. 그늘이 없는 완전한 햇빛 환경에서 재배될 때 헥타르당 높은 수확량을 기록한다. 단위 면적당 매우 많은 커피를 생산할 수 있으며, 농가의 경제적 수익성을 크게 향상시킬 수 있다.

BRS 3210은 커피 잎 녹병에 저항성을 보이지만, 선충과 커피 열매 구멍벌레에는 취약하다. 식재 후 약 2년 차에 첫 생산이 시작되며, 영양 요구량은 높은 편이다. 과일의 숙성 속도는 늦으나, 달콤한 여운과 부드러움과 같은 향미를 지닌다. 체리에서 생두로 전환되는 비율은 매우 높은 편이며, 높은 점액질을 지닌다. 결국, BRS 3210은 뛰어난 생산성, 물 스트레스 저항성, 그리고 서부 아마존 환경에 대한 적응력을 겸비하여 브라질 로부스타 커피 생산의 큰 역할을 담당하는 품종이다.

BRS 3213: 아마존의 품에서 피어난 큰 결실

BRS 3213은 브라질농업연구공사가 육종한 로부스타의 커피 품종이다. 이 품종은 브라질 서부 아마존 환경에 대한 뛰어난 적응력과 높은 생산성, 그리고 좋은 생두 크기를 특징으로 한다. 이는 특정 기후와 토양 조건에 대한 이해, 그리고 농업적 효율성을 추구한 결실이라 할 수 있다. BRS 3213의 유전적 배경은 폴리클론 계열 로부스타의 품종이다. 이 품종은 알려지지 않은 부모를 가지며, 콘일론과 로부스타 식물의 자연적인 교배를 통해 농부들의 경작지에서 선별된 개체들로 이루어져 있다.

유전적으로는 기니 그룹과 콩고 그룹에 기반을 둔다. 이러한 유전적 배경을 통해 품종이 지닌 특성이 안정적으로 전달되도록 개발되었다. 그 외형적 특징과 수확물에

서도 재배자에게 실질적인 이점을 제공한다. 이 품종은 키가 큰 성장 습관을 지니고 있어, 나무가 굳건히 자라며 충분한 양분을 흡수하고 많은 열매를 맺을 수 있는 잠재력을 가졌다. 잎끝의 색상은 녹색으로 커피 생두의 크기는 평균 수준으로 분류된다. BRS 3213은 특정한 재배 환경에 대한 뛰어난 적응력을 보인다. 이 품종은 브라질 서부 아마존 지역의 환경에 적응하도록 선별되었으며, 물 스트레스에 강한 특성을 지닌다. 그러나 관개 시설을 갖추는 것을 권장한다. 그늘이 없는 완전한 햇빛 환경에서 재배될 때 헥타르당 높은 수확량을 기록한다. 단위 면적당 매우 많은 커피를 생산할 수 있어, 농가의 경제적 수익성을 크게 향상시키고 있다. 식재 후 약 2년 차에 첫 생산이 시작되어 빠른 수확이 보장되며, 영양 요구량은 높은 편이다. 과일의 숙성 속도는 늦고, 체리에서 생두로 전환되는 비율은 매우 높은 편이며, 높은 점액질을 지닌다.

BRS 3213은 커피 잎 녹병에 저항성을 보이지만, 선충과 커피 열매 구멍벌레에는 취약하다. 달콤한 여운과 부드러움과 같은 향미 특성을 지닌다. BRS 3213은 뛰어난 생산력과 생두 크기, 그리고 브라질 서부 아마존 환경에 대한 적응력을 겸비하여 로부스타 커피 생산에 중요한 역할을 하는 품종이다.

이니팍 00-28(INIFAP 00-28): 해안이 빚어낸 풍요로운 결실

이니팍 00-28은 멕시코의 특정 지역 환경에 최적화되어 개발된 로부스타 커피 클론 품종이다. 이 품종은 크고 풍부한 잎과 열매를 가진 키 큰 식물이며, 멕시코 치아파스 해안의 조건에서 가장 높은 수확량을 자랑하는 클론이다. 이는 특정 환경 속에서 최대의 결실을 추구하는 과학적인 노력과 품종 개량의 지혜가 결합된 결과이다.

이니팍 00-28의 유전적 배경은 콩고 그룹에 속하는 카네포라 계열의 클론 품종이다. 클론 품종으로서 특정 우량 개체의 유전적 특성을 안정적으로 복제하고 전달하여 원하는 농업적 특성을 효과적으로 발현하는 데 중점을 둔다. 이 품종은 네슬레 연구소(Nestlé Research)와 국립 임업, 농업 및 축산 연구소(INIFAP)에 의해 육종되었다. 이니팍 00-28은 그 외형적 특징과 수확물에서도 재배자에게 실질적인 이점을 제공한다. 이 품종은 키가 큰 성장 습관을 지닌다. 이 클론은 많은 새싹을 생산하지 않으며, 일반적으로 식물은 1개 또는 2개의 생산적인 줄기로 형성된다. 충분한 양분을 흡수하고 많은 열매를 맺을 수 있는 잠재력을 가졌다. 잎끝의 색상은 녹색으로 생두의 크기는 평균 수준으로 분류된다. 멕시코 치아파스 해안의 기후 조건에서 최적의 생산성을 발휘하도록 특화된 품종으로 일반적으로 해발 700m에서 재배된다.

이니팍 00-28은 재배자들에게 실질적인 이점들을 제공한다. 이 품종은 가장 높은 수확량을 보이는 클론으로 알려져 있다. 이는 단위 면적당 매우 많은 커피를 생산할 수 있어, 농가의 경제적 수익성을 크게 향상시킨다. 식재 후 약 2년 차에 첫 생산이 시작되며, 영양 요구량은 높은 편이다. 과일의 숙성 속도는 늦은 편이다. 이니팍 00-28은 질병 및 해충에 취약한 면모를 보인다. 이 품종은 커피 잎 녹병에는 내성을 보이지만, 커피 베리병, 열매 구멍벌레에 취약하다.

이니팍 97-14(INIFAP 97-14): 대지에서 피어나는 생산의 원동력

이니팍 97-14는 멕시코의 국립 임업, 농업 및 축산 연구소(INIFAP)와 네슬레 연구소가 협력하여 육종한 로부스타의 커피 품종이다. 이 품종은 키가 크고, 3개 이상의 생산적인 줄기를 형성하는 경향이 있으며 체리 수확량이 좋은 것이 특징이다. 이는 특정 환경에 대한 적응과 농업적 효율성을 추구한 노력의 결과이다.

이니팍 97-14의 유전적 배경은 로부스타 계열에 속하는 클론 품종이다. 이 품종은 콩고 그룹에 속하며, 특정 우량 개체의 유전적 특성을 안정적으로 복제하고 전달하여 원하는 농업적 특성을 효과적으로 발현하는 데 중점을 둔다. 이니팍 97-14는 그 외형적 특징과 수확물에서도 재배자에게 실질적인 이점을 제공한다. 이 품종은 키가 큰 성장 습관을 지닌다. 새로 돋아나는 잎끝의 색상은 짙은 청동색이다. 커피 생두의 크기는 평균 수준으로 분류된다. 이 품종은 격년으로 높은 생산량과 낮은 생산량이 번갈아 나타나는 경향이 있다. 특정한 재배 환경에 대한 뛰어난 적응력을 보이고, 주로 해발 약 700m에서 재배된다. 멕시코와 중앙아메리카 지역의 고온 다습한 기후 조건에 잘 적응하여 자라는 품종이다.

이니팍 97-14는 재배자들에게 실질적인 이점들을 제공한다. 이 품종은 체리 수확량이 좋은 것으로 언급되어 있다. 단위 면적당 많은 커피를 생산할 수 있어 농가의 경제적 수익성을 향상시킨다. 식재 후 약 2년 차에 첫 생산이 시작되며, 영양 요구량은 높은 편이다. 과일의 숙성 속도는 매우 늦다. 이니팍 97-14는 질병 및 해충에 취약한 면모를 보인다. 이 품종은 커피 잎 녹병에는 내성을 보이지만, 줄기 천공충, 잎 탄저병, 열매 구멍벌레에도 취약하다.

이렇듯 이니팍 97-14는 키가 큰 성장 습관과 체리 수확량을 겸비하고 있으나, 특정 해충 및 질병에 취약점을 보여 재배 시 관리가 요구되는 로부스타의 품종이다.

이니팍 97-15(INIFAP 97-15): 풍요를 자아내는 생산의 핵심 동력

이니팍 97-15는 멕시코의 국립 임업, 농업 및 축산 연구소(INIFAP)와 네슬레 연구소가 협력하여 육종한 로부스타의 커피 품종이다. 이 품종은 키가 크며, 세 개 이상의 생산적인 줄기를 형성하는 경향을 보인다. 멕시코 치아파스(Chiapas)와 베라크루스(Veracruz) 해안의 기후 조건에 대한 넓은 적응력과 좋은 수확 잠재력을 가지고 있다.

이니팍 97-15의 유전적 배경은 로부스타 계열에 속하는 클론 품종으로 기니 그룹에 속한다. 클론 품종으로서 특정 우량 개체의 유전적 특성을 안정적으로 복제하고 전달하여 원하는 농업적 특성을 효과적으로 발현하는 데 중점을 둔다. 이니팍 97-15는 그 외형적 특징과 수확물에서도 재배자에게 실질적인 이점을 제공한다. 이 품종은 키가 큰 성장 습관을 지닌다. 잎끝의 색상은 짙은 청동색이며, 생두의 크기는 평균 수준으로 분류된다. 과일의 숙성 속도는 보통이다. 이니팍 97-15는 다양한 환경에 대한 넓은 적응력을 제공한다. 일반적으로 해발 약 700m에서 재배된다. 이 품종은 좋은 수확 잠재력을 가지고 있다. 식재 후 약 2년 차에 첫 생산이 시작되어 빠른 수확을 할 수 있으며, 영양 요구량은 보통 수준이고 낮은 점액질을 지닌다.

이니팍 97-15는 탄저병, 커피 열매 구멍벌레에 취약하다. 그리고 주로 다습하고 서늘한 기후에서 발생하는 질병으로 잎, 가지, 열매에 실 같은 곰팡이가 피어 식물을 고사시키는 커피 스레드 블라이트(thread blight) 곰팡이병에 취약하다. 결국, 이 품종은 다양한 환경에 대한 적응력을 가지며 세 개 이상의 생산적인 줄기를 형성하는 경향이 있지만, 주요 질병에 대한 취약점을 지니고 있어 특별한 관리가 필요한 로부스타의 품종이다.

나로-키투자 로부스타 9(NARO-KITAZA ROBISTA 9): 생산성과 내성의 생명체

나로-키투자 로부스타 9는 우간다의 국립커피연구소(NACORI)에서 육종된 로부스타의 커피 품종이다. 이 품종은 커피 시들음병(CWD)에 저항성이 있으며, 탁월한 수확 잠재력을 지니고 있다. 유전적 배경은 로부스타 계열에 속하는 클론 품종으로 우간다 그룹(Uganda group)에 속하며, 자연적인 교배를 통해 얻어진 하이브리드 클론이다.

클론 품종으로서 특정 우량 개체의 유전적 특성을 안정적으로 복제하고 전달하여 원하는 농업적 특성을 효과적으로 발현하는 데 중점을 둔다. 나로-키투자 로부스타 9는 그 외형적 특징과 수확물에서도 재배자에게 실질적인 이점을 제공한다. 이 품종은 키가 큰 성장 습관을 지닌다. 잎끝의 색상은 녹색이며, 커피 생두의 크기는 평균 수준으로 분류된다. 나로-키투자 로부스타 9는 재배자들에게 실질적인 이점들을 제공한다. 이 품종은 헥타르당 3,900kg에 이르는 높은 수확 잠재력을 지닌다. 이는 단위 면적당 매우 많은 커피를 생산할 수 있어, 농가의 경제적 수익성을 크게 향상시킨다. 영양 요구량은 높은 편이고, 과일의 숙성 속도는 늦다. 체리에서 생두로 전환되는 비율은 보통이다. 나로-키투자 로부스타 9의 가장 큰 강점 중 하나는 바로 질병 저항성이다. 커피 잎 녹병에 내성을 보이며, 붉은 수포병에도 저항성을 가진다.

나로-키투자 로부스타 9는 질병에 대한 저항성, 높은 생산성, 그리고 우간다 환경에 대한 적응력을 겸비하여 로부스타 커피 생산에 핵심적인 역할을 하는 품종이다.

페르데니아(Perdenia): 인도에 뿌리내린 고전의 강인함

페르데니아는 인도의 주요 로부스타 커피 품종 중 하나이다. 이 품종은 활발하고

넓게 퍼져 중간 크기의 나무로 자라며, 높은 수확량을 자랑하고 생두 크기는 비교적 작은 편이다. 이는 특정 지역의 기후와 토양에 대한 오랜 적응, 그리고 로부스타 종이 지닌 강인한 생명력을 보여주는 상징이다. 페르데니아의 유전적 배경은 로부스타 계열에 속하는 클론 품종이다. 이 품종은 콩고 그룹에 속하며, 인도의 중앙커피연구소(CCRI)가 육종했다.

클론 품종으로서 특정 우량 개체의 유전적 특성을 안정적으로 복제하고 전달하여 원하는 농업적 특성을 효과적으로 발현하는 데 중점을 둔다. 페르데니아는 그 외형적 특징과 수확물에서도 재배자에게 실질적인 이점을 제공한다. 잎끝의 색상은 녹색 또는 청동색이며, 커피 생두의 크기는 작은 편으로 분류된다. 열매가 일반적인 다발 형태로 맺히며, 붉은색을 띤다. 컵 품질은 평균 수준이다. 페르데니아는 특정한 재배 환경에 대한 뛰어난 적응력을 보인다. 이 품종은 해발 500~1,000m에 이르는 고도에서 재배될 수 있다. 이 품종은 헥타르당 1,500~3,000kg의 수확 잠재력을 지닌다. 식재 후 약 4년 차에 첫 생산이 시작되며, 영양 요구량은 보통 수준이다. 과일의 숙성 속도는 늦은 편이고, 체리에서 생두로 전환되는 비율은 높은 편이다. 이 품종은 커피 잎 녹병에 내성을 보이며, 선충에도 내성을 가진다. 그러나 커피 열매 구멍벌레와 커피나무의 어린 가지에 구멍을 뚫고 들어가 피해를 주는 새 가지 구멍벌레에는 취약하다.

페르데니아는 인도 로부스타 커피 생산의 중요한 부분을 차지하며, 안정적인 생산과 뛰어난 환경 적응력을 겸비하여 지역 커피 산업에 기여하는 품종이다.

Sln.1R: 역사의 숨결, 풍요를 선사하는 유산

'Sln.'과 '1R'은 각각 'Selection'과 '1번 로부스타(robusta)'를 의미한다. 따라서 'Sln.1R'은 인도에서 개발된 첫 번째 로부스타 선별종을 뜻하는 명칭이다. Sln.1R은 인도의 로부스타 커피 산업에 있어 중요한 기반을 다진 클론 품종이다. 이 품종은 인도 중앙 커피 연구소(CCRI)에서 육종되었으며, 활발하게 자라며 왜성 또는 조밀한 성장 습관을 지닌다.

Sln.1R의 유전적 배경은 로부스타 계열에 속하는 클론 품종이다. 이 품종은 폴리클론(Polyclonal) 유형으로, 기니 그룹과 코페아 콩겐시스(Coffea congensis) 그룹의 교배종이며, 교배 후 로부스타로 반복적인 역교배를 통해 BC2에서 선발되었다. 특정 우량 개체의 유전적 특성을 안정적으로 복제하고 전달하는 데 중점을 두어 육성되었으며, 이는 품종이 지닌 뛰어난 농업적 특성들이 대를 이어 안정적으로 발현될 수 있도록 보장한다. Sln.1R은 그 외형적 특징과 수확물에서도 로부스타 종의 전형적인 면모를 보이며, 재배자에게 실용적인 이점을 제공한다. 활발하게 자라지만 왜성 또는 조밀한 성장 습관을 지닌다. 잎끝의 색상은 녹색이며, 커피 생두의 크기는 평균으로 분류된다. Sln.1R은 재배 환경에 대한 뛰어난 적응력을 보이고, 과일의 숙성 속도는 늦은 편이다. 이 품종은 헥타르당 1,500~3,000kg의 수확 잠재력을 지닌다. 그리고 체리에서 생두로 전환되는 비율은 보통 수준이다. Sln.1R의 가장 큰 강점 중 하나는 바로 질병 및 해충 저항성이다. 이 품종은 커피 잎 녹병에 내성을 보이며, 선충과 새 가지 구멍벌레에도 내성을 가진다.

Sln.1R은 오랜 역사와 함께 인도의 기후에 대한 탁월한 적응력, 뛰어난 생산성, 그리고 질병 및 해충 저항력을 겸비하여 지역 커피 산업에 변함없이 기여하고 있는 소중한 유산이다.

Sln.2R: 선별된 우수성, 결실로 증명된 풍요

Sln.2R은 인도의 로부스타 커피 산업에 있어 중요한 기반을 다진 폴리클론 품종이다. 이 품종은 매우 활발하게 자라며 중간 크기의 나무로 성장하고 큰 생두를 생산한다. Sln.2R의 유전적 배경은 로부스타 계열에 속하는 폴리클론 품종이다. 이 품종은 코페아 콩겐시스(Coffea congensis)와 코페아 카네포라(Coffea canephora)의 교배종이다.

Sln.2R은 인도 중앙 커피 연구소(CCRI)에 의해 육종되었다. 그 외형적 특징과 수확에서도 로부스타 종의 전형적인 면모를 보이며, 재배자에게 실용적인 이점을 제공한다. 이 품종은 매우 활발하게 자라며 큰 생두를 생산한다. 커피 생두의 크기는 큰 편으로 분류되며, 재배 환경에 대한 뛰어난 적응력을 보인다. 이 품종은 수확 잠재력을 지

니고, 많은 농업적 특성은 Sln.1R과 유사하다. 그러나 이 클론들은 Sln.1R보다 A등급 생두의 안정성이 더 높다. 이 품종은 BR 9, 10, 11의 세 가지 클론 혼합으로 구성되어 있으며, 따로 심으면 착과율이 감소하므로 함께 심어야 한다. 가장 두드러진 것은 역시 매우 높은 수확 잠재력이다. 다른 품종에 비해 현저히 높은 단위 면적당 수확량을 자랑하며, 이는 농가의 경제적 수익성을 크게 향상시키는 중요한 요소이다.

Sln.2R은 단순한 고수확 품종을 넘어, 인도 로부스타 커피 산업을 지속 가능하게 발전시킨 혁신적인 품종이다. 끈질긴 연구와 선별 과정을 통해 생산성뿐만 아니라 품질과 재배 안정성까지 모두 갖추어 인도 로부스타의 새로운 가능성을 열었다.

Sln.3R: 균형 잡힌 강인함, 견고한 유산

Sln.3R은 인도 로부스타 커피 산업의 오랜 지혜가 담긴 대표적인 선발 클론 품종이다. 이 품종은 인도 중앙 커피 연구소(CCRI)가 육종했으며, 조밀한 가지와 잎, 그리고 뛰어난 수확 잠재력으로 고밀도 재배에 적합하다. Sln.3R의 유전적 배경은 로부스타 계열에 속하는 폴리클론 품종이다. 이 품종은 기니 그룹과 코페아 콩겐시스 그룹의 교배를 통해 육성되었다.

계통적으로는 코페아 콩겐시스와 코페아 카네포라의 교배 후 로부스타로 반복적인 역교배를 거쳐 BC2 단계에서 선별된 결과이다. 이러한 육종 방식은 품종이 다양한 환경적 스트레스에 대응하고, 안정적인 생산성을 유지하는 데 필요한 견고한 유전적 기반을 제공한다. Sln.3R은 그 외형적 특징과 수확물에서도 로부스타 특유의 강건함을 엿볼 수 있다. 조밀한 수관을 가진 왜성 또는 조밀한 성장 습관을 지닌다. 잎끝의 색상은 연한 청동색이며, 커피 생두의 크기는 큰 편으로 분류된다. 체리 내 점액질 함량은 높은 편이다. Sln.3R은 특정한 재배 환경에 대한 뛰어난 적응력을 보인다. 해발 500~1,000m에 이르는 광범위한 고도 범위에서 재배될 수 있다. 다른 로부스타의 품종에 비해 개화 및 결실을 위해 상대적으로 많은 양의 물을 필요로 한다. Sln.3R은 재배자들에게 실질적인 이점들을 제공한다. 클론을 사용할 경우 약 1년 차에 첫 생산이 시작될 수 있으며, 씨앗을 사용할 경우 그늘진 환경에서 2~3년 차에 생산이 시작된다.

영양 요구량은 보통 수준이고, 과일의 숙성 속도는 평균이다. 체리에서 생두로 전환되는 비율은 보통 수준이다.

Sln.3R은 커피 잎 녹병과 선충에 내성을 보이지만, 커피 열매 구멍벌레와 새 가지 구멍벌레에는 취약하다. 이 품종은 인도의 로부스타 커피 생산에 있어, 과학적인 육종을 통해 얻어진 균형 잡힌 특성과 환경에 대한 강인한 적응력을 바탕으로 농가의 지속 가능한 번영을 이끌어온, 인도 커피 산업의 살아있는 유산이다.

TR4: 생산과 품질의 새로운 기준

TR4는 로부스타 커피의 클론 품종이다. 이 품종은 높은 생산량과 넓은 환경 적응력을 지니며, 뛰어난 품질을 겸비하여 베트남과 같은 주요 로부스타 재배 국가에서 중요한 역할을 하고 있다. TR4는 베트남 서부 고원 산림농업과학연구소(Western Highlands Agroforestry Science Institute, WASI)에 의해 육종되었으며, 베트남에서 출시되었다.

TR4의 유전적 배경은 로부스타 계열에 속하는 클론이다. 이 품종은 콩고 그룹에 속하며, 재배 중인 자연 교배 개체군에서 어미 나무를 선발한 후 접목을 통한 영양 번식으로 계통을 유지하고 있다. 클론 품종으로서 특정 우량 개체의 유전적 특성을 안정적으로 복제하고 전달하여 원하는 농업적 특성을 효과적으로 발현하는 데 중점을 둔다. TR4는 그 외형적 특징과 수확물에서도 재배자에게 실용적인 이점을 제공한다. 이 품종은 왜성 또는 조밀한 성장 습관을 지닌다. 나무가 잘 자라며 충분한 양분을 흡수하고 많은 열매를 맺을 수 있는 잠재력을 가졌다. 잎끝의 색상은 녹색이며, 커피 생두의 크기는 평균으로 분류된다. 특히, TR4는 강력한 2차 분기를 지닌다. 이는 나무의 생산적인 가지 수가 많아 안정적인 수확량에 기여한다. 체리 내 점액질 함량은 낮은 편이다.

TR4는 특정한 재배 환경에 대한 뛰어난 적응력을 보인다. 생산을 위한 최적의 고도는 해발 약 500~800m이다. 이러한 고도 범위에서 TR4는 높은 수율과 품질을 동시에 달성할 수 있다. TR4는 높은 수확 잠재력을 지닌다. 식재 후 약 2년 차에 첫 생산이 시작되며, 영양 요구량은 높은 편이다. 과일의 숙성 속도는 평균이고, 체리에서 생두로 전환되는 비율은 높은 편이다. 성공적인 수확을 위해서는 다른 클론과 함께 심는 것이 좋다. 이는 교차 수분이 필요한 품종임을 의미하며, 농가에서 효율적인 재배 계획을 세우는 데 중요한 고려 사항이다.

TR4는 커피 잎 녹병, 뿌리썩음병에 내성을 가져 일반적으로 해충 및 질병 전반에 저항력이 우수한 편이다. 이처럼 TR4는 뛰어난 생산성, 높은 품질, 질병에 대한 저항력, 그리고 특정 고도에서의 최적화된 성능을 겸비하여 로부스타 커피 생산에 핵심적인 역할을 수행한다.

TR9: 커피 생산의 든든한 주춧돌

TR9는 로부스타 커피의 클론 품종이다. 이 품종은 매우 높은 수확량과 훌륭한 컵 품질, 그리고 큰 생두 크기를 자랑하며, 베트남과 같은 주요 로부스타 재배 국가에서 중요한 역할을 하고 있다. TR9는 베트남 서부 고원 산림농업과학연구소(WASI)에 의해 육종되었으며, 베트남에서 출시되었다.

TR9의 유전적 배경은 로부스타 계열에 속하는 클론이다. 이 품종은 콩고 그룹(Congo group)에 속하며, 재배 중인 자연 교배 개체군에서 어미 나무를 선발한 후 접목을 통한 영양 번식으로 계통을 유지하고 있다. 클론 품종으로서 특정 우량 개체의 유전적 특성을 안정적으로 복제하고 전달하여 원하는 농업적 특성을 효과적으로 발현하는 데 중점을 둔다. TR9는 그 외형적 특징과 수확물에서도 재배자에게 실용적인 이점을 제공한다. 이 품종은 왜성 또는 조밀한 성장 습관을 지닌다. 잎끝의 색상은 짙은 청동색이며, 커피 생두의 크기는 큰 편으로 분류된다. 체리 내 점액질 함량은 평균이다. TR9는 특정한 재배 환경에 대한 뛰어난 적응력을 보인다. 생산을 위한 최적의 고도는 해발 약 500~800m이다. 이러한 고도 범위에서 TR9는 높은 수율과 품질을 동시에 달성할 수 있다. 이 품종은 매우 높은 수확 잠재력을 지닌다. 단위 면적당 매우 많은 커피를 생산할 수 있어 농가의 경제적 수익성을 크게 향상시킨다. 식재 후 약 2년 차에 첫 생산이 시작되며, 영양 요구량은 높은 편이다. 과일의 숙성 속도는 늦다. 체리에서 생두로 전환되는 비율은 높은 편이다. 높은 수확을 얻기 위해서는 다른 클론과 함께 심는 것을 권장한다. 이는 교차 수분이 필요한 품종임을 의미하며, 농가에서 효율적인 재배 계획을 세우는 데 주요 고려 사항이다.

TR9는 커피 잎 녹병에 내성을 가진다. TR9는 튼튼한 성장과 강한 가지, 뛰어난 생산성, 높은 품질, 그리고 높은 특수 종자 비율을 겸비하여 로부스타 커피 생산에 기여하고 있다.

TR11: 흔들림 없는 생산, 견고한 믿음

TR11은 로부스타 커피의 클론 품종이다. 이 품종은 활발한 성장과 매우 높은 수확량, 그리고 뛰어난 품질을 겸비하여 베트남과 같은 주요 로부스타 재배 국가에서 중요한 역할을 하고 있다. TR11은 베트남 서부 고원 산림농업과학연구소(WASI)에 의해 육종되었으며, 베트남에서 출시되었다. TR11의 유전적 배경은 로부스타 계열에 속하는 클론이다. 이 품종은 콩고 그룹에 속하며, 자연 교배 개체군에서 어미 나무를 선발한 후 접목을 통한 영양 번식으로 계통을 유지하고 있다.

클론 품종으로서 특정 우량 개체의 유전적 특성을 안정적으로 복제하고 전달하여 원하는 농업적 특성을 효과적으로 발현하는 데 중점을 둔다. TR11은 그 외형적 특징과 수확물에서도 재배자에게 실용적인 이점을 제공한다. 이 품종은 키가 큰 성장 습관을 지닌다. 잎끝의 색상은 녹색이며, 커피 생두의 크기는 평균으로 분류된다. 체리 내 점액질 함량은 평균 수준이다. TR11은 특정한 재배 환경에 대한 뛰어난 적응력을 보인다. 생산을 위한 최적의 고도는 해발 약 500~800m이다. 이러한 고도 범위에서 TR11은 높은 수율과 품질을 동시에 달성할 수 있다. 단위 면적당 매우 많은 커피를 생산할 수 있어 농가의 경제적 수익성을 크게 향상시킨다. 식재 후 약 2년 차에 첫 생산이 시작되며, 영양 요구량은 높은 편이다. 과일의 숙성 속도는 늦다. 체리에서 생두로 전환되는 비율은 높은 편이다. 커피 잎 녹병에 강하고 컵 품질이 뛰어나다는 점이 있다. 이 품종 역시 높은 수확을 위해서는 다른 클론과 함께 심는 것을 권장한다.

TR11은 커피 잎 녹병에 내성을 가진다. TR11은 우수한 적응성, 뛰어난 생산성, 높은 수율, 높은 품질, 그리고 다양한 재배 방식 적합을 겸비하여 로부스타 커피 생산에 기여하는 품종이다.

TRS1: 제약을 넘어서는 강인한 생명력

TRS1은 베트남을 비롯한 주요 로부스타 재배 국가에서 중요하게 다루어지는 커피 품종이다. 이 품종은 다양한 환경에 대한 넓은 적응력을 지니며, 농부들이 가장 일반적으로 사용하는 품종 중 하나이다. TRS1은 베트남 서부 고원 산림농업과학연구소(WASI)에 의해 육종되었으며, 베트남에서 출시되었다. TRS1의 유전적 배경은 로부스타 계열에 속하는 폴리클론 품종이다. 이 품종은 콩고 그룹에 속하며, TR4, TR9, TR11, TR12 클론을 부모로 한다.

여러 고유한 유형의 조합으로 구성된 품종이기 때문에 식물은 성장 차이를 보일 수 있다. 즉, 여러 계통의 유전자를 조합하여 특정 목표를 달성하려는 육종의 결과이며, 품종이 지닌 다양한 환경 적응력의 근간이 된다. TRS1은 그 외형적 특징과 결실에서도 재배자에게 실용적인 이점을 제공한다. 이 품종은 왜성 또는 조밀한 성장 습관을 지닌다. 커피 생두의 크기는 평균으로 분류된다. 체리 내 점액질 함량은 평균 수준이다. TRS1은 특정한 재배 환경에 대한 뛰어난 적응력을 보인다. 이 품종은 다양한 환경에 대한 넓은 적응력을 제공하며, 생산을 위한 최적의 고도는 해발 약 400~900m이다. 이러한 고도 범위에서 TRS1은 효율적인 생육 조건을 찾는다. TRS1은 재배자들에게 실질적인 이점들을 제공한다. 이 품종은 높은 수확 잠재력을 지닌다. 식재 후 약 3년 차에 첫 생산이 시작되며, 영양 요구량은 보통 수준이다. 과일의 숙성 속도는 평균이며, 체리에서 생두로 전환되는 비율은 보통 수준이다.

TRS1은 커피 잎 녹병에 내성을 가진다. TRS1은 넓은 환경 적응력, 증식의 용이성, 뛰어난 생산성, 그리고 질병에 대한 저항력을 겸비하여 농부들이 가장 많이 사용하는 품종으로 지속 가능한 커피 생산에 기여하는 품종이다.

산룬(Xanh Luong): 높은 수확의 작은 난쟁이

산룬은 로부스타 커피의 클론 품종이다. 이 품종은 매우 높은 수확량과 뛰어난 품질, 그리고 상대적으로 가뭄에 강한 특성을 지닌다. 산룬의 유전적 배경은 로부스타 계열에 속하는 클론이다. 이 품종은 콩고 그룹에 속하며, 재배 중인 자연 교배 개체군에서 어미 나무를 선발한 후 접목을 통한 영양 번식으로 계통을 유지하고 있다.

이 품종은 농가에 의해 선발되었으며, 베트남 서부 고원 산림농업과학연구소(WASI)의 승인을 받았다. 산룬은 그 외형적 특징과 수확물에서도 재배자에게 실용적인 이점을 제공한다. 이 품종은 왜성 또는 조밀한 성장 습관을 지닌다. 잎끝의 색상은 연한 청동색이며, 커피 생두의 크기는 큰 편으로 분류된다. 체리 내 점액질 함량은 평균 수준이다. 일부 지역에서는 2차 분지가 적게 나타나는 경향이 있다. 산룬은 특정한 재배 환경에 대한 뛰어난 적응력을 보인다. 생산을 위한 최적의 고도는 해발 약 500~800m이다. 산룬은 매우 높은 수확 잠재력을 지니고 있어 재배자들에게 실질적인 이점들을 제공하고 있다. 첫 생산 연도는 식재 후 약 2년 차에 첫 생산이 시작되며, 영양 요구량은 높은 편이다. 과일의 숙성 속도는 늦고 체리에서 생두로 전환되는 비율은 높은 편이다. 높은 수확을 위해서는 다른 클론과 함께 심는 것을 권장한다.

산룬은 커피 잎 녹병에도 내성을 가지고 있다. 산룬은 큰 생두의 뛰어난 생산성, 특정 고도 환경에 대한 적응력, 높은 생두 전환률, 그리고 가뭄에 대한 강점을 겸비하여 로부스타 커피 생산에 주요 역할을 담당하고 있다.

Arabica and Robusta Coffee Varieties Poster,
by World Coffee Research

Arabica and Robusta Coffee Varieties

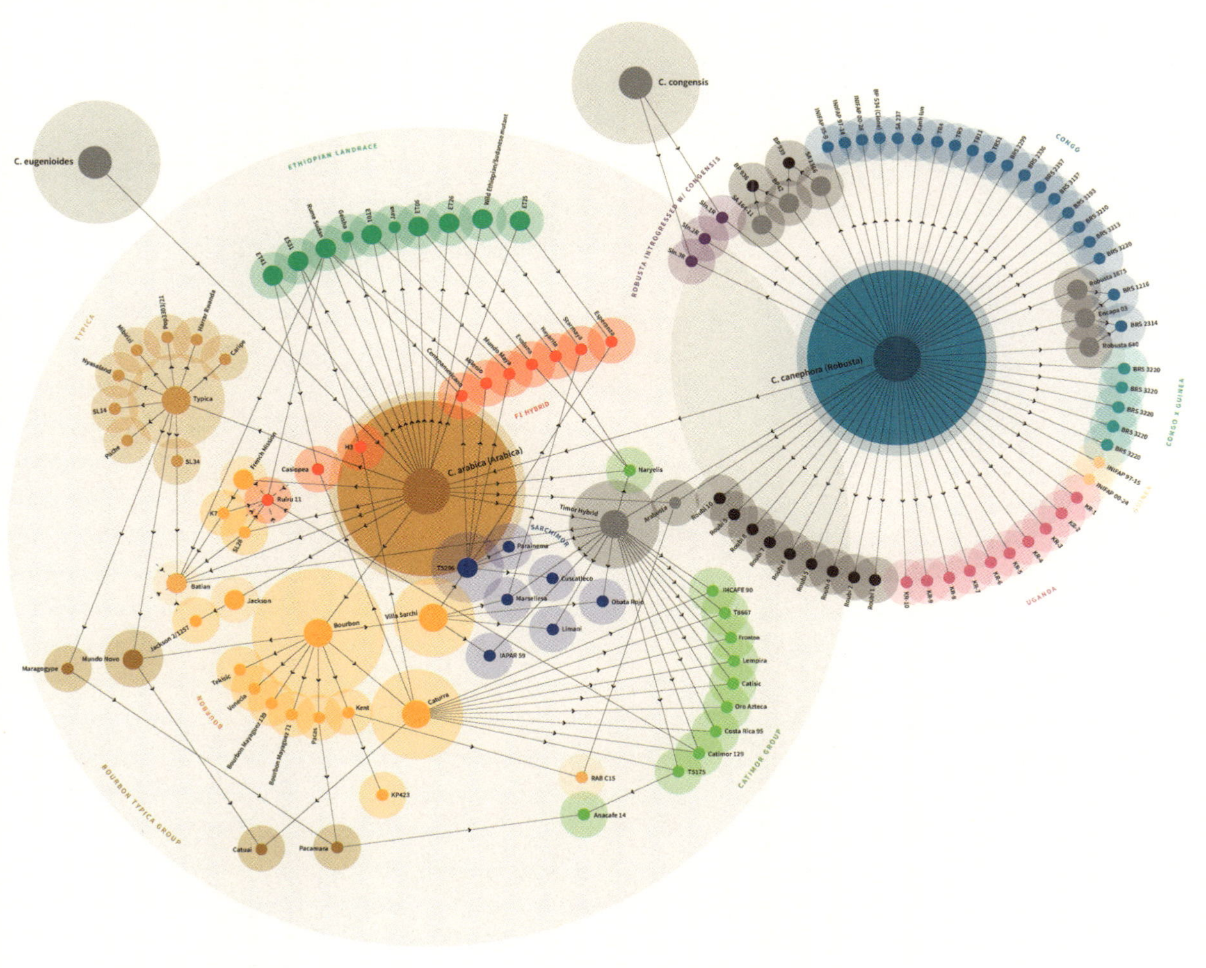

CHAPTER 3.

커피의 향미 표준화

하나 커피 테이스터 플레이버 휠은 미각의 사전이다

둘 커피 테이스터 플레이버 휠은 감각의 지도이다

하나, 커피 테이스터 플레이버 휠은 미각의 사전이다

커피 한 잔에는 수많은 자연의 서사, 기술의 정교함, 그리고 그 끝에서 피어나는 인간의 감각적 향미 경험이 복합적으로 응축되어 있다. 동일한 품종의 생두라 하더라도, 재배 방법, 수확과 가공 과정, 보관과 운송, 그리고 추출 방법에 따라 그 맛과 향은 극적으로 달라질 수 있다. 이는 커피가 단일한 특성으로 정의될 수 없는, 유동적이고 다층적인 존재임을 보여준다. 한 알의 생두가 지닌 가능성은 그것이 자란 토양과 기후, 농부의 손길, 후속 가공 과정, 최종적으로 물과 접촉하는 순간까지 이어지는 연쇄적 경험 속에서 비로소 드러난다.

커피의 향미(flavor)[190]는 후각과 미각[191]이 결합된 인간 경험의 총체로 이해할 수 있다. 분쇄된 원두에서 발산되는 향기는 첫 번째 감각적 신호이며, 여기에 물과 만나 추출될 때는 보다 복합적이고 다층적인 아로마가 퍼져 공간을 채운다. 그리고 마지막으로 음료가 되어 입안으로 들어오는 순간, 산미(acidity), 단맛(sweetness), 쓴맛(bitterness), 바디감(body) 등 다양한 미각 요소가 후각과 결합하여 향미를 형성한다. 따라서, 커피의 맛과 향은 단순한 감각 자극이 아니라, 시간과 공간 속에서 인간이 경험하는 감각적 이야기이자 문화적 현상으로 해석될 수 있다.

이 복잡하고 미묘한 향미를 체계적으로 이해하고 표준화하기 위해 개발된 도구가 바로 커피 테이스터 플레이버 휠(Coffee Taster's Flavor Wheel)[192]이다. 색과 단어를 활용하여 커피의 향미를 시각적·언어적으로 표현함으로써, 누구나 자신이 경험한 커피의 특성을 구체적인 언어로 떠올릴 수 있도록 돕는다. 이는 단순히 '좋다' 혹은 '나쁘다'라는 추상적 판단을 넘어, 감각 경험을 공통의 언어로 전환함으로써 커피 평가와 의사소통의 표준을 마련하는 장치가 된다.

스페셜티 커피 협회(SCA)는 커피 가치 평가(Coffee Value Assessment, CVA)[193]를 위해 커피를 네 가지 범주로 구분하여 설명하고 있다. 첫째, 물리적 평가(physical assessment)는 원두의 결점, 크기, 수분 함량 등 객관적 물리적 특성을 관찰하는 과정이다. 둘째, 묘사적 평가(descriptive assessment)는 향기(aroma, fragrance), 향미(flavor), 산미(acidity), 단맛(sweetness), 바디감(body), 후미(aftertaste), 전반적인 인상(overall impression) 등 내적 속성을 언어와 점수로 표현하는 과정이다. 셋째, 정동적 평가(affective assessment)는 커피가 고객에게 전달하는 감정적 · 심리적 인상, 즉 음용 경험에서 느껴지는 즐거움, 만족감, 신선함 등을 평가한다. 마지막으로 외재적 평가(extrinsic attributes)는 원산지, 생산 방식, 인증 여부, 지속가능성, 생산자의 철학 등 외적 속성을 고려하여, 커피가 사회적 · 문화적 가치를 지니는지를 판단하는 과정이다.

결국, 이러한 평가 체계는 커피를 감각적 경험으로서뿐만 아니라, 사회적 · 문화적 맥락 속에서 해석할 수 있는 틀을 제공한다. 한 잔의 커피를 음미하는 순간, 고객은 내적 속성에서 오는 감각적 즐거움뿐 아니라, 외적 속성을 통해 생산자의 철학, 산지의 환경, 사회적 의미까지 경험하게 된다. 향미를 측정하고 기록하는 과정은 커피가 단순 소비재가 아니라, 인간 경험과 감각적 서사, 문화적 의미가 결합된 총체적 예술 작품임을 증명한다.

둘, 커피 테이스터 플레이버 휠은 감각의 지도이다

커피 향미를 시각적으로 체계화한 또 다른 도구로는 최근 미국의 카운터 컬쳐 커피(Counter Culture Coffee)[194]가 개발하고 한국의 리이케 커피(liike coffee)가 한글로 번역한 커피 플레이버 휠(Coffee Flavor Wheel)이 있다. 이 휠은 전통적인 커피 테이스터 플레이버 휠의 개념을 계승하면서도, 현대 커피 시장과 고객의 감각 경험을 반영해 보다 세분화된 향미 표현을 제공한다.

커피 업계 종사자들은 이러한 커피 플레이버 휠을 활용하여, 커피 향미를 논할 때 통일된 언어와 표준화된 단어를 사용할 수 있다. 이는 맛을 기술하는 것을 넘어, 생산자와 고객, 로스터와 바리스타, 나아가 연구자 간의 공감과 이해를 돕는 일종의 감각적 공용어로 작용한다. 이를 통해 서로 다른 지역과 문화 속에서도 커피의 세밀한 향미와 특징을 명확히 전달할 수 있으며, 평가와 소통 과정에서 발생할 수 있는 혼선을 최소화한다.

Counter Culture Coffee
커피 플레이버 휠 Taster's Flavor Wheel
liike Korean Translation
COUNTER CULTURE
과일 Fruit
감귤류 Citrus
Lemon 레몬
Lime 라임
Grapefruit 자몽
Clementine 귤
Orange 오렌지
Blood Orange 블러드 오렌지
사과/배 Apple/Pear
Green Apple 청사과
Red Apple 사과
Asian Pear 배
멜론 Melon
Watermelon 수박
Honeydew 허니듀
Cantaloupe 칸탈로프
포도 Grape
White Grape 백포도
Green Grape 청포도
Red Grape 적포도
Concord Grape 콩코드 포도
열대 과일 Tropical Fruit
Lychee 리치
Star Fruit 스타 후르츠
Tamarind 타마린드
Passion Fruit 패션 후르츠
Pineapple 파인애플
Mango 망고
Papaya 파파야
Kiwi 키위
Banana 바나나
Coconut 코코넛
Stone Fruit 핵과류
Peach 복숭아
Nectarine 천도복숭아
Apricot 살구
Plum 자두
Cherry 체리
Black Cherry 블랙 체리
Berry 베리
Cranberry 크랜베리
Raspberry 산딸기
Strawberry 딸기
Blueberry 블루베리
Blackberry 블랙베리
Currant 커런트
말린 과일 Dried Fruit
Golden Raisin 골든 레이즌
Raisin 건포도
Dried Fig 말린 무화과
Dried Date 말린 대추
Prune 말린 자두
Chocolate 초콜릿
Baker's Chocolate 제과용 초콜릿
Dark Chocolate 다크 초콜릿
Bittersweet Chocolate 비터스윗 초콜릿
Milk Chocolate 밀크 초콜릿
White Chocolate 화이트 초콜릿
Sweet & Sugary 달콤하고 설탕 같은
Vanilla 바닐라
Marzipan 마지팬
Nougat 누가
Honey 꿀
Butter 버터
Cream 크림
Marshmallow 마시멜로
Cane Sugar 사탕수수
Simple Syrup 설탕 시럽
Brown Sugar 황설탕
Caramel 캐러멜
Maple Syrup 메이플 시럽
Molasses 당밀
Cola 콜라
견과류 Nut
아몬드 Almond
헤이즐넛 Hazelnut
피칸 Pecan
캐슈 Cashew
땅콩 Peanut
호두 Walnut
곡물과 곡류 Grain & Cereal
갓 구운 빵 Fresh Bread
맥아 Malt
보리 Barley
밀 Wheat
호밀 Rye
통밀 크래커 Graham Cracker
구운 귀리 Toasted Oats
페이스트리 Pastry
팝콘 Popcorn
구운 Roast
카본 Carbon
스모키 Smoky
탄 설탕 Burnt Sugar
토스트 Toast
향신료 Spice
정향 Clove
감초/아니스 Licorice/Anise
커민 Cumin
넛맥 Nutmeg
생강 Ginger
고수 Coriander
계피 Cinnamon
백후추 White Pepper
흑후추 Black Pepper
풍미있는 Savory
말린 토마토 Sundried Tomato
간장 Soy Sauce
고기 같은 Meat-like
가죽 Leathery
야채 Vegetal
흙 Earthy
허브 Herb
베르가못 Bergamot
홉 Hops
홍차 Black Tea
녹차 Green Tea
민트 Mint
세이지 Sage
딜 Dill
풀 향 Grassy
루바브 Rhubarb
스위트 피 Sweet Pea
토마토 Tomato
당근 Carrot
버섯 Mushroom
호박 Squash
피망 Green Pepper
올리브 Olive
초록 잎 Leafy Greens
밀짚 Straw
담배 Tobacco
삼나무 Cedar
나무 Wood
흙 Soil
꽃 향 Floral
레몬그라스 Lemongrass
오렌지 꽃 Orange Blossom
재스민 Jasmine
허니서클 Honeysuckle
목련 Magnolia
라벤더 Lavender
로즈/로즈워터 Rose/Rosewater
히비스커스 Hibiscus

질감 표현 단어 **Body Descriptors**

가벼운 무게감 Light	묽은 Watery 무지방 우유 Skim Milk 차 같은 Tea-like	적당한 무게감 **Medium**	둥근 Round 저지방 우유 2% Milk 크림 같은 Creamy	무거운 무게감 **Heavy**	가득한 Full 우유 Whole Milk 쫀득한 Chewy

커피를 표현하거나 강조하는 단어 **Adjectives & Intensifiers for Coffee**

산뜻한 Crisp 밝은 Bright 발랄한 Vibrant 시큼한 Tart	무미한 Muted 밋밋한 Dull 부드러운 Mild	거친 Wild 불균형한 Unbalanced 날카로운 Sharp 뾰족한 Pointed	구조감이 좋은 Structured 균형 잡힌 Balanced	농밀한 Dense 깊은 Deep 복합적인 Complex	가벼운 Soft 희미한 Faint 섬세한 Delicate	주스 같은 Juicy 시럽 같은 Syrupy	마른 Dry 떫은 Astringent	오래 머무는 Lingering 감싸는 듯한 Coating 지저분한 Dirty	여운이 짧은 Quick 깔끔한 Clean

Counter Culture Coffee Taster's Flavor Wheel, by liike, Counter Culture Coffee

Appendix

Glossary

A

Agtron 로스팅한 원두의 색도를 수치화해 표준화한 국제 지표로, 색도계가 반사광을 측정하여 배전도를 객관적으로 표현한다. 이 수치는 로스터 간 배전 기준을 통일하고 일관된 품질을 유지하는 데 필수적인 관리 척도로 사용된다.

Altitude 커피 재배지의 해발 고도를 의미하며 기온, 일교차, 성숙 속도에 직접 작용해 유기산 축적과 향미 복잡성을 좌우한다. 일반적으로 높은 고도에서 자란 커피 열매는 성숙이 느려지고 밀도가 높아져 산미 등 복합적인 향미를 향상시킨다.

Americano 에스프레소에 뜨거운 또는 차가운 물을 희석해 농도를 조절한 음료로, 물의 양과 온도 및 투입 순서에 따라 향의 확산 방식과 질감이 달라진다. 희석을 통해 원두의 개성을 부드럽게 확장하며, 접근성 높은 프로파일을 만든다.

Anaerobic Fermentation 산소가 차단된 밀폐 환경에서 미생물이 점액질을 분해하며 발효가 진행되는 방식으로, 산·알코올 등 생성 패턴이 크게 달라진다. 강한 발효로 개성 있는 특이 향미가 나타나며, 가공 변수 관리의 정밀성이 요구된다.

Arabica 전 세계 고품질 커피 생산의 중심인 코페아 아라비카 종으로, 비교적 낮은 카페인 함량과 복합적인 향미 구조가 특징이다. 환경 스트레스에 취약하지만, 고지대에서 뛰어난 품질을 보여 스페셜티 시장의 핵심 종으로 평가된다.

Aroma 커피에서 발산되는 휘발성 향기 성분의 총체를 의미하며, 로스팅·분쇄·추출 단계에서 다양한 계열의 향이 형성된다. 향의 발현은 온도, 산소 노출, 가스 구성에 민감하게 반응한다.

Aspect Ratio 생두의 가로·세로 비율을 나타내는 형태 지표로 품종, 성숙도, 건조 방식에 따라 구조적 특성이 달라진다. 모양의 균질성은 선별 과정과 등급 판단에도 영향을 준다.

Astringency 입안 점막이 수축되는 듯한 떫은 감각을 의미하며, 폴리페놀·클로로겐산 분해물 등이 주요 원인이다. 과도한 추출이나 불균일 추출에서 증가하며, 향미 선명도를 떨어뜨릴 수 있다.

Auto Drip 전자동 방식으로 물 온도, 유량, 접촉 시간을 제어해 일정한 품질의 드립 커피를 추출하는 장치이다. 변수의 자동화로 재현성이 높고 대량 서비스에 적합하다.

Automatic Tamper 탬핑 압력과 밀도를 일정하게 유지하는 기계식 장치로, 작업자 숙련도 차이를 줄이고 추출 균일성을 높인다. 상업 환경에서 반복 작업 시 품질 편차를 안정적으로 관리할 수 있다.

B

Backflush 에스프레소 머신 그룹헤드 내부를 역류 세정 방식으로 청소하여 오일 및 미세 잔여물을 제거하는 유지관리 절차이다. 이를 정기적으로 수행하면 오염에 따른 향미 열화를 방지하고 내부 유로의 안정성을 확보한다.

Balance 산미 · 단맛 · 쓴맛 · 바디감 등이 과도하게 치우치지 않고 조화롭게 구성된 맛의 상태이다. 균형이 유지되면 특정 요소가 지배하지 않아 프로파일의 완성도와 음용성이 높아진다.

Barista 커피 추출, 우유 스티밍, 장비 관리, 품질 보정을 전문적으로 수행하는 직업군으로, 관능 판단력과 반복 재현 능력이 요구된다. 고정된 기준 안에서 세밀한 변수 제어를 통해 안정된 결과를 만들어 내는 숙련이 핵심이다.

Bar Pressure 에스프레소 추출 시 작용하는 압력 값으로, 일반적으로 9 bar(혹은 이하)가 표준이 된다. 압력의 변동은 용해 속도와 크레마 형성 및 유량 패턴에 직접적인 영향을 준다.

Batch Brewer 대량의 커피를 자동으로 일정한 온도, 유량, 시간 조건에서 추출하는 장치이다. 변수의 자동화로 일관성이 높아 상업 환경에서 균질한 품질 제공이 가능하다.

Bitterness 카페인, 페놀류, 고배전 부산물 등에서 발생하는 기본 미각으로, 적절한 수준은 구조감을 형성한다. 하지만, 과도한 쓴맛은 향미의 밸런스를 무너뜨려 거친 인상을 줄 수 있다.

Blooming 추출 시작 시 커피 입자에서 CO_2가 방출되며, 커피 층이 팽창하는 과정이다. 이 과정이 충분해야 물이 균일하게 스며들어 채널링을 줄이고 균일 추출을 가능하게 한다.

Body 음료가 입안에서 느껴지는 점성 · 무게감 · 밀도를 의미하며, 용해 고형물과 오일 비율이 높을수록 바디가 무겁게 인지된다. 바디는 농도, 추출 방식, 필터 종류에 따라 크게 달라진다.

Brazil Natural 브라질에서 광범위하게 사용되는 건식 가공 방식으로, 열매를 통째로 건조해 과일 단맛과 고소하고 부드러운 향을 강화한다. 산미는 낮고 균형감 있는 프로파일이 형성되는 경향이 있다.

Brew Ratio 커피와 물의 비율을 나타내며 농도, 수율, 향미 구조를 결정하는 가장 핵심적인 추출 변수이다. 비율 변화는 맛의 세기, 질감, 용해 범위에 직접적으로 작용한다.

C

Caffeine 커피에 포함된 메틸잔틴계 알칼로이드로, 쓴맛과 각성 작용을 일으키는 주요 성분이다. 품종, 고도, 가공 방식에 따라 함량이 달라지며, 컵의 강도에도 영향을 미친다.

Café au Lait 드립 커피와 뜨거운 우유를 혼합해 만드는 음료로, 라떼보다 우유 비중이 낮아 커피 향이 더 선명하게 드러난다. 우유 온도와 혼합 비율에 따라 질감과 맛의 강도가 달라진다.

Cafestol 커피 오일 속에 존재하는 디터펜 성분으로, 여과 방식에 따라 음료 내 잔존량이 크게 달라진다. 종이 필터는 대부분을 제거하지만, 금속 필터나 터키식 방식에서는 더 많이 남는다.

Calibration 장비 · 분쇄도 · 온도 · 압력 등을 기준값에 맞추어 조정하는 과정으로, 일정한 추출 품질을 유지하는 데 필수적이다. 주기적인 캘리브레이션은 변수 편차를 최소화해 운영의 안정성을 높인다.

Cascara 커피 열매의 껍질과 과육을 건조해 음용 재료로 사용하는 것으로, 차 형태로 추출하면 과일 중심의 가벼운 향미가 나타난다. 건조 품질과 가공 방식에 따라 맛의 편차가 크다.

Channeling 물이 커피퍽의 특정 경로만 빠르게 통과하며, 과소 · 과다 추출이 동시에 발생하는 결함 현상이다. 탬핑 불균일, 입도 분포 불안정, 분배 실패가 주요 원인이며 추출 균일성을 크게 떨어뜨린다.

Chemex 두꺼운 필터를 사용하는 유리 드리퍼로, 미세 입자와 오일을 강하게 제거해 매우 깨끗하고 투명한 향미를 만든다. 추출 속도가 비교적 느리고 균일하여 재현성이 높다.

Clean Cup 이취(off-flavor)나 잡미 없이 향미가 선명하고 투명하게 인지되는 상태를 의미하는 컵 품질 지표이다. 스페셜티 평가에서 기본적이면서도 가장 중요한 요소 중 하나이다.

Crema 에스프레소 표면에 형성되는 미세한 오일 · 가스 · 고형물의 혼합층으로, 추출 압력이나 신선도 및 입자 크기에 따라 구조가 달라진다. 크레마는 질감, 향의 농도 유지에도 기여한다.

Cupping 커피의 향 · 맛 · 산미 · 단맛 · 바디 등을 표준화된 절차로 평가하는 관능 분석 방식이다. 원두 품질 비교, 결점 확인, 로스팅 적정성 판단 등에 필수적으로 사용된다.

D

Degassing 로스팅 후 원두 내부에 축적된 이산화탄소가 자연스럽게 방출되는 과정이다. 탈기(degassing) 정도는 원두의 신선도 지표가 되며, 추출 중 CO_2 배출이 크면 채널링, 유량 불안정, 크레마 이상에 영향을 준다.

Density 원두의 단위 부피당 질량을 나타내는 물리적 지표로 품종, 고도, 성숙도, 건조 방식에 의해 결정된다. 높은 밀도는 열전달 반응의 균일성에 유리해 로스팅 프로파일 설정과 품질 분류에서 핵심적으로 활용된다.

Development Time 퍼스트 크랙 이후 로스팅이 종료될 때까지의 시간 구간으로, 이 단계에서 향미 성숙과 단맛 및 구운 향의 생성이 집중된다. 개발 시간이 짧거나 길면 각각 미성숙한 산미 또는 과잉 배전의 문제를 초래할 수 있어 정밀한 제어가 필요하다.

Direct Trade 생산자와 로스터가 중개상 없이 직접 거래를 맺는 방식으로 품질 개선, 가격 투명성, 지속적 협업이 가능한 공급망 모델이다. 직접적인 품질 피드백과 기술 협업이 가능해 스페셜티 커피에서 널리 채택된다.

Dose 추출에 사용되는 분쇄 커피의 질량을 의미하며, 도스 변화는 농도, 유량, 추출 수율에 직접적인 영향을 준다. 일정한 도스 관리는 추출 재현성과 컵 품질의 일관성을 확보하는 기본 운영 지표이다.

Drip Coffee 중력 또는 제어 유량으로 물이 커피층을 통과하여 성분을 용출하는 여과식 추출 방식이다. 필터 재질이나 분쇄도 및 주입 패턴에 따라 컵의 선명도・바디・산미가 달라지며, 가정과 상업 환경에서 널리 사용된다.

Drying Phase 로스팅 초기의 건조 구간으로, 내부 수분이 증발하며 이후 갈변・화학 반응의 진행을 준비한다. 초기 건조가 불균일하면 이후 배전 반응에서 편차가 발생해 색도와 향미 일관성이 저하될 수 있다.

Dwell Time 추출 초기에 물이 커피 퍽에 머무르는 시간 또는 브루잉 과정에서 특정 단계에 머무르는 시간을 의미한다. 적절한 듀웰 타임은 팽윤과 초기 용해를 촉진해 균일 추출을 돕지만, 과도하면 과추출 위험이 있다.

Doser Grinder 분쇄된 커피를 챔버에 저장했다가 일정량씩 배출하는 구조의 그라인더로, 상업 환경에서 빠른 반복 작업과 도징 편의성을 제공한다. 챔버 내부 잔류량(retention) 관리는 신선도와 도징 정확도 유지에 중요하다.

Dual Boiler 추출용 보일러와 스팀용 보일러가 분리된 머신 구조로, 두 시스템이 독립적으로 온도를 유지해 동시 작업 시 온도 안정성을 확보한다. 전문 카페 환경에서 추출 온도와 스팀 성능을 동시에 요구할 때 선호된다.

E

E.S.E Pod Easy Serving Espresso의 약자로, 규격화된 형태의 에스프레소 포드이며, 사용 편의성과 일정한 도징을 제공하도록 설계되었다. 포드(pod) 규격과 물 유입 구조가 표준화되어 있어 추출 변수의 세밀한 조절이 제한된다.

Earthy 흙 또는 토양을 연상시키는 향미 표현으로, 특정 토양 성분이나 가공 및 보관 조건에서 나타날 수 있다. 과다하게 강하면 결점으로 간주도 지만, 적절히 균형되면 지역적 특성으로 평가된다.

Elevation 재배지의 해발 고도를 의미하며, 온도・일교차・광합성률에 영향을 주어 향미 구성에 큰 역할을 한다. 고도가 높을수록 성숙이 느려져 유기산이나 향미 전구체 축적이 증가하는 경향이 있다.

Elevation Profile 농장 또는 재배 지역 내 고도 분포를 나타내는 지표로, 미세 기후와 성숙 차이를 분석하는 데 사용된다. 고도 구획별로 수확 타이밍이나 품질 차이가 발생하므로 로트 관리에 중요하다.

Emulsion 액상 내 미세 오일 방울이 분산된 상태로, 에스프레소에서 크레마 형성과 질감・바디에 기여한다. 유화 안정성은 단백질・지질 조성 및 추출 조건에 따라 달라진다.

Enzymatic Aroma 효소 작용으로 생성되는 향 계열을 지칭하며, 일반적으로 신선한 과일이나 꽃 향의 전구체가 라이트 로스트에서 뚜렷하게 드러난다. 가공・건조・로스팅 과정에서 효소성 향의 잔존성은 크게 달라진다.

Espresso 고압으로 짧은 시간에 추출한 농축 커피로, 높은 농도와 크레마 및 응축된 향미가 특징이다. 압력, 입자 크기, 도스, 탬핑, 온도 등 미세 변수가 컵 프로파일에 큰 영향을 미치므로 재현성이 중요하다.

Espresso Machine 에스프레소 추출을 위해 압력・온도・유량을 제어하는 전문 장비로 보일러 설계, 그룹헤드 열관리, 펌프 특성이 성능을 결정한다. 장비의 교정 및 보수는 일관된 추출 품질 유지에 필수적이다.

Extraction 고형 성분, 향미 물질이 물로 용출되는 과정으로 시간, 온도, 입자 크기, 유량, 도스가 추출 결과를 결정한다. 추출의 균형이 맞지 않으면 과소·과다 추출로 이어져 컵의 밸런스가 손상된다.

Extraction Yield 원두 고형분 중 실제로 물에 용출된 비율을 의미하며, 수율은 농도(TDS)와 함께 추출 효율을 판단하는 핵심 지표이다. 적정 수율 범위 내에 있을 때 향미의 밸런스와 복합성이 최적으로 발현된다.

F

Fair Trade 생산자에게 공정한 가격을 보장하고 사회적 기준을 준수하도록 하는 인증 제도로, 지속 가능한 농업과 지역사회 발전을 목표로 한다. 인증은 가격 프리미엄, 시장 접근성, 품질 개선의 유인으로 작용할 수 있다.

Fermentation 가공 과정에서 미생물이 당과 점액질을 분해해 유기산·에스터·알코올 등 향미 전구체를 생성하는 화학적·생물학적 과정이다. 발효 조건(온도, 시간, 산소 유무)이 향미 프로파일을 크게 좌우하므로 정밀 관리가 필요하다.

Filter Coffee 여과지를 사용해 추출한 커피로, 종이·금속·나일론 필터에 따라 오일·미세입자 제거 정도와 컵의 선명도가 달라진다. 필터 선택은 음료의 청결도, 바디, 후미 특성에 직접적인 영향을 준다.

First Crack 로스팅 중 내부 수증기 압력으로 인해 발생하는 최초의 파열음으로, 배전 전환점으로 간주된다. 이 시점을 기준으로 개발도 설정과 배전 목표가 결정되며 향미 형성의 중요한 전환점이다.

Flame Control 로스터에서 열량을 조절하는 과정으로, 화력 조절은 온도 상승률과 로스팅 곡선의 형태를 직접적으로 변경한다. 정밀한 화력 제어는 일관된 프로파일 재현과 결점 예방에 필수이다.

Flat Burr 평면형 그라인더 버로, 분쇄 입도 분포가 비교적 좁아 균일한 분쇄를 제공한다. 버의 설계, 간격, 마모 상태는 분쇄 품질과 추출 재현성에 중요한 영향을 미친다.

Flavor 커피의 맛과 향이 통합되어 지각되는 감각적 총합으로, 산미·단맛·쓴맛·후미·바디 등이 상호작용해 형성된다. 최종 플레이버는 생두의 화학적 조성, 로스팅, 추출 조건의 복합 결과이다.

Flow Rate 추출 동안 물이 커피 퍽(puck)을 통과하는 속도로 압력, 입자 크기, 도스, 필터 저항에 의해 결정된다. 일정하고 적절한 유량은 채널링을 예방하고, 목표 수율 및 농도를 달성하는 데 필수적이다.

Fluid Bed Roaster 열풍으로 원두를 부유시켜 가열하는 로스터 유형으로, 표면 열전달이 빠르고 균일한 반응이 특징이다. 열관성 제어에 민감해 밝은 배전이나 실험적 배전에 적합하지만 운영 기술 요구도가 높다.

Fragrance 분쇄 직후 건조 상태에서 느껴지는 향으로 로스팅, 분쇄, 보관 상태에 따라 세부 향 계열의 강도가 달라진다. 프래그런스는 신선도와 향미 잠재력을 빠르게 파악하는 지표로 활용된다.

G

Gas Release 로스팅이나 저장 중 원두에서 방출되는 가스를 총칭하며 주로 CO_2가 포함된다. 가스 방출 속도는 탈기 프로파일 설정과 추출 시 블루밍·채널링 등에 직접적인 영향을 준다.

Geisha 향미 잠재력이 뛰어난 아라비카 계통의 유전군으로, 꽃·과일·복합 향미가 특징이다. 생산량이 적고 특수 관리가 필요해 높은 시세로 거래되며, 스페셜티 시장에서 프리미엄 대상으로 취급된다.

Grind Size 분쇄 입자의 평균 크기를 의미하며, 추출 속도와 용해도 및 유량에 결정적 영향을 미친다. 최적 입도는 사용 장비, 추출 방식, 도스에 따라 달라지므로 반복적인 조정이 필요하다.

Group head 에스프레소 머신에서 물이 포터필터로 전달되는 주요 추출 구조로, 열용량과 온도 안정성이 추출 품질에 큰 영향을 준다. 그룹 헤드의 설계와 보온 관리는 컵 간 일관성을 유지하는 데 중요하다.

Green Coffee 가공·건조가 완료된 생두 상태로 수분, 밀도, 결점, 가공 방식이 로스팅 가능성과 향미 잠재력을 결정한다. 생두의 보관 조건과 수송 과정은 품질 열화와 결점 발생 가능성에 큰 영향을 준다.

Grocery Roast 대량 유통과 장기 보관을 목적으로 중강배전으로 로스팅한 스타일로, 산미를 낮추고 보관 안정성을 높인다. 상업적 표준에 맞춘 균일성 추구가 특성이다.

Giling Basah 인도네시아식 습식 탈각 방식으로, 과육을 일정 부분 남긴 상태에서 습식 탈각과 건조를 진행한다. 길링 바사 방식은 독특한 흙, 스파이시, 묵직한 바디 특성을 유발할 수 있다.

Gourmet Coffee 고급 이미지를 강조하는 마케팅 용어로, 명확한 과학적 기준은 없지만 고품질, 선별, 특수 가공을 암시한다. 고객 인식과 포장 및 브랜딩 전략에서 자주 사용된다.

Grinder Retention 그라인더 내부에 남아 있는 분쇄 커피의 잔류량을 의미하며, 리텐션은 신선도, 도징 정확도, 교차오염 위험에 영향을 준다. 낮은 리텐션 설계와 주기적 청소가 재현성 확보에 중요하다.

Grounds 분쇄된 커피 입자를 통칭하며 입도, 분포, 수분 함량이 추출 성능과 컵의 특성에 직접적 영향을 준다. 사용 후 처리는 위생·재활용·폐기 관리의 대상이다.

H

Hard Bean 고지대에서 자란 고밀도 생두를 지칭하며, 단단한 조직으로 인해 로스팅 시 열전달이 느리지만 향미 잠재력이 높다. 고밀도는 로스팅 프로파일 조정과 더 긴 개발 시간을 요구할 수 있다.

Heat Exchanger 보일러의 열을 이용해 순간적으로 물을 가열하는 장치로 머신의 스팀, 추출 성능을 향상시키는 구성 요소이다. 열 교환 효율은 펌프 및 보일러 설계와 연결되어 전반적인 장비 성능에 영향을 준다.

Heirloom 에어룸은 유전적·지역적 특성을 오래 유지해 온 토착 품종군을 의미하며, 종종 복합적이고 독특한 향미를 지닌다. 정확한 유전적 정의는 지역마다 달라 품종 연구와 표준화가 중요하다.

Hulling 습식 가공 생두에서 외피(파치먼트 또는 열매 껍질)를 제거하는 공정으로, 탈곡·탈피 단계를 포함한다. 효율적 헐링은 품질 손상 최소화와 선별 효율성 증대에 기여한다.

Honey Process 커피 열매의 과육을 제거하되 점액질(mucilage)을 일부 또는 전부 남겨 건조하는 가공 방식으로, 점액질 양에 따라 향미가 달라진다. 과일 향, 단맛, 점성이 강조되는 프로파일을 만들며 건조 관리가 품질에 결정적이다.

Hot Air Roasting 열풍을 이용해 원두를 가열하는 로스팅 방식으로, 표면 가열이 빠르고 균일한 반응을 보인다. 열 전달 특성이 드럼 로스터와 다르므로 프로파일 설계가 별도로 필요하다.

Hue 색상의 기본적인 톤을 의미하며 로스팅 색도, 시각적 판별에 사용되는 요소다. 색상 지표는 품질 기준, 등급 설정, 브랜딩에 활용될 수 있다.

Hygroscopicity 원두가 공기 중 수분을 흡수하는 성질로, 흡습성은 보관 안정성과 풍미 열화에 직접적으로 작용한다. 낮은 습도와 밀폐 포장은 흡습으로 인한 품질 저하를 방지한다.

Hyper Oxygenation 과도한 산소 공급을 통해 발효 또는 전처리 과정을 가속하거나 특정 미생물 경로를 촉진하는 방식이다. 산소 수준 조절이 향미 편차를 크게 좌우하므로 엄격한 공정 관리가 필요하다.

Hypoxia Fermentation 저산소 환경에서 진행되는 발효 방식으로, 미생물 군집과 대사 산물이 달라져 특이한 향미 특성이 형성된다. 통제된 저산소 조건은 독특한 산미, 에스터 프로파일을 유도할 수 있다.

I

IBTS 적외선 센서(Infrared Bean Temperature Sensor) 기반의 드럼 온도 측정으로, 로스팅 중 원두 표면 온도를 비접촉식으로 모니터링한다. 센서 데이터는 로스트 커브의 실시간 제어와 재현성 확보에 활용된다.

Immersion Brewing 커피와 물을 일정 시간 완전 접촉시키는 방식의 추출법으로, 접촉 시간이 길어지면 용해 성분의 추출이 안정적으로 증가한다. 침지 방식은 분쇄도, 교반, 시간 제어로 다양한 프로파일을 얻을 수 있다.

Indirect Heat 드럼이나 히터를 통해 전달되는 간접 가열 방식으로, 직접 화염 노출을 피해 미세한 열 제어가 가능하다. 간접 열은 균일한 배전과 결점 최소화에 유리하다.

Inlet Temperature 로스터나 브루잉 장비로 유입되는 공기 또는 물의 초입 온도를 의미하며, 초기 조건은 전체 열전달과 추출 반응에 큰 영향을 준다. 정확한 입구의 온도 제어는 프로파일 재현성과 결과 예측성을 향상시킨다.

Instant Coffee 추출액을 농축 · 건조(분무건조 · 동결건조)해 만든 가용성 분말로, 재용해성이 높아 즉시 음용이 가능하다. 제조 공정은 향미 보존과 재현성을 위해 고도 기술이 필요하다.

Intercropping 커피와 다른 작물을 혼식 재배(간작, intercropping)하는 농업 방식으로, 토양 보전과 병해 관리 및 경제적 다양화를 목적으로 한다. 상호작용이 품질에 미치는 영향은 종, 간격, 관리 방식에 따라 달라진다.

Isotherm 온도와 습도의 균형을 나타내는 곡선(등온선) 또는 조건으로, 로스팅 · 건조 · 보관 시 수분 이동과 화학 반응을 예측하는 데 사용된다. 등온 조건 관리는 품질 안정성에 중요한 역할을 한다.

Italian Roast 매우 강한 배전에 해당하는 로스팅 스타일로, 표면 오일이 나타나고 스모키하며 짙은 쓴맛이 특징이다. 이 단계에서는 원두 고유의 산미는 대부분 소실되며 보관 안정성은 상대적으로 저하된다.

Inlet Pressure 머신이나 시스템으로 유입되는 초기 수압을 의미하며, 적정 입구 압력은 추출 유량과 안정성에 직접적인 영향을 준다. 라인 압력 관리가 부실하면 유량 불안정 및 추출 편차가 발생한다.

Internal Fracture 생두 내부의 구조적 파손으로, 불균일한 성숙 · 건조 또는 물리적 손상으로 인해 발생한다. 내부 균열은 로스팅 중 과열이나 불균일하게 구워짐 및 컵 결함의 원인이 될 수 있다.

J

Jamaica Blue Mountain 자메이카 고지대에서 재배되는 특산 커피로, 균형 잡힌 산미와 부드러운 단맛 및 우아한 향미가 특징이다. 소량 생산과 높은 수요로 인해 국제 시장에서 프리미엄 가격에 거래된다.

Jetting 로스팅 중 급격한 열풍 변화를 통해 열전달을 순간적으로 조정하는 기법으로, 표면 가열과 내부 가열 균형을 맞추는 데 사용된다. 정밀 제어가 필요하며, 잘못 사용하면 표면 소실이나 과배전이 발생할 수 있다.

Jelly Bean Defect 생두 내부의 비균일 성숙 또는 품질 이상으로 인해 로스팅 후 특정한 젤리빈 색상이나 향 결함이 나타나는 불량 유형이다. 선별 공정에서 제거되지 않으면 컵에서 이취(이상한 냄새)나 비정상적 단맛을 유발할 수 있다.

Jibana 에티오피아 전통의 소형 추출 도구로, 전통적인 방식의 커피 추출 · 서빙 문화와 연계된다. 문화적 의미가 강하며, 지역적 향미 표현을 이해하는 데 도움이 된다.

Jiggler Valve 스팀 라인의 압력과 사이클을 제어하거나 방출하는 안전밸브 유형으로, 장비 안전성과 안정적 스팀 제공에 필수적이다. 밸브 상태는 스팀 품질과 장비 신뢰성에 영향을 준다.

Jute Bag 생두 운송 · 저장에서 사용하는 황마 포대로, 통기성이 있어 수분 축적을 줄이지만 외부 냄새 흡착 위험이 존재한다. 라이너 사용과 저장 조건 관리가 품질 보전에 중요하다.

Java Coffee 인도네시아 자바섬에서 생산되는 전통적 커피로, 종종 묵직한 바디와 초콜릿 · 스파이시 계열의 향미를 보인다. 역사적 · 지역적 특성이 강해 블렌드용이나 단일 원두 모두에서 사용된다.

Joint Fermentation 서로 다른 발효 방식이나 배치(예: 자연 · 효모 · 저산소)를 결합하여 발효를 진행하는 공정으로, 복합적 향미를 설계하는 데 활용된다. 공정 관리가 복잡해 일관된 결과를 얻기 위해 엄격한 모니터링이 요구된다.

K

Kalita Wave 평평한 바닥과 특유의 필터 디자인으로 안정적인 유량과 추출 균일성을 제공하는 푸어오버 드리퍼(pour-over dripper)이다. 유량을 완만하게 제어하여 일관되고 안정적인 추출을 제공한다.

Kanban Lot 생산 · 가공의 흐름을 관리하기 위한 소구획 단위 로트 개념으로, 추적성과 공정 관리를 용이하게 한다. 소구획 관리는 품질 이력 관리와 실험적 배치 운영에 유리하다. 커피 재고를 시각적으로 관리하고, 원두의 신선도 및 이력 추적을 효율적으로 할 수 있다.

Kona Coffee 하와이 코나 지역에서 생산되는 특산 커피로, 화산토 · 기후 조합으로 균형 잡힌 산미와 부드러운 단맛 및 우아한 아로마를 나타낸다. 소량 생산과 지역 브랜드 가치로 국제적 프리미엄을 가진다.

Ketone Aroma 케톤류 화합물로 인한 잘 익은 과일 또는 화학적인 냄새를 지칭하며, 소량에서 복합적 과일향을 형성할 수 있다. 농도와 조합에 따라 긍정적 또는 결점으로 인식될 수 있다.

Knock Box 포터필터의 퍽을 비우기 위해 사용하는 용기로, 작업 효율과 위생 관리를 돕는 기본 장비이다. 규칙적 청소가 이루어지지 않으면 악취나 위생 문제가 발생할 수 있다.

Knock Bar 녹박스 내부의 퍽 제거 시 포터필터를 두드리는 지지대 바(bar)로, 작업자의 동작을 표준화하는 데 도움을 준다. 내구성 및 위생 관리가 운영 효율에 영향을 미친다.

Kopi Luwak 인도네시아어로 '코피(Kopi)'는 커피를, '루왁(Luwak)'은 아시아사향고양이를 뜻한다. 사향고양이의 소화 과정을 통해 열매가 발효 · 가공된 커피로, 독특한 향미와 윤리적 · 위생적 논란이 함께 존재한다. 품질 · 윤리 · 동물복지 관점에서 논쟁이 많아 구매와 유통에 주의가 필요하다.

Kurtosis 분쇄 입자 분포의 첨도(kurtosis)를 나타내는 통계적 지표로, 입자 분포의 뾰족함과 극단치 빈도를 평가하는 데 사용된다. 분쇄 분포의 형상은 추출 균일성에 직접적인 영향을 미친다.

K-Type Thermocouple 로스터나 프로세스 장비의 온도 측정에 사용되는 금속 열전대 센서로, 넓은 온도 범위와 신뢰성을 제공한다. 정확한 센서 배치와 보정은 프로파일 재현성에 필수적이다.

L

Lactic Fermentation
젖산균이 우세한 발효 방식으로 젖산을 생성하여 산미의 성격을 변화시키고 산도 구조를 안정화할 수 있다. 발효 강도와 온도 관리에 따라 컵에 신선한 산미 또는 불쾌한 산도를 유발할 수 있다.

Lateral Flow
추출 중 물이 퍽의 측면으로 치우쳐 흐르는 현상으로, 불균일 추출과 채널링을 초래한다. 탬핑, 분배, 입도 균일성 개선으로 억제할 수 있다.

Latte
더블(혹은 싱글) 에스프레소에 스팀 밀크를 더해 부드러운 질감의 음료를 만드는 방식으로, 우유의 질감과 온도 및 우유 대 커피 비율이 음료 밸런스를 결정한다. 라떼 아트는 마이크로폼의 질을 시각적으로 표현하는 기술적 지표이기도 하다.

Latte Art
마이크로폼을 이용해 컵 표면에 그림을 형성하는 기술로, 우유 텍스처(texture, 질감)의 일관성과 스티밍 기술을 평가하는 시각적 척도이다. 안정적인 라떼 아트 구현은 스팀, 우유, 추출 조건의 정밀 조합이 요구된다.

Leachability
원두 성분이 물에 의해 얼마나 잘 용출되는지를 나타내는 지표로 물성, 입자 크기, 로스팅 정도에 의해 결정된다. 높은 용출성(leachability)은 추출 수율 증가와 향미 선명성에 영향을 미친다.

Light Roast
낮은 배전도의 로스팅 스타일로, 원두의 유기산과 효소성 향 및 초기 과일 향이 보존되는 경향이 있다. 라이트 로스트는 향미 복합성과 밝은 산미를 강조하며, 높은 고도 생두의 특성을 잘 드러낸다.

Limonene
감귤류 향을 형성하는 테르펜(terpene) 계열 화합물로, 신선한 시트러스 계열 향미를 제공한다. 로스팅과 보관 과정에서 농도 변화가 발생해 향미 표현에 영향을 미친다.

Liquid Retention
추출 과정에서 퍽이 보유하는 액체의 비율로, 높은 잔류 수분은 컵 추출량과 농도 및 재현성에 영향을 준다. 필터 구조, 입자 크기, 도징이 리텐션에 영향을 준다.

Liner Bag
컨테이너나 자루 내부에 사용하는 라이너 포장재로, 외부 냄새와 수분 침투를 감소시켜 생두 보관 품질을 보호한다. 올바른 라이너 사용은 저장 수명과 품질 안정성에 기여한다.

Long Black
물에 에스프레소를 부어 만드는 방식의 음료로, 아메리카노와는 달리 물-에스프레소 투입 순서 차이로 인해 향의 표현이 달라진다. 크레마(crema)가 최대한 유지되도록 하여 에스프레소 위주의 향미 선명도를 유지하면서 희석하는 방법이다.

M

Macchiato 에스프레소 위에 소량의 우유 거품을 얹어 커피의 농도와 아로마를 강조하는 음료이다. 소량의 우유 추가로 에스프레소의 향과 크레마가 시각적 · 감각적으로 보조된다.

Machine Calibration 머신의 온도 · 압력 · 유량 · 타이머 등을 표준 기준에 맞춰 조정하는 과정으로, 일관된 추출 품질 확보에 필수적이다. 정기적인 교정(calibration)은 장비 편차를 줄이고 운영 신뢰성을 향상시킨다.

Maillard Reaction 열에 의해 아미노산과 환원당이 반응해 갈변 물질과 다수의 향미 화합물을 생성하는 화학 반응이다. 이 반응은 로스팅 중 구운 향, 캐러멜화된 단맛, 복합 향미 형성에 핵심적이다.

Manual Brewer 사용자가 물줄기, 주입 패턴, 시간을 직접 조절하는 수동 푸어오버 도구로, 바리스타의 기술이 컵 프로파일에 직접 반영된다. 정교한 제어로 다양하고 미세한 맛 표현이 가능하다.

Microchanneling 에스프레소 퍽 내부에 미세한 물길이 생겨 부분적 채널링이 발생하는 현상으로, 추출 균일성을 저해한다. 탬핑, 분배, 분쇄 분포 개선으로 예방할 수 있다.

Microfoam 우유 스티밍으로 생성된 매우 미세한 기포 구조의 거품층으로, 질감과 광택 및 컵 표면의 매끄러움을 결정한다. 올바른 온도, 공기 유입, 스팀 기법으로 균질한 마이크로폼을 얻는다.

Micro Lot 농장 내 특정 블록이나 소구획에서 생산되는 소량 묶음 및 단위(lot)로, 높은 추적성과 품질 통제가 가능하다. 마이크로 롯 관리는 품질 실험, 프리미엄 마케팅에 유리하다.

Mill 커피 열매의 탈과 · 펄핑 · 세척 · 정선 등의 가공을 수행하는 설비와 공정을 통칭한다. 밀의 관리와 위생은 가공 품질, 결점 발생률, 최종 컵 품질에 큰 영향을 미친다.

Milling Loss 가공 과정에서 발생하는 중량 손실 비율로, 펄핑 · 헐링 · 정선(공정) 과정의 효율성과 관련된다. 적정 공정 관리는 불필요한 손실을 줄이고 생산성 향상에 기여한다.

Moka Pot 열을 가할 수 있는 스토브탑(stovetop, 조리대 상단)에서 압력을 이용해 에스프레소 유사 음료를 만드는 기구이다. 상대적으로 높은 추출 온도와 압력 변동을 가진다. 가정용 간편 추출 방식으로 널리 사용된다.

Moisture Content 생두의 수분 비율을 나타내는 지표로, 적정 수분은 보관 안정성과 로스팅 반응에 중요하다. 과다 수분은 곰팡이 위험 및 마이코톡신 생성 위험을 높이고, 저수분은 향미 손실을 유발할 수 있다.

Mouthfeel 음료를 마실 때 입안에서 느껴지는 질감·점도·무게감의 총체적 감각이다. 오일, 용해 고형물, 점성 성분이 복합적으로 작용해 최종 촉각 인상을 결정한다.

Multi-Boiler System 여러 개의 보일러를 사용해 추출·스팀·온수 기능을 독립 제어하는 장비 구조로, 복합 작업 시 온도 안정성과 효율을 동시에 제공한다. 상업용이나 고성능 환경에서 선호된다.

Mucilage 커피 열매의 점액질층으로, 당류·단백질·다당류를 포함해 발효 시 향미 생성에 핵심적인 전구체 역할을 한다. 이 부분의 관리 방식이 가공 후 컵 특성에 큰 영향을 준다.

Mucilage Removal 발효나 세척 및 기계적 방법으로 점액질을 제거하는 공정으로, 제거 강도와 방법에 따라 향미나 건조 속도가 달라진다. 잘 관리된 제거 공정은 균일한 건조와 향미 안정성에 기여한다.

Mycotoxin 곰팡이(특정 균류)가 생성하는 독성 대사산물로, 생두 보관 중 곰팡이 오염 시 식품 안전 문제를 일으킨다. 적절한 건조, 보관, 품질 검사로 리스크를 관리해야 한다.

N

Natural Process 커피 열매를 통째로 건조하는 건식 가공으로, 과육의 성분이 씨앗에 전달되어 단맛과 과일 향이 강화된다. 건조 관리가 미흡하면 발효 불균형, 결점 향이 발생할 수 있어 경험과 환경 관리가 필수다.

Neutral Water 추출에 이상적인 미네랄 밸런스를 가진 물로, pH와 알칼리도가 적절히 조정되어 원두의 향미를 왜곡하지 않는다. 물 조성 관리는 추출 결과와 센서리 품질에 큰 영향을 미친다.

Niche Grinder 저 리텐션(retention, 잔류) 및 정밀 도징을 제공하는 그라인더로, 소량 로스팅이나 실험 배치에 적합하다. 정밀한 분쇄 분포와 낮은 잔류량은 신선도와 재현성 확보에 유리하다.

Ninety Plus SCA 기준으로 90점 이상의 고품질 등급대를 의미하며, 극히 우수한 향미·균형·복합성을 갖춘 로트(lot)를 지칭한다. 나인티 플러스 등급은 프리미엄 시장에서 특별대우를 받는다.

Nose 향의 초기 인식 단계로, 컵 향을 평가할 때 첫인상으로 감지되는 아로마를 의미한다. 노즈의 명료성 및 강도는 전체 감각 평가에서 중요한 판단 요소다.

Nutty 견과류 유사한 향미 특성으로, 로스팅 반응 중 생성된 휘발성 화합물이나 특정 가공 특성에 의해 발생한다. 이러한 특성은 종종 균형 잡힌 바디와 조화를 이룬다.

Nylon Filter 재사용 가능한 나일론 재질의 필터로, 특정 추출 스타일에서 미세 입자 제거와 오일 전달의 균형을 조절한다. 내구성, 세척성, 필터 미세구조가 컵 프로파일에 영향을 준다.

Non-Pressurized Basket 압력 보정 기능이 없는 포터필터 바스켓으로, 추출은 분쇄·탬핑·유량에 직접 의존한다. 바스켓 설계에 따라 추출 균일성과 크레마 형성 특성이 달라진다.

N_2 Infusion 질소를 주입해 산화를 억제하고 향미와 신선도를 보존하는 포장 또는 추출 기술로, 일부 음료 보존, 커피 추출 응용에 사용된다. 기체 주입은 미세한 질감이나 향 분산에도 영향을 줄 수 있다.

O

Olive Tone 로스팅 중 색상 변화를 설명하는 용어로, 올리브 빛 계열의 색조를 의미한다. 색상 관찰은 배전도, 결점 식별, 브랜딩 기준에 활용된다.

Organic Coffee 화학 비료나 합성 살충제를 사용하지 않고 재배된 커피로, 유기농 인증이 품질과 환경 및 마케팅적 가치를 증대시킨다. 인증 기준 준수가 생산 비용과 관리의 복잡성을 높일 수 있다.

Origin 커피가 생산된 국가·지역·농장을 지칭하며 토양, 고도, 기후, 재배 방식과 같은 환경 및 농업적 요인이 컵의 향미 구조와 품질 특성에 직접 반영된다. 오리진 표기는 생산지와 유통 경로를 명확히 밝힘으로써 추적성(traceability)을 확보하고, 품질 기준 설정과 로트별 정체성 부여의 핵심 요소로 기능한다.

Oxidation 산소와의 화학적 반응으로 인한 향미 열화 과정으로, 보관·분쇄·포장 시 산소 노출이 품질 저하를 가속한다. 적절한 포장·보관 조건은 산화(oxidation) 속도를 늦춰 향미 보존에 중요하다.

Over Extraction 추출이 과도해 쓴맛·떫음·텁텁함이 증가한 상태로, 지나치게 긴 시간, 너무 미세한 분쇄 등으로 발생한다. 추출 조건의 조정으로 균형을 회복해야 한다.

Ozone Washing 생두 세척에 오존을 이용해 살균하는 공정으로, 미생물 제거와 물 사용 저감에 장점이 있다. 오존 처리의 농도와 시간 관리는 향미 영향과 안전 규격 준수에 중요하다.

Outturn 수확·가공·선별 과정을 거친 뒤 최종적으로 확보되는 생두의 산출량을 의미하는 생산성 지표로, 열매 품질이나 가공 효율 및 결점 제거 과정의 손실률에 의해 결정된다. 높은 아웃턴은 작업 효율을 의미할 수 있으나, 과도한 산출량 확보는 성숙도나 선별 정확도 저하로 이어질 수 있어 품질과의 균형 관리가 필요하다.

Oily Bean	로스팅이 진해 표면에 오일이 스며 나온 원두를 의미하며, 표면 오일은 보관 중 산화와 향미 변화에 민감하다. 고배전 스타일에서 흔하며 크레마 형성, 질감 변화에도 영향을 미친다.

P

Paddle	추출 유량 및 밸브 조작 등을 위해 장비에 장착된 레버형 제어 장치로, 유량 미세 조정에 사용된다. 패들 조작은 추출의 즉시 반응을 가능하게 해 현장 대응성을 높인다.
Parchment Coffee	내피(parchment)를 붙인 상태로 건조된 생두를 의미하며, 파치먼트는 건조 중 내부 조직을 보호한다. 탈곡 후 품질 안정성·보관성에 영향을 미친다.
Particle Size Distribution	분쇄된 커피 입자의 크기와 그 비율을 기술하는 통계적 분포 개념으로, 분포의 폭과 미분 비율 및 첨도는 물 흐름의 저항과 용출 균일성에 직접적으로 작용한다. PSD가 안정적으로 유지될수록 유량 편차와 채널링 발생 가능성이 줄어들어 목표 수율, 농도, 향미 재현성을 확보하는 데 핵심 요소가 된다.
Percolation	물이 커피 입자층을 일정한 압력 또는 중력 흐름으로 통과(percolation, 여과)하면서 용해 성분을 추출하는 과정으로 유량, 입도 분포, 압력, 필터 저항이 흐름의 균일성과 수율에 직접 작용한다. 이 방식은 드립, 에스프레소, 브루잉 머신 등 여과 기반 추출 기술 전반의 핵심 원리로 사용된다.
Peaberry	한 열매에서 단일 종자가 형성된 구형 생두로, 품질과 향미가 일반적인 쌍종자형 원두와 다르게 평가되는 경우가 있다. 피베리는 종종 선별되어 프리미엄으로 거래되기도 한다.
Piston Machine	피스톤의 왕복 운동으로 추출수를 밀어내는 유형의 에스프레소 머신으로, 전통적·수동적 제어 특성이 있다. 유지관리, 열 관리가 성능에 중요한 요소이다.
Pitting	로스팅 중 내부 압력으로 미세 파열이 발생하는 현상으로, 퍼스트 크랙 이전과 이후의 어느 시점에 발생하느냐에 따라 품질 영향이 다르다. 과도한 피팅은 결점과 연결될 수 있다.
Portafilter	분쇄한 원두를 담은 바스켓을 지지해 그룹헤드에 체결하는 추출용 홀더로 바스켓의 구조, 크기, 재질, 개방 면적은 유량 저항과 압력 분포에 직접 영향을 준다. 포터필터의 청결 상태와 체결 안정성은 추출의 일관성·재현성에 중요한 요소로 작용한다.
Pour-Over	물을 수동으로 주입해 여과 과정을 형성하는 추출 방식으로 주입 패턴, 속도, 분배, 유량 안정성이 컵의 향미 구조와 농도 형성에 직접 작용한다. 푸어오버는 추출 변수 대부분이 바리스타의 조작에 의해 결정되기 때문에 기술적 숙련도가 결과 품질에 그대로 반영되는 방

식이다.

Pre-Infusion 저압 또는 저유량으로 커피퍽을 먼저 적셔 입자 팽윤(부피가 미세하게 증가하는 현상)과 유로 형성을 안정시키는 단계이며, 이후 본 추출에서 유량과 압력 분포를 균일하게 유지하는 기반이 된다. 이 단계가 부족하거나 불균일하면 초기 수분 침투가 편향되어 채널링과 비대칭 추출이 발생할 가능성이 커진다.

Pressure Profiling 추출 중 시간에 따라 압력을 조절하여 특정 용출 패턴을 설계하는 기술로, 향미 · 바디 · 크레마의 표현을 세밀하게 제어할 수 있다. 프로파일링은 고급 추출 제어 전략으로 사용된다.

Puck 커피 추출 후 포터필터 내에 남는 고형 커피 층으로, 퍽의 분포와 습윤도 및 압축 상태는 추출 상태를 되돌아보는 지표가 된다. 건조 · 분해 양상은 채널링이나 과추출 여부를 판단하는 단서다.

Pulper 커피 열매에서 과육을 제거하는 기계 장비로, 펄핑의 효율과 손상률이 이후 발효 · 건조 품질에 영향을 준다. 적절한 펄핑 조정은 결점 최소화와 가공 일관성에 중요하다.

Pulped Natural 과육을 제거한 뒤 일부 점액질을 남겨 건조하는 방식으로, 내추럴과 워시드의 중간적 특성을 보인다. 과일 향과 단맛이 강조되는 경향이 있으며, 건조 관리가 품질에 결정적이다.

Q

Q-Grader SCA 표준에 따라 생두 · 원두의 품질을 평가하는 전문 감별사로, 심도 있는 커핑 · 감별 기술로 로트 평가를 수행한다. 큐그레이더는 스페셜티 시장에서 품질 인증과 가격 결정에 중요한 역할을 한다.

Quaker 충분히 익지 않은 미성숙 생두로, 로스팅 후에도 밝은 색을 유지하며 컵에서 결점 향을 나타낸다. 선별에서 제거되지 않으면 품질 저하의 주요 원인이 된다.

Quality Score SCA 기준에 따른 100점 만점의 품질 평가 점수로, 80점 이상이 스페셜티 커피로 분류되는 기준이다. 품질 스코어는 경매 · 거래 · 마케팅에서 주요 결정 요인으로 사용된다.

Quenching 로스팅 종료 직후 원두를 물 분사 또는 강제 공랭 방식으로 빠르게 냉각해 잔열에 의한 과도한 열반응을 차단하는 과정이다. 퀜칭이 신속하고 균일하게 이루어지면 배전도의 불필요한 추가 진행을 억제하고 향미 안정성과 재현성을 유지하는 데 도움이 된다.

Quiet Fermentation	낮은 미생물 활동성으로 서서히 진행되는 발효 방식으로, 온화한 산미와 세밀한 향미 형성을 유도할 수 있다. 활동성 조절은 발효 관리의 한 전략으로 사용된다.
Quarter Bag	약 15~20kg 수준의 소포장 생두 단위를 의미하며, 소규모 유통이나 테이스팅 및 샘플 관리를 위해 사용된다. 작은 단위는 로스팅 실험성과 신선도 관리를 용이하게 한다.

R

Rack Drying	선반(rack)에 원두를 펼쳐 건조하는 방식으로, 공기 흐름과 층 두께 관리가 균일 건조에 중요하다. 랙 드라잉은 대량 건조에서 온도·습도 제어를 통해 품질 편차를 줄인다.
RDT	RDT(Ross Droplet Technique)는 분쇄 전 원두에 미량의 물을 분무해 정전기를 줄이고 분쇄 분포의 극단값을 완화하는 기술이다. RDT는 분쇄 시 입도 균질성 향상과 분진 감소에 도움을 준다.
Refractometer	용액의 굴절률을 측정해 TDS를 계산하는 장비로, 추출 농도 모니터링에 표준적으로 사용된다. 정확한 측정은 추출 수율 계산과 품질 관리에 필수적이다.
Resting	로스팅 후 원두를 일정 기간 숙성시키며 향미를 안정화하는 과정으로, 탈기와 향 성분의 균형이 자리 잡는 시간이다. 적정 레스팅 기간은 로스팅 프로파일과 원두 특성에 따라 달라진다.
Retaining Heat	원두나 로스터 드럼 등이 열을 저장하는 성질을 의미하며, 높은 열 보유성은 온도 안정성에 기여한다. 그러나 과도한 잔열은 다음 배치의 로스팅에 영향을 줄 수 있어 관리가 필요하다.
Roast Curve	시간 축에 따른 온도 및 열량 변화 그래프로, 로스팅 프로파일의 설계·재현·분석에 핵심 자료로 사용된다. 로스트 커브 분석은 배전 전략과 결점 예방에 직접적인 정보를 제공한다.
Roast Development	퍼스트 크랙 이후 원두 내부의 열반응이 집중적으로 진행되는 배전 구간으로 향미 성숙, 단맛 형성, 구운 향의 비율을 결정하는 핵심 단계이다. 개발도는 로스터가 시간·화력·배기 등을 조절해 의도적으로 설정하는 요소로, 최종 컵의 농도·명료도·균형감에 직접적인 영향을 미친다.
Roasting Drum	생두가 회전하며 가열되는 드럼 구조의 핵심부로 드럼 재질, 회전 속도, 열 분포가 배전 특성에 큰 영향을 준다. 드럼 유지 및 세팅은 프로파일 재현성과 품질 일관성에 중요하다.
Roasting Defect	과소배전, 불균일 배전, 스코칭 등 로스팅 과정에서 발생하는 결함을 총칭한다. 결함의 원인 분석과 열관리 개선으로 결점을 최소화해야 한다.

Robusta 카페아 카네포라 계열의 종으로, 카페인 함량이 높고 질병이나 환경 저항성이 강하며 바디감이 두터운 특성이 있다. 일반적으로 로부스타는 블렌드용, 인스턴트 커피용 등 상업적 활용도가 높다.

Roasting Profile 열 투입량, 온도 상승률, 크랙 발생 시점, 개발 시간 등 로스팅 중 변하는 모든 열적 변수를 체계적으로 배열한 설계를 의미하며, 이 프로파일에 따라 향미 구성이나 색도 및 바디감이 결정된다. 프로파일의 재현성을 안정적으로 유지하는 것은 로트(lot) 간 품질 일관성과 생산 표준화를 확보하는 핵심 요소이다.

Rubro Flavor 붉은 열대 과일 계열의 향미 특징을 지칭하는 용어로, 특정 품종이나 발효 및 가공 패턴에서 두드러진다. 루브로 플레이버는 컵에 밝고 과일적인 특성을 부여한다.

Runoff 추출 중 액체가 급격히 빠져나가는 현상으로, 유량 급증이나 채널링 및 퍽 균일성 문제를 시사한다. 런오프 관찰은 추출 실패 원인 진단에 유용하다.

S

Saturation Point 원두 내부의 수분이 열에 의해 포화상태에 도달하는 시점을 의미하며, 건조·로스팅 공정에서 중요한 전환점이다. 이 시점은 내부 압력·팽창 및 크랙 발생과 연관되어 있다.

Scale Build-Up 보일러·배관 등에 미네랄 성분이 축적되는 현상으로, 열교환 효율 저하와 장비 고장을 유발할 수 있다. 정기적 탈석회 및 수질 관리는 장비 수명과 성능 유지에 필수적이다.

Screen Size 생두를 크기별로 분류할 때 사용되는 등급으로, 스크린 숫자는 원두의 최소 직경을 의미한다. 전통적으로 체(sieve)를 사용하지만, 현대에는 센서나 광학 장치로 측정하기도 한다. 스크린 사이즈는 원두 크기 균일성 평가와 로스팅, 분쇄, 품질 관리에 활용된다.

Second Crack 로스팅 후반부에 발생하는 두 번째 균열음으로, 2차 크랙 이후에는 다크 로스트 특성이 나타나며 원두 표면에 기름이 배어나오고 강한 로스팅 향이 형성된다. 2차 크랙 시점을 정확히 제어하는 것은 다크 로스트 프로파일에서 핵심적인 요소이다.

Sediment 여과 과정에서 남는 미세 고형물로, 필터 선택이나 입도 및 추출 방식에 따라 컵의 찌꺼기 수준이 달라진다. 세디먼트 관리는 음용 경험과 장비 청결에 영향을 준다.

Segregation 생두가 저장·운송 중 크기·밀도에 따라 자연스럽게 분리(segregation)되는 현상으로, 로스팅 배치의 균일성에 영향을 줄 수 있다. 선별과 블렌딩 전략으로 균일성 문제를 완화한다.

Sensory Analysis 맛과 향을 체계적으로 평가하는 과정으로, 표준화된 커핑(cupping) 및 평가 기준을 통해 정량적 · 정성적 데이터를 산출한다. 센서리 분석은 커피 로트의 품질 관리, 신제품 개발, 마케팅 전략 수립 등에서 핵심적인 역할을 한다.

Sensory Lexicon 향미 표현을 표준화한 용어집으로, 평가자의 의사소통과 품질 비교를 용이하게 한다. 렉시콘은 일관된 품질 보고와 데이터 축적에 필수적이다.

Sensory Threshold 인간이 특정 향이나 맛을 감지할 수 있는 최소 농도 또는 강도를 의미한다. 이러한 스레숄드 정보는 향미 분석, 제품 포뮬레이션, 표준화된 제품 기준 설정 등 다양한 분야에서 활용된다.

SHB / SHG Super Hard Bean / Strictly High Grown의 약자로, 고지대 생산으로 밀도가 높은 생두 등급을 의미한다. 이 등급은 보통 향미 잠재력과 품질 기대치가 높음을 시사한다.

Silverskin 생두를 감싸는 얇은 내피층으로, 로스팅 시 박리(벗겨짐)되어 퍽이나 로스터 내부에 잔류할 수 있다. 실버스킨 관리는 청소, 맛 혼탁 방지에 중요하다.

Single Origin 단일 지역, 특정 농장, 또는 제한된 재배 구역에서 생산된 원두만을 의미하며, 해당 지역의 특성과 테루아가 커피 향미에 그대로 반영된다. 싱글 오리진 커피는 원두의 원산지 추적이 가능하여 품질 기반의 스토리텔링에 유리하다.

Single Estate 하나의 농장에서 생산된 원두만을 사용한 제품으로, 농장 관리와 토양 및 기후의 일관된 특성이 컵에 반영된다. 싱글 에스테이트는 생산자 스토리와 품질 통제에 강점을 가진다.

Sip Temperature 감각적으로 가장 적절한 음용 온도로, 향미 발현과 화학적 자극의 균형을 고려해 설정된다. 적정 섭취 온도는 향, 후미, 감각적 인지에 직접적인 영향을 준다.

Slurry 물과 커피 입자가 혼합된 현탁 상태로, 추출 초기의 매질 물성, 혼합 상태를 나타낸다. 이 상태는 주입 패턴, 교반, 추출 효율과 밀접한 관련이 있다.

Soft Bean 저고도에서 자라 조직 밀도가 낮은 생두를 지칭하며, 로스팅 시 열 반응이 빠르고 약한 향미가 나타날 수 있다. 소프트 빈은 배전 전략과 열 조절이 달라야 한다.

Solubility 커피 성분이 물에 용해되는 성질로, 로스팅 정도와 입자 크기 및 온도에 크게 영향을 받는다. 높은 용해성은 수율 증가와 향미 추출의 용이성을 의미하나 과도하면 쓴맛을 유발할 수 있다.

Soluble Solids 커피 추출액에 용해된 고형물의 총량을 의미하며, 농도(TDS, Total Dissolved Solids) 측정과 함께 분석하여 추출 강도를 판단한다. 이의 수준은 음용 시 느껴지는 무게감, 바디감, 향미 전달에 직접적인 영향을 준다.

Sorting 생두를 크기 · 밀도 · 색 · 결점에 따라 분류하는 공정으로, 선별 정확성은 최종 품질 균질성에 중요하다. 자동 · 수동 소팅 방식은 생산 규모와 품질 목표에 따라 선택된다.

Specialty Coffee SCA 기준 80점 이상을 받은 고품질 원두로, 재배 · 가공 · 로스팅 등 전 과정에서 높은 품질 표준을 요구한다. 스페셜티 커피는 원산지 추적 가능성, 품질 일관성, 공정 투명성을 핵심 가치로 삼는다.

Spent Coffee 추출 후 남은 커피 찌꺼기로 폐기, 재활용(퇴비, 추출 부산물 활용), 위생 관리 대상이다. 이러한 커피의 처리 방식은 운영 효율성과 환경 영향에 관련된다.

Static Charge 분쇄 과정에서 발생하는 정전기로, 미세 입자 분포와 분출 및 필터링에 영향을 준다. 정전기 완화 기술(예: RDT)과 장비 접지 관리는 분쇄 품질 안정성에 도움이 된다.

Steaming 우유에 증기를 주입해 가열하고 유화하는 과정으로, 단백질 변성과 거품 구조 형성이 질감에 결정적 영향을 준다. 스티밍 기술은 마이크로폼과 음료의 감각 품질을 좌우한다.

Steep Time 침지 방식의 추출에서 물과 커피가 접촉하는 총 시간으로, 시간 증가에 따라 용해 성분 비율이 달라진다. 적정 스티프 타임 설정은 바디 · 산미 · 단맛의 균형을 결정한다.

Stovetop Espresso 모카포트 등 가정용 압력 추출 도구로 추출한 강한 커피를 의미하며, 추출온도와 압력 제어가 상대적으로 단순하다. 가정용 환경에서 에스프레소 유사한 컵을 얻는 실용적 방법이다.

Strength 커피 추출액에 용해된 고형물의 농도로, 컵에서 느껴지는 '힘'이나 농도를 정량화하는 지표이다. 이는 TDS 측정과 함께 분석되어 음료의 집중도와 농도를 평가하는 데 활용된다.

Strip Picking 커피 열매를 일괄적으로 수확하는 방식으로, 수확 효율은 높으나 성숙도 혼재로 인해 품질 편차가 커질 수 있다. 스트립 피킹은 대량 생산에 유리하지만 품질 통제가 어렵다.

Sublimation 동결 건조 과정에서 고체 상태의 수분이 액체를 거치지 않고 직접 기체로 전환되는 현상으로, 동결건조 방식의 인스턴트 커피 제조에 활용된다. 이러한 방식은 커피 향미를 최대한 보존하는 데 유리하다.

Sugar Browning 당류의 갈변 반응(마이야르 · 캐러멜화 등)을 통칭하며 로스팅 동안 갈변과 향미 형성에 중요한 역할을 한다. 슈거 브라우닝 정도는 배전도 · 열 프로파일과 밀접히 연관된다.

Superautomatic Machine 분쇄, 도징, 탬핑, 추출 과정을 모두 자동화한 전자동 에스프레소 머신으로, 운영 편의성과 추출의 일관성을 제공하는 것이 장점이다. 다만, 고급 추출 제어나 세밀한 프로파일링에는 제한이 있어 커피 품질의 한계가 있을 수 있다.

Sweetness 단맛의 인지 강도로, 설탕 유사 감각뿐 아니라 밸런스에서 산미나 쓴맛을 보완하는 역할을 한다. 자연적 단맛은 단당류, 복합당류, 마이야르 생성물에 의해 기인한다.

Syphon 진공·추출 원리를 이용한 브루잉 장치로, 추출 온도와 시간 및 유속을 정교하게 제어할 수 있어 클린하면서도 풍부한 아로마를 얻는다. 사이폰은 실험적·시연적 추출 방식으로 인기가 있다.

T

Tactile 촉각적 평가 요소로, 음료의 표면, 질감, 입안에서 느껴지는 물리적 자극을 의미한다. 이러한 촉감(tactile) 특성은 커피의 바디감, 거품 상태, 점도와 밀접하게 관련된다.

Tamper 포터필터 내 커피를 눌러 평탄하고 일정한 밀도의 퍽을 만드는 도구로, 탬핑의 균일성은 채널링 억제와 추출 균일성에 필수적이다. 적정 압력과 수평 유지가 중요하다.

Tamping 탬퍼를 이용해 커피 가루를 일정한 밀도로 압착하는 과정으로, 추출 균일성을 확보하는 핵심 단계이다. 불균일한 탬핑은 물이 특정 경로로만 흐르는 채널링(channeling)을 유발해 맛과 향의 편차를 만들 수 있다. 표준화된 탬핑 절차는 재현성을 높이고, 품질 관리와 일관된 추출을 가능하게 한다.

Tare Weight 용기의 무게를 제외한 실 무게를 계산하기 위한 기초 값으로, 정확한 도징과 재현성 있는 계량을 위해 사용된다. 테어 웨이트 관리는 일관된 레시피 구현에 중요하다.

Temperature Profiling 추출 기법에서 시간에 따라 온도를 의도적으로 변화시켜 특정 용출 패턴을 유도하는 방법이다. 온도 프로파일링은 향미의 강조, 부드러움, 쓴맛 억제 등에 활용된다.

Terroir 테루아(르)는 프랑스어로 '토종, 토양'의 의미로, 토양, 기후, 재배 방식, 미생물군 등 특정 지역의 총체적 환경이 커피 향미에 미치는 영향을 나타내는 개념이다. 테루아는 동일한 품종이라도 지역별로 다른 컵 특성을 설명하는 핵심 용어로 사용된다.

Thermal Energy 로스팅이나 가열 공정에서 투입되는 열량의 총량을 의미하며, 전달 방식이나 속도 및 분포가 반응 결과를 결정한다. 열에너지 관리가 배전 패턴 및 결점 예방에 직접적 영향을 준다.

Thermal Mass 드럼이나 금속 등 장비가 보유하는 열 저장 능력을 의미하며, 높은 서멀 매스는 로스팅 중 온도 안정성을 높이는 데 기여한다. 그러나 열 저장량이 많을수록 온도 변화에 대한 반응 속도가 느려져 세밀한 프로파일 제어가 어려워질 수 있다. 이러한 특성은 로스터 설계와 배전 계획 시 중요한 고려 요소이다.

Thermocouple 온도 측정에 사용되는 열전대 센서로, 로스팅 · 공정 제어에서 실시간 온도 데이터를 제공한다. 정확한 배치 · 보정은 프로파일 재현성과 안전 관리에 필수적이다.

Third Wave Coffee 생산 · 가공 · 추출 등 커피 전 과정의 투명성과 품질을 강조하는 커피 문화 흐름으로, 스페셜티 커피, 원산지 추적 가능성, 공정 혁신을 중시한다. 이는 소비자 교육과 고급 커피 시장 형성에 크게 기여하였다.

Titration 물의 알칼리도 · 산도 등 수질 분석을 위한 적정법으로, 추출에 영향을 미치는 물 특성 평가에 사용된다. 이러한 결과는 물 조정 및 레시피 설정의 기초 자료이다.

Total Dissolved Solids(TDS) 커피 추출액 내 용해된 고형물의 농도를 나타내며, 주로 굴절계(refractometer)로 측정된다. TDS는 음료의 강도 판단과 추출 수율 계산 시 필수적인 지표이다.

Trigonelline 생두에 존재하는 알칼로이드로, 로스팅 중 니아신(비타민 B_3)으로 일부 전환되며, 향미 전구체 역할을 한다. 트리고넬린 분해는 향미 · 산미 · 단맛 발현에 기여한다.

Trimming 커피 열매 가공 중 불순물을 제거하고 규격을 맞추는 전처리 공정으로, 이는 가공 효율과 품질 균일성에 기여한다. 적절한 트리밍은 곰팡이 · 결점 유입을 줄인다.

Trunk Fermentation 통풍이 제한된 용기에서 자연 발효가 이루어지는 전통적 방식으로, 고유한 미생물군과 향미 특성이 발현될 수 있다. 공정 통제와 위생 관리가 중요하다.

Turnaround Point 로스팅에서 생두를 드럼에 투입한 후 온도가 최저점을 찍고 다시 상승하기 시작하는 지점으로, 배전 곡선에서 중요한 전환점을 나타낸다. TP를 정확히 파악하는 것은 로스팅 프로파일 설계와 결과 예측에 핵심적인 요소이다.

Turbulence 추출 중 물의 교반 및 난류(turbulence) 정도로, 적절한 난류는 균일한 물 분포를 유도하지만, 과도하면 채널링 · 불균일 용출을 초래한다. 유동 제어는 추출 일관성에 기여한다.

U

Underdeveloped Roast 충분한 열전달이 이루어지지 않아 내부 향미 성숙이 미흡한 배전 결함으로, 컵에서 풀 바디, 미완성 산미가 나타난다. 적정 개발 시간과 열 관리로 보정할 수 있다.

Uniformity 동일 샘플 여러 컵 간의 향미 일관성 정도로, 고루 균일한 로스팅 · 분쇄 · 추출이 높은 균일성을 보장한다. 균일성 평가는 배치 품질 관리의 핵심 지표이다.

Unground Coffee 분쇄되지 않은 원두 상태로, 저장 · 로스팅 후 분쇄 직전에 유지되는 형태이다. 홀빈(whole bean) 보관은 향미 보존과 신선도 관리에 유리하다. 주로 홀빈으로 사용한다.

V

Vacuum Packing 산소 노출을 최소화해 포장하는 방식으로, 산화 억제를 통해 향미 보존 기간을 연장한다. 진공 패킹은 보관 · 유통 과정에서 품질 유지에 효과적이다.

Varietal 유전적 품종을 의미하며, 품종은 성장 특성, 병해 저항성, 향미 잠재력에 영향을 준다. 품종 표기는 농장 관리와 로스팅 전략 수립의 기초 정보이다.

Vent Tube 로스팅 장비나 포장 설비에서 가스와 열을 배출하는 관로로, 적절한 환기는 공정 안전성과 배전 균일성에 중요하다. 통풍 설계 및 청소는 장비 성능 유지에 필수적이다.

Viscosity 액체의 점성으로, 커피의 바디감과 입안에서의 질감을 정량적으로 설명한다. 점도는 용해 고형물, 지질, 온도에 의해 영향을 받는다.

Volatile Compounds 향을 형성하는 휘발성 유기화합물군으로, 로스팅 · 추출 · 보관 과정에서 생성 · 소실된다. 휘발성 조성은 컵의 아로마와 첫인상에 결정적이다.

W

Washed Process 펄핑 후 과육을 제거하고 발효 · 세척을 거쳐 건조하는 전통적 습식 가공 방식으로, 깔끔하고 선명한 산미를 특징으로 한다. 워시드 공정은 처리 및 수질 관리가 품질에 직접적 영향을 미친다.

Water Activity 재료 내 자유 수분(free water)의 비율을 나타내는 지표로, 미생물 성장 가능성과 저장 안정성을 예측하는 데 활용된다. 생두의 aw(water activity) 관리는 곰팡이와 마이코톡신(mycotoxin) 발생 위험을 낮추는 데 매우 중요하다.

Wet Mill 커피 열매의 펄핑 · 발효 · 세척을 수행하는 가공 설비 및 공정을 통칭한다. 이 관리의 위생과 온도 제어는 최종 품질 및 발효 균일성에 결정적이다.

Wild Coffee 자생적으로 성장하는 야생 커피를 의미하며, 유전적 다양성과 독특한 향미를 보유할 수 있다. 야생 커피의 상업적 이용은 보존과 윤리적 고려가 필요하다.

Workflow 추출·가공·서비스 등 일련의 작업 흐름을 의미하며, 효율적 작업의 흐름은 품질 안정성과 작업 속도를 개선한다. 레이아웃, 동선, 장비 배치는 운영 효율성에 큰 영향을 준다.

Whole Bean 분쇄되지 않은 원두 전체 상태로, 홀빈 보관은 산화 노출을 줄여 향미 보존에 유리하다. 원두 분쇄 시점의 신선도가 컵 품질에 결정적이다.

Y

Yield 투입된 원두 대비 추출된 고형물의 비율로, 추출 효율성과 수율 관리를 평가하는 지표이다. 적정 수율은 농도와 맛의 밸런스를 유지하는 기준이 된다.

Young Coffee 재배 연령이 낮은 어린 나무에서 생산된 커피로, 보통 수확량은 낮지만 장기적 품질 잠재력은 품종과 관리 방식에 따라 달라진다. 이러한 커피는 실험적 재배, 신품종 평가 등에 활용된다.

Z

Zesty 감귤류와 같은 밝고 생동감 있는 산미와 아로마를 묘사하는 용어로, 컵에 활기를 부여한다. 제스티한 특성은 라이트 로스트, 고유 유기산 조성에서 두드러진다.

Zinc Oxide Filter 산화아연(Zinc Oxide)을 사용해 미세 불순물이나 박테리아를 제거하는 여과 기술로, 특정 산업용 정수 시스템에서 활용된다. 필터 소재 및 활성화 상태는 여과 성능과 오염 억제에 영향을 준다.

Zonal Drying 건조 공간을 구역별로 나누어 각 구역의 건조 강도와 통풍을 달리 적용하는 방식으로, 균일한 건조와 품질 최적화를 목표로 한다. 구역별 관리로 건조 편차를 줄이고 로트(lot) 품질을 향상시킬 수 있다.

Bibliography

국립국어원, 표준국어대사전(www.stdict.korean.go.kr).

김성혜 · 김주신(2017), 로스팅 조건 변화에 따른 커피 추출액의 화학성분 및 관능 특성, (사)한국조리학회, Culinary Science & Hospitality Research 23(5), 1-11.

김연수(2021), 커피, 그 '검은 악마(惡魔)'의 유혹(誘惑), 전국한자교육추진총연합회, 한글+한자문화 259권, pp. 20-25.

독립신문, 국립중앙도서관, 1897년 3월 20일자 영문판 광고란.

독립신문, 국립중앙도서관, 1899년 8월 31일자 영문판 광고란.

민건호, 부산근현대역사관, 『(국역)해은일록 1』, 부산근대역사관사료총서 3집, pp. 164-165.

박영순(2017), 커피인문학, 커피는 세상을 어떻게 유혹했는가, 인물과사상사.

박영순(2023), 우리나라 커피의 변천사, 국립민속박물관 민속소식 계묘년 이월호.

부산일보, 국립중앙도서관, 1918년 10월 06일자.

부산일보, 국립중앙도서관, 1927년 12월 11일자.

서울역사아카이브(www.museum.seoul.go.kr), 경성시가 전경.

스콧 라오 지음, 최익창 옮김, 서필수 감수(2016), 커피로스팅, 교보문고.

신혜경(2022), 신혜경의 커피톡(55), 커피추출 기술의 역사, IT조선.

오윤정, 1930년대 경성 모더니스트들과 다방 낙랑파라, 한국근현대미술사학 제33집, 2017 상반기.

용인시민신문(www.yongin21.co.kr).

월드 커피 리서치(2019), 아라비카 커피 품종.

웹진 한국연구(www.webzineriks.or.kr).

이길상(2021), 최초의 커피논문 'De Saluberrima Potione Cahue seu Cafe Nuncupata Discursus' (1671) 속의 커피 기원전설: 등장과 변형의 역사, 한국커피문화연구 제7권 2호, pp. 27-54.

인공지능신문(www.aitimes.kr), 국내 최초 로봇 바리스타 '커피드 메소드' 설치 모습(사진: 상화), 2018.11.09. 16:36.

재단법인 현담문고(www.hyundammungo.org).

조선신문, 국립중앙도서관, 1925년 07월 27일자.

조선중앙일보(여운형), 국립중앙도서관, 1936년 03월 04일자.

朝鮮鐵道旅行案內, 朝鮮鐵道局, 1915.

조현범(2008), 조선의 선교사, 선교사의 조선, 한국교회사연구소.
청색지사, 국립중앙도서관, 청색지 제1호, 1938년 6월.
최낙언 자료보관소(www.seehint.com).
최한기, 지구전요, 국립중앙도서관.
최호만, 남궁황, 김동원, 박창용(2015), 반열풍식 커피 로스터기의 로스팅 과정 자동화 구현을 위한 실험적 연구, 한국생산제조학회, vol.24, no.6, pp. 687-695.
한국교회사연구소, 베르뇌 주교 서한집, 2018.
한국민족문화대백과사전(encykorea.aks.ac.kr).
황민일보, 국립중앙도서관, 1942년 11월 03일자.
황성신문, 국립중앙도서관, 1900년 11월 24일자 광고란.
황성신문, 국립중앙도서관, 1909년 11월 03일자.
Emma Kroebel, Wie ich an den Koreanischen Kaiserhof kam, Berlin, Schönebert, Jacobsthal, 1909, p.105.
Esayas Aga, Tomas Bryngelsson, Endashaw Bekele, Björn Salomon(2003), Genetic diversity of forest arabica coffee(Coffea arabica L.) in Ethiopia as revealed by random amplified polymorphic DNA(RAPD) analysis, Hereditas, 138, pp.36 - 46.
Favsti Naironi Banesii Maronitae(1671), De salvberrima potione cahve sev cafe nuncupata discvrsvs Frederick G. Meyer(1965), Notes on wild Coffea arabica from Southwestern Ethiopia, with some historical considerations, Economic Botany, Volume 19, pp.136 - 151.
Gaspar Bouttats, Paulus Swaen map gallery(1692), Dutch engraving of Mocha in 1692.
Giulia Angeloni1, Piernicola Masella, Agnese Spadi1, Lorenzo Guerrini, Ferdinando Corti1, Maria Bellumori, Luca Calamai1, Marzia Innocenti, Alessandro Parenti(2023), Using ground coffee particle size and distribution to remodel beverage properties, European Food Research and Technology(2023), 249: 1247-1256.
Isabella Bird Bishop(1897), Korea and Her Neighbours, United States: Fleming H. Revell Company.
Jansen, G. A.(2006), Coffee Roasting: Magic-Art-Science; Physical Changes and Chemical Reactions, SV Corporate Media. München, Germany.
Joshua Méndez Harper, Connor S. McDonald, Elias J. Rheingold, Lena C. Wehn, Robin E. Bumbaugh, Elana J. Cope, Leif E. Lindberg, Justin Pham, Yong-Hyun Kim, Josef Dufek, and Christopher H. Hendon(2023), Moisture-controlled triboelectrification during coffee grinding, Matter 6(12), 4352-4365, December 6.
Lee, J. K.(2012), Technical Elements for Determining Aroma and Taste of Coffee, Journal of Korea Soc. Coffee Industry, 1:1 56-62.
Leonhard Rauwolf(1582), Aigentliche Beschreibung der Raiß inn die Morgenländer, The front page of Rauwolff's travel book dated 1582, wikipedia.
Leonhard Rauwolf(1583), Aigentliche Beschreibung der Raiß inn die Morgenländer.

Library of congress, https://www.loc.gov/item/04016695.

Linschoten, J. H. van.(1598), Iohn Huighen van Linschoten his Discours of voyages into ye Easte & West Indies(W. Phillip, Trans.; J. Theunisz [Paludanus], Annot.). London: John Wolfe. (Original work published 1596) Samuel Purchas(1625), Purchas His Pilgrimes(Vol. 2). London: Henry Fetherstone.

Percival Lawrence Lowell(1883), Chosŏn: the Land of Morning Calm: a Sketch of Korea, p. 180.

Prospero Alpini(1592), De Plantis Aegypti liber, Apud Franciscum de Franciscis Senensem.

Samuel Purchas(1625), Hakluytus Posthumus or Purchas his Pilgrimes, London.

Stewart Lee Allen(1999), The devil's Cup.; A History of the world according to coffee, Ballantine Books.

Tayler Clark(2007), Star bucked; A Grande Tale of Caffeine, Commerce & Culture, Hodder & Stoughton.

The Specialty Coffee Association(2021), Towards a Definition of Specialty Coffee: Building an Understanding Based on Attributes.

The Specialty Coffee Association(2023), A Specialty Coffee Association White Paper, The Value of Specialty Coffee Cuppers: Perspectives, Roles, and Professional Competencies.

Victor A. Albert, Patrick Descombes 외(2024), The genome and population genomics of allopolyploid Coffea arabica reveal the diversification history of modern coffee cultivars, Nature Genetics, Volume 56, Issue 4, pp.721 - 731.

William Parry(1601), A new and large Discourse, of the Trauelles of Sir Anthonie Sherley Knight, by Sea, and ouer Land, to the Persian Empire.

William Phillip(1598), Iohn Huighen van Linschoten his Discours of voyages into ye Easte & West Indies : deuided into foure bookes, Translated from the Dutch.

https://archive.org

https://barista-all.tistory.com, Reliable barista Team

https://bibdigital.rjb.csic.es

https://bwissue.com/news/386592

https://caffeflorian.com/florian-venezia/storia

https://commons.wikimedia.org/wiki/File:%ED%95%A0%EB%A6%AC%EC%8A%A4%EC%BB%A4%ED%94%BC_%EB%A9%94%EB%89%B4.jpg

https://commons.wikimedia.org/wiki/File:ACM-Porcelain-03519.jpg?uselang=ko

https://commons.wikimedia.org/wiki/File:Bean_belt_(top_20_coffee_producers_2011).svg

https://commons.wikimedia.org/wiki/File:Coffea_-_Drup_on_black_background.png

https://commons.wikimedia.org/wiki/File:Coffee_Bean_Structure.svg

https://commons.wikimedia.org/wiki/File:Coffee_beansd.jpg

https://commons.wikimedia.org/wiki/File:Coffee_Pot_MET_17149.jpg?uselang=ko
https://commons.wikimedia.org/wiki/File:DirkvdM_orosi_coffee-trees.jpg
https://commons.wikimedia.org/wiki/File:DirkvdM_orosi_coffee-trees.jpg
https://commons.wikimedia.org/wiki/File:Fresh_hot_roasted_coffee_beans.jpg
https://commons.wikimedia.org/wiki/File:Globus_Saarbr%C3%BCcken,_instant_coffee_pic2.JPG
https://commons.wikimedia.org/wiki/File:Hot_roasted_beans_coming_out.jpg
https://commons.wikimedia.org/wiki/File:Instant_coffee.jpg
https://commons.wikimedia.org/wiki/File:John_C._Salzgeber%27s_Patent_Steam_Coffee_Roaster_advertising_card.jpg
https://commons.wikimedia.org/wiki/File:Kato_Coffee_Co.,_Souvenir,_p._1.jpg
https://commons.wikimedia.org/wiki/File:Mason%27s_essence_of_coffee_and_chicory_advert.jpg
https://commons.wikimedia.org/wiki/File:Papst_Clemens_VIII_Italian_17th_century.jpg
https://commons.wikimedia.org/wiki/File:South_Korean_Vending_Machines.jpg
https://commons.wikimedia.org/wiki/File:The_Vertue_of_the_COFFEE_Drink.jpg
https://digitale-sammlungen.de/de/view/bsb10180665?page=5
https://en.m.wikipedia.org/wiki/Coffee_roasting#/media/File:385_degrees_cinnamon_roast_coffee.png
https://en.m.wikipedia.org/wiki/Coffee_roasting#/media/File:400_degrees_new_england_roast_coffee.png
https://en.m.wikipedia.org/wiki/Coffee_roasting#/media/File:410_degrees_american_roast_coffee.png
https://en.m.wikipedia.org/wiki/Coffee_roasting#/media/File:425_degrees_city_roast_coffee.png
https://en.m.wikipedia.org/wiki/Coffee_roasting#/media/File:440_degrees_full_city_roast_coffee.png
https://en.m.wikipedia.org/wiki/Coffee_roasting#/media/File:450_degrees_vienna_roast_coffee.png
https://en.m.wikipedia.org/wiki/Coffee_roasting#/media/File:460_degrees_french_roast_coffee.png
https://en.m.wikipedia.org/wiki/Coffee_roasting#/media/File:470_degrees_italian_roast_coffee.png
https://en.wikipedia.org/wiki/Bach_cantata#/media/File:Bwv105-wie-zittern.png
https://en.wikipedia.org/wiki/Blue_Mountains_(Jamaica)#/media/File:Blue_Mountains,_Jamaica.jpg
https://en.wikipedia.org/wiki/Boston_Tea_Party#/media/File:Boston_Tea_Party_Currier_colored.jpg
https://en.wikipedia.org/wiki/Caf%C3%A9_Procope#/media/File:Le_Procope_1,_Paris_2010.jpg
https://en.wikipedia.org/wiki/Caf%C3%A9_Zimmermann#/media/File:Zimmermannsches_Caffeehaus.jpg
https://en.wikipedia.org/wiki/Coffea_arabica#/media/File:Coffee_Bean_Structure.svg
https://en.wikipedia.org/wiki/Coffea_arabica#/media/File:Coffee_Flowers.JPG
https://en.wikipedia.org/wiki/Coffea_arabica#/media/File:Coffee_Plantation.jpg
https://en.wikipedia.org/wiki/Coffea_arabica#/media/File:Naturalis_Biodiversity_Center_-_L.0939590_-_Bernecker,_A._-_Coffea_arabica_Linnaeus_-_Artwork.jpeg

https://en.wikipedia.org/wiki/Coffea_arabica#/media/File:Starr_070308-5472_Coffea_arabica.jpg
https://en.wikipedia.org/wiki/Coffee#/media/File:Carte_Coffea_robusta_arabic.svg
https://en.wikipedia.org/wiki/Coffee#/media/File:Coffea_arabica_-_K%C3%B6hler%E2%80%93s_Medizinal-Pflanzen-189_(cropped).jpg
https://en.wikipedia.org/wiki/Coffee#/media/File:Coffee_flowers.jpg
https://en.wikipedia.org/wiki/Coffee#/media/File:French_School_-_Enjoying_Coffee_-_Google_Art_Project.jpg
https://en.wikipedia.org/wiki/Coffee_production#/media/File:Coffee_Drying.jpg
https://en.wikipedia.org/wiki/Coffee_production#/media/File:Coffee_Processing_Seperation_vats.jpg
https://en.wikipedia.org/wiki/Coffee_production#/media/File:Coffee-drying-indonesia.png
https://en.wikipedia.org/wiki/Coffee_production#/media/File:Field-expedient-fermentation-vietnam.jpg
https://en.wikipedia.org/wiki/Coffee_production_in_Brazil#/media/File:Cafe_porto_Santos_1880.jpg
https://en.wikipedia.org/wiki/Coffee_production_in_Brazil#/media/File:Fazenda_Da_Lagoa.jpg
https://en.wikipedia.org/wiki/Coffee_production_in_India#/media/File:Coffea_canephora_1_at_Aanakkulam.jpg
https://en.wikipedia.org/wiki/Coffee_roasting#/media/File:Free_standing_tin_coffee_roaster_-_DPLA_-_ab92df8478ed695bac532e581df00ba5_(cropped).jpg
https://en.wikipedia.org/wiki/Coffee_roasting#/media/File:Wood_stove-top_coffee_roaster_-_Natalie_Ward.JPG
https://en.wikipedia.org/wiki/Coffeehouse#/media/File:1004-CoffeeSceneCairo18th.jpg
https://en.wikipedia.org/wiki/English_coffeehouses_in_the_17th_and_18th_centuries#/media/File:Houghton_EC65.A100.674w_-_Women's_Petition_Against_Coffee.jpg
https://en.wikipedia.org/wiki/English_coffeehouses_in_the_17th_and_18th_centuries#/media/File:Interior_of_a_London_Coffee-house,_17th_century.JPG
https://en.wikipedia.org/wiki/English_coffeehouses_in_the_17th_and_18th_centuries#/media/File:Rulesandorders.jpg
https://en.wikipedia.org/wiki/French_press#/media/File:French_press_2020.jpg
https://en.wikipedia.org/wiki/French_press#/media/File:French_press_beaker_and_piston.jpg
https://en.wikipedia.org/wiki/History_of_coffee#/media/File:John_Frederick_Lewis_004.jpg
https://en.wikipedia.org/wiki/History_of_coffee#/media/File:Mocha1692.jpg
https://en.wikipedia.org/wiki/History_of_coffee#/media/File:Papst_Clemens_VIII_Italian_17th_century.jpg
https://en.wikipedia.org/wiki/Instant_coffee#/media/File:David_Strang_Coffee_Mills.JPG
https://en.wikipedia.org/wiki/Jabal_Haraz#/media/File:Yemen_(11462772954).jpg
https://en.wikipedia.org/wiki/Jamaican_Blue_Mountain_Coffee#/media/File:Coffee_is_roasted_in_a_

cast_iron_skillet_at_James_Dennis'_Coffee_in_Section,_Portland_Parish,_Jamaica._Food_is_being_cooked_alongside_the_coffee.jpg
https://en.wikipedia.org/wiki/Khawlani_Coffee_Beans#/media/File:FruitColors.jpg
https://en.wikipedia.org/wiki/Kingdom_of_Kaffa#/media/File:Ancient_Coffee_Cup,_Kafa_Tribe_(13186929813).jpg
https://en.wikipedia.org/wiki/Leonhard_Rauwolf#/media/File:Leonhard_Rauwolf.jpg
https://en.wikipedia.org/wiki/Ottoman_coffeehouse#/media/File:MeddahOttomman.png
https://en.wikipedia.org/wiki/Ottoman_Empire#/media/File:OttomanEmpireMain.png
https://en.wikipedia.org/wiki/Percival_Lowell#/media/File:Ambassador_of_Joseon_to_America.jpg
https://en.wikipedia.org/wiki/Salah#/media/File:Prayer_in_Cairo_1865.jpg
https://en.wikipedia.org/wiki/Species_Plantarum
https://en.wikipedia.org/wiki/Starbucks#/media/File:Starbucks_at_the_Forbidden_City.jpg
https://en.wikipedia.org/wiki/Starbucks#/media/File:Starbuckscenter.jpg
https://en.wikipedia.org/wiki/Sufism#/media/File:Six_Sufi_masters.jpg
https://en.wikipedia.org/wiki/Teaspoon#/media/File:Frenchman_offered_a_13th_cup_of_tea.jpg
https://gutenberg.org
https://ico.org
https://islam.fandom.com/wiki/Inventions_in_the_medieval_Islamic_world#Food_and_drink
https://islam.fandom.com/wiki/Inventions_in_the_medieval_Islamic_world?file=MeddahOttomman.png#Food_and_drink
https://ko.m.wikipedia.org/wiki/%ED%8C%8C%EC%9D%BC:South_Korean_Vending_Machines.jpg
https://ko.wikipedia.org/wiki/%ED%95%A0%EB%A6%AC%EC%8A%A4#/media/%ED%8C%8C%EC%9D%BC:%ED%95%A0%EB%A6%AC%EC%8A%A4%EC%BB%A4%ED%94%BC_%EB%A9%94%EB%89%B4.jpg
https://kr.freepik.com
https://liikecoffee.com/article/knock/8/57
https://nl.go.kr/newspaper
https://sca.coffee
https://sca.coffee/sca-news/25/issue-13/towards-a-new-brewing-chart
https://sca.coffee/sca-news/25/issue-21/what-color-is-your-coffee
https://search.lib.ncsu.edu/?q=Species+plantarum
https://species.wikimedia.org/wiki/Coffea_canephora#/media/File:Coffea_canephora_berries.JPG
https://suancoffee.com
https://varieties.worldcoffeeresearch.org
https://worldcoffeeresearch.org
https://www.coffeeinstitute.org

https://www.firescope.io/blog/structure-of-coffee-roaster
https://www.google.co.kr/books/edition/De_saluberrima_potione_cahue_seu_cafe_nu/wiPEQcdnjA8C?hl=ko&gbpv=1&dq=Favsti+Naironi&pg=PA1&printsec=frontcover
https://www.google.co.kr/maps/place/%EC%97%90%ED%8B%B0%EC%98%A4%ED%94%BC%EC%95%84
https://www.gutenberg.org/cache/epub/28500/pg28500-images.html
https://www.hankyung.com/economy/article/2022041324651
https://www.helenacoffee.vn
https://www.hqjcoffeeschool.com
https://www.hqjcoffeeschool.com/en/post/the-common-coffee-bean-defects-defects-in-coffee-7-common-defects-found-in-green-coffee-beans
https://www.instagram.com/liike_coffee
https://www.kocis.go.kr/koreanet/view.do?seq=4719
https://www.lib.ncsu.edu
https://www.loc.gov
https://www.loc.gov/resource/gdclccn.04016695/?st=gallery
https://www.loc.gov/resource/gdclccn.04016695/?st=gallery
https://www.nature.com/articles/s41588-024-01695-w?utm_source=chatgpt.com
https://www.pantone.com/connect/19-0915-TCX
https://www.suancoffee.com/roasting_level_system.html
https://www.torchcoffee.asia/resources
https://www.water.or.kr/kor/encyclopedia/index.do?menuId=12_43
https://youtu.be/ewqza63GXh0

미주

1 옥스퍼드 영어사전(OED, 1933)에 의하면, 아랍어 사전 편찬자들은 원래 '포도주' 또는 '일종의 포도주'를 의미했으며, '식욕이 없다'는 뜻의 동사 어근 qahiya에서 파생되었다고 한다. 일부 학자들은 이 단어가 변형된 외래어, 아마도 아프리카어일 것이며, 커피 식물이 자생하는 아비시니아 남부 고원 지대의 Kaffa 이름과 관련이 있다고 추측하기도 했다. 그러나 이에 대한 증거는 없으며, qahwah라는 이름은 열매나 식물에 붙여진 이름이 아니다. "열매나 식물은 bunn이라고 불리며, Shoa 지역의 토착 이름은 būn이다."라고 해석하고 있다.

2 오스만 제국(Ottoman)은 14세기부터 20세기 초까지 동남유럽, 서아시아, 북아프리카의 광범위한 지역을 지배한 제국으로 중심 영토는 현재의 튀르키예(옛 터키)에 해당한다. 오스만 제국은 동서양의 교차로에 위치하여 약 600년 동안 다양한 문화와 교역의 중심지로 번영하였다. 당시 수도는 콘스탄티노폴리스(현 이스탄불)였으며, 현재 튀르키예의 수도는 앙카라이다.

3 레온하르트 라우볼프(Leonhard Rauwolf)는 독일인으로 의사, 식물학자, 여행가로 활동하였다. 그가 방문한 지역의 사람들, 관습, 그리고 풍경에 대한 인상을 관찰하고 기록하였다. 1582년 이러한 내용을 바탕으로 독일어로 『*Aigentliche Beschreibung der Raiß inn die Morgenländer*』라는 책을 출간하였다. 1583년에는 조금 수정하여 개정판으로, 이후 여러 사람들에 의해 영어, 네덜란드어 번역본으로 출판되었다.

4 프로스페로 알파니(Prospero Alpini)는 베네치아의 의사이자 식물학자이다. 이전에 유럽 식물학자들에게 알려지지 않았던 여러 식물 종을 소개하였다. 저서 De Plantis Aegypti liber 내용 중 커피나무와 커피 음료에 관해 자세히 소개하고 있다.

5 얀 하위헌 판 린스호텐(Jan Huygen van Linschoten)은 네덜란드 출신 상인, 여행가로, 1596년 그의 저서 『*Itinerario, voyage ofte schipvaert van Jan Huygen van Linschoten naer Oost ofte Portugaels Indien*』을 출판하였다. 이후 1598년 영국 출신 번역자 윌리엄 필립(William Phillip)은 이 책을 영어로 번역하면서 주석에 커피를 'Chaona'로 표현했다.

6 이 책의 제목은 다음과 같다. 'A new and large discourse of the trauels of sir Anthony Sherley Knight, by sea, and ouer land, to the Persian Empire Wherein are related many straunge and wonderfull accidents: and also, the description and conditions of those countries and people he passed by: with his returne into Christendome. Written by William Parry gentleman, who accompanied Sir Anthony in his trauells.'(앤서니 셜리 경이 바다와 육로를 통해 페르시아 제국을 여행한 이야기를 상세히 기록한 담론으로, 그 과정에서 겪은 기이하고 놀라운 사건들, 그가 지나온 나라와 사람들의 모습, 그리고 그가 다시 기독교 세계로 돌아오기까지의 여정을 담고 있다. 그의 동행인이었던 신사 윌리엄 패리가 저술하였다.)

7 사무엘 퍼처스(Samuel Purchas)는 영국의 성직자 겸 편집자, 저술가로, 1625년에 전 세계 여행자의 기록을 수집・편집한 Purchas His Pilgrimes 제2판에 'Coffa'라는 용어를 기록했다. 이는 'Coffee'의 초기 영어 표기라 할 수 있다.

8 아라비카 커피(Coffea arabica)는 커피 종 중 하나로, 세계 커피 생산량에서 가장 큰 비중을 차지하며, 부드럽고 다층적인 향미 덕분에 전 세계 커피 시장에서 높은 평가를 받고 있다.

9 칼디(Kaldi)의 전설은 서기 850년경의 배경으로 전해진다.

10 라제스(Rhazes, Abū Bakr Muhammad ibn Zakariyyā al-Rāzī, 865~925)는 페르시아 출신의 의사·화학자·철학자로, 알-하위(Al-Hawi)를 비롯한 의학서와 저술을 통해 이슬람 의학 발전에 크게 기여했으며, 천연두와 홍역을 최초로 구분한 인물로 알려져 있다.

11 이븐 시나(Ibn Sīnā, Avicenna, 980~1037)는 페르시아의 의사·철학자·과학자로, 대표 저작 의학정전(Al-Qānūn fī al-Ṭibb, The Canon of Medicine)은 중세 이슬람 세계와 유럽 의학 교육에 핵심 교재로 사용되었으며, 철학과 과학 전반에도 심대한 영향을 끼쳤다.

12 짐마(Jimma)는 에티오피아 오로미아 주 남서부에 위치한 주요 도시로, 오로미아 지역의 특별 구역이며 짐마 구역으로 둘러싸여 있다. 현재 짐마의 북부 교외 지역인 지렌(Jiren)은 18세기에 오로모족이 이 지역으로 이주하기 전까지 큰 짐마 왕국의 중심지였다. 짐마는 에티오피아의 주요 커피 생산지 중 하나로 특히 오로미아 주는 에티오피아 전체 커피 생산의 대부분(약 70%)을 차지한다.

13 에티오피아에서 커피를 뜻하는 말은 "분나(bunna)," "부나(buna)" 또는 "분(bun)"이라 불리며 다양한 이름을 지녔다. 이 지역의 커피 속담 중 하나인 "Buna dabo naw"는 "커피는 우리의 빵이다."라는 뜻으로 전통 커피 의식에서 커피가 환대와 생존의 중심적 역할을 한다는 것을 생생히 보여준다.

14 논문의 제목은 "De salvberrima potione cahve sev cafe nuncupata discvrsvs"이다. 저자의 이름은 Antonio Fausto Naironi(또는 Faustus Naironi, Antoine Faustus Nairon)이다.

15 현재 우리가 알고 있는 염소 목동 칼디 전설이 재창조된 것은 1922년 미국의 커피역사학자 윌리엄 우커스(William H. Ukers)가 『올 어바웃 커피(*All About Coffee*)』라는 책을 출판한 것이 계기가 되었다. 이 책에서 원전에 있던 낙타는 사라지고 염소가 남았으며, 목동의 이름이 칼디로 선언되었고, 예멘이 아니라 에티오피아가 커피 발상지로 규정되었다. 커피의 기원 시기는 언급되지 않았다. 이렇게 재창조된 전설이 이후 세계 최강의 국가로 등장한 미국과 세계 공영 언어인 영어의 영향력 확대를 배경으로 20세기를 넘어 21세기의 많은 커피 역사 서술의 첫 페이지를 장식하게 되었다(출처: 이길상, 2021).

16 식물의 종(Species Plantarum)은 현대 식물 분류학의 기초가 되는 저서로 칼 린네(Carl Linnaeus)가 처음으로 이항 명명법(Binomial Nomenclature)을 도입하여 전 세계 식물을 체계적으로 분류한 중요한 저작이다. 이 책은 식물 분류의 현대적 기초를 확립했으며, "Coffea arabica"라는 학명이 포함되어 있다.

17 이 연구는 『*Economic Botany*』 저널에 발표하였으며, 제목은 "Notes on wild Coffea arabica from Southwestern Ethiopia, with some historical considerations"이다.

18 이 연구는 Esayas Aga, Tomas Bryngelsson, Endashaw Bekele, Björn Salomon 등이 참여하여 『*Hereditas*』 저널에 발표하였다. 제목은 "Genetic diversity of forest arabica coffee(Coffea arabica L.) in Ethiopia as revealed by random amplified polymorphic DNA(RAPD) analysis"이다.

19 이 연구는 Victor Albert, Patrick Descombes 등이 참여하여 『*Nature Genetics*』에 발표하였다. 제목은 "The genome and population genomics of allopolyploid Coffea arabica reveal the diversification history of modern coffee cultivars"이다.

20 서로 다른 속(Genus), 종(Species), 아종(Subspecies), 변종(Variety), 품종(Cultivar)에 속하는 개체들이 자연 상태에서 교배하여 잡종(hybrid)을 형성하는 현상을 교잡(hybridization)이라고 한다.

21 하라르(Harar)는 에티오피아 동부 하라리(Harari) 주의 중심지로서 수도 아디스아바바에서 동쪽으로 약 400km 떨어져 있는 이슬람 신앙이 두터운 옛 성곽도시이다.

22 이슬람교(Islam)는 세계 3대 종교 중 하나로, 알라(Allah)를 유일신으로 믿는다. 무슬림(Muslim)은 이슬람교를 믿는 사람들을 의미한다.

23 수피(Sufi)는 이슬람 내에서 신비주의(수피즘, تصوف, Taṣawwuf)를 실천하는 수행자를 의미한다.

24 1558년경에 편찬된 것으로 인용되나, 필사본 분포와 사료비평상 연대 표기는 다소 달라진다. Umdat al safwa fi hill al-qahwa는 영어로는 대략 Defense for the Legality of Coffee(커피 합법성을 위한 정수)로 번역될 수 있다. 이 저서는 커피를 주제로 한 가장 초기의, 그리고 가장 포괄적인 아랍어 문헌 중 하나로 평가되고 있다.

25 나즘 알딘 알 가지(Najm al-Din al-Ghazzi, 1570~1651)는 오스만 시대의 이슬람 학자, 역사학자, 법학자(울라마), 그리고 전기 작가였다. 그는 시리아 다마스쿠스(Damascus) 출신으로 특히 이슬람 법(샤리아)과 전기 문헌(biographical dictionary) 분야에서 중요한 저작을 남겼다. 주요 저서로는 "الكواكب السائرة بأعيان المئة العاشرة(Al-Kawakib al-Sa'ira bi A'yan al-Mi'at al-Ashira, 10세기의 저명한 인물들)," لطف السمر وقطف الثمر من تراجم أعيان التابعين ومن بعدهم من الأعيان(Lutf al-Samar wa Qutuf al-Thamar min Tarajim A'yan al-Tabi'in wa man Ba'dahum min al-A'yan, 야간 이야기의 즐거움과 결실을 거둠: 타비운과 그 이후 저명한 인물들의 전기)가 있다.

26 교황 클레멘스 8세(라틴어: Clemens PP. VIII, 이탈리아어: Papa Clemente VIII)는 제231대 교황(재위: 1592~1605년)으로 교황 클레멘트 8세라고도 한다.

27 교황 클레멘스 8세(Pope Clement VIII)는 커피를 마신 최초의 교황으로 널리 알려져 있다. 당시 가톨릭 신자들 사이에서는 커피가 '사탄의 음료'라는 인식이 퍼져 있었으며, 클레멘스 8세에게 이를 금지해 달라는 청원이 들어왔다. 그러나 그는 직접 커피를 마셔본 후 "이 사탄의 음료는 어찌하여 이토록 맛이 좋은가? 이교도들만 마시게 두기에는 너무 아깝도다."라고 말했다고 한다. 이후 클레멘스 8세는 커피의 주재료인 원두에 축복을 내려 가톨릭 신자들도 커피를 마시는 것을 허용하였으며, 이를 계기로 유럽에서 커피가 더욱 확산되었다는 이야기가 전승되고 있다. 다만 이는 역사적 사실로 입증된 것이 아니라 후대에 형성된 전설적인 이야기로 보는 것이 옳다.

28 로타 클럽은 런던에서 1659~1660까지 공화주의 이념을 토론했던 학식있는 사람들의 토론 모임이었다. 이 클럽은 제임스 해링턴(James Harrington)이 설립하고 주도하였으며, 장소는 Miles's Coffee House였다.

29 '페니(Penny)'는 당시 커피 한 잔의 가격으로, 매우 저렴한 비용을 뜻하며, '유니버시티(University)'는 대학을 의미하는데, 여기서는 커피하우스가 지식과 토론의 장으로서 대학과 같은 역할을 했다는 은유적 표현이다.

30 영국 런던을 중심으로 1700년대 후반까지 급격하게 늘어난 커피하우스는 18세기 중반 이후 급감하게 되는데, 그 원인으로 홍차를 생산하는 회사들의 마케팅 경쟁, 여성들의 남성위주 커피문화 반대운동, 영국 정부의 홍차 소비 촉진 등 여러 설이 있다. 특히 1674년에 커피하우스가 남성 위주의 만남의 장으로 운영되면서 이에 불만을 느낀 여성들이 커피하우스에 반대하는 '커피를 반대하는 여성들의 탄원서(The women's petition against coffee)"를 발표하였다. 한편, 남성들은 '커피에 반대하는 여성들의 탄원에 대한 남성들의 입장문(The men's answer to the women's petition against coffee)'을 발표할 정도로 커피에 대한 관심이 높았다.

31 영국 동인도 회사(East India Company: EIC)는 1600년 12월 31일 엘리자베스 1세 여왕의 칙허를 받아 설립된 무역 회사로, 인도양과 동아시아에서 향료 및 모직물 무역의 독점권을 확보하였다. 설립 초기부터 후추와 캘리코 등의 교역을 통해 영국 경제에 큰 영향을 미쳤으며, 점차 무역을 넘어 인도 대륙에서 정치적·군사적 지배권을 확대하였다. 1765년에는 벵골 지방의 재정권을 장악하며 본격적인 식민 지배의 기반을 마련하였다. 이후 대영제국의 확장에 중요한 역할을 하였다. 그러나 수탈적인 경제 정책과 식민 지배의 부정적 영향으로 많은 비판을 받았으며 결국 1858년 행정적 권한은 종료되었다.

32 네덜란드인들은 17세기 후반에 예멘에서 아라비카 커피나무 묘목을 가져와 인도네시아 자바섬에 심었다. 이후 19세기에 커피 녹병(hemileia vastatrix)이 퍼지면서 아라비카 커피 생산이 어려워졌고, 20세기 초 병충해에 강한 로부스타 커피종을

다시 재배하면서 성공하여 현재 커피 강국이 되었다.

33 보스턴 차 사건은 1773년 12월 16일 영국의 차법(Tea Act)에 반발한 북아메리카 식민지 주민들이 보스턴 항에 정박한 동인도 회사의 배에서 차 상자 342개를 바다에 버린 사건이다. 당시 영국은 동인도 회사에 차 판매 독점권을 부여하였고 직접판매와 세제혜택으로 가격경쟁력을 가졌다. 이에 반발한 식민지 주민들은 저항했다. 영국 정부는 이를 강력히 응징하는 조치를 취했으며, 이는 식민지인들의 반발을 더욱 키워 미국 독립 전쟁으로 이어지는 중요한 계기가 되었다.

34 1777년 미국의 독립 선언 1주년 축하 행사가 이 건물에서 열렸다고 전해지고 있다. 필라델피아의 머천트(Merchant) 커피하우스가 이름이 바뀌어 시티 태번이 되었다고 알려져 있다.

35 1819년 독일의 화학자 프리드리히 페르디난트 룽게(Friedrich Ferdinand Runge)는 괴테(Goethe)로부터 초대받은 자리에서 커피 생두 성분을 분석해 보라는 요청을 받았다. 이후 그는 커피에 포함된 카페인이라는 성분을 발견하였다. 그는 이 성분을 카페바제(Kaffebase)라고 명명하였다. 1821년 프랑스의 화학자 피에르 장 로비케(Pierre Jean Robiquet)와 피에르 조세프 펠르티에(Pierre Joseph Pelletier) 등이 카페인을 발견하고 'Caffeine'이라는 명칭으로 처음 사용하였다. 결국, 카페인은 독일의 룽게가 가장 먼저 발견했으나 프랑스의 피에르 장 로비케, 피에르 조세프 펠르티에 등이 그 명칭을 최초로 소개하였다.

36 원두는 마시는 커피를 만들기 위해 생두에 열을 가해 로스팅(볶음) 과정을 거친 후 커피 특유의 향미를 살린 상태를 의미하며 홀빈(whole bean)이라고도 부른다.

37 1686년 프랑스 파리에 설립된 유럽 최초의 카페 중 하나로 루소, 디드로, 볼테르 등이 자주 방문한 것으로 기록되어 있다.

38 19세기 후반~20세기 후반까지 사르트르, 보부아르, 생텍쥐페리 등이 자주 찾았던 곳으로 문학·철학 토론의 중심지 역할을 하였다.

39 『지구전요(地球典要)』는 조선 후기 실학자 최한기가 청나라의 『해국도지』·『영환지략』 등을 기초로 1857년에 편찬한 지리서이다. 당시 우리나라가 고루한 쇄국정책 때문에 세계만방의 개화에 보조를 같이하지 못함을 한탄하고 개국 통상을 주장하였다(출처: 한국민족문화대백과사전).

40 한성순보(漢城旬報)는 1883년 10월에 발행한 우리나라 최초의 근대 신문이다. 1884년 2월 17일자에 커피를 뜻하는 '가배'가 소개되었다.

41 가배(珈琲)는 커피의 발음을 일본어 한자의 음을 빌려 표기한 단어이다. 중국어 한자로는 가배(咖啡)이다.

42 퍼시벌 로웰(Percival Lowell)은 미국의 사업가 겸 천문학자로 조선과 일본을 여행하고 머무르면서 기록한 것을 토대로 저술하여 소개하였다. 그는 우리나라(조선)에 수 개월간 지내면서 겪은 일들을 적었는데, 책 180페이지에 "저녁 식사 이후 커피를 마시기 위해 the House of the Sleeping Waves로 올라갔다."는 내용이 기록되어 있다.

43 『서유견문(西遊見聞)』은 유길준이 1889년에 완성하고 6년 이후 1895년에 출간된 역사서로, 미국 등의 국가에서 유학을 하고 여행을 하면서 다양한 서양 문화체험을 담은 기행문 서적이다. 서유견문 제16편 의복 음식급 궁실의 제도(衣服 飮食 及 宮室의 制度)에서 서양인들이 식사에 사용하는 도구를 소개하면서 '그릇은 차나 커피 등을 마시는 것,' 그리고 음식을 설명하면서 '차와 커피와 같은 ~,' '차와 커피는 우리나라 열냉수(熱冷水) 마시듯 하고 ~.'와 같이 커피를 언급하였다.

44 골스찰키는 1884년 입국해 제물포(현재의 인천)에 상점을 차려 운영하던 독일 상인이다. 독립신문 1897년 3월 20일자 영문판(1896년 서재필이 우리나라 사정을 외국에 알리기 위해 만든 영자 신문)에 실린 광고이다. 이후 같은 해 3월 23일, 27일 이후에도 커피 광고가 여러 번 게재되었다.

45 독립신문 1899년 8월 31일자 영문판 광고란에 게재되었다.

46 황성신문 1900년 11월 24일자 광고란에 게재되었다.

47 손탁호텔(Sontag Hotel)은 대한제국 시기, 서울 중구에 위치했던 서양식 호텔이다. 손탁(Sontag, A)의 노고를 치하하는 기념으로 고종황제가 1898년에 세운 건물이다. 이 호텔은 서양 스타일로 내부가 꾸며져 손탁빈관으로 운영되었다. 이후 외국 귀빈들을 접대하기 위해 1902년에 기존 건물을 헐고 새로운 2층 호텔을 신축한 후 손탁에게 관리를 맡겼는데, 이것이 정식 손탁호텔이다. 1917년에는 이화학당이 손탁호텔을 매입하여 기숙사로 활용하였다. 이후 1922년에 손탁호텔 건물은 철거되어 프라이홀이라는 새로운 건물이 세워졌고, 1975년에는 이 건물마저 소실되었다.

48 1909년 11월 03일 황성신문에 게재되었다.

49 다방(茶房)은 고려시대에 차와 술・과일 등에 관한 일을 맡아보는 국가기관이었다. 조선시대에는 다방보다 술집이 발달했다. 개화의 물결을 타고 커피와 홍차가 보급되면서 근대적인 다방이 등장하였다. 다방은 차를 마시는 곳으로뿐만 아니라 사교 공간과 문화공간으로 이용되었다. 1990년대 이후 커피 전문점들이 등장하면서 다방이라는 명칭은 거의 사라지고 있다.

50 1918년 10월 06일 부산일보에 게재되었다.

51 1925년 07월 27일 조선신문에 게재되었다.

52 1927년 12월 11일 부산일보에 게재되었다.

53 『청색지(靑色紙)』는 1938년 화가인 구본웅(具本雄)이 주간으로 창간하였다. 1938년 6월 3일에 1호를 시작으로 그해 8월 3일 2호, 11월 20일 3호를 발간하였으며, 주요 필진은 당대 최고 문인인 이상・정지용・유치환・박종화・임화・백철・신석정 등으로 수준 높은 내용을 다루었다. 그러나 1940년 통권 8집으로 종간되었다.

54 1936년 03월 04일 조선중앙일보에 게재되었다.

55 1942년 11월 03일 황민일보에 게재되었다.

56 인스턴트 커피(instant coffee)는 커피 원두에서 추출한 원액을 건조하여 분말 형태로 가공한 제품으로 물만 부으면 간편하게 커피를 즐길 수 있어 널리 소비되고 있다. 1900년대 초 일본의 화학자 사토리 카토가 처음 개발한 이후 여러 업체가 생산에 나섰으며, 그중에서도 스위스의 네슬레가 가장 큰 성공을 거두었다. 1920년대 후반 브라질에서 커피 생산량이 급증하면서 가격 폭락으로 농민들이 어려움을 겪자, 브라질 정부는 잉여 커피를 활용할 방안을 모색했다. 이에 네슬레는 수년간의 연구 끝에 1937년 현재와 유사한 분무건조(spray drying) 기술을 이용한 인스턴트 커피를 개발했다.

57 국내 커피자판기는 1977년 롯데산업이 일본 샤프회사로부터 400대 도입하여 설치한 것이 시초이다.

58 프랜차이즈(franchise)라는 개념은 전체적인 사업 운영 방식을 의미한다. 본사(franchisor)가 가맹점(franchisee)에게 브랜드, 상표, 운영 노하우, 경영 시스템 등을 제공하고 가맹점은 이에 대한 대가로 가맹비, 로열티 등을 지급하는 사업 운영 방식이다.

59 RTD(Ready to Drink)는 '바로 마실 수 있는 음료'라는 의미로 언제 어디서든 바로 마실 수 있도록 포장된 형태의 음료를 일컫는다. RTD 음료는 차, 커피, 주스, 주류 등 고객의 다양한 기호를 충족시키는 범위로 확장되었다.

60 바디감(body)은 커피가 입 안에서 주는 무게감, 점도(viscosity), 질감(texture)의 통합적 인상을 의미한다.

61 카페지뉴(Cafezinho)는 포르투갈어로 '작은 커피'를 의미한다. 브라질에서는 손님을 맞이하거나 새로운 사람을 만날 때 "카페지뉴 한잔 하실래요?"라는 인사말로 사용된다고 한다. 이는 단순한 음료를 넘어 '환영'의 의미를 담고 있다. 제조 방법으로는 물을 끓이다가 설탕과 원두가루를 넣어 우려낸 후, 작은 잔에 제공하는 방식이다. 브라질 사람들은 이러한 '카페지뉴'를 일상적으로 즐기며 하루에 여러 잔을 마시는 습관이 있다. 전통적으로는 더운 기후에서 당분과 에너지 보충

을 위해 물과 설탕을 함께 끓이지만, 개인의 기호에 따라 설탕을 넣지 않는 경우도 있다. 일반적으로는 작은 잔에 제공되고 있으나 에스프레소 전용 잔인 데미타스(demitasse)를 사용하기도 한다.

62 Sữa는 '우유,' Nóng은 '뜨겁다'라는 뜻을 지니고 있다.

63 카페오레(Café au lait)는 뜨거운 우유를 첨가하여 만든 커피의 한 종류로서 'Lait'는 프랑스어로 '우유'를 의미한다.

64 위즐(Weasel) 커피는 베트남의 독특한 커피로, 사향족제비가 커피 열매(체리)를 먹고 소화하지 못해 배설한 생두를 세척·가공해 만든다. 사향족제비(사향고양이)는 주로 베트남 중앙고원(닥락, 람동 등)의 커피 농장에서 야생 또는 사육 상태로 커피 열매를 섭취하며, 이 과정에서 열매의 펄프(pulp)가 소화기관의 단백질 분해 효소와 미생물에 의해 부분적으로 발효된다. 이 발효는 생두의 화학적 구조를 변화시켜 독특한 향미를 형성한다. 가공 과정은 배설된 생두를 수집한 후 철저히 세척해 펄프 잔여물과 불순물을 제거하고, 건조 및 로스팅을 거쳐 원두로 완성된다. 위즐 커피는 부드러운 질감, 고소한 견과류 향, 열대 과일의 산미, 캐러멜과 초콜릿 같은 단맛이 어우러진 복합적인 향미로 유명하다. 주로 로부스타의 품종으로 생산되지만, 일부 아라비카의 품종도 사용된다. 이 커피는 노동집약적 생산과 희소성으로 인해 고가에 거래되며, 세계 커피 애호가들 사이에서 프리미엄 커피로 각광받는다. 다만, 위즐 커피 생산에는 윤리적 논란이 존재한다. 일부 농가에서 사향족제비를 가두고 강제로 커피 열매를 먹이는 사육 방식은 동물 복지 문제를 일으킨다. 반면, 야생 사향족제비로 만든 위즐 커피는 윤리적 우려가 없고 품질이 뛰어나 더 높은 가치를 인정받는다.

65 코피 루왁(Kopi Luwak)은 인도네시아어로 Kopi(커피)와 Luwak(아시아 사향고양이)를 뜻하며, 세계에서 가장 독특하고 값비싼 커피 중 하나로 꼽힌다. 이 커피의 생산 과정은 베트남 위즐 커피와 유사하다. 사향고양이가 커피 열매(체리)를 먹고 소화 과정에서 외피와 과육을 분해한 후 배설한 생두를 사용한다. 사향고양이의 소화기관에서 분비되는 단백질 분해 효소와 미생물은 생두를 부분적으로 발효시키며, 이 과정에서 독특한 화학적 변화가 일어나 커피에 복합적인 향미를 부여한다. 생산 과정은 수마트라, 자바, 발리 등 인도네시아의 주요 커피 산지에서 시작된다. 야생 또는 사육된 사향고양이가 주로 아라비카의 품종 커피 열매를 선별적으로 섭취하고, 배설된 생두는 수집 후 철저히 세척되어 펄프 잔여물과 불순물을 제거한다. 이후 자연 건조(태양 건조)와 로스팅을 거쳐 원두로 완성된다. 코피 루왁은 부드러운 질감, 캐러멜과 초콜릿 같은 단맛, 풀 내음(허브 또는 흙 향), 열대 과일의 산미가 어우러진 균형 잡힌 향미로 유명하다. 코피 루왁의 높은 가치는 희소성과 노동집약적 생산 과정에서 비롯된다. 야생 사향고양이로 만든 코피 루왁은 자연 상태에서 열매를 선별적으로 먹어 품질이 더 일관되고, 동물 복지 논란에서 자유로워 더 높은 가치를 인정받는다. 그러나 일부 농가에서는 사향고양이를 우리에 가두고 강제로 열매를 먹이는 사육 방식이 동물 복지 문제를 일으키고 있다.

66 싱글 오리진(single origin)이란 한 지역에서 생산된 원두를 의미한다.

67 후미(aftertaste)는 커피를 삼킨 후 입안에 남는 맛과 향의 지속 시간과 품질을 뜻한다. 이는 커피를 마실 때 입안에서 느끼는 무게감, 질감 등의 물리적 감각인 바디감(body)과는 다르다. 바디감은 주로 커피를 마실 때 느껴지는 무게감, 점도, 농도감을 뜻하며, 후미는 커피를 삼킨 후 입안에 남는 맛과 향의 잔여감을 의미한다.

68 커피에서 'Note'란 커피의 맛과 향을 설명하는 단어로서 첫맛, 중간맛, 끝맛 등 커피를 마셨을 때 느껴지는 향미를 비슷한 맛의 음식이나 과일, 견과류 등과 비유하여 직관적으로 설명한다.

69 테루아(terroir)는 원래 프랑스어로, 포도주 양조에서 시작된 개념이지만, 커피를 포함한 농산물 전반에도 적용된다. 테루아는 특정 지역에서 생산되는 농산물의 고유한 맛과 향을 형성하는 모든 자연적·환경적 요인을 의미한다. 테루아의 주요 구성 요소는 1. 기후(climate) 연평균 기온, 일교차, 강수량, 습도, 계절 변화 등(예: 높은 고도에서 자라는 커피는 낮과 밤의 기온 차가 커 산미가 뚜렷해짐) 2. 토양(soil) 토양의 종류(화산토, 점토, 사질 등), pH, 유기물 함량, 배수 성능 등(예: 화산재 토양은 미네랄이 풍부하여 커피의 복합적인 향미에 기여) 3. 지형(topography)고도, 경사도, 경사면 방향(햇빛 받는 방향)(예: 남향 또는 서향 경사면은 일조량이 많아 성숙이 균일해짐) 4. 생태계 및 식생 주변 식물, 수목 그늘, 생물 다양성 등이 미치는 영향(예: 그늘에서 자란 커피는 천천히 익으며, 맛이 더 복합적이 됨) 5. 인간의 개입(human

factor) 재배 방식(유기농, 생태농법), 수확 및 가공 방법(예: 손수확 및 워시드 가공은 고급 커피의 품질을 유지하는 데 중요)이다.

70 꼭두서니과(Rubiaceae)는 식물을 분류하는 큰 단위 중 하나인 '목(目)'에 해당하는 용담목(Gentianales) 식물군에 속하는 하나의 과이다. 약 600여 속(Genus)과 13,000여 종이 존재한다. 매우 큰 식물 군집으로 열대 및 아열대 지역을 중심으로 분포하며, 일부는 온대 지역에서도 발견된다. 특징으로는 줄기 양쪽의 마주 보는 잎 사이에 있는 잎자루 사이 구조에 대부분 융합된 턱잎이 있다.

71 커피나무속(Coffea)은 열대·아열대 지역에서 자연적으로 발생하고 있으며, 그동안 알려진 커피 종의 수는 18세기 이후 꾸준히 증가해왔다. 20세기에는 100여 종이 알려졌으며, 최근에는 125여 종 이상이 공식적으로 인정되고 있다. 또한, 새로운 종들이 지속적으로 발견되고 기술되고 있어 커피 종 목록은 아직 미완성 상태이다.

72 카페인(caffeine)은 자연적으로 커피, 차, 초콜릿, 에너지 음료 등에 존재하는 자극제로 주로 중추신경계를 자극하여 피로감을 줄이고 각성 상태를 유지하게 하는 효과가 있다. 이를 통해 집중력과 주의력을 향상시키며, 일시적으로 졸음을 방지할 수 있다. 특히 아데노신 수용체에 결합하여 신경 활동을 억제하는 아데노신의 작용을 방해함으로써 졸음을 유발하는 신호를 차단한다. 카페인은 신진대사를 활성화시키는 역할도 한다. 교감신경을 자극하여 에피네프린(아드레날린) 분비를 증가시키며, 이로 인해 심박수와 혈압이 일시적으로 상승하고 지방 분해가 촉진되어 에너지원으로 사용될 수 있는 지방산이 혈류로 방출된다. 이 과정은 운동 능력 향상과 피로 회복에도 긍정적인 영향을 미칠 수 있다. 카페인은 이뇨 작용을 촉진하는데 이는 신장에서 나트륨과 물의 재흡수를 억제함으로써 소변 배출량을 증가시키는 작용 때문이다. 카페인의 영향은 개인의 신체 크기, 연령, 건강 상태, 그리고 카페인에 대한 내성 정도에 따라 다르게 나타날 수 있다고 전해지고 있다.

73 카네포라(Coffea canephora)는 흔히 로부스타(Robusta)로 불리고 있다.

74 티피카(Typica)는 문화적·유전적으로 가장 중요한 아라비카 커피 품종 중 하나로, 오늘날 재배되는 많은 아라비카 커피의 조상이자 기원이 되는 품종이다. 티피카는 매우 낮은 생산성과 주요 커피 질병에 민감하지만, 뛰어난 컵 품질로 인해 커피 애호가들 사이에서 높은 평가를 받고 있다. 이 품종은 아라비카 커피의 원산지로 알려진 에티오피아 남서부에서 유래한 것으로 추정되며, 이후 오랜 시간에 걸쳐 전 세계로 전파되었다.

티피카의 전파는 15세기 또는 16세기경에 에티오피아에서 예멘으로 옮겨지면서 시작되었다. 예멘에서 티피카는 '모카(Mocha)'라는 이름으로 알려졌으며, 당시 아라비아 반도의 주요 교역항이었던 모카 항구를 통해 유럽과 아시아로 퍼져나갔다. 1700년경에는 예멘에서 온 커피 씨앗이 인도로 전해져 말라바르 해안에서 재배되기 시작했다. 이 씨앗들이 바로 오늘날 티피카로 알려진 품종의 기원이 되었다. 1696년과 1699년, 네덜란드 동인도 회사는 인도의 말라바르 해안에서 커피 씨앗을 가져와 인도네시아 자바 섬(당시에는 바타비아로 불림)에서 재배하기 시작했다. 이 커피나무들은 적응에 성공했고, 자바에서 자란 커피는 1706년에 네덜란드 암스테르담의 식물원으로 옮겨졌다. 암스테르담에서 티피카는 유럽의 왕실과 귀족들 사이에서 인기를 끌며 널리 퍼져 나갔다. 네덜란드는 자국의 식민지 무역로를 통해 티피카를 세계 각지로 확산시켰다. 1719년에는 네덜란드령 기아나(현재의 수리남)로 티피카가 전파되었으며, 1722년에는 카이엔(프랑스령 기아나)으로, 1727년에는 브라질 북부로 옮겨졌다. 이 커피나무는 브라질의 기후와 토양에 적응하며 성장했고, 1760년에서 1770년 사이에는 브라질 남부 지역까지 퍼져 나갔다.

티피카는 프랑스를 통해서도 전 세계로 전파되었다. 1723년, 프랑스 파리에서 서인도 제도 마르티니크로 티피카 커피나무가 옮겨졌다. 마르티니크에서 티피카는 성공적으로 재배되었고, 1730년에는 영국인에 의해 자메이카로 소개되었다. 자메이카 블루 마운틴 커피는 바로 이 티피카 품종에서 유래된 것이다. 이후 1735년에는 산토도밍고에 도착했으며, 1748년에는 쿠바로 전파되었다. 이와 동시에 카리브해의 푸에르토리코, 멕시코, 콜롬비아, 중앙아메리카 전역으로도 퍼져 나갔다. 특히 코스타리카와 엘살바도르에는 쿠바에서 종자가 전해져 본격적으로 재배되기 시작했다. 티피카는 뛰어난 향미와 품질로 인해 한때 남아메리카와 중앙아메리카 전역에서 가장 널리 재배되었으며, 1940년대까지 이 지역의 커피 농장 대부분이 티피카 품종을 심고 있었다. 하지만 티피카는 낮은 생산성과 커피 녹병 등 주요 커피 질병에 매우 취약하여 20세기 중반 이후 생산성이 높은 하이브리드 품종으로 점차 대체되기 시작했다. 그럼에도 티피카는 여전히 고유의 품질과 향미로 인기를 유지하고 있으며, 특히 페루, 도미니카 공화국 및 자메이카 블루 마운틴 지역에서 널리 재배되고 있다. 티피카는 전 세계 커피 산업의 기초가 된 품종으로, 수많은 아라비카 커피 품종의 유전적 기원이자 다양한 변종의 조상이다. 이 품종은 오늘날까지도 커피 품질의 기준이 되는 고급스러운 맛과 향을 제공하며, 커피 애호가들 사이에서 특별한 가치를 지니고 있다.

75 버본(Bourbon)은 유전적으로 매우 중요한 아라비카의 커피 품종 중 하나로, 오늘날 전 세계에서 재배되는 여러 아라비카의 품종 근원이 되는 하나이다. 버본은 주요 커피 질병에 취약하지만 뛰어난 컵 품질과 독특한 향미를 제공하며, 커피 애호가들 사이에서 높은 평가를 받고 있다. 이 품종은 아라비카 커피의 원산지인 에티오피아에서 유래했으며, 오랜 세월 동안 세계 각지로 전파되었다. 버본이라는 이름은 부르봉 섬(Bourbon Island)에서 유래했다. 부르봉 섬은 현재 인도양 서쪽에 위치한 프랑스의 해외 영토인 라 레위니옹(La Réunion) 섬이다. 1700년대 초, 프랑스 선교사들은 예멘에서 부르봉 섬으로 커피 씨앗을 가져왔다. 이 커피 씨앗은 에티오피아에서 예멘을 거쳐 도입된 아라비카의 품종으로, 부르봉 섬의 기후와 토양에 잘 적응하며 성장했다. 이 품종은 섬의 이름을 따서 '부르봉' 또는 '버본'으로 불리게 되었다. 버본 커피는 부르봉 섬에 처음 도입된 후 오랫동안 이곳에서만 재배되었다. 이 커피 품종은 1800년대 중반에 이르러 전 세계로 퍼져나가기 시작했다. 이는 주로 프랑스 선교사들이 아프리카와 아메리카 대륙으로 이주하며 새로운 거점을 마련하고 커피 재배를 확산시킨 데 기인한다.

버본은 1860년경에 브라질에 처음 소개되었다. 이 시기는 브라질이 커피 생산 대국으로 성장하던 시기로, 버본은 브라질의 기후와 토양에 적응하면서 빠르게 확산되었다. 이후 버본은 남아메리카의 여러 지역과 중앙아메리카로 전파되었으며, 오늘날까지도 이 지역들에서 재배되고 있다. 특히 브라질 북부에서 시작된 버본 재배는 남아메리카 전역으로 퍼져 나가며 커피 산업의 발전에 중요한 역할을 했다. 버본은 남아메리카와 중앙아메리카에서 재배되는 동안 현지의 다양한 환경과 토양 조건에 적응하며 여러 변종으로 발전했다. 특히 에티오피아의 재래종뿐만 아니라 인도에서 도입된 부르봉 관련 품종과 혼합되면서 독특한 품질과 특성을 지닌 새로운 품종들이 탄생했다. 그 결과, 오늘날 동아프리카에서 발견되는 버본과 유사한 품종들이 존재하지만, 이들은 라틴 아메리카에서 재배되는 독특한 버본 품종과는 유전적으로 약간의 차이가 있다. 버본은 뛰어난 향미와 품질로 인해 한때 라틴 아메리카 전역에서 널리 재배되었으며, 이 지역의 커피 산업에 큰 영향을 미쳤다. 하지만 버본은 낮은 생산성과 주요 커피 질병에 매우 취약한 단점이 있었고, 이로 인해 20세기 중반 이후로는 생산성이 높은 다른 품종으로 점차 대체되기 시작했다. 특히, 카투라(Caturra), 카투아이(Catuai), 문도 노보(Mundo Novo) 등 버본의 후손 품종들이 개발되면서 원래의 버본 재배는 감소했다. 이러한 후손 품종들은 버본의 우수한 향미와 품질을 유지하면서도 생산성과 질병 저항성을 개선한 품종들이다. 버본은 여전히 엘살바도르, 과테말라, 온두라스, 페루 등 중남미의 특정 지역에서 재배되고 있으며, 고유의 향미와 품질로 인해 고급 커피 시장에서 인기를 얻고 있다. 특히 엘살바도르와 과테말라에서는 버본이 생산량은 적지만 독특한 맛과 향을 지닌 스페셜티 커피로 주목받고 있다.

버본은 오늘날에도 많은 아라비카의 커피 품종 유전적 근원으로서 중요한 가치를 지니고 있으며, 전 세계 커피 애호가들 사이에서 특별한 위치를 차지하고 있다. 이 품종은 독특한 향미와 우수한 품질 덕분에 커피 감정가들 사이에서 여전히 높은 평가를 받고 있으며, 커피 산업의 역사와 유전학 연구에서도 중요한 연구 대상이 되고 있다.

76 게이샤(Geisha) 품종은 세계에서 가장 희귀하고 독특한 아라비카의 커피 품종 중 하나로, 그 기원은 1930년대 에티오피아 서남부의 게샤(Gesha) 마을 근처 커피 숲에서 시작되었다. 이 지역은 커피의 원산지인 에티오피아에서도 유전적 다양성이 매우 풍부한 곳으로 알려져 있으며, 게이샤 품종도 이곳에서 수집된 커피 씨앗에서 비롯되었다. 당시 영국의 식물학자들이 이 지역을 탐사하면서 커피 샘플을 채취해 여러 연구소로 보냈다. 수집된 게이샤 커피 씨앗은 처음에 탄자니아의 리아뭉구(Lyamungu) 연구 기지로 보내졌다. 이곳에서 해당 품종은 커피 질병 저항성 및 생육 특성에 대한 연구가 진행되었으며, 특히 커피 녹병(커피 잎 녹병)에 대한 저항성 가능성이 주목받았다. 이후 1953년, 이 게이샤 품종은 중앙아메리카의 Costa Rica에 위치한 농업연구소인 Centro Agronómico Tropical de Investigación y Enseñanza(CATIE)로 옮겨졌다. CATIE에서는 이 품종을 'T2722'라는 코드명으로 기록하고 보존하였으며, 중미 지역의 커피 연구와 재배 확산의 기초가 되었다. 1960년대에 이르러 게이샤 품종은 커피 녹병에 대한 내성이 확인되면서 관심을 받기 시작했다. 당시 커피 녹병은 중미와 남미 지역 커피 농가에 큰 위협이었기 때문에, 녹병에 강한 품종에 대한 수요가 높았다. 이에 따라 CATIE는 게이샤 품종

(T2722)을 파나마를 포함한 중앙아메리카 전역에 배포하기 시작했다. 그러나 초기에는 농부들 사이에서 큰 인기를 얻지 못했다. 그 이유는 게이샤 나무의 가지가 부서지기 쉬워 바람이나 무게에 쉽게 꺾였고, 수확량 또한 낮아 경제적으로 비효율적이라는 인식이 있었기 때문이다. 또한, 당시에는 게이샤의 독특한 향미가 잘 알려지지 않아 품질 면에서도 주목받지 못했다.
상황이 바뀐 것은 2004년이었다. 파나마 보케테(Boquete) 지역에서 커피 농장을 운영하던 피터슨(Peterson) 가문이 이 품종의 잠재력에 주목하고 정성스럽게 재배하여 'Best of Panama' 대회에 출품했다. 이 대회는 스페셜티 커피 업계에서 매우 권위 있는 대회로, 커피 전문가들과 감정사들이 참가한 가운데 게이샤 커피는 예외적으로 높은 점수를 받았다. 게이샤는 다른 커피와는 비교할 수 없는 섬세한 꽃향기, 재스민 향, 복숭아와 같은 과일 향이 어우러진 향미를 가지고 있어 감정사들로부터 극찬을 받았다. 이로 인해 게이샤 커피는 파운드당 20달러 이상에 판매되며 당시 생두 경매 가격의 최고 기록을 경신했고, '신이 내린 커피'라는 별명을 얻으며 세계적인 명성을 얻게 되었다.
게이샤 품종에 대한 혼란은 주로 '게이샤'라는 이름 아래에 유전적으로 서로 다른 여러 식물 유형이 포함되어 있기 때문이다. 게이샤라는 이름은 에티오피아의 '게샤(Gesha)' 지역에서 유래했으나, 이후 다양한 지역으로 전파되면서 외형이나 맛, 유전적 특성에서 차이가 발생했다. 특히 동일한 이름을 사용하지만 서로 다른 유전적 배경을 가진 식물들이 존재하면서 혼동을 불러일으켰다. 예를 들어, 중미 지역에서 재배된 게이샤는 에티오피아 현지의 게샤와 유전적으로 다를 수 있다. 이는 게이샤가 전파되는 과정에서 자연 교배나 돌연변이를 통해 특성이 변화했기 때문이다.
최근에는 World Coffee Research에서 유전적 다양성 분석을 통해 이 문제를 명확히 하고 있다. 이 연구에 따르면 파나마에서 유명해진 게이샤 품종은 CATIE의 T2722 계통에서 유래한 후손으로, 유전적으로 뚜렷하고 균일한 특성을 가지고 있음이 확인되었다. 특히 T2722 계통의 게이샤는 높은 고도에서 재배할 때 가장 뛰어난 품질을 발휘하며, 세심한 관리와 이상적인 환경이 갖춰질 때 특유의 섬세한 꽃향기와 복숭아, 자스민 향이 강하게 나타난다. 이러한 독특한 향미와 높은 품질로 인해 파나마 게이샤는 현재 비싸고 희귀한 커피 중 하나로 거래되고 있다.

77 물에 의해 운반되어 흙이나 모래가 쌓여 이루어진 땅을 의미한다.

78 자연 상태에서 커피 체리가 땅에 떨어지면 과육의 자연 발효와 환경적 조건을 통해 씨앗이 발아에 적합한 상태로 강인해질 수 있다. 인위적 재배에서는 씨앗을 적절히 건조하고 저장해 발아율을 높이는 것이 중요하다.

79 커피 체리에 두 개의 생두가 마주 보고 있으며, 그 부분이 평평하여 플랫빈(flat bean)이라고 한다.

80 피베리는 종자로 사용할 경우 발아율 문제로 선호되지 않으나, 일반 생두보다 진한 바디감과 과일·플로럴 향미로 스페셜티 시장에서 별도 관리되며 고가로 거래되곤 한다.

81 커피 씨앗의 파종 방향은 발아에 결정적이지 않으나, 센터컷을 아래로 향하게 심으면 뿌리 성장이 더 효율적일 수 있다.

82 열대지역 커피 산지에서는 로부스타 종이 가장 빠르게 열매를 맺으며(개화 후 약 6~9개월), 아라비카(개화 후 약 8~12개월)와 리베리카(개화 후 약 10~12개월)가 그 뒤를 따른다. 한국에서는 서리와 낮은 온도로 인해 비닐하우스에서 재배하며, 온도는 18~24℃를 유지하고 있다. 따라서 안정적인 온도를 유지하는 것은 열매의 정상적인 성장과 숙성을 촉진하는 요인이다. 온도가 불안정하거나 최적 온도 범위를 벗어날 경우, 열매 맺는 시기가 지연되거나 불균형하게 열매가 맺힐 수 있다.

83 커피의 종에 따라 열매의 색이 다를 수 있다.

84 국제무역법상 기준에 의하면 커피 수입 시 가장 기본이 되는 것은 커피의 형태를 구분하는데, 커피는 크게 생두(green coffee bean)와 원두(roasted coffee bean)로 나뉜다. 생두는 커피 열매에서 껍질을 벗긴 후, 발효와 세척 과정을 거쳐 건조한 커피콩이다. 아직 로스팅 과정을 거치지 않아 색상이 녹색을 띠며 주로 수입 후 국내에서 로스팅하여 사용한다. 원두는 생두를 일정 온도에서 로스팅하여 색상이 갈색으로 변하고 향이 발현된 커피콩이다.

85 스페셜티 커피는 커피의 등급을 1에서 100까지의 점수로 환산했을 때 80점이 넘는 커피를 말한다.

86 SCA(Specialty Coffee Association)는 미국 스페셜티 커피 협회(SCAA)와 유럽 스페셜티 커피 협회(SCAE)의 통합으로 2017년에 설립된 비영리단체이다.

87 커피 성분에는 수용성 물질과 불용성 물질로 구분되는데 수용성은 물에 희석되지만, 불용성은 기름, 미세 고형물 성분으로 물에 녹지 않는다. 이 불용성 물질이 바디감을 높인다. 물론 커피의 바디감은 품종, 가공법, 추출방법 등으로 달라질 수 있으나 로스팅 과정에서 강조될 수 있다. 바디감은 주로 와인이나 위스키, 커피 등을 감별할 때 입 안에서 느껴지는 무겁거나 묵직한 상태의 무게감과 밀도감을 말한다. 바디감은 부드럽고 구수하며 묵직한 무게감을 느낄 수 있는 입속의 촉감을 말하며, 잘 익은 생두일수록 풍부한 무게감을 느끼는 반면, 덜 익은 생두는 설익은 떫은맛과 함께 가벼운 촉감이 난다. 커피 맛을 평가할 때 바디감이 '좋다,' '약하다'라는 말을 많이 사용한다. 커피의 쓴맛과 바디감은 차이가 있다. 바디감은 커피 성분 중 지방(기름)이 많은 커피일수록 바디감이 좋다. 물보다는 우유에서 우유보다는 생크림에서 더 강한 여운이 남는 바디감을 느낄 수 있다.

88 프로파일이란 프로그램의 동적 특성 해석에 이용되는 것으로서 프로그램의 실행을 추적하여 각 명령의 실행 빈도를 수치나 표 등의 형식으로 나타내는 것이다. 프로그램 실행 속도의 개선이나 오류의 검출을 위하여 유효한 수단이 된다(출처: 컴퓨터 정보용어대사전). 로스팅은 많은 변수들이 서로 밀접하게 작용하는 물리적, 화학적 반응의 연속이다. 같은 조건의 생두를 로스팅하여도 프로파일이 다를 경우 다른 커피 향미가 나타날 수 있다. 따라서 계획한 커피 향미를 끌어내기 위해서는 반복적인 로스팅 프로파일을 만들어 그 중 최적의 프로파일을 얻어야 한다.

89 BT는 로스팅 과정 중 드럼 내부에서 열을 받고 있는 생두의 센서 온도를 말한다.

90 ET는 로스팅 머신 드럼에서 배기관 쪽으로 나가는 대기의 온도를 의미하며, 배기관이 어느 곳에 위치하였는가에 따라 온도 차이를 보일 수 있다. 로스팅 머신에 따라 지원하지 않는 경우도 있다.

91 ROR은 로스팅에서 온도 상승률을 의미하며 이는 기준 시간당 생두의 온도 상승 정도를 말한다. 예를 들어 30초 동안의 ROR 값이 5라는 수치는 생두 온도가 실제로 30초당 2.5도 오른다는 것을 의미한다. ROR 그래프의 흐름(로스팅 프로파일 곡선)은 일반적으로 최대치 이후 점차 하락하는 모양을 가지게 된다. ROR은 생두 온도의 변화를 나타내므로 로스팅 시각 단계에 원활하게 열량을 조절하여 원하는 결과를 얻을 수 있다. 하지만 생두 특성, 로스팅 머신 등 다양한 변수들에 의해 온도값은 달라질 수 있기 때문에, 전적으로 ROR에만 의존해서는 안 된다. 다만 사용하고 있는 로스팅 머신에 대한 이해를 기반으로 생두의 온도 변화를 좀 더 자세히 확인하고 예측하기 위한 목적으로 ROR을 사용하면 좋을 듯하다.

92 수분활성도(Aw, water activity)는 물질 내부에 존재하는 자유수의 에너지 상태를 나타내며, 이는 물질의 물리적·화학적 특성은 물론 미생물적 안정성에도 직접적인 영향을 준다. 수분을 흡수하는 물질이 포장 용기 속 공기와 수분 평형을 이룰 때, 그 공기 중 상대습도를 100으로 나눈 값이 곧 수분활성도이다. 수분함수율이 생두 안에 포함된 수분의 양을 뜻한다면, 수분활성도는 그 수분 중 실제로 반응이나 미생물 활동에 이용될 수 있는 비율을 보여주는 지표로서 저장 안정성과 상미기한을 예측하는 데 유용하다. 스페셜티커피협회(SCA)는 생두의 수분활성도가 0.70 이하일 것을 기준으로 제시하지만, 여러 연구와 업계 자료에서는 장기 보관을 위해 대체로 0.45~0.55 Aw 범위를 이상적인 상태로 본다. 수분활성도가 지나치게 높으면 건조가 충분하지 않았거나 보관 중 외부 습기를 재흡수했을 가능성이 있으며, 반대로 너무 낮은 값은 생두의 품질 저하나 향미 손실과 연관될 수 있다.

93 커피의 맛이 쓰다고 카페인 함량이 많은 것은 아니다. 로스팅 시간이 길어질수록(진한 로스팅) 원두의 밀도와 무게도 줄어들게 된다. 또한, 원두 분쇄 및 추출 방법의 변화에 따라 카페인 함량은 미세하게 달라질 수 있다. 결국 같은 커피 한 잔이라도 커피 종류에 따라 카페인 함량은 다르다.

94 RD는 로스터가 로스팅을 통해 자신이 추구하는 목적을 얼마나 달성했는지를 보여주는 것이라고 할 수 있다. RD를 구분하기 위한 방법으로 색상을 포함한 다양한 지표(시간, 온도, DTR 등)를 종합적으로 사용한다. 하지만 원두의 겉과 속의 색상은 다를 수 있다. 한편 DT(development time, 발현 시간)는 로스팅 과정 중 1차 크랙 시점부터 배출 시점까지의 시간을

의미하고, DT에 따라 커피 향미가 달라진다. DTR(development time ratio, 발현 시간 비율)은 총 로스팅 시간 중 발현시간이 차지하는 비율이다. 예를 들어 총 로스팅 시간이 10분이고 그 중 1차 크랙이 발생한 시점이 7분이라면, 발현시간은 3분이고 발현시간 비율은 30%가 된다.

95 교반은 바로 배출된 원두의 온도는 매우 높은 상태이기 때문에 그 온도를 최대한 빠르게 냉각시키기 위해 원두를 섞어주는 것을 의미한다.

96 디게싱(degassing)이란 로스팅 과정에서 원두가 지니고 있는 이산화탄소가 자연적으로 배출되는 과정을 말한다. 디게싱으로 맛과 향의 균형이 개선될 수 있으며, 로스팅 이후에 자연스럽게 배출되는데 배전도에 따라 그 기간이 다르다. 일반적으로 중배전일 경우 디게싱 기간은 로스팅 이후부터 약 8~12일 정도 소요된다.

97 팬톤(Pantone LLC.)은 미국 뉴저지주 칼스타트에 본사를 둔 기업으로 그래픽 디자인, 제품 디자인, 패션, 인쇄 등 다양한 산업 분야에서 활용되는 독자적인 색상 관리 시스템인 Pantone Matching System(PMS)을 운영하고 있다. 오랜 경험을 바탕으로 그래픽 디자인, 출판, 인쇄, 플라스틱 등 산업에서 색상 커뮤니케이션 및 색상 기술의 선두 주자로 자리 잡았다. 팬톤 컬러는 전 세계적으로 가장 널리 사용되는 색상 표준으로 인정받고 있다. 한편 X-Rite Pantone에서는 미국 SCA에서 정의하는 커피 로스팅 표준 색상 데이터를 탑재한 커피 로스팅 색상 분석기인 커피 캡슈어(Capsure, 컬러 측정기)를 판매하고 있다.

98 미국스페셜티커피협회(SCAA)는 미국에서 1982년 스페셜티 커피 무역에 대한 품질 기준을 설정하기 위한 공통의 포럼을 추구하는 커피 전문가들의 소규모 그룹에 의해 설립되었다. 또한 유럽스페셜티커피협회(SCAE)는 1998년 런던에서 열린 유럽 커피 커뮤니티 대표자 회의에서 형성되었다. SCAA와 SCAE가 결합하여 2017년 1월에 SCA(스페셜티커피협회)가 설립되었다.

99 SCA 표준에 따라 매우 밝은(#R95)부터 매우 어두운(#R25)까지 8가지 색상으로 구성된 컬러 가이드는 커피 로스터가 로스팅 정도를 결정하는 데 도움이 되도록 설계되었다.

100 CIELAB은 국제조명위원회(International Commission on Illumination: CIE)에서 정의한, 인간의 시각적 인지를 기반으로 색상을 밝기와 두 개의 색상 축(빨강-초록, 노랑-파랑)으로 표현하는 색 공간이다. 여기서 Lab은 L(lightness), a(red-green value), b(yellow-blue value)를 뜻한다.

101 마이야르 반응(Maillard reaction)은 1912년 프랑스의 화학자 루이 카미유 마이야르(Louis Camille Maillard)가 처음으로 보고한 화학 반응으로, 당류, 특히 환원당과 아미노 화합물이 상호 작용하여 갈색 색소인 멜라노이딘(melanoidin)을 생성하는 비효소적 갈변 반응이다. 이 반응은 식품 가공에서 중요한 역할을 하며, 음식의 색, 향, 맛에 큰 영향을 미친다. 일반적으로 식품에는 당류와 단백질이 포함되어 있어 마이야르 반응은 다양한 식품에서 자연스럽게 발생한다. 빵을 굽거나 고기를 구울 때 나타나는 갈색화와 향미 증진이 이에 해당한다.

102 캐러멜화(caramelization)는 당류가 가열에 의해 일으키는 비효소적 갈변 반응으로 요리에 고소함과 진한 색을 부여하는 중요한 현상이다. 이 과정에서 발생하는 휘발성 화합물들이 캐러멜 특유의 맛을 형성한다. 캐러멜화는 효소의 관여 없이 당류가 열에 의해 분해되고 중합되어 갈색 색소와 향미 성분을 생성하는 반응이다. 색소로 인해 음식이 갈색으로 변하는 공통점 때문에 마이야르 반응이 캐러멜화(caramelization)와 같다고 생각할 수 있다. 실제로 두 반응은 비효소적 갈변 반응이고 반응을 촉진하기 위해 열을 가해 갈변이 발생한다는 공통점이 존재한다. 그러나 두 반응의 과정을 자세히 보면, 명백한 차이점이 드러나는데 마이야르 반응은 당류와 아미노 화합물(단백질)이 동시에 관여하는 반응인 반면, 캐러멜화는 단백질이 관여하지 않는 특정 당류의 열분해 과정으로 마이야르 반응과 원리가 완전히 별개의 현상임을 알 수 있다.

103 스트레커 분해(strecker degradation)는 독일 화학자 아돌프 스트레커(Adolph Strecker)의 이름을 붙여 명명된 화학반응으로, α-아미노산이 이민(Imine) 중간체를 통해 곁사슬을 포함하는 알데히드(aldehyde)로 변환한다. 이 반응은 마이야르 반응과 연계되어 커피 로스팅에서 고소한 견과류 향, 과일 향, 또는 꽃 향과 같은 휘발성 향미 화합물을 생성하는 데 중요

한 역할을 한다.

104 Agtron Specialty No.는 미국 Agtron 회사에서 만든 분광 색도계의 색상값을 의미한다. 로스팅 원두 색상의 밝기에 따라 값을 정하여 표준화시켰다. SCA에서 이 Agtron No를 적용하여 배전도의 기준으로 사용하고 있다.

105 열분해(熱分解)는 물질에 높은 온도로 가열하였을 때 일어나는 화학 물질의 분해 반응을 의미한다. 생두는 열분해 등으로 인해 커피의 맛과 향을 위한 여러 물질들을 생성한다.

106 커피에서의 짠맛은 오래된 원두, 추출에 사용된 물의 미네랄 함량, 또는 특정 추출 방법에 의해 미묘하게 나타날 수 있으나, 일반적으로 거의 느끼지 못할 정도이다.

107 커피 분쇄란 커피 원두를 갈아서 작은 입자로 만드는 것으로 커피 그라인딩(grinding)이라고도 한다.

108 콜드 브루(cold brew)는 찬물 또는 상온의 물로 오랜 시간 추출하는 방식으로, 주로 침출식 추출을 기본으로 한다. 이 용어는 미국을 중심으로 대중화되었으나, 현재는 세계 여러 지역에서 저온 장시간 추출을 지칭하는 표준 표현으로 사용된다. 드롭 방식 추출(slow drip)은 그 원리상 콜드 브루의 한 형태로 여겨지기도 하지만, 이 분류는 업계나 연구자마다 다를 수 있다. 한국과 일본에서는 전통적으로 전해 내려오는 '네덜란드 선원 설(배에서 찬물로 커피를 만들었다는 이야기)'과 더치식 주전자의 영향으로, 이 드롭 방식의 커피를 '더치 커피(Dutch coffee)'라고 부르는 관행이 자리 잡았으나, 그 유래는 문헌적 증거가 부족하다.

109 드리퍼(dripper)는 커피를 직접 컵이나 서버 위에 내릴 때 사용하는 깔때기 모양의 도구로, 여과지(filter)를 안에 넣고 커피 분쇄 원두에 뜨거운 물을 부어 커피를 추출하는 데 사용된다.

110 다이얼 인(dial in)이란 커피 추출 과정에서 원두가 지닌 향미를 가장 잘 드러내기 위해 분쇄도, 추출 시간, 추출수의 양, 압력 등 여러 변수를 세밀하게 조정하는 절차를 말한다. 이 과정은 맛의 균형을 찾고, 동일한 품질의 커피를 안정적으로 재현하기 위한 핵심 단계로 사용된다.

111 정전기로 인해 분쇄된 커피 입자들이 달라붙는 현상을 정전기 현상(static effect)이라고 한다. 조슈아 멘데스 하퍼(Joshua Méndez Harper) 등의 연구에 따르면, 원두를 분쇄하기 전에 소량의 물을 뿌리는 것으로도 정전기의 원인이 되는 전하(electric charge) 축적을 억제할 수 있음이 확인되었다. 원두를 분쇄하는 과정에서 정전기를 줄인 결과, 분쇄된 커피 가루가 그라인더에 달라붙거나 서로 뭉치는 현상이 감소하였다. 또한, 연구를 통해 원두의 수분 함량, 로스팅 정도, 입자 크기가 정전기 발생량에 영향을 준다는 사실이 증명되었다. 구체적으로, 원두의 수분 함량이 높을수록, 배전도가 약배전일수록, 그리고 분쇄 입자가 클수록 정전기 발생량이 적었다. 원두 분쇄 전 소량의 물을 뿌리는 행동은 커피 품질에도 영향을 주었다. 에스프레소 추출의 경우, 뿌려진 물이 커피 가루 입자에 머물러 있어 추출 시간이 길어졌고, 그 결과 농도가 약 10~15% 상승하였다. 또한 동일한 분쇄 설정에서도 배전도에 따라 입자 크기가 달라지는 경향이 나타났는데, 다크 로스팅(dark roasting) 원두가 마일드 로스팅(mild roasting) 원두보다 더 미세한 입자로 분쇄되는 것으로 나타났다. 실용적으로, 에스프레소 한 잔을 만드는 데 원두 15g을 사용할 경우, 약 0.75ml 정도의 물을 작은 스프레이로 2~3회 분무하는 것이 적절하다.(출처: Joshua Méndez Harper 외 10인, 2023)

112 포터필터(portafilter)는 분쇄된 원두가루를 담아 에스프레소 머신의 그룹 헤드에 장착하기 위한 도구로서, 이 포터필터에 실제로 원두가루가 담기는 곳이 필터 바스켓(filter basket)이다. 필터 바스켓은 추출수가 고압으로 통과할 수 있도록 촘촘한 구멍이 뚫려 있으며, 이 구멍을 통해 커피가 추출되고 나머지 원두가루 찌꺼기는 걸러내는 역할을 한다.

113 PSD(Particle Size Distribution)는 분쇄된 원두 입자의 크기별 분포를 나타내는 지표로, 추출의 균일성과 커피의 향미에 직접적인 영향을 미친다.

114 Brew는 '양조하다, 끓이다, 우려내다'라는 말로 커피에서의 'Brewing(브루잉)'은 넓은 의미에서 '커피 추출'을 의미한다.

원두를 분쇄하고 물을 투입하여 커피를 만드는 일련의 모든 과정을 '브루잉'이라 할 수 있다. 다만 일반적으로 '브루잉 커피(brewed coffee)'는 에스프레소 머신을 사용하지 않는 추출 방식으로 만들어진 커피를 의미하는 경우가 많다. 핸드드립, 프렌치프레스, 사이폰, 콜드브루 등의 추출 방식이 브루잉 커피에 해당한다.

115 고형성분(soluble solids)은 커피에서 물에 녹아 추출되는 수용성 성분을 의미하며, 커피의 종류, 로스팅 정도, 추출 방식 등에 따라 그 구성과 농도가 달라진다. 일반적으로 에스프레소 한 잔(30~60g 기준)에는 수용성 탄수화물, 유기산, 미네랄, 카페인, 단백질, 트리고넬린 등 다양한 성분이 포함된다. 한편, 생두의 성분은 건조 기준(dry weight)으로 보면 다음과 같이 분포한다. 탄수화물은 50~60%를 차지하며, 지질 11~17%, 단백질 10~16%, 무기물(미네랄) 3~5%, 카페인 1~2%, 알칼로이드인 트리고넬린(trigonelline) 약 1%, 페놀과 클로로겐산 계 화합물 6~10% 정도이다. 이러한 수치는 생두의 품종, 재배 환경, 로스팅 정도 등에 따라 달라질 수 있으며, 추출된 커피 음료에서의 고형성분 구성과는 차이가 있을 수 있다.

116 All About Coffee는 1922년에 출판되었으며, 커피의 역사, 재배, 가공, 추출뿐만 아니라 당시의 정치, 문화, 사회적 풍속과 일화를 상세히 다룬 포괄적인 저서이다. 또한 커피를 주제로 한 음악, 미술, 연극 등을 소개하고 있으며, 각 장은 커피의 역사적 전개를 시대순으로 정리해 놓았다. 이 책은 커피 산업과 문화 연구의 고전으로, 오늘날까지도 중요한 참고 자료로 활용된다.

117 TDS(%) 공식은 TDS(g)/총 추출된 커피 양(g)×100이다. 여기서 TDS(g)는 커피 성분(고형물)의 무게를 의미한다.

118 이온(ion)은 원자나 분자가 특정한 상태에서 전자를 잃거나 얻어 전하를 띠는 것을 의미하는 용어이다. 원자의 양성자 수는 화학적 변화로 인해 변하지 않지만, 전자는 증가하거나 감소할 수 있다. 원자가 이러한 변화를 거쳐 이온이 되는 과정을 전리(電離) 또는 이온화(ionization)라고 한다. 중성 원자가 하나 이상의 전자를 잃으면 양전하를 띠게 되고, 반대로 전자를 얻으면 음전하를 띠게 된다. 전하를 띤 이온 중 양전하를 가진 것을 양이온(cation), 음전하를 가진 것을 음이온(anion)이라고 한다.

119 염소는 자극성 냄새가 있는 황록색 기체로, 수돗물 소독제로 사용되며 소독약 냄새를 유발한다.

120 커피 수율(%) 공식은 TDS(g)/사용한 원두가루 양 × 100이다. 여기서 TDS(g)는 커피 성분(고형물) 양을 의미한다. TDS(g) 계산은 TDS(%)×총 추출된 커피 양(g)이다.

121 수율이 18%보다 떨어지면 과소추출, 22%보다 높은 경우 과다추출이라고 하는데 수율의 정도에 따라 커피의 맛과 향이 달라져 수율의 비율은 커피의 품질로도 연관성이 있다. 하지만 최근 커피의 품질은 매우 주관적이기 때문에 최적의 추출 수율이 있을 뿐 최고의 추출 수율은 존재하기 어렵다.

122 pH는 7보다 낮으면 산성, 7보다 높으면 알칼리성을 띤다. pH는 로그 스케일로 정의되므로, pH가 1단위 감소하면 수소 이온 농도(H^+)가 10배 증가하며, 반대로 1단위 증가하면 10배 감소한다.

123 알칼리도는 산을 중화시키는 능력의 척도로 수중의 수산화물, 중탄산염의 형태로 함유할 수 있는 성분을 중화할 수 있는 탄산칼슘 형태로 환산하여 mg/L 단위로 나타낸 것이다(출처: water.or.kr).
알칼리도와 pH는 유사하지만 서로 다른 개념이며, 둘 사이에 명확한 상관관계가 있는 것은 아니다. 알칼리도는 용액이 산을 중화하는 능력, 즉 완충 능력을 나타내고, pH는 물의 산성 또는 알칼리성 정도를 보여준다. 일반적으로 알칼리도가 높은 물은 pH가 안정적으로 유지되는 경향이 있지만, 알칼리도와 pH가 항상 비례하는 것은 아니다. 실제 물의 pH는 알칼리도 외에도 여러 요인에 따라 달라질 수 있다.

124 탄산수소염(hydrogencarbonate) 혹은 중탄산염(bicarbonate)은 탄산 탈양성자화의 중간 형태인 탄산수소 이온(HCO_3^-)의 염이다. 탄산수소 이온은 pH 완충계에서 중요한 생화학적 역할을 한다.

125 커피 브루잉 컨트롤 차트(Coffee Brewing Control Chart, CBCC)는 커피 추출 품질을 측정하고 최적화하기 위해 개발된 도구로, 원래는 미디엄 로스트 원두와 침출식 추출 방식(필터 커피)에 맞춰 설계되었다. 초기 버전의 차트에는 '쓴맛(bitter)'과 같은 단일 감각 특성 영역과, '미숙한(under-developed)'과 같은 정성적 판단 구역이 포함되어 있었다. 최신 버전에서는 이러한 서술적 표현이 제거되고, 총용존고형물(TDS)과 추출 수율(Extraction Yield, EY) 등 정량적 지표 중심으로 개편되었다. 이를 통해 감각적 판단을 최소화하고 보다 과학적·객관적으로 추출 품질을 평가할 수 있게 되었다. 한편, 에스프레소와 같이 고압으로 추출하는 방식은 기존 브루잉 컨트롤 차트의 적용 범위에 포함되지 않는다. 에스프레소는 필터 커피와 다른 물리적 조건과 화학적 반응을 갖기 때문에, 별도의 에스프레소 브루잉 컨트롤 차트(Espresso Brewing Control Chart)를 통해 품질 평가가 이루어진다.

126 침지식은 침출식이라고도 한다.

127 여과식은 커피가 종이 필터나 금속 필터를 통해 물과 접촉하며 추출되는 방식을 말하며, 드립식이라고도 한다. 한편, 투과식(percolation)이라는 용어는 과거에 사용되던 표현으로, 현대에는 주로 드립, 푸어오버 등을 포함한 개념으로 사용한다.

128 터키쉬 커피(Turkish coffee)는 튀르크 커피(Türk kahvesi)라고도 하며, 현재 튀르키예에서 유래한 달임식(boiled) 커피를 의미한다.

129 프렌치 프레스(French press)는 일명 커피 플런저(coffee plunger), 커피 프레스(coffee press), 프레스 포트(press pot) 등 여러 이름으로 불린다.

130 핸드 드립은 푸어오버와 같은 여과식 추출 방식이지만, 미세한 차이가 있다. 핸드 드립은 일본에서 발전한 방식으로, 물줄기의 양과 속도를 섬세하게 조절하며 천천히 추출하는 기술을 강조한다. 따라서 추출 과정에서 손기술이 커피의 맛에 큰 영향을 미친다. 반면, 푸어오버는 서구권에서 주로 사용되는 용어로, 물을 부어 비교적 빠르게 커피를 추출하는 방식을 폭넓게 지칭한다. 최근에는 물의 양과 추출 시간을 저울과 타이머로 측정해 보다 일관된 맛을 내는 방식으로 인식되며, 국제적인 커피 행사에서도 공식적으로 푸어오버라는 용어를 사용한다.

131 에스프레소(espresso)의 어원에 대해서는 여러 설이 있으나, 라틴어 'Ex'와 'Pressus'에서 유래하여 '압력에 의해 추출되는 커피'를 의미한다는 설이 널리 받아들여진다. 한편, 이탈리아어 'Espresso'가 '빠른'이라는 뜻을 지니며 이 의미에서 에스프레소가 유래했다는 설도 있으나, 이에 대한 근거는 다소 부족하다.

132 모카 포트(Moka pot)라는 이름은 1933년 이탈리아의 비알레띠(Bialetti)사가 처음 발명한 대표적인 모카 포트인 모카 익스프레스(Moka express)에서 엿볼 수 있다. 영어권에서는 이를 그대로 모카 익스프레스라고 부르기도 한다.

133 제즈베(cezve)는 튀르키예어로 커피를 끓이는 데 사용하는 길고 좁은 냄비를 의미한다. 우리나라, 미국 등에서는 대부분 제즈베를 이브릭(ibrik)이라고도 부른다.

134 프렌치 프레스는 "Coffee plunger" 또는 "Coffee press"라고도 불린다.

135 서버(server)는 커피를 받아 내는 용기를 의미한다.

136 사이폰(syphon, siphon)은 버큠 브루어(vacuum brewer)라고도 한다.

137 드리퍼(dripper)는 커피를 추출할 때 공기와 추출수의 흐름을 원활하게 하기 위해 안쪽 벽면에 홈과 돌기 등의 구조가 있는데, 이를 리브(rib)라고 한다.

138 멜리타(Melitta) 드리퍼는 사다리꼴 형태로, 리브가 직선이며 추출구가 하나로 구성되어 있다. 비교적 느린 속도로 추출되기 때문에 진하고 풍부한 맛을 낸다.

139 칼리타(Kalita) 드리퍼는 멜리타와 모양이 비슷하지만, 추출구가 3개로 되어 있어 추출이 보다 원활하게 이루어진다.

140 고노(Kono) 드리퍼는 원뿔형으로, 리브가 중간에서 아래쪽 일부에 직선으로 배치되어 있어 추출 속도가 비교적 빠른 편이다.

141 하리오(Hario) 드리퍼는 원뿔형으로, 물결 모양의 리브와 큰 추출구를 갖추고 있어 빠른 속도로 균형 잡힌 커피를 추출할 수 있다.

142 에어로프레스(Aeropress)는 2005년 미국의 에어로비(Aerobie)사에서 개발한 커피 추출 도구로, 침지식, 가압식, 여과식 방식을 결합한 특징을 가진다.

143 포터필터(portafilter)는 원두가루를 담는 필터 바스켓을 결합하여, 커피 머신에 장착하기 쉽도록 손잡이가 달린 도구이다. 포터필터 종류는 바텀리스 포터필터(bottomless portafilter), 스파웃 포터필터(spouted portafilter)가 있으며, 스파웃 포터필터로는 싱글 스파웃 포터필터(single spouted portafilter), 더블 스파웃 포터필터(double spouted portafilter), 트리플 스파웃 포터필터(triple spouted portafilter)가 있다.

144 도징(dosing)은 분쇄된 원두를 필요한 정량만큼 포터필터에 담는 과정을 의미한다. 도징 방법에는 원두 가루를 포터필터에 직접 담는 방식과, 도징 컵에 먼저 받아 포터필터에 옮겨 담는 방식이 있다.

145 탬핑(tamping)은 포터필터에 담긴 원두가루를 탬퍼로 눌러 고르게 다지는 과정을 의미한다. 입자 사이 간격이 느슨하면 커피가 고르게 추출되지 않는다.

146 열교환식(HX)은 HX 보일러라고도 하며, 열교환식 보일러(Heat Exchanger Boiler)로도 알려져 있다. HX는 열교환기(heat exchanger)의 줄임말이다.

147 전통적인 이탈리아 스타일의 에스프레소는 한 잔에 7~9g의 원두가루를 사용한다. 그러나 현재는 더블 샷(double shot)에 해당하는 14~18g의 원두가루를 사용하는 경우가 많다. 원두가루의 양은 에스프레소 추출 방식이나 개인 취향에 따라 달라질 수 있다.

148 도징량(dose)이란 커피를 추출할 때 사용하는 원두가루의 양을 의미하며, 보통 그램(g) 단위로 정확히 측정한다. 에스프레소 머신에서는 포터필터에 담는 분쇄 원두의 양을, 드립 커피에서는 필터에 담는 원두의 양을 가리킨다.

149 린싱(rinsing)은 종이 필터를 드리퍼에 넣은 후 뜨거운 물로 필터를 적시는 과정을 말한다. 필터를 물로 적시면 종이 냄새를 제거하여 커피 본연의 맛에 영향을 최소화할 수 있으며, 차가운 서버와 드리퍼를 데우는 효과도 있다. 보통 40~50ml 정도의 뜨거운 물로 필터를 전체적으로 고르게 적시는 것이 적당하다. 린싱 후 서버에 담긴 물은 버리고, 가능하면 드리퍼의 물기도 털어주는 것이 좋다.

150 블루밍(blooming)은 핸드 드립 커피 추출의 초기 단계로, 원두가루에 소량의 뜨거운 물을 부어 원두가 물을 흡수하고 이산화탄소(CO_2) 가스를 방출하도록 하는 과정이다. 이 과정은 커피의 향미를 보다 균일하고 풍부하게 추출하기 위해 중요한 단계이다.

151 이것을 가수(加水)라고 하며, 물을 추가한다는 의미이다.

152 포터필터의 내・외부 물기를 잘 닦아야 하는 이유는 물은 항상 저항이 적은 부분으로 쉽게 흐르기 때문이다. 특히 필터 바스켓 내부에 물기가 남아 있으면, 일부 경로로 물이 집중되어 흐르는 채널링(channeling) 현상이 발생할 수 있다.

153 레벨링(leveling)은 포터필터 바스켓에 담긴 분쇄 원두를 고르게 펴서 평평하게 만드는 과정을 의미한다.

154 레벨링 툴(leveling tool)은 디스트리뷰터(distributor)라고도 하며, 포터필터에 담긴 원두를 고르게 분배해주는 도구이다. 일부 제품은 레벨링뿐 아니라 탬핑까지 보조하도록 설계되어 있어, 레벨링 후 탬퍼로 탬핑을 하는 방식과 레벨링과 탬핑을 한 번에 수행할 수 있는 방식이 있다.

155 태핑(tapping)은 탬핑 후 포터필터를 가볍게 두드려 바스켓 가장자리에 남아 있는 원두가루를 제거하는 동작이다. 태핑이 너무 약하면 원두가루가 그대로 남아 있고, 너무 세면 탬핑 효과가 줄어들기 때문에 주의가 필요하다. 경우에 따라 전용 솔(brush)로 원두가루를 털어내거나, 태핑 과정을 권장하지 않고 생략하기도 한다.

156 플러시(flush)는 에스프레소 머신의 그룹헤드에서 뜨거운 물을 5~10초 정도 짧게 흘려, 잔여 커피 오일과 찌꺼기, 온도 불균형을 제거하는 과정을 의미한다.

157 데미타스(demitasse)는 프랑스어로 "작은 잔"을 의미하는 데미-타스(demi-tasse)에서 유래한, 에스프레소나 진한 블랙 커피를 담는 소형 커피잔이다. 영어 발음은 "DEM-i-tas"이며, 프랑스어 발음은 "də-mee-TAS"에 가깝다. 컵의 곡면 디자인은 커피가 튀지 않도록 하고, 두꺼운 재질은 보온 효과를 높여 향미를 오래 유지할 수 있다. 데미타세라고도 불린다.

158 업도징(updosing)은 바스켓 사이즈보다 더 많은 양의 원두가루를 담아 추출 흐름을 느리게 하거나 향미를 강화하는 경우를 말한다.

159 다운도징(downdosing)은 에스프레소 추출 시 바스켓 사이즈보다 적은 양의 원두가루를 담는 것을 의미한다. 이는 추출 속도를 빠르게 하지만, 과소추출을 일으켜 묽고 약한 맛이나 신맛이 강해지는 결과를 초래할 수 있다.

160 에스프레소 싱글(single)은 한 잔의 커피를 의미하기보다는, 포터필터의 필터 바스켓에 담긴 원두가루의 양을 지칭하는 용어이다. 필터 바스켓(filter basket)의 종류는 싱글 필터 바스켓(single filter basket), 더블 필터 바스켓(double filter basket) 등이 있다. 싱글 필터 바스켓은 원두가루를 약 7~10g 정도 담을 수 있고, 더블 필터 바스켓은 원두가루를 약 14~20g 정도 담을 수 있다. 싱글 필터 바스켓으로 추출하면 싱글, 더블 필터 바스켓으로 추출하면 더블이 된다. 오늘날 많은 커피 전문점에서는 더블 스파웃 포터필터(double spout portafilter)를 사용하여 더블 샷(double shot)으로 한잔의 커피를 만들어 판매하는 경우가 일반적이다. 한편 우리나라에서는 싱글 샷(single shot)을 흔히 원 샷(one shot)이라고 하고, 더블 샷(double shot)은 투 샷(two shot)이라고 부르며, 도피오(doppio)와 혼용하여 사용하고 있다.

161 에스프레소 룽고(lungo)는 이탈리아어로서 "룬고"라고 비슷하게 발음한다.

162 베리에이션(variation)은 '변형,' '변화'의 뜻으로 에스프레소를 활용하여 만든 다양한 커피를 의미한다.

163 아메리카노(americano)의 유래는 명확하지 않으나, 널리 알려진 설에 따르면 제2차 세계대전 중 이탈리아에 주둔했던 미군 병사들이 현지인들이 마시는 진한 에스프레소를 입맛에 맞게 물로 희석해 마시면서 비롯되었다고 한다. 정확한 명칭은 이탈리아어로 '미국식 커피'를 의미하는 '카페 아메리카노(caffè americano)'이다. 당시 이탈리아인들이 미군을 조롱하며 이 음료를 '미국인들이나 마시는 커피'라고 부른 것에서 유래했다는 이야기도 전해진다. 이탈리아를 비롯한 유럽에서는 에스프레소나 카푸치노처럼 순수한 커피나 우유를 첨가한 음료가 주를 이루기 때문에, 물을 섞어 연하게 마시는 방식은 미국식으로 구분되었다.

164 Ice Americano의 정확한 표현은 'Iced Americano'이다. 우리나라에서 잘못 통용되고 있는 영어이다.

165 스팀 우유의 정확한 영어 표현은 '스팀드 밀크(steamed milk)'이다.

166 카페 라떼의 우유 거품은 미세하고 부드러운 마이크로폼(microfoam)이 사용된다. 카페 라떼에 사용되는 마이크로폼은 카푸치노보다 거품의 양이 적고 부드러우며, 일반적으로 약 1cm 미만의 얇은 층을 형성한다.

167 스팀 피처(steam pitcher)는 우유를 담아서 스티밍(steaming)하기 위해 사용하는 스테인리스(stainless) 재질의 도구이다. 스팀 피처는 용량과 크기에 따라 다양하다. 일반적으로 용량은 150ml, 350ml, 600ml, 1,000ml 등이 있다. 스팀 피처는 열전도율이 높고 우유 온도를 제어하는데 용이하도록 만들어졌다. 스팀 피처 주둥이 부분은 스파웃(spout)이라고 하는데 V자 형과 U자 형이 있다. V자 형태의 스파웃은 폭이 좁고 뾰족해서 빠른 핸들링이 가능하고 얇은 선을 표현할 수 있어 정교한 그림을 나타내기에 적절하다. 반면 U자 형태의 스파웃은 폭이 약간 넓고 둥글어서 두꺼운 선을 표현하기에 좋다.

168 밀크 스티밍(milk steaming)은 우유에 공기를 주입해 거품을 만들고 혼합하는 과정이다. 일반적으로 30~35°C 구간에서 공기를 주입하는 스트레칭(stretching) 단계와, 35~65°C 사이에서 우유의 온도를 상승시키며 거품을 균일화하는 롤링(rolling) 단계로 구성된다. 이와 같은 온도 범위는 주로 카페 라떼와 같은 음료에서 미세 거품의 형성과 질감 안정화를 목적으로 한 경험적 기준에 기반한다. 단, 실제 적용 시에는 우유의 종류, 에스프레소 머신의 스팀 압력, 피처의 재질 및 크기 등 다양한 변수에 따라 ±2~3°C의 조정이 요구될 수 있다. 스티밍 온도가 약 65°C를 초과하면 거품이 거칠어지고 커피 질감이 저하될 수 있다. 이 과정을 통해 부드럽고 미세한 거품이 포함된 스팀드 밀크(steamed milk) 또는 미세 거품이 완성된다. 밀크 스티밍은 짧은 시간에 이루어지므로 숙련된 기술이 요구된다.

169 스팀 완드(steam wand)는 에스프레소 머신에 장착된 막대 모양의 도구이며, 그 끝 부분에서 스팀이 분사되는 노즐을 스팀 팁(steam tip) 또는 스팀 노즐(steam nozzle)이라고 한다. 스팀 완드는 보일러에서 생성된 고압의 스팀을 이용해 우유를 부드럽게 가열하고 미세한 거품을 만들어 음료의 부드러운 질감을 완성하는 역할을 한다.

170 밀크 스티밍에서 이러한 행위를 퍼징(purging)이라고 하며, 스티밍 전·후에 진행한다. 스티밍 전은 스팀 완드 속에 고여 있는 물을 빼주기 위함이고, 스티밍 후에는 스팀 완드에 들어있는 우유 찌꺼기를 제거하여 위생을 유지하기 위함이다.

171 사람의 체온이 약 36.5°C이므로 감각적으로 스트레칭 단계의 온도(30~35°C)를 체크하는 방법이다.

172 라떼 아트에서 안정화(stabilization)는 라떼 아트 패턴을 그리기 전, 스팀 우유를 에스프레소에 부어 크레마와 우유를 균일하게 혼합하는 과정이다. 이 과정은 마치 그림을 그릴 도화지를 준비하는 것과 같다. 안정화가 제대로 이루어지면 크레마가 유지되면서 부드러운 유백색 표면이 만들어져, 하트나 튤립 같은 패턴을 선명하게 표현할 수 있다. 반대로 안정화가 부족하면 크레마가 깨지거나 우유와 제대로 섞이지 않아 패턴이 흐트러지고 라떼 아트의 품질이 저하된다.

173 핸들링(handling)은 라떼 아트 시 스팀 피처를 좌우로 흔들어 결하트, 로제타 등의 결 모양을 만드는 기술이다. 숙련도에 따라 흔드는 속도와 폭을 조절하며, 안정화가 끝난 후 본격적인 라떼 아트를 위해 필요한 기법이다.

174 드리즐(drizzle)은 시럽, 소스 등 액체 재료를 음식이나 음료 위에 얇고 가늘게 뿌려 장식하는 기법이다. 주로 짜는 병(squeeze bottle), 스푼, 파이핑 백을 이용해 지그재그, 선, 점 등 다양한 패턴을 만들어 시각적인 효과와 맛을 더한다. 커피 음료에서는 캐러멜 마키아토나 아이스 카페 모카처럼 휘핑크림, 미세 거품, 혹은 음료 표면에 적용된다. 디저트나 요리에도 소스나 오일을 드리즐하여 미적·맛의 완성도를 높인다.

175 숏(short) 마키아토는 싱글 에스프레소에 소량의 스팀 우유와 우유 거품을 얹어 완성한다.

176 롱(long) 마키아토는 보통 더블 에스프레소에 소량의 스팀 우유와 우유 거품을 얹어 유리컵에 제공되는 음료다. 숏 마키아토보다 에스프레소 양이 많아 커피 풍미가 더 진하며, 소량의 우유가 에스프레소의 강렬함을 부드럽게 감싸는 특징이 있다. 다만, 실제 레시피는 카페나 지역에 따라 달라질 수 있다(예: 일부 매장에서는 에스프레소를 더 길게 뽑은 룽고형 에스프레소에 우유를 더한 형태를 '롱 마키아토'라고 하기도 하고, 어떤 곳은 단순히 샷 수의 차이만 둔다). 전통적인 '에스프레소 마키아토'는 기본적으로 싱글 샷의 에스프레소에 우유 거품(또는 소량의 스팀 밀크)을 '표시(마키아토)'하듯 올린 형태이다.

177 SCA(스페셜티 커피 협회)가 스페셜티 커피의 품질을 객관적이고 일관성 있게 평가하기 위해 마련한 국제 표준 절차를 일반적으로 커핑 프로토콜이라고 한다. 이 프로토콜은 물 기준, 로스팅 수준, 분쇄도 등 물리적 조건을 엄격하게 규정하며, 커피의 향미 특성(향, 맛, 산미, 바디감, 균형미 등)을 체계적으로 감별하고 점수화하여 등급을 결정하는 데 사용된다. 한편, SCA는 CVA(Coffee Value Assessment)라는 새로운 평가 체계를 발표하며 기존의 커핑 시스템을 보완했다. CVA는 감각적 평가뿐만 아니라 지속 가능성 등 커피가 가진 복합적인 가치를 평가하는 데 초점을 맞추고 있다.

178 Q 그레이더는 CQI(커피 품질 연구소)의 인증을 받은 아라비카 생두 전문 품질 감별사이다. 이들은 SCA 커핑 프로토콜을 포함한 표준 절차에 따라 생두의 결점두를 식별하며, 공정하고 일관된 방식으로 커피의 품질 등급을 매기는 전문가이다.

엄격한 교육 및 시험 과정을 거쳐 자격을 취득하며, Q 그레이더의 평가는 전 세계 스페셜티 커피 산업에서 품질 관리와 공정한 거래의 중요한 기준으로 활용된다.

179 커피 베리병(Coffee Berry Disease, CBD)은 커피나무, 특히 아라비카의 품종에 영향을 미치는 곰팡이성 질병이다. 이 병은 주로 커피 열매에 침투하여 병변(병이 생긴 부위나 흔적)을 일으키고, 어린 열매가 떨어지게 만들며, 최종적으로는 수확량에 상당한 손실을 초래하는 치명적인 질병으로 알려져 있다.

180 왜성(dwarf)은 품종이 가진 유전적 특성으로, 일반 개체보다 키가 작게 자라는 것을 의미한다. 커피 품종에서 왜성 특성은 밀식 재배를 가능하게 하여 단위 면적당 생산성을 높이고, 수확 및 관리 효율성을 증대시키는 이점을 제공한다.

181 아웃턴(outturn)은 수확된 커피 열매를 가공하여 최종적으로 얻는 생두의 비율을 의미한다. 이 비율은 커피 생산 효율성을 나타내는 중요한 지표로, 수확량 예측과 농장 관리 등에 활용된다.

182 CATIE(Centro Agronómico Tropical de Investigación y Enseñanza)는 중미 및 카리브 지역의 열대 농업 연구 및 교육을 담당하는 국제기관이다. CATIE는 과학, 교육, 혁신을 결합하여 지속 가능한 농업과 지역 발전을 목표로 한다. 주요 활동으로는 열대작물 품종 개발, 생태계 보전, 농업 전문가 교육 등이 있다.

183 ORSTOM(Office de la Recherche Scientifique et Technique Outre-Mer)는 1943년 설립된 프랑스 해외 연구기관으로, 1998년 IRD(Institut de Recherche pour le Développement)이름이 바뀌었으며, 중남미 · 아프리카 등 개발도상국과 협력하여 농업, 환경, 커피 연구를 포함한 지속 가능한 개발 연구를 수행한다.

184 CIRAD(Centre de coopération Internationale en Recherche Agronomique pour le Développement)는 프랑스의 농업 연구기관으로, 개발도상국의 농업 발전을 지원하는 국제 협력 연구를 수행한다. 특히 커피 분야에서는 품종 개발, 질병 저항성 연구, 기후 변화 대응 등 다양한 프로젝트를 통해 커피 산업의 지속 가능성과 품질 향상에 기여하고 있다.

185 ECOM Agroindustrial Corp.(ECOM)는 스위스와 미국을 기반 · 거점으로 설립된 글로벌 농산물 트레이딩 기업으로, 커피 · 코코아 · 면화 등 원자재의 구매 · 거래 · 수출을 수행하고, 생산지 농민 지원과 지속 가능한 농업 프로젝트를 운영하며 커피 품질 개선과 공급망 관리에도 기여한다.

186 PROMECAFE(Programa Cooperativo Regional para el Desarrollo Tecnológico y Modernización de la Caficultura en América Central)는 중미 국가들의 커피 산업 기술 개발과 현대화를 지원하는 지역 협력 프로그램이다. 이 기관은 커피 품종 개발, 농업 기술 개선, 농민 교육 등을 통해 중미 지역 커피 산업의 경쟁력 강화를 목표로 활동하고 있다.

187 하이브리드 비거(vigor)는 식물 육종에서 사용되는 용어로, 특히 F1 하이브리드 품종에서 두 부모 품종의 유전적 결합으로 인해 자손이 부모보다 더 강건하고 우수한 생장 특성을 보이는 현상을 의미한다.

188 문도 노보(Mundo Novo)의 'Mundo'는 'World'(세계), 'Novo'는 'New'(새로운)를 의미한다. 이는 브라질의 커피 산업에서 '새로운 세계'를 상징하며, 품종의 발견 장소(브라질 상파울루 주의 Novo Mundo 지역, 현재 Urupês)에서 유래하였다.

189 클론(clone)은 생물학적 관점에서 특정 개체의 유전 정보를 완벽하고 동일하게 복제하여 만들어진 후손을 통칭하는 용어이다. 이는 유성생식을 통해 만들어지는 씨앗 번식과는 근본적으로 다르다. 씨앗은 두 개체(부모)의 유전자가 섞여 새로운 유전적 조합을 형성하므로, 각각의 후손은 부모와 완전히 동일하지 않으며 다양한 유전적 변이를 갖게 된다. 반면, 클론은 모(母)식물의 가지나 조직 일부를 이용한 영양번식(asexual reproduction) 을 통해 만들어진다. 이 방식으로 자란 개체는 유전적으로 모 식물과 거의 동일하며, 실질적으로는 '유전적 복제본'으로 간주된다. 단, 드물게 발생할 수 있는 자연적 돌연변이나 후천적 환경 요인에 따라 표현형의 차이는 있을 수 있다. 커피 재배에서 클론 번식은 특정 개체가 우수한 형질(예를 들어 높은 수확량, 특정 질병에 대한 강한 저항성, 또는 독특하고 뛰어난 향미 특성)을 지닐 경우, 이러한 특성을 다음 세대에 안정적으로 보존하고 대량 생산하기 위한 목적으로 활용된다. 씨앗을 통한 번식에서는 이러한

형질이 후세에 그대로 전달된다는 보장이 없기 때문이다.

190 향미(香味)는 '음식의 향기로운 맛'을 의미하며, 풍미(風味)는 '음식의 고상한 맛'을 뜻한다(출처: 표준국어대사전). 통상적으로 커피의 맛과 향을 통칭하여 '향미'라는 표현을 많이 사용한다. 전문적인 커피 평가에서는 향미(flavor)를 맛(미각)과 향(후각)을 합한 복합적인 감각으로 정의한다.

191 미각(味覺)은 맛을 느끼는 감각으로, 혀의 맛봉오리가 침에 녹은 화학 물질에 반응하여 일어난다. 전통적으로는 단맛, 짠맛, 신맛, 쓴맛의 네 가지 기본 미각이 있다고 여겨져 왔다. 그러나 1908년 일본의 화학자 이케다 기쿠나에(Kikunae Ikeda)는 다시마 국물의 독특한 맛이 아미노산의 일종인 글루탐산(glutamate)에서 비롯된다는 것을 밝혀내고, 이 맛에 일본어로 '우마미(うま味)'라는 이름을 붙였다. 이는 うまい(맛있다)와 味(맛)를 조합한 단어이다. 우리나라에서는 '감칠맛'으로 영어로는 Umami로 표기한다. 이후 그가 개발한 조미료 MSG가 상용화되면서 감칠맛은 더욱 널리 알려졌다. 오랫동안 감칠맛은 과학적으로 명확히 증명되지 않아 기존 네 가지 맛의 변형으로 여겨졌다. 하지만 20세기 후반 이후 미각 연구가 발전하면서 글루탐산에 반응하는 특정 수용체가 확인되었고, 이에 따라 감칠맛은 다섯 번째 기본 미각으로 널리 인정받게 되었다.

192 1995년에 처음 발행된 Coffee Taster's Flavor Wheel은 커피 업계에서 가장 상징적인 자료 중 하나로서, 커피 업계에서 오랫동안 교과서로 자리매김해 왔다. 이후 2016년 세계 커피 리서치(World Coffee Research, WCR)와 협력하여 최신화되었다. 이를 완성하기 위해 수십 명의 전문 패널리스트, 과학자, 커피 고객, 관련 업체 등이 협업하였다. 미국 스페셜티 커피 협회(SCA)와 세계 커피 리서치(WCR)가 공동으로 제작하였으며, 이것은 WCR Sensory Lexicon(감각 어휘집)을 기반으로 완성되었다. 커피의 맛과 향을 분석하고 설명하려는 사람들에게 도움이 될 수 있도록 자세히 설계되었다. Coffee Taster's Flavor Wheel을 읽는 방법은 그림 원의 중심부에서 바깥으로 세분화되어 있으므로 중심부부터 읽어야 한다. 예를 들어 커피 향미가 과일같은 ☞ 베리류 ☞ 산딸기로 표현할 수 있다.

193 SCA가 도입한 새로운 CVA 평가 체계는 커피의 다양한 특성과 가치를 체계적으로 평가하고 기록한다. 이 평가 시스템은 묘사적(플레이버 노트, 후미 등 개별 특성 서술), 정동적(향미, 산미, 바디 등 감각적 강도와 균형, 전체적 인상 평가), 물리적(생두 외관, 수분 함량, 결점두 등 물리적 요소 평가), 그리고 외재적(생산 정보, 인증 등 외부 요소 평가) 영역으로 구성된다. 이러한 다차원적 평가를 통해 커피의 종합적인 가치를 더욱 상세하고 명확하게 파악할 수 있다.

194 1995년 미국 노스캐롤라이나주 더럼(Durham, NC)에서 설립된 카운터 컬쳐 커피(Counter Culture Coffee)는 미국을 대표하는 스페셜티 커피 전문업체이다. 이들은 일반적인 대형 카페를 운영하는 대신, 원두 도소매와 바리스타 교육에 집중하는 독특한 비즈니스 모델을 가지고 있다. 전국에 여러 트레이닝 센터를 운영하며, 커피 전문가 양성 및 커피 문화 확산에 기여하고 있다.

커피인문학 _ BLACK TEMPTATION

초판 1쇄 인쇄 2026년 2월 20일
초판 1쇄 발행 2026년 2월 25일

지음 권혁률 | **감수** 최금정 | **발행인** 박성진 | **발행처** 대 왕 사
등록 1976년 11월 30일 제5～54호
주소 서울시 동대문구 외대역동로 133-1
물류 경기도 파주시 소라지로 176-25(송촌동 414-12)
전화 (031)947-5471(代) | **팩스** (031)947-5470
홈페이지 http://www.daewangsa.net | **이메일** dws74@hanmail.net
값 49,000원

ISBN 978-89-456-9333-4 93590